诉讼与仲裁论丛

Litigation & Arbitration

A Study on Privilege

特免权制度研究

◇ 吴丹红 著

北京大学出版社
PEKING UNIVERSITY PRESS

北京市社会科学理论著作出版基金资助

图书在版编目(CIP)数据

特免权制度研究/吴丹红著. —北京:北京大学出版社,2008.11
(诉讼与仲裁论丛)
ISBN 978-7-301-14338-4

Ⅰ.特… Ⅱ.吴… Ⅲ.证人-司法制度-研究 Ⅳ.D915.130.4

中国版本图书馆 CIP 数据核字(2008)第 159045 号

书　　　名:特免权制度研究
著作责任者:吴丹红　著
责 任 编 辑:王　晶
标 准 书 号:ISBN 978-7-301-14338-4/D·2165
出 版 发 行:北京大学出版社
地　　　址:北京市海淀区成府路 205 号　100871
网　　　址:http://www.pup.cn　电子邮箱:law@pup.pku.edu.cn
电　　　话:邮购部 62752015　发行部 62750672　编辑部 62752027
　　　　　　出版部 62754962
印　刷　者:三河市新世纪印务有限公司
经　销　者:新华书店
　　　　　　650 毫米×980 毫米　16 开本　19 印张　321 千字
　　　　　　2008 年 11 月第 1 版　2008 年 11 月第 1 次印刷
定　　　价:33.00 元

作者简介

吴丹红，男，1978 年生于浙江义乌，先后于中南财经政法大学获得法学学士、法学硕士学位，于中国人民大学获得法学博士学位。2005 年至 2007 年在北京大学法学院从事博士后研究，2007 年 7 月起任教于中国政法大学。现为证据科学教育部重点实验室（中国政法大学）专职研究人员，中国人民大学证据学研究所兼职研究员，燕山大学文法学院兼职教授。

主要研究兴趣在证据法学、诉讼法学与司法制度。先后在《中外法学》、《法商研究》、《政法论坛》、《现代法学》等刊物发表学术论文六十余篇；在《法制日报》、《检察日报》、《人民法院报》发表法学短评、随笔百余篇。合著、参编有《证人制度研究》、《刑事司法大趋势》、《简明证据法学》、《证据法学研究》、《检察制度比较研究》等多部；合译、独译有《英国刑事司法程序》、《娃娃屋谋杀案》等。相继获得“君合人才奖”、“吴玉章奖”、“中国人民大学优秀博士论文奖”、“中国博士后科学基金奖”、“第一届全国中青年刑诉科研成果奖”等。

个人主页：www. wudanhong. com

序

吴丹红是个学者,而学者就要先求学后有学。

初识丹红君是在2001年的秋天。我应邀到中南财经政法大学做学术报告。报告结束之后,一个年轻人过来对我说,他想报考我的博士生。坦率地说,他当时给我留下的印象并不深刻,我只是觉得他挺勇敢的,因为当时在我的身边还有许多该校的老师和学生。后来,我果然在博士生的报考名单上看到了那个略有些女性化的名字。面试的时候,我见到了他,虽然他和许多考生一样显得有些紧张,但是我感觉他是一个真正想认真研习证据法的青年。2002年的初夏,我再次应邀到中南财经政法大学去演讲,又见到了已经被录取为中国人民大学博士生的丹红。讲演结束之后,他和另一位同时考上中国人民大学博士生的刘为军同学送我去机场。途中,我们游览了背靠龟山面临月湖的古琴台。

古琴台又名伯牙台。根据传说,春秋时期楚国著名琴师俞伯牙曾在此抚琴,突然弦断,猜知有人旁听,便请出,却是一位樵夫。此人名叫钟子期,竟能识其音律,知其志在高山流水。伯牙遂视子期为知己。次年,伯牙又过龟山,得知子期已然病故。伯牙悲痛万分,随即破琴绝弦,终身不再抚琴。后人感其情谊深厚,特筑台纪念,并把诚挚的友谊称为“知音”。那一天,细雨蒙蒙,我们眼前的湖光山色另有一番景致。我记得,丹红君当时很诚恳地对我说,“何老师,我绝不会让您失望的!”六年过去了,我想,他一直在践行自己的诺言。

吴丹红是个书生,而书生就要先读书后著书。

在三年的博士生学习期间,丹红君读书是很认真的,也是很广博的。他能够以“证言特免权”为主题撰写博士论文就是一个很好的例证。古代书生之大成者,不仅要读万卷书,而且要行万里路。对当代书生来说,虽然因为有了高速代步工具而使得“行万里路”容易了许多,但“行路”依然是读书人的必修课程。在三年期间,丹红君行路过万里——我们师生的足迹留在了俄罗斯的海参崴、荷兰的阿姆斯特丹和海牙、比利时的布鲁日、德国的科隆、瑞典的斯德哥尔摩……其间,既有阅历的积累,也有知识的增长,还有感情的加深。然而,这一切都为丹红君日后的著书创造了一定的条件。

证人证言是诉讼中运用得最为普遍的证据之一，证人作证对于法官查明案件事实以及保证程序公正都有着极为重要的作用，然而在实践中，证人不愿作证却是一种司空见惯的现象。证人不作证的原因是多方面的，但无法忽视的现实是，很多不愿作证的人是出于内心情感或者伦理上的顾虑。对于这些证人，道德说教收效甚微，即使设立强制作证制度，他们可能宁愿受到法律的惩罚也依然拒绝陈述，或者会违心地作证，但作出虚假的陈述，从而误导司法机关对案件事实的查明和判决。如何解决上述困境？特免权制度为这种尴尬的局面提供了一个可以解决的策略。希望获得更多证据的愿望与社会的基本价值观念相冲突时，很多国家选择了保护后者而牺牲前者。在他们看来，维系社会运转的这些基本关系非常重要，以至于追求司法公正的价值也不能超越。

在本书中，丹红君在考察世界两大法系国家关于不自证其罪特免权、亲属特免权、职业关系特免权和公共利益特免权等制度的基础上，用大量笔墨研究了特免权制度与中国诉讼制度的契合点并探讨了在中国建立特免权制度的可能性和路径。本书的研究成果对于中国在相关领域的立法和司法都有重要的现实意义。我想，在“出书其实并不难”的今天，丹红君这本书的问世似乎有些姗姗来迟。不过，我相信，读者在阅读之后一定会认可本书的价值。

是为序。

何家弘
2008年8月于北京世纪城痴醒斋

目　录

第一章 导 论

“中国的问题”应当是法学研究的具体对象，而“世界的眼光”则是研究者所持的思路和所要达到的境界。

——陈瑞华①

引子 从一个公共事件进入

2006 年 8 月 19 日晚，经过警方三十多天的全力追捕，重大杀人案的嫌疑人邱兴华终于落网。媒体披露的抓捕细节，引起了笔者的关注：

——围捕指挥部发动亲情攻势，将邱兴华的妻子和儿女接到案发地，每天派 3 名民警、2 名武警护送疑犯家属上山，在疑犯可能出没或藏身的地方用扩音器喊话，试图用亲情感化疑犯。

——得知邱兴华非常疼爱小儿子，围捕指挥部立即派出 4 名刑警潜伏在邱兴华家中。在蹲守的一个月中，警察们不断对同在屋内居住的邱兴华的妻子、三个子女做思想工作，劝服他们要正确面对此事，邱兴华的家人均表示愿意配合警方。

——在邱兴华于家中被警察抓到的那一刻，发生了令警察们意想不到的一幕：看到公安人员奋力抓捕自己的丈夫、父亲，邱兴华的家属受亲情影响情绪顿时激动起来，他们一拥而上，一边哭叫一边撕扯干警，试图阻止对邱兴华的抓捕……

——邱兴华的大女儿告诉记者，留给她印象最深的事，就是警察叔叔带他们上山，嗓音颤抖着一道山梁一道山梁地呼喊：“爸爸，我和妈妈还有弟弟来找你了，你已经被包围了，你快出来吧……”女儿“一想起这件事，就觉得心里特别难受”。②

邱兴华案是近年来国内发生的最为重大的刑事案件之一，围绕该案的

① 陈瑞华：《徘徊于问题与主义之间》，载《读书》2004 年第 1 期，第 131 页。
② 郭光东：《抓捕邱兴华不该滥用亲情牌》，新华网 2006 年 8 月 23 日。

讨论甚至在邱被执行死刑之后依然没有停止。罪犯认罪伏法,民众在拍手称快的同时,可能也会发出这样的疑问:犯罪嫌疑人的近亲属是否有揭发、举报、作证的义务?警方利用“亲情攻势”破案合法吗?如果读者对我国现行的刑法和刑事诉讼法熟悉的话,很快能得出肯定的结论。任何人都有揭发、举报、作证的义务,无论被揭发、举报者是否是自己的亲人,不如实揭发、检举自己亲人的,还可能构成包庇罪。

无独有偶,在大洋彼岸的美国,也发生了一件类似的案件:

> 美国康涅狄格州发生了一起恶性谋杀案件,犯罪嫌疑人卡那姆贝(Culombe)被警方抓获。卡那姆贝虽然要求会见律师,但并没有立即得到满足。为了破案,警察专门拜访了卡那姆贝的妻子,并要求她到警局劝说其丈夫坦白。卡那姆贝太太和其13岁女儿到警局后,她在警察的指示下与其丈夫交谈,告诉他如果那件谋杀案确实是他干的就应该向警察说出真相。卡那姆贝太太第二次去时,带了其5岁的生病的女儿,卡那姆贝希望警察能带她女儿去医院。后来,卡那姆贝做了有罪供述,并指认了凶器。卡那姆贝被判一级谋杀罪后上诉,认为警察违背了宪法第五修正案赋予的不自证其罪特免权。警察也承认,当时确实是利用了卡那姆贝的妻子来获得她丈夫的口供。最高法院认为,综合当时的情况,卡那姆贝的供述是非自愿的,警方的技巧不过是刑讯逼供的一种更高级的方式而已,目的只是通过折磨嫌疑人的精神而使他崩溃坦白。最高法院否认了因此而获得的口供。①

美国式的“亲情攻势”最后以排除非法获得的证据收场。而且,可以肯定的是,只要被告人的妻子拒绝作证,警方是不可能合法地获得其证言的。那么,发生在中国侦查过程中的类似行为,有何后果呢?在邱兴华案中,我们可以看出,犯罪嫌疑人的妻子、子女其实并不愿充当抓捕自己亲人的帮手,但在警方不断地做“思想工作”的情况下,不得不违心地配合。类似邱兴华案件中利用犯罪嫌疑人配偶、子女寻找侦查突破的模式,已成为我国警方破案惯用的策略之一,甚至还一度被当做“追逃”的经验传扬。某基层检察院在总结工作时提到:

> 我们在工作实践中发现,犯罪嫌疑人的情人、配偶、父母、子女、兄弟姐妹、亲戚、债务人以及关系密切的老乡、老同学、老战友、老同事等

---

① Culombe v. Connecticut, 367 U.S. 568 (1961).

人最有可能知道其去向、行踪或离家前的种种迹象。因此要及时向逃跑的犯罪嫌疑人的亲人及关系人调查了解，做耐心细致的思想工作，讲明刑法对自首的有关规定，窝藏包庇应负的法律责任，督促他们讲出犯罪嫌疑人的去向或提供线索，督促他们动员犯罪嫌疑人投案自首，甚至协助我们抓捕逃犯。①

诚然，犯罪嫌疑人或者被告人的近亲属，可能知道案情或相关重要信息，在常规侦查手段难以奏效时，也是警方破案的便捷途径。但这并不意味着，为了达到打击犯罪的目的，国家可以以近乎强制性的手段"督促"他们提供证据。不可否认，发现真相是刑事诉讼追求的重要目标，国家权力可以在此目标下采取一系列强制性措施，但它的行使应当是有边界的，如果触犯了社会价值的底线，可能会造成相当负面的影响。在中国，亲情关系一向都被置于非常重要的地位，家庭的和谐也被看做是社会稳定的基础。如果为了破案的一时之效，把亲情、伦理、道德抛掷一边，可能带给当事人的是巨大的悲痛，带给民众的是困惑和迷茫。

国家是否可以要求公民配合追诉犯罪？是否所有人都有向司法机关提供证据的义务？如果我们从纵向上把时间轴拉回到一甲子前的中国，或者从横向上把视野拓展到英、美、德、法、日等国家，会惊奇地发现，在中外法律制度的历史中，存在着一种被称为特免权的制度，允许被告人或证人拒绝提供包括证言在内的重要证据。不但犯罪嫌疑人的配偶、子女可能存在这样的权利，而且与律师、医生、牧师等有着秘密交流的人也可以行使这样的权利。这不啻是对我国现行司法制度的一次挑战，对当下诉讼价值观念的一个颠覆。在追求真实发现的过程中，如何保护脆弱的社会关系和价值不被破坏？如何避免对社会利益的过度保护阻碍司法公正的实现？特免权制度演绎的微妙关系，足以让人们反思证据制度的理念基础、诉讼制度的价值追求乃至整个法律制度的真正目的。

第一节 研究动机与研究背景

随着审判方式改革的推进，法庭审理过程越来越成为众所关注的焦点。在新的庭审制度下，法官将更多地凭借法庭上的调查、质证结果来对案件进

---

① 随州市曾都区人民检察院：《浅析职务犯罪嫌疑人潜逃的原因及应变对策》，随州市曾都区人民检察院主页（www. szzdjcy. gov. cn）"理论调研"文章。最后访问时间 2008 年 1 月 6 日。

行裁决,更多地关注证据的运用。证人证言是运用得最为普遍的证据之一,证人作证对于法官查明案件事实以及保证程序公正都有着极为重要的作用,对证人的交叉询问势必成为法庭审理最重要的一环。诚然,证据制度正在从所谓的"人证为主"迈向"物证为主"[①],但是由于物证的天然被动性(它需要主体去发现和提出,也需要主体去认识和认定),人证往往成为物证的线索,所以证人证言在证明案件事实的过程中仍然有着不可取代的现实意义。从理论上说,我们的法庭审判应当围绕着证人证言的提出、质证和认证进行,我们的诉讼制度应当为证人作证创造一个良好的环境。然而,在实践中,证人不出庭却是一种司空见惯的现象[②],日渐成为制约诉讼制度改革深入的一个"瓶颈"。如何促进证人出庭,成为摆在我国理论界和实务界面前的共同问题。

近年来,我国学术界和实务界对于证人制度改革的问题献策献议,成果颇丰。但是,人们对于证人不作证原因的分析,大多停留在证人消极心理因素、法律规定不健全等方面,对于一些亲属、特定关系人为何拒绝作证没有给出令人信服的理由,忽视了其中可能存在的道德合理性问题。

当前,学界对于作证难问题的讨论,主要着眼于证人作证的义务方面,主流观点主张应当强化证人出庭的强制性,以法律手段迫使证人作证。[③] 强制作证可以部分解决这个问题,但可能会产生更多的困扰:有些证人出于对自己亲人或者委托人的"良心",可能宁愿受到法律的惩罚也依然拒绝陈述;有些证人会违心地作证,但陈述的可能是虚假的证言,从而误导司法机关对案件的查明和判决;那些不顾任何所珍视的社会关系而说出真相的证人,可能也会面临道德和感情的负疚。这些都不是仅靠强制作证能够解决的,证人作证的问题,在法律规范层面之外,还有更多现实的考量。

而实务界有些同志则认为,证人不作证是证人消极心理的反映。一位检察官在分析证人不作证的首要理由时如是说:"证人同犯罪嫌疑人有直接的利害关系,为了庇护犯罪嫌疑人而不作证,特别是犯罪嫌疑人的亲属,既害怕作伪证会受到法律的追究,又害怕自己的证词对犯罪嫌疑人不利,使犯罪人受到法律的追究。为避免这种矛盾,证人以不知情为借口拒绝作证。"

① 参见何家弘:《中国证据法前瞻》,载《检察日报》1999年9月2日。

② 实证研究表明,目前证人出庭率可能不到1%,参见吴丹红:《司法场景中的证人作证》,载《国家检察官学院学报》2006年第3期。

③ 姜发根:《关于建立强制证人制度的思考》,载陈兴良主编:《刑事法判解》第2卷,法律出版社2000年版。

该检察官提出，要解决证人不作证的问题，就要“通过教育和启发使证人提高法制观念”，“当证人与犯罪嫌疑人有某种关系时，应教育他们大义灭亲，维护法律尊严”。[①] 这能否真正解决问题？事实证明，这种道德教化的方式收效甚微。[②] 实证研究也表明，证人为了“正义”而作证的只是少数，大多数的证人都是考虑自身利益而有选择地提供证言。[③]

笔者认为，证人作证难的问题，只是一个表面现象。很多人可能忽视了这样的现实，即相对于法庭上难见证人的情形，侦查阶段证人作证却贯彻得相当好。[④] 如果抛开“出庭率”的提法，证人的“作证率”非常之高！因此，问题的关键并不在于证人是否愿意作证，而在于公安、司法机关是否有强制力促使证人到庭。目前在侦查阶段，由于公安机关具有一定的强制力，被传唤的证人拒绝作证的情形并不多见。与犯罪嫌疑人有特殊关系而有可能了解案件信息的证人，更是侦查机关重点突破的对象，证人如果要置身事外、拒绝作证，基本上是不可能的。在证人不出庭的背后，我国的刑事诉讼实践，以侦查机关高效率地获取证人证言以及其他证据，维持着指控犯罪的成功率。由于侦查机关面对证人的天然威慑力，证人与犯罪嫌疑人之间任何交流的秘密，都不可能获得保护的认可，反而成为证据的最佳来源。

因此，仅仅看到证人不出庭的问题，而不去探究侦查阶段实际存在的“证人必证”现象，就不会意识到证人制度面临的困境。毫无疑问，证人不作证是各种因素对证人消极影响所造成的。我们可以抱怨证人的道德素质不高，没有作证的正义感，也可以归咎于证人的法律意识不强，没有作证的义务感，甚至还可以提到目前对证人保护不力，使得证人害怕作证，但是，一个无法忽视的现实是，很多不愿作证的证人是出于内心情感或者伦理上的顾虑，不得已而拒证。例如，让证人证明自己曾经涉嫌犯罪，让妻子证明自己的丈夫有罪，让律师证明自己的委托人有罪，都是违背人类

① 张仲夫：《浅析证人拒证的心理原因及对策》，中国法院网2004年4月6日。

② 据河南省开封市南关区人民法院的统计，该院1997年元月至1999年12月审结的345起刑事案件中，应该出庭的证人有1726人，经过审判人员耐心做工作，讲明利害和证人所承担的义务后，勉强出庭和自愿出庭的只有7人，证人出庭率仅为0.4%。参见丹波：《刑事诉讼，证人缘何难出庭》，载《人民法院报》2001年3月29日。

③ 徐昕：《法官为什么相信证人——证人在转型中国司法过程中的作用》，载《中外法学》2006年第3期。

④ 例如，笔者2005年在北京某基层法院随机调阅124个案件，发现除一起盗窃案、一起故意伤害案公安机关没有收集到证人证言外（因案件本身没有证人，但卷宗中附有被害人陈述笔录），共有证人640人，而且所有证人均接受了公安机关的询问，制作了询问笔录。参见吴丹红：《司法场景中的证人作证》，载《国家检察官学院学报》2006年第3期，第108页。

最基本的情感、道德或职业伦理的。这些人的拒绝作证与一般的拒绝作证如果"一视同仁"对待,将压抑人们在道德和伦理上的精神诉求,扩大法律惩罚的范围。因此,即使我们的法律完善了对证人不作证的处置后果,要求这些与被告人存在特殊关系的证人都作证,也不一定会加大证明案件的力度,反而受累于伪证的增加,并且潜在的危害可能会导致一些社会关系的破坏。

特免权制度可能为这种尴尬的局面提供了一个可以解决的策略——把作证义务加诸普通证人身上,而免除某些有特殊关系证人的作证义务。当希望获得更多证据的愿望和社会的基本价值观念相冲突的时候,很多国家选择了保护后者而牺牲前者。在他们看来,维系社会运转的这些基本关系非常重要,以至于追求司法公正的价值也不能超越。在特免权制度下,证人可以对可能导致自我归罪的事项拒绝作证,律师可以拒绝提供与委托人秘密交流的相关信息,医生可以拒绝提供自己的患者在接受治疗过程中的情况,妻子或丈夫可以拒绝提供自己的配偶可能涉嫌犯罪的事实,政府工作人员也可以拒绝提供涉及国家事务的文件和资料。这些证人拥有了普通证人所不具备的特权,特免权成了他们光明正大地维护自己权利的"盾牌"。在证人或者当事人主张特免权的时候,法庭不会再对证人处以拒证的惩罚,而只能通过其他的证据去查明案件事实。在强制作证制度和特免权制度的"一张一弛"下,证人制度在许多国家运转良好。

特免权制度在证人制度以及证据制度中都是一个特殊的、值得深入研究的问题。绝大多数证据规则都希望通过证人所做的真实陈述,促进事实真相的发现。而特免权规则似乎对发现真相的目标毫无帮助,甚至成为实现这一目标的重大障碍。特免权规则与其他的证据规则相比较的特殊性表现在:第一,其他证据规则是在证据开示前提下进行的,特免权规则不仅阻止在审判中使用特定的交谈信息,而且防止对方获得这些信息,特免权保护的是这些信息免于披露,所以特免权规则不仅仅是适用于诉讼的某个阶段,而是贯穿于整个诉讼;第二,它排除证据的目的和其他证据规则不同,其他证据规则往往排除不可靠的证据、引起不公正的偏见和误导的证据,特免权规则却不管证据多么可靠和真实,都不让它进入诉讼的大门,它不是促进真相而是限制真相的发现;第三,其他证据规则都是近代诉讼制度民主化和文明化的产物,是人类认知能力达到一定程度之后对审判实践的总结,而特免权制度却在数千年前的东方和西方都有源头（尽管在那个时期还不能称为特免权）[①]，只是后来经过“创造性转化”，殊途同归。这些足以引起一个证据法爱好者的浓厚兴趣。

在国外，特免权制度研究的成果可谓“汗牛充栋”。[②] 最早的证据法著作——吉尔伯特（Geoffrey Gilbert）的《证据法》、巴舍斯特（Henry Bathurst）的《证据理论》，以及18世纪后期的其他证据法专论，几乎都提到了律师—委托人特免权和配偶特免权。[③] 当时，这两种特免权并没有付诸实践，直到1800年前后，英国法院才开始发展证据法上的特免权。受继于英美普通法的美国法律制度也出现了特免权的判例，并尝试进行立法。学者也开始在证据法著作中论述特免权。19世纪初，特免权问题逐渐进入证据法学研究的视野，出现了很多关于该问题的研究。例如，美国证据法学家斯威夫特（Zephaniah Swift）在其著作《证据法摘要》中，不仅讨论了律师—委托人特免权和配偶特免权，还探讨了医生特免权和教徒特免权。[④] 此后，证据法的著作和教材中，通常都会专辟一章“特免权”，论述的范围也随着判例和立法的发展不断扩大。而在20世纪以降，关于特免权的论文论著更是层出不穷。百余年来，无论是在证据法学术论文还是在法官的判例中，特免权都是一个炙手可热的问题，关于它的争论是证据法学上最为壮观也最令人痴迷的事情。当然，它的复杂性也令很多学者困惑不已。每一种观点、每一个判例、每一个立法规定，无不透露着特免权制度中蕴涵的斗争、妥协，无不展现着特免权制度在诉讼制度下的独特魅力。

我国学术界对于特免权问题的研究起步于民国时期，当时对于该制度的研究和立法都曾经达到过一定的水平。在20世纪30年代，特免权制度通过法律移植已经出现在当时的法律中[⑤]，诉讼法学者也对证人特免权进行

---

① 古代西方和东方都有容隐制，这被认为是亲属特免权的历史源头。不过，容隐制严格来说并不是特免权，只有从作证不适格性转移到拒绝作证权利时，才成为特免权制度。具体参见第二章第一节。

② 国内已经有英美特免权方面的相关资料。笔者在国家图书馆得到的外文专著有：John William Gergacz, *Attorney-Corporate Client Privilege*, Garland Law Publishing Inc., 1987; Jonathan Auburn, *Legal Professional Privilege: Law and Theory*, Hart Publishing, 2000; John William Gergacz, *Attorney-Corporate Client Privilege*, Garland Law Publishing Inc., 1987; R. H. Helmholz, *The Privilege against Self-Incrimination: Its Origins and Development*, The University of Chicago Press, 1997 等。

③ See Geoffrey Gilbert, *The Law of Evidence*, Dublin 1754, at 96, 98. H. Bathurst, *The Theory of Evidence*, 1761, at 95—96, 99—100.

④ Zephaniah Swift, *Degest of The Law of Evidence*, Hartford, 1810, at 91—96.

⑤ 关于民国时期特免权立法的情况，参见本书第二章第二节。

了研究。学界在理论上把证人义务的免除分为绝对免除和相对免除。绝对免除包括两种情况：一是受治外法权保护的外交人员；二是依法受特免权保护的证人，如果在询问期日前已经呈明并释明拒证之原因者。相对免除则规定了由于客观原因不能到案的证人可以不出庭作证。[①] 对于证人因不知法律而不主张特免权者，法院在询问前如知道有拒绝证言的情形时，应告知该证人。[②] 20 世纪 40 年代，鉴于立法上对特免权制度的完善，学界的研究也有所推进。对于亲属特免权，当时的学者做如下解释："因各该人均与被告或自诉人有特殊关系，其陈述必非真实；且强令陈述，亦有背于亲属相为容隐之义。故许其拒绝证言。"对于不自证其罪特免权，"本款之趣旨，因证人有据实陈述之义务，如陈述虚伪，则应负刑法伪证之罪责，如据实陈述，则自己或与自己有（前述）关系之人恐又因此致受刑事追诉或处罚。故许证人得拒绝证言，不为陈述，盖亦为顺合人情而设之规定也"。对于职业关系特免权，"系因业务上之关系，盖证人因业务所知悉有关他人秘密之事项，如强令陈述，无异强令违背秘密之义务。各该执行业务人等，业务之经营，既因违背秘密之义务蒙其影响。而他人之秘密事项，也因此泄漏，损害必及于名誉矣。故免除其证言之义务"。[③] 上述观点，并非仅是一家之言，而是当时学界的共识。

但由于意识形态的影响，新中国成立后和"文革"中特免权问题被作为禁区而无人涉足，甚至在 20 世纪 80 年代谈到特免权问题时仍然持排斥的态度。当时，有人认为亲属特免权是"封建法律亲亲相隐原则的继续，并不符合现代诉讼法的精神"[④]，而国外有关因公务秘密、职业秘密等可以享有作证特免权的规定，则更被认为是"为了维护资产阶级的统治"[⑤]。不过从 20 世纪 90 年代开始，学术界逐渐对该问题有了比较深入的认识，态度也慢慢转变。近几年来，不断有学者对英美法系和大陆法系国家的特免权制度进行介绍和评述，也有一些富有建设性的观点提出。但是总的来说，对于特免权的研究尚停留在介绍层面，很多问题仍存在误解和误区，至于结合中国国情进行充分研究的成果尚告阙如。

为了能较为直观地总结国内对该领域研究的现状，我们以"中国期刊

---

① 周荣：《证据法要论》，商务印书馆 1936 年版，第 74—75 页。
② 同上书，第 85 页。
③ 郭卫：《刑事诉讼法论》，上海法学编译社 1946 年版，第 140—141 页。
④ 胡锡庆主编：《诉讼证据学通论》，华东理工大学出版社 1995 年版，第 43 页。
⑤ 巫宇甦主编：《证据学》，群众出版社 1983 年版，第 200 页。

网"数据库为来源,检索该主题1979—2007年的论文成果[①],检索方式为"题名"检索。因为术语未尽统一,检索词分别为"证人特权"、"免证特权"、"拒证特权"、"拒绝作证权"、"拒绝作证特权"、"证言拒绝权"、"拒绝作证权"、"拒证权"、"证言特免权"、"作证特免权"、"作证豁免权"、"免证权"等常见的表达特免权的术语[②],并剔除内容无关的论文。

表1-1 关于"特免权"主题的论文数量

时间	专著	期刊论文	硕士论文	博士论文
1979—1990年	0	0	0	0
1991—1996年	0	1	0	0
1997—2001年	0	19	0	0
2002—2007年	0	117	21	0
总计	0	136	21	0

统计表明,在1979年《刑事诉讼法》实施后长达十一年的时间里,没有专门的论文论著阐述特免权问题,即使在20世纪90年代前期,当刑事诉讼法学研究已经呈现一定广度和深度时,有关特免权的论述依然是一片空白。不过,其间值得一提的是,1993年在国内翻译出版的《刑事证据大全》(*Introduction to Criminal Evidence*),为国人全面了解美国的特免权制度提供了一份参照。[③] 王新环先生1996年发表于《中央政法管理干部学院学报》的《论律师的免证权》,可能是国内最早论述特免权问题的论文,其参考资料之一,便是《刑事证据大全》。1996年修订《刑事诉讼法》之后,讨论特免权的论文突然增加起来,但大部分成果都发表在1999年之后。2002年到2007年这短短的六年时间,关于特免权的论文数量呈现大幅度增长,是过去二十多年总数的六倍。特别是以特免权为题目的21篇硕士论文,全部出现在此期间。遗憾的是,尚未有一篇专论特免权的博士论文问世(笔者的论文未上该期刊网,不在统计之列)。

---

① 之所以以1979年、1991年、1997年、2002年为几个时间点,是因为这些时间点通过了刑事诉讼法、民事诉讼法或关于民事、行政诉讼证据的司法解释等重要的诉讼、证据法律法规,特免权的问题可能成为讨论的热点。

② 因为无法穷尽这些术语的组合,所以统计数字为保守估计。

③ 〔美〕乔恩·R.华尔兹:《刑事证据大全》,何家弘等译,中国人民公安大学出版社1993年版。该书中译本在2004年再版。

表 1-2 有关"特免权"主题的学位论文

时间	论文题目	作者	单位
2002	试论免证特权制度在我国刑事诉讼法中的确立	黎亚薇	湖南师范大学
2002	论证人拒绝作证权	孙世岗	安徽大学
2003	民事诉讼证人拒绝作证特权规则论	章翔宇	西南政法大学
2003	我国亲属作证特免权初探	冯 雷	南京师范大学
2003	刑事诉讼中的亲属特权问题研究	管云洁	中国政法大学
2004	论刑事诉讼中的证人特免权	赵建新	苏州大学
2004	证人的拒绝作证权——一种价值的选择	桂念玲	中国政法大学
2004	论英国证据法上的法律职业特权制度	李 华	对外经贸大学
2005	拒证权制度研究	范 军	山东大学
2005	论免证特权制度	王含冰	武汉大学
2005	刑事法治视野中的亲属拒证权	郭海霞	黑龙江大学
2005	亲属拒绝作证权研究	李 竹	西南政法大学
2005	试论刑事诉讼中的证人免证特权	周 萍	中国政法大学
2005	拒证权制度比较研究	刘鹏飞	中共中央党校
2006	拒证权研究	祁爱莉	厦门大学
2006	刑事诉讼中的证人作证特免权制度研究	程海霞	安徽大学
2006	刑事诉讼拒证权研究	史光磊	吉林大学
2006	试论刑事诉讼中证人的免证特权	马国亮	中国政法大学
2007	证人免证特权制度研究	邢凯妹	南京师范大学
2007	刑事证人拒证权研究	陈 莉	吉林大学
2007	刑事证人拒绝作证的法经济学分析	池蓓蕾	中国政法大学
总计	21 篇硕士论文,0 篇博士论文		

上述期刊论文和学位论文,都意识到特免权问题在证据法上乃至整个诉讼制度中的重要性,对特免权制度的基本内容和规则体系也进行了初步的探索,并提出了一些富有建设性的立法建议,其积极的意义值得肯定。但是,面对复杂的特免权问题,有些研究流于表面、过于空泛,不能深入其中,很多论文只是在简单介绍国外特免权制度之后,针对我国证人不作证的情况,只是笼统地提出"应当在我国也建立特免权制度",而没有就具体的问题做更多细致的梳理。大量学术产出的背后是资料堆积、浅尝辄止和简单复制。很多论文虽然论证了特免权制度的价值,但没有对该制度存在的问题和局限性有清醒的认识,也没有充分估计到在我国建立特免权制度的阻力

和障碍。虽然很多论文提出了中国未来建立特免权制度的立法框架,但并没有对我国建立特免权制度的社会基础条件和制度条件进行分析,使得特免权规则仅仅停留在"正当性"基础上,而非落实到"可行性"层面上。

因此,无论从证据法学的理论层面上,还是我国证人制度的实践层面上,研究特免权问题都具有重要性和迫切性。有人可能认为,有关法治的知识体系具有地方性,国外的法律制度不一定适合中国。但是,我国作为一个"法治后发型"社会,确实需要学习许多法制发达国家的经验,我们没有必要去重复法律制度的"自然演进"历程,至少在立法的技术上可以多多借鉴。不可否认,每个国家都有自己的国情,法律制度的移植存在着很多现实的障碍,但正因为此,那些跨越时代、跨越国度、具有趋同性的法律制度才更引起我们的重视。当然,在考虑是否需要借鉴、学习以及在多大程度上借鉴、学习一种制度,需要我们以现实的态度做更多的基础理论研究工作,以实证的方法做很多的合理性、可行性分析与论证。

第二节　研究对象及概念界定

本书所指的特免权,对应英文是"privilege",德文为 Zeugnisverweigerungsrechte,法文 privilège。"Privilege"一词来源于拉丁私法(*privata lex*),是指授予某人或者某一类人的特权(prerogative)。英文 privilege 有很多种意思,即使作为法律用语也有诸多用法:在民法中它表示的是"优先债权",在海商法中是指"对船长的津贴",在国际法上是指"外交人员的特权"①。但在证据法上,它是指基于特定身份或者具有某种法律关系的人享有的就特定事项免于提供证据或阻止他人提供证据的权利。

基本的共识是讨论的起码前提。在国内,学者在介绍"privilege"的时候,有多种不同的译法:一是直译为"特权",并组合成以下名词:证人特权、拒证特权、免证特权、职业特权、亲属特权、保密特权等;二是意译为"拒绝作证权",其中又有相似的表述,如"拒证权"、"证言拒绝权"、"拒绝证言权";三是直译和意译结合的"证言特免权",或者"作证特免权";四是其他一些译法,如"作证豁免权"或"免证权",等等。当然,还有一些把上述词拆分组合形成的用法,不胜枚举。诸多表述,其实都在谈论同一个问题,但是所用的专业术语如此混乱,在法律领域大概无"词"能望其项背了。诚然,这种现

① Bouvier's Law Dictionary, 1856 Edition(电子版),"privilege"条。

象反映出该领域的研究的“热门”,至少在论文的产出数量上如此;但同时也不得不承认,学界还没有对基本概念形成一个共识,缺乏必要的沟通,其中不乏有一些误译或者误读,以讹传讹。

或许因为“privilege”是舶来品,而国内长期以来没有相应的中文概念,因此对于它的翻译因人而异。① 仔细考究各种译法,尽管都有一定的合理性,但我们应当选择一个较为贴切而且不容易产生歧义的词进行统一。

在有关特免权制度的文章中,“特权”一词是使用频率最高的,但不幸的是,这恰恰是一个最容易引起歧义的用法,至少在检索到的大部分“特权”论文中,实际上都与我们所讨论的主题无关。在中文里,特权有多种意思,但最直接的意思,就是一般人享受不到的“特殊权力”——这会使人产生“法外特权”,“法律面前不能人人平等”的联想,似乎不大符合中文语境。特别是我国《刑事诉讼法》第6条规定:“对于一切公民,在适用法律上一律平等,在法律面前,不允许有任何特权。”因此,“特权”或“证人特权”首先被排除在外。

“证言拒绝权”来源于我国台湾地区学界,台湾地区《刑事诉讼法》在条文的标题中就有“拒绝证言”,学者通常也以“拒绝证言权”为统一称谓,为大陆一些学者所沿用。“拒绝证言权”虽然试图以意译的方式表达特免权的基本内容,但是由于证人拒绝作证现象的普遍存在,“拒绝作证”被视为与现行法律义务相违背的现象,再强调“拒绝证言权”可能会让人望文生义地产生拒绝作证义务的抵抗情绪。“拒绝作证权”亦然。

有部分学者采用“豁免权”的译法,但这很容易与证人豁免(witness immunity)造成混淆。Privilege 免除的是作证的义务,而 immunity 免除的是污点证人的刑事责任或者利用证言所提供的证据对证人进行追诉的危险。前者是以证人不作证为基本行为模式,后者是以证人作证为行为模式,前者是对特定证据的排除,后者是对特定证据的采纳,前者保护的是程序公正和道德价值,后者追求的是发现真实,所以两者存在一些根本的不同。只有在涉及不自证其罪特免权的情况下,当证人放弃特免权而成为污点证人时,才受证人豁免的保护。② 因此,为了避免两个本身比较接近的概念被广泛误用,不推荐使用“豁免权”的译法。

在《刑事证据大全》的中译本中,译者将“privilege”译为“证言特免权”。

---

① 即使是同一本《外国证据法选译》,不同的译者也分别采用了“特权”、“特免权”、“证言拒绝权”、“证人拒绝权”等。参见何家弘、张卫平主编:《外国证据法选译》,上下册以及增补卷,人民法院出版社2000年、2002年版。

② 具体论述可参见本书第四章第四节的内容。

笔者在《证人制度研究》一书中，参考了前者的译法，采用的是“作证特免权”。[①] 现在看来，“证言特免权”和“作证特免权”的表达的意义上与“privilege”原意也存在一定偏差，因为 privilege 的持有者并不一定都是证人，也有可能是当事人甚至案外人。Privilege 不但包含了证人可以拒绝提供证言，而且可以拒绝提供书证或者物证，所以仅仅说是“证言特免权”并不完全。

“特免权”一词，是在上述译法的基础上扬长避短确立下来的，“特”表示了它是基于“特定身份和关系”的一种特殊证据制度，有别于一般原则上的强制作证制度，“免”表示免于提供证据，是有关证人、证言或者其他证据的排除，“权”表明它是一种权利，是与证人义务相对的权能。因为不存在与其他专业领域内的“privilege”翻译混淆，所以它可以成为诉讼法中一个约定俗称的专有名词。笔者不敢掠美，这种译法并非独创，只是从更为常见的“作证特免权”、“证言特免权”等修正而来，因简洁而更具包容性。

相比于其他的译法，“特免权”是否更能被人们接受呢？

最高人民法院重点课题《关于我国刑事诉讼证据规则的调研报告》中，曾以“证人拒证权应如何赋予并实现”为题在吉林省的司法部门进行过一次问卷调查，在收到的 70 份有效答案中，赞成赋予拒证权的 30 人，占 42.9%，认为证人没有拒证权的 39 人，占 55.7%；1 人认为“无法解决”。[②]

在“国法网”的一次调查中，就“拒绝作证权”写进证据法草案的看法，有 547 位网民参加了投票，结果如下[③]：

表 1-3 关于“拒绝作证权”写进证据法草案的意见

选项	票数	百分比
A 与作证义务的法律规定相矛盾	152	27.8%
B 非常赞成，期待早日实施	227	41.5%
C 不同意，与《证据法》相抵触	56	10.2%
D 好难说得清楚	19	3.5%
E 随便，无所谓	93	17.0%

在调查者没有对“拒绝作证权”进行解释的情形下，有多达 38.0% 的人（A + C）持反对态度，除去不置可否者 20.5%（D + E），赞成的人只有

① 详见何家弘主编：《证人制度研究》，人民法院出版社 2004 年版，第 215 页。第一章至第十章由笔者撰稿，其中第九章对于特免权制度有比较粗略的研究。

② 最高人民法院 GFZD08-02 课题组：《关于刑事诉讼证据规则的调研报告》，第 101—102 页。

③ 参见 http://www.law.com.cn/pg/research.php? pollID = 25&fId = ，2005 年 1 月 9 日数据。

41.5%(B),基本上与反对者持平。

而另一次对于全国法官的调研,由中国政法大学证据科学研究院委托零点调查公司进行,采用了"是否应当赋予某些特定人拒绝作证的特免权"这样的表述,在794份有效问卷中,有六成法官(59.7%)做了肯定回答,四成(40.3%)法官做了否定回答。①

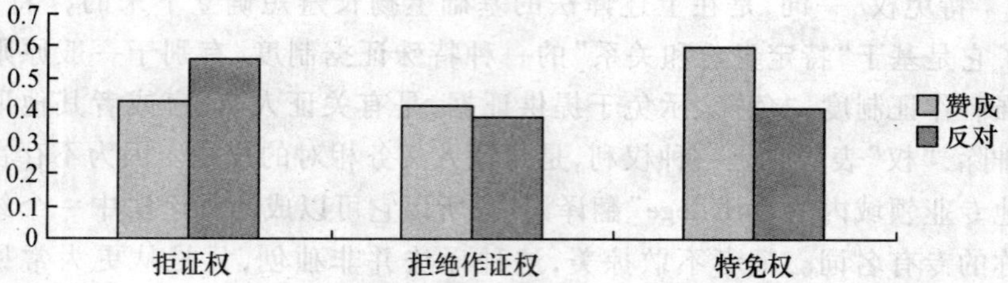

图1-1 受众对不同术语的反映差别

问卷调查除了要考虑研究目的、被调查人、研究假设以及问卷选项之外,最重要的是问卷的表达方式。在吉林省的司法部门进行的问卷调查,采用的是"拒证权"的表述,在"国法网"进行的调查中,采用的是"拒绝作证权",而证据科学研究院问卷中采用的是"特免权"。从反对者占优到支持者占优,三次调查结果的差异,可能有多方面原因,但问题的表达方式或许是因素之一。Privilege究竟该译成"拒绝作证权",还是"特免权",并不是毫无疑义的文字游戏——命名的意义,有时可以使一种概念、观念或者理论,获得更多的认可度。

"概念乃是解决法律问题所必需的和必不可少的工具,没有限定严格的专门概念,我们便不能清楚地和理性地思考法律问题。"②由于我国学界当前对特免权问题的一些误解和歧义,如果不事先限定讨论的语境并谨慎界定概念,本书讨论的内容有可能会令读者"雾里看花"。

国内关于特免权的论文数以百计,关于特免权的概念,自然是千差万别。鉴于学位论文的作者基本上都吸纳、参考了相关成果中较有代表性的、合理的定义内容,因此,本书仅归纳前述学位论文中对于特免权的定义。

第一种:强调特免权是证人拒绝作证的权利。

① 参见中国政法大学证据科学研究院:《人民法院证据适用问题问卷调查报告》,2007年9月。

② 〔美〕E.博登海默:《法理学:法律哲学与法律方法》,邓正来译,中国政法大学出版社1999年版,第486页。

——在法律程序中,证人不必回答某些特定类型的问题的权利。[①]

——在法定情形下证人享有的拒绝作证的权利。[②]

这是对特免权过于简单的理解,解释力不够。

第二种:强调特免权是具有适格性的证人因身份而产生的一项特殊权利。

——在诉讼中,负有作证义务的证人被司法机关要求提供证言时,因其特殊的身份,基于法律的规定拒绝作证的权利。[③]

——在刑事诉讼中具有作证资格的特定范围的证人因其具备特定的身份而依法享有的拒绝向司法机关作证的权利,或者免除其作证义务的权利。[④]

这种定义提到了证人的特殊身份,但错误地把特免权限于特定的证人。

第三种:强调特免权是适格证人享有的免除作证义务的一项权利。

——在案件事实查证过程中具有证人资格的公民在法定的条件下享有的拒绝充当证人或拒绝回答某类问题的诉讼权利。[⑤]

——了解案情并有作证能力、记忆、表达、宣誓能力的人,因符合法定情形而依法卸除作证义务,不予作证的权利。[⑥]

这种定义强调了证人的作证资格,也提到了对作证义务的卸除,但过于狭窄地理解了权利主体。特免权的主体并不一定限于证人。

第四种:强调特免权是特定公民拒绝回答或禁止他人回答某类问题的权利。

——在案件事实查证过程中具有证人资格的公民在法定的条件下享有的拒绝回答或制止他人回答某类问题的诉讼权利。[⑦]

——公民在诉讼过程中,在法定情况下,有权拒绝透露和制止他人透露各种情报的权利。[⑧]

——在法定情形下,特定公民基于身份关系或职业关系等正当的理由所享有的拒绝作证或者制止他人作证的权利。[⑨]

这种定义较为全面地考虑了权利人可以拒绝透露和制止他人透露受保

---

① 马国亮:《试论刑事诉讼中证人的免证特权》,中国政法大学 2006 年硕士学位论文,第 2 页。

② 陈莉:《刑事证人拒证权研究》,吉林大学 2007 年硕士学位论文,第 2 页。

③ 覃开艳:《证人拒证权论》,南京师范大学 2007 年硕士学位论文,第 1 页。

④ 史光磊:《刑事诉讼拒证权研究》,吉林大学 2006 年硕士学位论文,第 1 页。

⑤ 黎亚薇:《试论免证特权制度在我国刑事诉讼法中的确立》,湖南师范大学 2002 年硕士学位论文,第 7 页。

⑥ 孙世岗:《论证人拒绝作证权》,安徽大学 2002 年硕士学位论文,第 3 页。

⑦ 邢凯姝:《证人免证特权制度研究》,南京师范大学 2007 年硕士学位论文,第 3 页。

⑧ 周萍:《试论刑事诉讼中的证人免证特权》,中国政法大学 2005 年硕士学位论文,第 1 页。

⑨ 祁爱莉:《拒证权研究》,厦门大学 2006 年硕士学位论文,第 3 页。

护信息两种情形,但是在证据的形式上,没有考虑到除了证言之外,还可能是受保护的文件。

第五种:强调特免权是证人在特定情形下拒绝提供证据的权利。

——是指具有特定身份的证人在法定情形下有权拒绝作出书面证词和口头证词。①

——由法律所规定的在特定情形下的证人所享有的拒绝向法庭或国家机关提供相关证据的权利。②

这种定义说明性不够,而且与第三种定义一样,把权利主体只限于证人,过于狭窄。

第六种:强调特免权是证人基于特定身份、职业或其他原因而免于披露信息的权利。

——在特定的范围内具有作证适格性之证人基于其特定的身份、特定的职业以及其他特定的原因,而依法享有的拒绝承担强制作证性义务,免于提供或披露以及有权禁止其他相关人员提供或披露其知悉证言或其他有关特权信息资料的权利。③

这种定义较为全面地揭示了特免权的含义,美中不足的是,也犯了把特免权限定于证人的错误。

综合分析特免权的各种定义,都有不尽完善之处,本书试着对特免权界定如下:

在法律规定的情形下,基于特定身份关系、业务关系、公务关系或者其他法定的原因而享有的免于提供或不允许他人提供证言或其他受保护的信息资料的权利。

在证据法上,特免权可以分为证据特免权(evidentiary privileges)和证言特免权(testimonial privilege)。证据特免权是指特定的人拥有的可以拒绝提供证据或者阻止他人提供不利于己的证据的权利④;证言特免权通常指的是免于提供证言的权利。证言特免权仅仅适用于审判、预审或者传讯阶段(trial, hearing or deposition);而证据特免权则不限于证言,还包括文件、记

① 刘鹏飞:《拒证权制度比较研究》,中共中央党校2005年硕士学位论文,第2页。

② 桂念玲:《证人的拒绝作证权》,中国政法大学2004年硕士学位论文,第3页。

③ 章翔宇:《民事诉讼证人拒绝作证特权规则论》,西南政法大学2003年硕士学位论文,第9页。

④ Evidentiary privileges are rights held by certain persons that allow them either to refuse to provide evidence or to prevent evidence from being offered against them. See Vincent DiCarlo, *Summary of the Rules of Evidence: The Essential Tools for Survival in the Courtroom*, From http://profs.lp.findlaw.com/litigation/evidence13.html.

录和其他证据，它也不限于言词审理阶段，而同样适用于其他程序。如果按特免权保护的具体事项，特免权可以分为职业关系特免权、亲属特免权、公共利益特免权、不自证其罪特免权等。日本学者田口守一在其《刑事诉讼法》一书中就采取了这种划分方法①，本书也主要依照此种分法。

第三节 研究方法与结构体系

在研究方法上，本书综合采用了比较研究法、文献分析法、案例分析法、历史研究法、实证调查法、价值分析法以及其他社会科学的研究方法。

中国现行的法律制度中，并没有特免权的存在，因此本书的写作在很大程度上依托于国外特免权制度的运作和基本原理，通过分析特免权制度的起源、发展以及产生的事件、判例和制定法，探究其赖以存在的理论基础和现实基础，寻找我们失落的价值理念。在此过程中，比较研究的方法可能是笔者使用最多的方法。的确，作为特免权发源地的英美国家，在数百年的特免权制度历史中，积累了丰富的经验和教训，并就特免权问题得出了很多值得学习的理论总结。在英美浩如烟海的判例中，特免权一直是一个颇受争议和备受关注的问题，在历代证据法学家的著述中，几乎在每一部以"证据法"为题的教材中，都有特免权的影子。由于这个原因，笔者在比较研究中主要以英美国家的特免权制度为范例，至于大陆法系的德国和法国，也有较为完善的特免权立法，但存在立法上照搬照抄、判例难以收集、学者论述不多的情况，所以只能在论述英美特免权制度的时候作为补充和参照。比较研究是很难驾驭的研究方法，本书将在行文中尽量避免材料的堆砌和简单的比较，而试图深入到制度背后的原因，以自己的评论观点作为比较的总结。例如，在比较中，笔者发现大陆法系国家的特免权范围要远远大于英美法系国家的特免权范围，有人认为这是由于大陆法系国家比较注重对家庭的保护，有的认为这是因为英美法系比较重视证人证言的获得，在笔者看来，这些解释都没有深入到问题的实质，也不能令人信服。这种差异固然与诉讼模式和证据制度相关，但是从根本上说还是由于两大法系特免权的起源不同，源于普通法的英美特免权制度遵循先例，通过一个个的判例来检验特免权的功能和限制，通过经验来筛选现实可行的特免权，而大陆法系特

① 参见〔日〕田口守一：《日本刑事诉讼法》，刘迪、张凌、穆津译，法律出版社 2000 年版，第 232—233 页。

免权源于成文法的制定，所有的特免权规定都是立法者先验地在诉讼法中规定，考虑到各种利益群体的诉求，特免权的范围难免过于宽泛，而且也没有机会通过判例来进行限制和修正。[①] 这种解释可能会为特免权制度的研究引入一种新的视角，深化比较基础上的分析。当然，在比较中，通常也会犯简单的"拿来主义"的毛病，认为国外的特免权制度肯定是优越的，不加论证地照抄到中国来，或者把某一国家的具体制度当作具有普适性的准则，作为中国建立特免权的范例和标准。笔者在本书中对这种做法怀有深深的警惕，所以在文中特别就我国建立特免权制度的现实条件进行了分析，并试图揭示我国目前建立该制度存在的一些重大障碍，并将对我国目前很多"立法草案"中仿造国外特免权制度建立的规则进行深入的批判和反思。

历史研究的方法也是本书必须运用到的方法。在交代每一项特免权背景时，本书将会从特免权的源头说起，考察该特免权在历史上的发展和变迁。这种考察不是为了简单的历史回顾，而是旨在说明制度形成的基础和理念嬗变，并透过尘封的历史揭示该制度的生命力和背后蕴涵的精神、思想和文化。例如，对于古代中国"亲亲相隐"制度和古罗马、古希腊亲属容隐义务规定的分析，可以发现古代法律在维护家庭伦理上"异曲同工"的努力，并透过这种现象发现一些法律的道德基础。而笔者对于从清末改制到新中国成立后的特免权制度在中国曲折命运的考察，将试图揭示在制度移植和本土资源之间的冲突和融合，进一步阐释在特免权制度为什么会成为当前诉讼法律中的"失踪者"，为什么没有特免权存在的诉讼制度会发生一些本来不应有的"病变"（特免权缺位的消极影响）。

价值分析的方法也是本书不得不运用的一种研究方法。价值分析经常被用来论证某一制度的正当性与合理性，笔者在论证特免权制度正当性与合理性的时候，也将用到这种方法。但是价值分析也很容易落入"存在的就是合理"的窠臼，很多学者在研究特免权制度的时候，只看到该制度所代表的价值而忽视或者贬低另一种价值，认为特定的社会价值必然优越于司法公正的价值，这种先入为主的态度将妨碍我们作出正确的、客观的价值判断。马克斯·韦伯强调社会科学研究中的"价值中立"，认为研究者不能预先产生价值偏差。虽然完全的价值中立不一定能做到，但是我们在分析问题的时候尽量采取客观的态度还是不难的。在分析特免权制度价值时，笔

① 这里只是笔者的初步设想，进一步的论证参见本书第六章第四节。

者将对特免权维护的特定社会价值和发现真实价值之间的冲突进行分析，阐明仅仅强调发现真实的代价和过于强调保护社会价值的代价，并引入利益权衡模式，试图在两种价值的博弈中寻找到一个平衡点。笔者既不赞同那种强调发现真实价值高于一切的观点，也不赞同过于扩展特免权从而对发现真相产生根本性障碍的观点，而坚持“有限度的特免权”的观点。这或许是一种功利主义的立场，但却是笔者所能想到的最好的策略。

在本书中，笔者还将尝试运用实证的研究方法，对中国缺乏特免权制度产生的问题进行调查，通过一些案例或者访谈，了解在我国现行诉讼制度下缺乏特免权所带来的尴尬，并对我国建立特免权制度的可能性和可行性进行研究。调查的对象以证人为主，因为普通公民根据逻辑或者想象道出的答案，与身处其境的证人相比，实在相差太大，并无多大参考意义。众所周知，相对于一般公民而言，证人群体是一个隐性的群体，通过普查的方式获得的数据难以说明证人（以及潜在证人）在面临作证窘境时的内心抉择，所以通过大规模的社会调查或者问卷调查的方式为本书的论证提供佐证的做法，既不现实，也无必要。即使能够从法院调取到一定数目的证人的资料，笔者受研究条件的限制，也没有足够的经费支持开展大规模的深入调查，因此，鉴于这些可以理解的原因，笔者在本书中只能采用个案研究和个案访谈的方法，以求窥豹一斑。个案研究方法所忌讳的是选取的案例不具有代表性，而访谈的方法则有以偏概全和先入为主的危险。本书选取的案例，国外部分基本上是选取有判例传统的国家就特免权问题所作的裁判中最常被引用的部分，主要以美国、英国和德国的判例为主。国内的部分，因为没有判例制度，因此只能选取最高人民法院公布的或媒体报道的案例，后者基本上来自《法制日报》、《检察日报》、《人民法院报》等司法机关主办的媒体，也有一些是法官、检察官或警察本人在文章中的论述。这些案件和观点原本是作为“正面报道”或“正方观点”出现的，所以当其被用作“反面教材”的时候，其真实性只能是有过之而无不及。为了获得第一手材料，笔者还以非正式的方式，对部分司法实务工作者和证人进行了访谈。当我们之间的谈话并不是以特免权为话题的时候，这种交流所透露出来的信息，较之刻意地去搜寻，或许要客观得多。

除此之外，本书还将运用规范分析的方法，比较不同的特免权规则之间的差异，研究在特免权立法背后所体现的价值取向。本书也会运用社会学、经济学和心理学研究的方法，因为这些方法在分析社会群体的价值观、诉讼主体的利益权衡以及当事人和证人的心理方面，具有一定的意义。例如，在考察特免权制度的价值因素时，会运用到经济学上的利益分析工具，在研究亲属特免权的时候,会运用家庭社会学(社会学的一个分支)的一些研究成果。系统研究的方法将贯穿全文。特免权制度并不是一个孤立的制度,在证据法的范围内,它与证据的可采性规则、证据开示制度是密切相关的;在诉讼制度上,它与沉默权制度、律师制度、证人作证制度以及被告人、证人的权利保障是唇齿相依的;在更广泛的视角内,它与职业道德、家庭法、新闻法、保密法、公务员法、侵权法也是互相联系的。因此,在特免权的研究中,难免会涉及上述制度的契合问题。在一个法律制度的体系内,特免权问题的研究需要考虑到相关制度的细节。由于笔者的专业兴趣,在诉讼制度的背景下研究特免权制度,是本书的一个基本定位。证据法离不开诉讼制度,特免权问题只有放置在诉讼制度下进行研究才有意义。笔者将在本书中关注特免权制度与证据强制取得制度的矛盾与冲突,关注不自证其罪特免权与被告人权利保障的关系,关注律师—委托人特免权与律师制度的互动,关注隐私权在诉讼制度人权保障中的地位和界限,关注侦查制度、公诉制度和审判制度与特免权的协调,关注特免权作为整个诉讼制度的一部分应有的作用和功能。

特免权制度虽然是一个舶来品,但是我国古代曾经有过与此相类似的"亲亲相隐"制度,也曾经在清末改制和民国时期引进过该项制度,甚至在当今的台湾地区依然保留着。为什么在当前的诉讼制度中没有了特免权的影子?这是一直困扰笔者的问题。对于我国法律制度上的这个"失踪者",我们有理由多一些这样的追问——为何当时法律制度变革引进了该项制度,而又在新中国成立后废除了?没有特免权制度给我们的诉讼制度带来了哪些问题(不管是显态的还是隐态的)?我们的社会是否需要特免权制度?当前的司法制度是否有特免权生存的空间?在将来的诉讼制度中建立特免权制度是否可能?对这些问题的回答都需要对特免权本身进行研究。本书所要关注的,就是在追求发现真实的诉讼制度中,特免权制度何以产生和生长,何以承载人类社会一些基本价值观的诉求,何以成为社会关系对抗国家力量的一道权利屏障,何以在法律与道德的冲突中成为一个不可缺少的调节阀。

本书虽然在很大程度上在进行一项艰难的制度分析和解释工作,但是笔者研究特免权制度的主要目的并不在于在介绍和学习一项国外制度,而在于它与中国实践的结合,研究的落脚点依然是中国问题。在当前的证人制度的研究中,很多学者认为证人不作证的根源在于证人不履行作证义务,认为应当建立强制作证制度,但是却忽略了证人可强迫性的界限,忽视了那些本来不应该属于强制作证之列的被告人、当事人和证人,同时也在追求事实真相的时候忽视了一些重要的价值。如果不在证人作证制度中对特免权制度进行考虑，证人制度的建构可能就会存在问题，我们建立的诉讼制度也只会徒增一些不能兑现的规则而已。或许通过本书的研究，会促使我们对过分追求客观真实的价值观和诉讼制度进行一些反思，对司法制度中实体公正、程序正义和社会利益之间的博弈多一些体认。

本书的具体框架分为八章。第一章交代研究的背景、动机、研究对象、研究现状和研究方法等。第二章考察中国法制史上的“失踪者”——特免权制度，分析特免权制度的发展脉络以及中国特免权的移植与“失踪”的原因。第三章对特免权制度中的基本概念进行界定，勾勒特免权规则的理论体系，并对特免权的价值取向和利益权衡问题进行分析。第四章以不自证其罪特免权为研究对象，研究它的起源、理论基础和内容。第五、六、七章分别以职业关系特免权、亲属特免权和公共利益特免权为主要内容，在结构安排上参照第四章。上述四章是特免权制度的主要内容，构成特免权制度的主体。笔者试图在对每种特免权的起源、理论基础、规则设置进行详细阐释的基础上，对特免权制度中一些重大的理论问题进行研究。在第八章，也是本书的重点章节，将回到中国问题，笔者将用大量的篇幅研究特免权制度在中国遇到的问题与解决的方法，在考察我国因缺失特免权制度而带来的问题的基础上，进一步探讨在我国建立特免权制度的可能性。在探讨可能性的同时，本书将以实证的方法对目前我国诉讼法以及司法制度存在的阻碍特免权的因素进行分析，这种分析也是本书结论的立足点。在本书的结尾，笔者没有提出某种立法建议稿[①]，而是对当前学术界业已公布的涉及特免权制度的立法草案进行了综合评价，对于其中一些与本书的研究结论相左的地方，提出评论性意见，以表明笔者的基本观点。

---

① 陈瑞华教授认为，提出立法建议不应该作为博士论文的学术贡献，笔者深表赞同。既然学术界已经有那么多关于特免权制度的“立法建议稿”，本书也没有必要再画蛇添足。

第二章　法制史上的“失踪者”

如果没有一种对于过去的重新整合，那么，既不能回溯我们过去的足迹，也不能找到未来的指导路线。①

——〔美〕哈罗德·J.伯尔曼

特免权制度，究竟是纯粹的舶来品，还是土生土长的中国旧制，只以新瓶包装？抑或是中西合璧之作？关于特免权的起源，长期以来学界争论不休。有人认为，特免权是国外的制度，中国从来没有存在过；也有人认为，中国古代的“亲亲相隐”就是特免权制度；还有人认为，古代的中国和西方都存在过特免权制度，但早已消失，现代特免权制度产生于西方。那么，究竟中国有没有出现过特免权制度？

第一节　中国古代的容隐制

中国数千年的法律制度史中，产生过“亲亲相隐”的司法政策，很多学者因此认为中国古代就有特免权制度。但笔者认为，中国古代的容隐制尚不能称为特免权，但它为特免权的移植奠定了基础，中国近代的特免权制度是古代容隐制和现代西方特免权结合的产物。

一、先秦的“父子相隐”观

主张中国古代“亲亲相隐”属于特免权的学者，基本上都是追溯到春秋时代，例举孔子在《论语·子路》中提出的“父子相隐”。这个典故发生在孔子和叶公之间的一段对话，大意是说，叶公认为，儿子告发父亲偷羊，是正直的；而孔子则认为父亲犯罪，儿子不作证②，才是正直的表现（“父为子隐，子为父隐——直在其中矣”）。孔子作为儒家思想的代表，主张正直的评价标

① 〔美〕哈罗德·J.伯尔曼：《法律与革命——西方法律传统的形成》，贺卫方等译，中国大百科全书出版社1993年版，序言第5页。

② 孔子在《论语·季氏》中解释：“言及之而不言谓之隐。”“父子相隐”中“隐”的意思是指知而不告，知而不证。

准应当符合伦理道德，这种苏格拉底式的对话录，只是具有思想史上的意义，不能作为“亲亲相隐”产生的证据。叶公所在的楚国，和孔子所在的鲁国，做法似乎并不一致，“子证其父”和“子为父隐”在“比较法”的视野中都具有正当性。而且，孔子说的“父子相隐”不一定具有国家法上的合法地位，只是民间法上或道德上的正当行为。

孔子思想的继承者孟子，被认为是进一步推动了“父子相隐”的传播。《孟子·尽心上》中记载了孟子与学生桃应的一段对话。桃应问：舜是帝王，其父杀人，皋陶作为法官，该怎么办？孟子说，按照法律规定把舜的父亲抓起来，进行审判。桃应又问：为什么舜不可以制止？孟子说，舜怎么可以制止呢？他自己也要受制于法律啊。桃应追问，那舜怎么办？孟子说，舜放弃天下就好像丢掉破鞋一样不在乎，他背起自己的父亲跑了（窃负而逃），挑个靠海的地方住下来，终身怡然自得，快乐得忘了天下。从上述对话中，我们似乎能推测孟子是赞成舜的做法的，但这既不能说明法律在作证（告发）问题上允许“父子相隐”，也不能说明孟子的主张具有正当性。

即使承认孔孟提出的“父子相隐”，范围也只限于父子之间，所以严格来说并不能称其为“亲亲相隐”。而且，当时礼崩乐坏，百家争鸣，儒家把父权置于君权之上的做法受到了来自法家的极力批判和反对。法家思想主导的立法也否定“亲亲相隐”的做法。如《史记·商君列传》记载，商鞅变法时期秦国就大力推行奖励告奸政策：“令民为什伍，而相牧司连坐。不告奸者腰斩，告奸者与斩敌首同赏，匿奸者与降敌同罚。”法家代表人物对儒家思想宣扬的父权和孝道也进行了批判。《韩非子·五蠹》曾列举两个事例，一是楚国直躬，“其父窃羊，而谒之吏。令尹曰：‘杀之。’以为直于君而曲于父，报而罪之”；二是“鲁人从君战，三战三北。仲尼问其故，对曰：‘吾有老父，身死莫之养也。’仲尼以为孝，举而上之”。楚国令尹和临阵退缩的鲁人，其所做所为是符合儒家的道德原则的，但结果是，楚令尹处死“大义灭亲”的直躬，导致无人向官府检举犯罪行为；孔子奖赏因家有老父而临阵退缩的人，导致鲁国军队总打败仗。与孔子不同的是，韩非认为公与私、忠与孝是不相容的，“以是观之，夫君之直臣，父之暴子也……父之孝子，君之背臣也。”因此，法家虽然也提倡孝，但是在忠孝不能两全时，强调家庭利益必须服从国家利益。在秦律的一些条款中，其实也是鼓励妻子控告丈夫的，如《睡虎地秦墓竹简》记载有丈夫有罪，妻可告，甚至在特殊情况下还可杀夫。[①]《史

① 参见张中秋：《中西法律文化比较研究》，南京大学出版社 1999 年版，第 45 页。

记·太史公自序》对此评价:“法家严而少恩……法家不别亲疏,不殊贵贱,一断于法。则亲亲尊尊之恩绝矣,可以行一时之计,而不可常用也。”①

总的来说,法家反对儒家过于极端的“亲亲相隐”,但在父权和家族利益没有对君权和国家利益构成威胁的情况下,也考虑维护伦常秩序。《云梦秦简·法律答问》记载“子告父母,臣妾告主,非公室告,勿听。”“非公室告”的罪行主要是家庭成员之间的侵害行为,包括子女盗窃父母的财物,父母擅自对子女及奴婢施以杀、刑、髡等。从这段立法看,法律原则是禁止子告父母的,但并没有禁止家庭成员以外的人告发。这说明,虽然家长随意侵害子女及奴婢的行为要负法律责任,但秦朝的统治者已经意识到“子告父母”有违伦理,因此在程序上实行不予受理。这种做法与儒家主张把“子告父母”当作不孝之罪尚有很大距离。而且,这种禁止家庭成员之间告发犯罪的规定,在当时法律中并不具有普遍的意义。春秋时代萌芽的亲亲相隐观,没有在秦朝成为主流的价值观念,更没有上升到国家法律和政策的层次上。

二、成文法上的容隐制度

正式的“亲亲相隐”制度,是在儒家思想取代法家思想获得“正统”地位之后。汉武帝时,董仲舒提出的“罢黜百家,独尊儒术”得到采纳,标志着儒家思想登跃龙门。他遵循“重德轻刑,德主刑辅”的原则,以三纲五常为伦理体系,确立了封建宗法伦理制度,“亲属相隐”即为其中表现之一。不过,法律只强调“子为父隐”,子为父隐无罪,告父为“不孝”的重罪,可处死刑,而父为子隐有罪。强调卑为尊隐合法性的背后,是传统的尊卑位序。

《汉书·宣帝记》载,汉宣帝地节四年(公元前66年)诏:“父子之亲,夫妇之道,天性也。”“自今子首匿父母、妻匿夫、孙匿大父母,皆勿坐。其父母匿子、夫匿妻、大父母匿孙,罪殊死,皆上请廷尉以闻。”这就是“亲亲得相首匿”②的规定。从该规定分析,立法者意识到“亲亲相隐”的存在基础是人类亲情的天性,这是一个巨大的进步。与汉武帝时期只强调“子为父隐”不同的是,汉宣帝确立的规则不仅把范围扩展到了夫妻之间和祖孙之间,而且放宽了对尊为卑隐的惩罚(上请廷尉,可能获得减轻或免除责任)。不过,此时尊为卑隐还是没有获得法律许可。

《晋书·刑法志》记载:东晋元帝时,晋王大理卫展上书反对“考子证父

① 司马迁:《史记》(简体字本),中华书局1999年版,第2487页。
② “首匿”意为窝藏、包庇。

死刑，或鞭父母问子所在”的做法，认为这样“伤顺破教，如此者众。相隐之道离，则君臣之义废；君臣之义废，则犯上之奸生矣”。元帝采纳了其谏议，规定亲属间不得相互证罪。后来，在注重亲亲相隐制度，反对株连的同时，又把容隐亲属的范围加以扩大。

《魏书·刑法志》记载，北朝时已经有“期亲相隐”的法令。《魏书》载有：“‘期亲相隐’之谓凡罪。况奸私之丑，岂得以同气相证”的内容。（“同气”指的是兄弟姐妹）这说明容隐亲属的范围从原先的“父母子女、夫妻、祖孙”之间开始扩大至平辈的兄弟姐妹之间。

到了唐代，基于“屈法以伸伦理”的观念，《唐律疏义》确立了同居相隐不为罪原则，其相容隐的范围较之汉朝进一步扩大，形成了一个完备的规范系统。《名例律》规定：“诸同居，若大功以上亲及外祖父母外孙，若孙之妇，夫之兄弟及兄弟妻，有罪相为隐；部曲、奴婢为主隐，皆勿论。……其小功以下相隐，减凡人三等。”即所有同居亲属（不论服制）均可相隐，不同居的大功以上亲属亦可相隐，不同居小功以下相隐也减轻处罚。

唐以后各朝基本上都沿袭了（唐朝）亲亲相隐的制度。[①] 宋律在容隐制度上基本照搬唐律的规定，只不过条目有些变化而已。元明清的容隐制度大体仍然沿袭唐宋律的规定，但随着社会情况的变化也相应地出现了一些变化。

元代确立了“干名犯义”的罪名，“凡子证其父、奴讦其主、妻妾弟侄告发夫兄叔伯等诉讼行为，都是大伤风化的‘干名犯义’，一律禁止”[②]。容隐亲属的义务也进一步加强。

明清时期亲属容隐制度的规定基本上和唐律的规定相同，只是稍微加以变动。容隐亲属的范围进一步扩展到妻亲，即岳父母和女婿等都列入了可以容隐的范围之内。《大明律》规定“存留养亲”、“同居亲属有罪得相互容隐”，“奴婢不得告主”，“弟不证兄、妻不证夫、奴婢不证主”等。[③]

此后“亲亲相隐”原则被历代所遵循，但有两类罪行例外，一是谋反、谋大逆、谋叛等重罪，因为这些罪或直接侵犯皇权，或严重破坏社会秩序，二是亲属互相伤害罪，因为如果不容许告诉，被告人失去自我保护权利，家族关系也难以维护。

从汉至清，我国古代亲属容隐制在成文法上固定下来并不断扩展，成为

---

① 参见范忠信：“亲亲相为隐：中外法律的共同传统”，载《比较法研究》1997年第2期，第114页。

② 叶孝信主编：《中国法制史》，北京大学出版社1996年版，第303页。

③ 郭成伟：《中国法制史》，中国法制出版社1999年版，第304页。

封建法制的一项重要内容。它借助儒家思想的统治地位,实现了道德规范的法律化,并绵延传承而为传统法律文化的标志之一。它与西方古代容隐制的暗合,也成为法制史上一个有趣的现象。

三、容隐制乃特免权之母

西方古代也有与中国"亲亲相隐"颇为相似的制度。古希腊宗教和伦理反对告发父亲,为子者不得告发而只能隐匿父亲犯罪。智者游叙弗伦告发父亲杀人,受到苏格拉底的指责,游氏也承认"为子者诉父杀人是慢神的事"。① 古罗马法亦有很多容隐规定,如家属(子)不得告发家长对己私犯;同一家长权之下亲属相盗不发生诉权,亲属之间不得相互告发(尊卑亲属互相告发丧失继承权),不得令亲属互相作证,家长或父亲有权不向受害人交出犯罪的子女。②《民法大全》规定:"父亲不宜做儿子的证人,儿子也不宜做父亲的证人"③。这些规定与中国古代的"父子相隐"相比,其存在的基础可能略有差别:中国古代的政治法律是以家族本位建立的,强调的是封建等级和伦理秩序,西方古代的政治法律是以男性为中心的父权和夫权的统治,体现的是血缘主义和国家主义。然而,按照马科斯·韦伯的观点,东西方的上述制度都属于"集团本位",具有普遍性。④ 由于这两种亲不为证的做法,都强调亲属之间隐匿犯罪证据的义务,鼓励亲不为证,我们可以统称为容隐制。

我国有学者认为,中国古代就存在特免权。⑤ 笔者认为,容隐制与我们所说的特免权还是有区别的:

首先,容隐制和特免权产生的社会基础不同。中国容隐制是建立在封建的等级制度基础上的,推崇"亲亲尊尊"伦理观。作为中国儒家正统伦理学的范本,《礼记》开宗明义:"仁者人也,亲亲为大",在刑法上,以卑犯尊的处罚比以尊犯卑的处罚要重得多,因为触犯封建的家长权威是大逆不道的

---

① 参见〔古希腊〕柏拉图:《游叙弗伦 苏格拉底的申辩 克力同》,严群译,商务印书馆 1993 年版,第 15 页。

② 〔古罗马〕查士丁尼:《法学总论》,张企泰译,商务印书馆 1989 年版,第 193、209、223 页。

③ 《民法大全选译·司法管辖权 审判 诉讼》,中国政法大学出版社 1992 年版,第 61 页。

④ 详见〔德〕马克斯·韦伯:《经济与社会》(下),林荣远译,商务印书馆 1997 年版,第 5 页以下。

⑤ 如有人撰文指出"早从周朝开始,我国就有了关于亲属拒证特权的规定,"见刘涛:《我国设立证人特权制度刍议》,载《山东法学》1998 年第 5 期,第 32 页。有人认为,"我国古代证人拒证权制度比较发达",参见罗祥远、龚恒超:《论证人拒绝作证权》,载《广西政法管理干部学院学报》2001 年 12 月"法学理论与实践专辑",第 54 页。

行为，“子证父罪”不仅会遭受法律的制裁，更会招致整个家族的道德谴责，但父证子罪相对可以容忍。西方的容隐制强调家长权力，告发父亲被认为是对神的冒犯，认为子女的人格是被吸附在家长权内，父亲与儿子在人格上被视为一体，不可互相告发。可见，容隐制与封建社会一脉相承，维护的是家族的稳定性和家长权威性，强调封建家庭的整体利益，否认个人人格的独立，忽视个人的权利与人与人的平等。特免权制度是基于民主、平等、自由、权利价值观的传播而建立起来的制度，它不是或主要不是对家庭伦理的维护而是对人的尊严、人的感情的尊重，是对人与人间密切关系的爱护。如婚内的交流秘密特免权在婚后或者配偶死亡之后依然存在。亲属特免权不仅维护了作为基本的社会关系和群体利益，也保障了个人利益和权利不受国家权力的干涉，保证了公民个人生活的安宁和个性的解放。

其次，两者的性质并不相同。容隐制是一种义务，而特免权则是一种权利。容隐制虽然表面上表现为可以拒绝告发的权利，但实际上强调的是一种隐匿义务，告发应相隐的亲属有罪，唐至明清的法律甚至规定，审案时如果命令得相容隐的亲属作证，涉案官员处刑。也就是说，它只能遵守，不能放弃，对于违背容隐制而告发者，甚至以犯罪论。西方早期的容隐规定也同样属于剥夺证人资格的规定，而非权利。特免权作为一种权利，既可以由权利人主张，也可以由权利人放弃，放弃特免权不一定产生对权利人不利的刑事责任。例如，污点证人在选择作证时，就是以放弃不自证其罪特免权为前提的，而且放弃特免权可以获得罪行或刑事责任豁免作为回报。如果从证据制度上看，容隐制是通过否定证人作证的资格从而禁止证人作证的证据能力排除规则，而特免权是通过免除证人义务从而使证人摆脱作证困境的权利规则，它并不否定证人的适格性，而恰恰是以证人的适格为前提的。

最后，在一些具体的制度设计上，两者也存在很大的差别。容隐制要求具有特定亲属关系的人不去告发，但是并不禁止证人披露与特定关系的当事人之间的谈话，而这恰恰是特免权保护的主要内容。容隐制并不限于案件中的当事人和证人，而是包括了与被告人有关的诸多近亲属，特免权往往限于与当事人密切相关的配偶和很小范围的近亲属。更为重要的是，容隐制只是强调亲属之间的互不为证，但特免权则把免于作证的权利扩展至更广泛的范围，以保护亲属关系之外的职业关系、公共利益关系以及个人权利。从上述比较可以看出，容隐制尽管和特免权存在相似之处，但是并不属于特免权范畴，作为权利保障设置的特免权制度，是近代民主社会强调“权利”之后的事情。

当然,“容隐制”与特免权都表现出对家庭关系的保护,对亲情和伦理价值的重视,在这一点上存在着中西的“异曲同工”。这种理念也奠定了从旧制度向新制度发展的可能。制度的变迁正是通过利用传统根基中合理的成分,特别是最为坚实的理念部分,然后通过技术的改进实现制度的创新,以降低新制度生存的阻力。检察制度、律师制度在我国的发展,都是例证。在历史的发展脉络中,确实也存在着容隐制向特免权制度的转化,在西方是从证人“丧失资格”规则逐渐向特免权规则转化,在中国是通过法律移植把特免权融合进容隐制。如果没有容隐制为基础,这样的转化和移植可能很难完成。特免权制度继承了容隐制中对家庭伦理、道德、秩序的维护,摒弃了其中人格不平等的因素,增加了人性尊严、权利保障的现代内容,是一种“创造性的转化”。这次伟大的转化,社会基础是生产力的发展带来生产关系的变革,随着商业的兴起,个人观念获得复苏,民主、自由、平等、权利等思想在资产阶级革命后成开始深入人心。以义务本位为特征的容隐制,也在人本主义思潮的推动下,向权利本位转化。在西方,这是以十七八世纪的资产阶级革命为标志,在中国则是以清末民初的政治改革为契机。例如,1810年的《法国刑法典》和1871年的《德国刑法典》开始从正面规定亲属之间隐罪的权利,而不再规定告发亲属或为亲属有罪作证应受罚。中国也是从清末修律开始把传统的义务性规定改为“得拒绝证言”等权利性条款。因此,笔者认为,容隐制是特免权之“母”,现代特免权是容隐制遇到现代民主之“父”后催生的产物。无论是西方还是中国,容隐制都构成了特免权得以建立的文化基础,而且也是一个国家试图建构特免权制度应当考虑的“本土资源”,特免权需要考虑的社会价值也来源于此。这一点,中国的特免权移植表现得尤为明显。

第二节 特免权的移植

一、清末修律的转变

我国特免权制度的移植,起源于清末修法。当时的清朝政府,外有列强环伺,内有革命维新,不变法不足以求自存。然而,由于历史条件的限制,中国法制近代化的进程,却是以效仿和移植作为开端的。在修订法律之初,修法大臣沈家本等人就组织翻译了各国刑法和诉讼法,而其中尤以德国和日本的法律为最。这主要在于德日的君主立宪制中君主位高权重,以此为基础的法律更容易被清统治者所接受。因此，清末修法主要移植德、日法律制度。沈氏起草《法律编制法》时，甚至专门邀请日本法学家冈田朝太郎为其顾问，帮助审定条文。①

1906 年，沈家本、伍廷芳编订完成《刑事民事诉讼法》②，其中规定了一些证据规则，并设有“证人”一节。在这部草案中，一方面规定了证人作证的义务，另一方面又规定了不得强迫亲属作证（第 241 条）。这些立法意见不是凭空产生的，考察立法参与者的背景，我们可以发现，沈家本曾经深入地研习过很多国家的法律制度，而伍廷芳本人早年留学英伦，是英国林肯律师学院的法律博士，所以在立法思想上自然更多地受到国外法律制度的影响。我国亲亲相隐原则一直强调的是“禁止亲属作证”，而《刑事民事诉讼法》规定的则是“不得强迫亲属作证”，虽只有两三字的差异，但是立法的主旨却大异其趣。前者强调的是亲属不得作证的义务，是证人不适格的规定，后者强调的是亲属不受强迫作证的权利，是赋予证人作证和不作证的选择权，所以可以作为特免权的萌芽。

《刑事民事诉讼法》遭到了以张之洞为首的传统派的反对③，使得该法胎死腹中。但是，张之洞等人建议，在采用合适的法律之前，可以先行发布某些没有问题的章节作为暂行章程。于是在 1907 年，清政府颁布了《各级审判厅试办章程》。该法第 77 条规定“与原告或被告为亲属者”，“不得为证人或鉴定人”。这个规定又回到了原来的证人不适格。

正式在我国规定特免权的是 1910 年《大清刑事诉讼律草案》。该法效仿日本《刑事诉讼法》，第一次在我国设立了特免权制度。草案第四节为“证言”，其中第 151 条规定：“官吏、公吏或曾为官吏公吏之人所知之事实，如本人或该官厅署称为有关职务上秘密者，非经监督吏员承诺，不得以之为证人而讯问之。”这实际上是关于公共利益特免权的规定。第 152 条规定：“左列④各人，得拒绝证言：第一，被告人之亲族，其亲族关系消灭后亦同；第二，被告人之监护人、监督监护人及保佐人。”这实际上是关于亲属特免权的规定。第 153 条规定：“应行讯问之事实，遇有左列各款情形，得拒绝证言：

---

① 参见李贵连：《沈家本传》，法律出版社 2000 年版，第 262—270 页。

② 该法因为各省奏请“展缓施行”，未能颁布。

③ 当时传统派对该条的反对意见认为，此规定“启男女平等之风”，违背了儒家礼教的基本原则。参见黄宗智：《法典、习俗与司法实践：清代与民国的比较》，上海书店出版社 2003 年版，第 32 页。

④ 因为当时文字竖排右读。

第一,僧道、医师、药剂师、产婆、律师、公证人或曾居此等地位之人,因受职业上委托应守秘密者;第二,证人之陈述恐致证人或证人之亲族、监护人、监督监护人、保佐人为刑事被告人者,其亲族关系消灭后亦同。"这是关于职业关系特免权和不自证其罪特免权的规定。尽管这部法律因为清政府的覆亡而没有实行,但它却成为后代立法的样本。

1910年12月编成的《民事诉讼律草案》对于特免权的规定更为详细。例如,该草案第384条规定:"官吏、公吏或曾为官吏、公吏之人为证人者,若就其职务上应秘密之事项受讯问,得拒绝证言。前项规定,于国会议员、僧道、医师、药剂师、药材商、产婆、律师、辩护人、公证人或曾居此等地位之人为证人,准用之。前两项所列各人,若已无秘密责任,不得拒绝证言。"这是关于公共利益特免权和职业特免权的联合规定。草案所附的立法理由称,政府官员在职务上有保密的义务,是可以拒绝证言的,否则就违背了其职业规范上的保密义务。但如果其上级免除其义务,则不得拒绝作证。国会议员如果就秘密会议的事项被讯问,也有拒绝证言的权利,这是为了履行议员的职责,而不管是否在职。如果秘密义务免除,不在此限。医师、药剂师等受人委托,就所知道的事项应保守秘密,不然就不能维持职务上的信用,这是委托人所不愿看到的,所以也有拒绝证言的权利。如果委托人免除该义务,则不在此限。这样的立法理由,在后面每条特免权规定中都有。相关的规定还有第385条(保密义务的免除)、第386条(亲属特免权)、第387条(监护人、保佐人的特免权)、第388条和第389条(不利证言特免权)、第390条(职务关系特免权)等①。

清末修律中引进的很多西方法律制度,诸如陪审制度、律师制度、检察制度,都曾在当时引起过激烈的争议,唯有特免权的规定,获得一致的认可。这一现象,或许与清末仍在实行的容隐制传统有关。清末参与修法的刑部郎中吉同钧认为:"此律(指容隐制——引者注)与干名犯义……均系扶植纲纪敦叙伦常之意,刑法之可弼教化者在此律中,之所以为国粹者亦在此。"②容隐制的长期存在,使亲属之间可以互不为证的观念,深入人心,而特免权的设置并不是从根本上推翻和否定这个传统,而是扩展和提升旧有的制度。除了赋予亲属关系的证人可以免于作证的权利之外,特免权制度

---

① 陈刚:《中国法制百年进程》(清末时期)第二卷,中国法制出版社2004年版,第217—219页。

② 吉同钧:《大清现行刑律讲义》,宣统年间,法政学堂印行,金册,第108页。转引自范忠信:《中西法律传统中的"亲亲相为隐"》,载《中国社会科学》1997年第3期。

又增加了诸如职业关系特免权等新内容，在当时也符合初步发展的新兴职业群体需要。社会现实层面上的阻力一旦减少，技术上面的转变就显得顺理成章了。参与清末修法的立法者，在比较考察的基础上，确立了"远法德国，近采日本"的策略，诉讼法的起草也明显效法德国和日本。[①]《刑事诉讼律草案》和《民事诉讼律草案》中的特免权规则也基本上是德、日刑事诉讼法中相关条款和中国传统容隐制的混合体。我国法律制度从容隐制到特免权的转变，就这样"悄悄"完成了。

二、民国立法的移植

刚从封建社会脱胎的民国政府，一方面大规模地修订新法，另一方面也对前清颁行的一些法律加以沿用。例如，前文提到的《刑事诉讼律草案》，清政府未及颁行，民国政府却暂行援用，其中关于证据的规定，北洋政府于1913年颁布的《高等以下各级审判厅试办章程》完全采用了清末的《各级审判厅试办章程》内容。1922年颁布实施的《刑事诉讼条例》基本上借鉴了《刑事诉讼律草案》，但却第一次把特免权立法付诸实施了。

依据《刑事诉讼条例》第104条的规定，证人为公务员或曾为公务员就其职务上应守秘密的事项进行作证，应得到其监管长官的同意；若公务员本身为最高行政长官或为国会议员，当他们作证时应当得到大总统或国会的同意；上述人员在接受讯问时，如讯问人员未从其主管公署或长官处获得允许，则他们享有拒绝作证的权利。当然，这一特免权也有限制，针对讯问人员要求获得准许的请求，该公务员主管长官或议员所属的国会除非认为该讯问事项妨碍国家利益外，一般不得拒绝这一请求。这个规定和日本当时的公共利益特免权非常接近。对于普通证人特免权，该法第105条规定，证人同案件被告人有法定关系，可以拒绝作证。这些关系包括：证人为被告人之亲属或者曾为被告人之亲属，证人为被告人之未婚配偶，证人与被告人具有法定代理关系、监督监护关系、保佐关系。该法第106条规定，证人作为医师、药师、药商、助产士、宗教师、律师、辩护人、公证人、会计师或其业务上佐理之人或曾任此等职务之人，就其因业务上所知悉的有关他人的秘密之事项接受讯问，除经本人允许外，得拒绝证言。

国民政府形式上统一全国后，开始了全面修法的工作。1928年的《中

① 关于德国、日本刑事诉讼法对清末修法的影响，可参见李春雷：《清末民初刑事诉讼制度变革研究》，中国政法大学2003年博士学位论文，第25—31页。

华民国刑事诉讼法》洋洋洒洒五百多条,其中关于证据的规定就近百条,“证人”一章多达四十多条。其中第98条规定:“左列各人,得拒绝证言:(1)为被告之亲属者,其亲属关系消灭后亦同;(2)为被告之未婚配偶者;(3)为被告之法定代理人、监督监护人或保佐人者。”这是对亲属特免权的规定。第99条规定:“医师、药师、药商、产婆、宗教师、律师辩护人、公证人及其业务上佐理人或曾居此等地位之人,因业务知悉之事实、有关他人之秘密者,得拒绝证言,但经本人承诺者不在此限。”这是对职业关系特免权的规定。第100条规定:“证人恐因陈述致自身或第九十八条之关系人受刑事追诉者,得拒绝证言。”这是对不自证其罪特免权的规定。此外,1928年《中华民国刑法》第177条规定,为亲属利益而藏匿犯罪、销毁证据的,可以减免其刑。1935年,新的《中华民国刑事诉讼法》颁布,旧法废止。该法对于证人制度有多处重大改动,尤其对特免权的规定更趋严密。该法第167条规定:“证人有左列情形之一者,得拒绝证言:(1)现为或曾为被告或自诉人之配偶、五亲等内之血亲、三亲等内之姻亲或家长、家属者;(2)与被告或自诉人订有婚约者;(3)与现为或曾为被告或自诉人之法定代理人,或现由或会由被告或自诉人为其法定代理人者。”第168条规定:“证人恐因陈述致自己或与其有前条第一项关系之人受刑事追诉或处罚者,得拒绝证言。”第169条规定:“证人为医师、药师、药商、助产士、宗教师、律师辩护人、公证人、会计师或其业务上佐理人,或曾任此等职务之人,就其因业务所知悉有关他人秘密之事项受询问者,除经本人允许外得拒绝证言。”1935年《中华民国刑法》第167条延续了1928年刑法的规定,为亲属利益而藏匿犯罪、销毁证据的,可以减刑或免刑,甚至还规定,间接便利亲属脱逃者得减轻其刑(第162条)、为犯盗窃罪之亲属销赃匿赃者得免除其刑(第351条)。

在民事诉讼法方面,国民政府于1932年颁布的《中华民国民事诉讼法》中关于特免权的规定较之刑事诉讼法的规定更为详尽。“证人有左列各款情形之一者,得拒绝证言:(1)证人为当事人之配偶、七亲等以内之血亲或五亲等以内之姻亲或曾有此姻亲关系者;(2)证人所为证言,于证人或有前款关系,或有监护关系之人足生财产上直接损害者,或致受刑事上追诉或蒙耻辱者。其在亲属关系或监护关系消灭后,亦同;(3)证人就其职务上或业务上有秘密义务之事项受讯问者(保密责任免除后除外);(4)证人非泄漏其技术上或职业上之秘密,不能为证言者”。但证人有前述第一款或第二款情形时,关于下列事实仍不得拒绝证言:“一、同居或曾同居人之出生、死亡、婚姻或其身份上之事项;二、因亲属关系所生财产上之事项;三、为证人而与闻之法律行为之成立或意旨；四、为当事人之前权利人或代理人而就相争之法律关系所为之行为。”首次对特免权的例外作了详尽的规定。1935年，国民政府修正了《民事诉讼法》，其中因亲属关系而享有特免权的范围明显缩小，新法规定“证人为当事人之配偶、前配偶、未婚配偶，或四亲等内之血亲、三等亲内之姻亲或曾有此亲属关系者”，可以拒绝证言。此后修法的变动不是很大。1945年的《中华民国刑事诉讼法》第167条规定了亲属的证言特免权，第169条规定了职业关系特免权。《中华民国民事诉讼法》第306条规定了公共利益特免权，第307条规定了配偶不利证言特免权、职业上、业务上秘密特免权和技术上秘密特免权。

上述立法例模仿和参考国外特免权的痕迹非常明显，基本上取消了中国古代相隐制中“尊卑”的禁忌，也消除了义务性规定，全面采用了“得拒绝证言”这种权利性条款。至此，可以认为，特免权制度已经在中国正式确立。

特免权的确立，不仅仅是在“文字”上，而且是在“行动”中。我们可以撷取几则当时的最高法院就刑事诉讼和民事诉讼中特免权的判例：

> 二五年上字第二五号：“得以拒绝证言之证人，其拒绝与否之自由，在于证人，非被告所能主张。”（1936年刑事判例）
>
> 二九年上字第五〇三号：“证人与自诉人纵有刑事诉讼法第一百六十七条第一项第一款之关系，亦只得拒绝证言，如不拒绝而为陈述，其证言即非绝对不得采用。”（1940年刑事判例）
>
> 三二年上字第一三〇号：“刑事诉讼法关于证人得拒绝证言之规定，系指证人于有法定情形时，有拒绝陈述之权利，并非法院得拒绝其陈述之意，此项证人如放弃权利，不拒绝证言时，法院采其供述为判决基础，自非违法。”（1943年刑事判例）
>
> 三〇年上字第一一九号：“得拒绝证言之人而不拒绝者，其陈述仍非不可采用。”（1941年民事判例）
>
> 三〇年上字第八八八号：“证人为当事人四亲等内之血亲或三亲等内之姻亲者，依民事诉讼法第三百〇七条第一项第一款之规定，仅该证人得拒绝证言，非谓其所为证言，法院应不予斟酌。”（1941年民事判例）

上述判例在肯定证人有拒绝证言的特免权时，也强调其“权利”的属性，即可以放弃，法院如采证人自愿放弃特免权后的证言，也是允许的。上述判例说明，特免权制度不但在当时的立法中存在，而且已经付诸实践了。

第三节 “失踪”的特免权制度

一、1949 年之后的特免权命运

特免权制度引进后又被抛弃，是有着特定的政治、历史和文化背景的。特免权制度在新中国成立后的命运，也是那个时代很多法律制度的命运。新中国的成立，宣告了旧的法律体系的灭亡。新中国成立后一系列政治化运动，特别是“文革”，对特免权的消失有决定性作用。

早在 1949 年 2 月，中共中央就发布了《关于废除国民党的六法全书与确定解放区司法原则的指示》，明确指出：“在人民民主专政的政权下，国民党的六法全书应该废除，人民的司法工作不能再以国民党的六法全书为依据，而应以人民的新的法律作依据。”“同时司法机关应该经常以蔑视和批判六法全书及国民党其他一切反人民的法律、法令的精神，以蔑视和批判欧美日本资本主义国家一切反人民的法律、法令的精神，以学习掌握马列主义、毛泽东思想的国家观、法律观及新民主主义政策来教育、改造司法干部。”作为民国时期最基本法律的汇编，《六法全书》收录了国民党政府执政期间颁布的宪法、刑法、民法、刑事诉讼法、民事诉讼法和行政法规。摧毁旧的国家机器，废除旧的法律制度，这是建立新中国司法制度的前提，也是时代发展的必然趋势，但是，完全地抛弃数代人苦心经营积累的立法资源，另起炉灶，却有点矫枉过正。在政治性的运动中，意识形态成为难以逾越的鸿沟，“蔑视”和“批判”之后，就是“砸烂”——旧法中很多优秀的立法经验、正确的法律原则，都随之付诸东流，甚至绵延至今的传统法律文化也被人为地切断了。

1952 年，一场声势浩大的“司法改革”运动在全国范围内展开，在这次运动中，旧法思想再一次受到清理和批判，很多有着丰富法学基础和实践经验的司法人员也从原来的位置上撤离下来，而有着“高度革命热情”的工农群众取而代之。这不但导致司法人员的业务素质整体下降，而且一些旧法中正确的观点，诸如“法律面前人人平等”、“司法独立”等也都受到批判。在此背景下，特免权制度的命运可想而知。[①] 一位法史学家的说法，代表了

---

① 中国废除《六法全书》导致特免权立法的消失，但是，在社会主义制度下，其实仍有容隐制或特免权的规定。例如，在具有罗马法传统的原东欧社会主义国家中，如捷克、波兰、保加利亚、罗马尼亚刑法中均规定，为帮助近亲属实施包庇、藏匿犯罪、知犯不举、伪证或湮灭证据、代替受刑等行为，不罚或减轻处罚。德意志民主共和国《刑事诉讼法》第 46、49 条，保加利亚《刑事诉讼法》第 49 条规定，被告人的近亲属有拒绝作证权，任何证人如恐答问题会危及近亲属，有权拒答。

那个时代对亲属容隐制的基调：“‘父子相隐’是孔子法律学说中宗法性最浓的封建糟粕……对‘父子相隐’这一封建法制糟粕及其余毒，必须加以彻底批判。”[①]“文革”期间出版的《论语批注》，对亲亲相隐的批判是：孔老二鼓吹“父子相隐”，其目的是“用反动的宗族关系来鼓吹奴隶主统治集团内部要互相包庇，说假话。”[②]

国家立法上的切割和思想观念上的清算，使特免权没有立身之地，甚至连最基本的隐私都已经没有存在的必要。按照当时流行的苏联诉讼理论，“在侦查机关和法院面前作证，这是每一个人和每一个公民最重要的国家义务与社会职责。”[③]亲属当然概莫能外。在新中国成立后相当长的时间里，这种苏联诉讼理论被我们奉为圭臬。在“文革”中，“砸烂公检法”，正常的审判被“公开批斗”所代替，强制作证、刑讯逼供代替了正当的取证程序，特免权根本没有存在空间。经历过那个年代的一位法学教授，尖锐地指出，“亲属作证义务是‘文革’极左思潮的产物”，她这样描述当时的状况：

> 基于一种虚妄的政权滑落的恐惧感，社会导向将人们思想、行为上表现出的个性、职业群体间的差异视为“阶级”的差异，认为有差异就有斗争，而且，这种斗争是“激烈的”、“尖锐的”、“你死我活的”，是无时不在、无处不在的，社会上有，家庭内部也有。鼓励人们要勇于“斗私批修”，与一切“地、富、反、坏、右”分子划清界限，作坚决的斗争。故而，子女揭发父母，夫妻相互检举的情况比比皆是。十几岁的少年带领红卫兵抄砸自己的家、揪斗自己的父母被视为“革命行动”而受到鼓励。美和艺术，人与人之间的温情、人性的良善统统被看做是背离“革命”需要的东西，是“封、资、修”的东西而遭到毁弃。这场运动，在砸烂“封、资、修”时，连同人类的文化精品一同给扔掉了。[④]

特免权制度退出中国法制体系，是因为政治运动的“腰斩”——切断历史，切断法制进程。对于这段历史的回顾与反思，或许可以成为今日建构特免权制度之殷鉴。

---

① 俞荣根：《儒家法思想通论》，广西人民出版社 1992 年版，第 268 页。

② 北京大学哲学系 1970 级工农兵学员：《论语批注》，中华书局 1974 年版，第 292 页。

③ 〔苏〕安·扬·维辛斯基：《苏维埃法律上的诉讼证据理论》，王之相译，法律出版社 1957 年版，第 324 页。

④ 梁玉霞：《传承与移植的失却——对我国亲属作证义务的反思》，载《中外法学》1997 年第 4 期。

二、1979年后对特免权的反思

1979年的《刑事诉讼法》虽然是在“文革”结束之后制定的，但“文革”所带来的消极影响并没有完全消除，人与人之间遭到破坏的信任感不是一朝一夕可以恢复的。在这部法律中，我们没有看到特免权的影子，甚至连无罪推定也没有予以肯定。亲属作证义务仍然被隐含在“任何人都有作证的义务”的规定中。由于观念上的障碍，特免权制度的研究在20世纪70年代末80年代初仍然是诉讼法学研究的“敏感地带”，鲜有人涉足。亲亲相隐也好，特免权制度也好，都是作为一种传统文化或者一种特权文化的面孔出现的，而当时的意识形态崇尚的是平等、平均，是颠覆传统。特免权制度是以真实的人性为基础的，它承认自私、怯弱和自我保护，而当时的道德观念却一直提倡人人“去私心，存公道”，培养良好的公而忘私的义务本位精神。证据法学者的主流观点认为：“在我们国家里，国家和人民的利益高于一切，侵害国家和人民利益的行为，每个知情的公民都有检举、揭发和作证的义务，不管和被告人有什么关系，也不管情况是怎样获得的。我们提倡大义灭亲。知情不举或者有意隐匿罪证，是违法行为。”①

不过，与“文革”期间完全回避特免权所不同的是，诉讼法学者开始正视“资本主义国家”的特免权制度。例如张子培先生在论述证人证言规则时，较为全面地介绍了律师—委托人特免权、医生—病人特免权、圣职人员—忏悔者特免权、告密者特免权、公务秘密特免权、配偶间的作证特免权以及被告人的不自证其罪特免权。②

20世纪80年代初期，一批选印的台湾版法律图书进入一些祖国大陆高校的图书馆，其中就有陈朴生先生的《刑事证据法》。该书在谈到证人义务的同时，就详细论述了英美法系、大陆法系国家以及正在我国台湾地区实行的特免权制度。③ 内地学者在研究证人拒绝作证问题时，也逐渐认识到，“刑事诉讼中，由于客观情况千变万化，也不是所有的证人都不得拒绝作证。有些国家的刑事立法就对一定身份的人在一定条件下拒绝作证的问题作了专项规定。……各国立法例关于证言拒绝权的规定，大致有拒绝自我控告权，拒绝控告亲属权，职业特权。凡问题涉及其中任一方面，证人都有权拒

① 张子培、陈光中等：《刑事证据理论》，群众出版社1982年版，第210页。
② 同上书，第55—58页。
③ 陈朴生：《刑事证据法》，台湾三民书局1979年第三版，第382—393页。

绝回答”。[①] 1990年出版的《刑事证据理论研究综述》是1979年《刑事诉讼法》颁布后十年间证据研究成果的集大成之作，该书在谈到特免权时指出：

> 依据我国法律的规定，证人并没有拒证权。凡是具有证人资格的公民，都有义务向司法机关提供真实的案件情况。但是实践中经常出现证人拒不作证，或者隐瞒了解案件情况的事实而逃避作证的情况……司法实践中遇到此类问题时很难处理。为此，我国学者在不断介绍有关国家对证人拒证行为的同时……也注意到，对证人拒证制裁的规范，应当和有关证人权利的规定相配套，如特定情况下的拒证权，要求经济补偿权以及提供充分的人身权利等，理论界的这一要求正在引起有关部门的重视。[②]

遗憾的是，这些学术上的新动向，未能改变立法。1991年的《民事诉讼法》依然要求亲属作证。当时较有代表的民事诉讼法教材明确强调亲属应当作证。例如，《新民事诉讼法讲座》谈到证人义务时认为“即使是被告的近亲属也有作证的义务”。[③] 1996年修正的我国《刑事诉讼法》广泛地学习了西方的经验，却没有接纳特免权的任何规定，而是继续规定“任何知道案件情况的人都有义务作证”以及“有关单位和个人应当如实提供证据”。

特免权的命运到20世纪90年代末期有了改观，很多年轻学者开始关注特免权制度的价值。人们不仅重新认识到“亲亲相隐”的现代意义，而且对于英美国家的特免权制度也是赞誉有加。1996年刑事诉讼法修订之后，关于特免权的论述如雨后春笋一样，数以百计（参见导论）。很多学者意识到了我国诉讼法律在证人作证义务规定方面的盲点，纷纷倡导特免权立法，甚至在证据立法的建议草案中纷纷规定了各种特免权制度（详见本书附录）。关于特免权的研究在2000年以后成为一个新的学术热点。

三、台、港、澳地区的特免权

1949年之后，特免权制度在中国大陆消失了，但是在同样属于中国的台、港、澳地区，我们却看到了特免权的身影。

台湾地区的特免权制度并不是在国民党转移到台湾后新制定的，而是沿用了民国时期《刑事诉讼法》和《民事诉讼法》的规定，只是近年来多次修

---

① 王禹铫：《试论刑事诉讼中证人拒不作证的问题》，载《法学杂志》1983年第4期，第51页。
② 崔敏主编：《刑事证据理论研究综述》，中国人民公安大学出版社1990年版，第123页。
③ 参见杨荣新主编：《新民事诉讼法讲座》，中国政法大学出版社1991年版，第73页。

正而已。现行台湾地区《刑事诉讼法》规定证人可以因亲属关系(第180条)、身份利害关系(第181条)、职业关系(第182条)而享有特免权。台湾地区《民事诉讼法》第307条规定了证人的亲属特免权、公共利益特免权和职业特免权。其中亲属特免权的范围包括"当事人之配偶、前配偶、未婚配偶或四亲等内之血亲、三亲等内之姻亲或曾有此亲属关系者",比刑事诉讼法的相关规定("现为或曾为被告或自诉人之配偶、直系血亲、三亲等内之旁系血亲、二亲等内之姻亲或家长、家属者")要宽泛。在亲属特免权的种类上,除了基于身份的特免权,还有不利证言特免权(财产上之直接损害、受刑事追诉或蒙耻辱)。对于职业特免权,也没有规定具体的职业种类,而是笼统地规定了就"职务上或业务上有秘密义务之事项"可以拒绝作证。

香港的《证据条例》颁布于1886年,历经修订。《证据条例》规定的特免权主要体现在夫妻之间。其中第6条规定:"本条例的规定,并不使丈夫有资格或可予强迫在任何刑事法律程序中为妻子提供证据或提供证据指证妻子,亦并不使妻子有资格或可予强迫在任何刑事法律程序中为丈夫提供证据或提供证据指证丈夫。"该条规定的是配偶之间的不利证言特免权。第7条规定:"在刑事法律程序中,不得强迫丈夫披露妻子在婚姻期间向其作出的任何通讯,亦不得强迫妻子披露丈夫在婚姻期间向其作出的任何通讯。"该条规定的是婚内秘密交流特免权。第8条规定:"……由丈夫或妻子提供证明双方在任何期间曾经行房或并无行房的证据,均是可接纳的。……即使本条或任何法律规则另有规定,不得强迫丈夫或者妻子在任何法律程序中就前述事宜提供证据。"该条规定在诉讼中不得强使夫或妻对有无性交行为提供证据,属于婚内交流特免权的一部分。据立法意见,上述条款旨在保护"婚姻关系之神圣"。2003年的修订,增加了刑事法律程序中避免导致自己或配偶入罪的特免权,规定"在刑事法律程序中,某人如回答任何问题或交出任何文件或物件则会倾向于使该人就某项罪行或就追讨罚款或就没收措施而被人向他提出法律程序,因而享有的拒绝回答该问题或拒绝交出该文件或物件的权利,包括如回答任何问题或交出任何文件或物件则会倾向于使该人的丈夫或妻子被人向他提出任何该等法律程序,因而享有的拒绝回答该问题或拒绝交出该文件或物件的相同权利。"①相应地,《刑事诉讼程序条例》等法律也进行了修改,废除原先普通法中夫妻之间无作证资

① 2003年《证据(杂项修订)条例》。另参见陈光中主编:《21世纪域外刑事诉讼立法最新发展》,中国政法大学出版社2004年版,第436—438页。

格的规定，改为“被控人的丈夫或妻子有资格为被控人或同案被控人提供证据”，增加了“被控人的前夫或前妻不可予以强迫就与其与被控人的婚姻期间发生的事宜为控方或同案被控人提供证据”等规定。对于职业特免权，主要在律师与委托人之间，“大律师或者律师受理案件后，与其委托人互相的通讯资料或者文件，不得强迫委托人和律师或者大律师透露。这是基于这种专业人员与其当事人之间必须坦诚的理由。其他专业人员与其当事人没有这种特权”。[①] 公共利益特免权则出现在《立法会(权力及特权)条例》中，规定除在行政长官同意下行事的公职人员外，任何人不得在立法会或任何委员会席前就有关的信息互通作证或出示任何证据。[②]

澳门地区的特免权制度与台湾地区接近，主要有亲属特免权、职业关系特免权和公共利益特免权。澳门地区新《刑事诉讼法典》于1997年施行，《民事诉讼法典》也于1999年颁布，其中对于特免权的规定比较完整。根据澳门《刑事诉讼法典》第121条规定：“下列之人有权拒绝以证人身份作证言：1）嫌犯之直系血亲卑亲属、兄弟姐妹、二亲等内之姻亲、收养人、嫌犯所收养之人及嫌犯之配偶，以及与嫌犯在类似配偶状况下共同生活之人；2）曾为嫌犯之配偶或曾与嫌犯在类似配偶的状况下共同生活之人，就婚姻或同居存续期间发生之事实。”第122条规定：“律师、医生、新闻工作者、信用机构之成员、宗教司祭或各教派司祭及法律容许或规定须保守职业秘密之其他人，得推辞就属职业秘密之事实作证。”第123条规定：“不得向公务员询问其在执行职务时知悉且构成职业秘密之事实。”《民事诉讼法》第519条规定，在下列情况下，证人可拒绝及推辞作证：在涉及直系血亲卑亲属之案件中，直系血亲尊亲属得拒绝作证，反之亦然；在涉及女婿或儿媳之案件中，岳父母或翁姑得拒绝作证言，反之亦然；在配偶一方或前任配偶另一方可拒绝提供证言；现与或曾与案件中任何一方当事人以事实婚姻方式共同生活获得人可在案件中拒绝作证。法律还明确规定，法官必须在诉讼中明白无误地告知证人上述特免权。该条第3款规定了职业特免权和公共利益特免权。

总的来说，台、港、澳三地的特免权规定在范围上还是有很大差别的：台湾地区规定的特免权范围最广，澳门地区次之，香港地区的特免权范围最窄，仅限于夫妻之间。这与它们各自所属的法系是有关系的，台湾地区基本

---

① 刘玫：《香港与内地刑事诉讼制度比较研究》，中国政法大学出版社2001年版，第287页。

② 香港《立法会(权力及特权)条例》第14条，由2000年第71号第3条修订。

上是沿袭德国的亲属特免权模式,澳门地区与之接近,而香港地区的规定则来自英国为代表的英美特免权模式。

四、特免权制度的发展脉络

从上述的论述中,我们已经可以窥见我国特免权制度的源泉和发展脉络:其一是从中国古代"亲亲相隐"发展出来的容隐制,带有浓厚的封建主义和宗法传统,强调伦理秩序和义务本位,一直延绵至清末;其二是从西方古代容隐制发展而来的特免权制度,是证人不适格规则在十七八世纪遭遇民主、平等、自由观念之后法律制度的创新。两大法系的特免权制度既有相似的历史渊源,又各自独立发展。其中,大陆法系的特免权制度发端于"共同法",并在19世纪初的德国法和法国法中相继确立;英美法系的特免权制度产生于英国的普通法中,并先后在一些判例中得到法院的认可。可以基本肯定的是,英国的特免权制度随着判例法的传统流传到美国,并成长为制定法上的特免权。而来自德国刑事诉讼法的特免权制度,在近代进入日本刑事诉讼法的体系,并在20世纪初成功地移植到中国。从制度变迁的脉络来看,中国古代的亲亲相隐与西方古代的容隐制都是特免权的源头。通过创造性的转换、移植和改造,两股河流在20世纪初的中国汇聚(图2-1)。

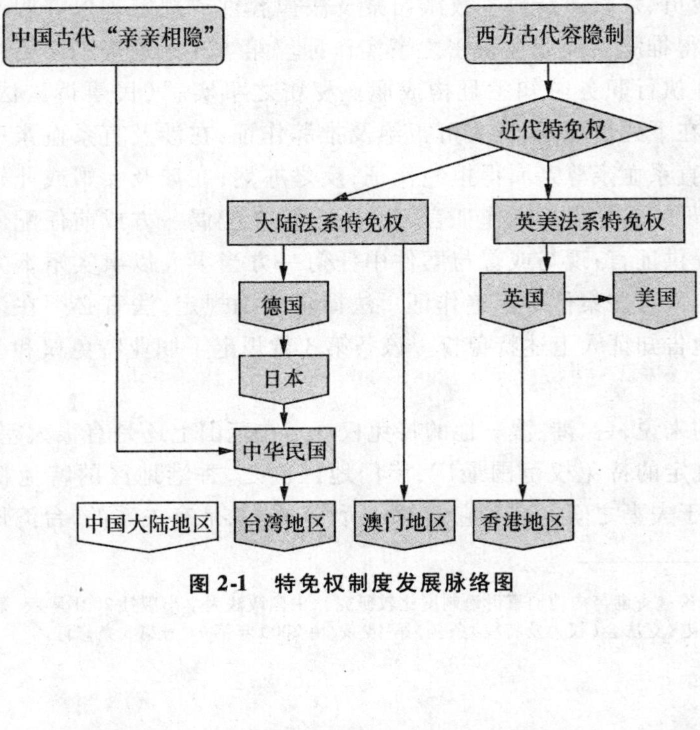

图2-1 特免权制度发展脉络图

法律的移植,必须在本土找到适宜的土壤,才会具有生命力。由于中国数千年的容隐制为特免权制度提供了坚实的社会基础和文化基础,因此这种创造性的改革比较顺理成章,尤其是亲属特免权部分。[①] 我国古代的“亲亲相隐”强调的是维护家族的利益,其中体现的等级观念、义务观念以及宗法传统观念,的确是与现代法治观念不相容的,但是它所蕴含的维护家庭稳定以及人文关怀精神,则与特免权的价值取向有某些共通之处。现在回头看清末修律,的确是特免权制度发展中的关键一环:它连接了古代与现代、西方与中国,并为制度的转换提供了一次尝试的机会。以德国、日本诉讼法律为模本的清末、民国立法,引入了一系列国外制度,但很多因为“水土不服”而夭折了。而唯有特免权制度,不但在当时没有遇到阻力,而且在民国时期适用了几十年,至今仍在中国台湾地区沿用。特免权制度的引入,与其说是“移植”,不如说是“嫁接”。亲属特免权规则融合了传统的家庭伦理道德和西方社会崇尚的价值观念,并没有表现出明显的异体排斥现象,而且日趋成熟。而从国外传入的其他特免权的规范,特别是职业特免权和公共利益特免权,在我国传统法律制度中是没有的,但他们与亲属特免权“捆绑”移植,减少了制度变迁的成本,波澜不惊地在我国成长起来。

对于特免权的建立,当时的中国是呈开放心态的。民国时期,从日本学成归来的张知本翻译了松岗义正的《民事证据法》,其中对于特免权的论述,引起学界关注。松岗义正认为,不规定亲属特免权“不仅有害亲属间之和谐,而且如为不利亲属之证言,终为人情所不忍,强使为之,自有违反善良风俗及陈述不实之弊害”。[②] 按照松岗义正的观点,亲属特免权的理论基础是“和谐论”,即保护婚姻家庭生活的稳定与和谐,避免破坏维系社会关系的情感纽带。这完全符合中国的主流价值观念。

在引进西方证据制度的过程中,刑讯的存废以及口供是否为裁判所必需等与我国传统证据制度有着根本冲突的问题都曾引起过当时立法者的激烈争论[③],而像特免权这种与既有做法接近的制度,则被立法者和社会公众所接受。从《大清刑事诉讼律草案》,到北洋政府的《刑事诉讼条例》,再到

① 连反对上述特免权制度的学者也承认,“这些规定既是仿照资产阶级国家的法律,也是中国封建法律中亲属相容隐原则的继承”。参见张子培、陈光中等:《刑事证据理论》,群众出版社1982年版,第81页。

② 参见〔日〕松岗义正:《民事证据论》,张知本译,中国政法大学2004年重印版,第158—159页。

③ 参见蒋铁初:《中国近代证据制度研究》,中国政法大学2003年博士学位论文,第29—37页。

《中华民国刑事诉讼法》,特免权制度在立法中一步步完善。至于后来因为政治运动被人为中断,则是一个意外事件。

法律规范可以朝令夕改,而根植于社会的这种"亲不为证"的观念,是很难通过制定法的革命而改变的。若不顾这种社会基础,而想从根本上推翻它,可能造成的社会影响是难以预料的。"文革"的教训为我们随意废止一项制度上了生动的一课。遗憾的是,我们的立法者因为过于自信或者因为疏忽而忽略了这一点。由于政权更替以及意识形态的影响,特免权制度在20世纪中叶被人为封堵,于是在祖国大陆留下了一片空白之地。

纵观特免权制度在我国产生与发展的历史,我们可以发现它在"本土"生存的理由,那就是背后体现的人性理念恰好符合中国传统法文化和谐精神。众所周知,台湾地区法律虽以大陆法系为主、又采英美法系之长,香港法律承袭英美法系的特点,澳门法律形成大陆法系的模式,然而都无一例外地规定了特免权,是一种巧合,还是"殊途同归"?历史是如此相似,却在以不同方式演绎。一百年前,我们被迫进行司法改制,确立了一套以德日诉讼法为模板的诉讼制度,而证据制度也在仓促中抄袭自国外;21世纪,我们主动进行证据制度的改革,该如何选择,需要根据我国的国情作出自主的抉择。"文革"中不利于特免权制度存在的消极因素已经消除,法律的人性基础再次得到社会的承认。在证据制度的改革中,体现深厚人文关怀的特免权是一个值得期待的制度。

第四节　特免权缺席之后

表面上看,特免权制度的缺席,似乎并未给中国司法制度的运转带来什么影响。身处体制之中难以察觉个中的微妙变化,也是正常的。但读者若以旁观者的眼光,检视一些我们习焉不察的理念与特免权之间的差距,或许能感受到一些遗憾。

一、过度的"发现真实"

我国诉讼法对于发现真实的强调是比较突出的。我国诉讼法律素来崇尚"实事求是"、"客观真实",在"查清事实"的基础上处理纠纷。我们的司法实践也不主动对一些与真实发现相冲突的社会关系和利益进行保护,因为这些关系和利益必须服从于真实发现的目的。

在民事诉讼中,除了《民事诉讼法》第70条规定的证人作证义务外,该法第 65 条还规定：“人民法院有权向有关单位和个人调查取证，有关单位和个人不得拒绝。”在民事诉讼法学界，具有代表性的观点认为：“任何单位和个人，即使是与当事人有着某种特殊关系，如当事人的父母、配偶、子女、同胞兄弟姐妹或者原被告所在单位等，只要是案件的知情者，均可以作为证人提供证言。允许范围如此广泛的公民作为证人出庭作证，有利于人民法院尽可能多地获取证据，迅速查明案件的事实真相。”[①]同样，在民事审判法官看来，“一些民事案件本来就像一团乱麻撕扯不清，扩大证人特免权将使得案子在审理过程中更加棘手；掌握着一定证据的亲属拒绝作证会使得法院的取证工作难度加大，使得本来很快就能审理完毕的案子因证据不足而不得不延期或悬起来。”[②]看来，法官内心是期望亲属作证的，他们认为尽可能多的证言会使得认证更加容易。

缺少了亲属作证对于法官的认证果真会产生如此大的影响吗？——实际情况是，如果当事人的亲属按照法律规定作证了，法院对于该证言仍然充满疑虑，很可能不会采信。最高人民法院曾经在一个文件中明确规定：“一般公民不论他与案件有无直接利害关系，都可以作为证人出庭作证。但在衡量他的证言时，应当对他与案件直接利害关系这一点加以斟酌，采纳他的证言需要慎重，真实可靠的证言仍可采用。”[③]最高人民法院在 1998 年发布的《关于民事经济审判方式改革问题的若干规定》还特别指出：“证人提供的对与其有亲属关系或者其他密切关系的一方当事人有利的证言，其证明力低于其他证人证言”（第 77 条）、“与一方当事人或者其代理人有利害关系的证人出具的证言……不能单独作为认定案件事实的依据”（第 69 条）。从这些规定可以得出一个基本的结论，法院不但在期待证人提供证言，而且在期待证人提出不利于当事人或其亲属的证言，因为只有这种证言才“真实可靠”、具有较大的证明力。

在刑事诉讼中，除了《刑事诉讼法》第 48 条规定的证人都有作证义务外，该法第 45 条还规定，“人民法院、人民检察院和公安机关有权向有关单位和个人收集、调取证据。有关单位和个人应当如实提供证据。”因此，如果不提供证据，就是在阻碍司法机关办案，就是在制造发现真实的障碍。一位警官曾经这样写道：

① 柴发邦主编：《中国民事诉讼法学》，中国人民公安大学出版社 1992 年版，第 315 页。
② 引自王振华：《对亲人不利 你可以拒绝作证》，载《山东青年报》2003 年 3 月 4 日报道。
③ 最高人民法院《关于与案件有直接利害关系的人能否当证人问题的复函》，“法研字第 12573 号”，1957 年 6 月 22 日。

> 我觉得无论怎么讲,我们应该鼓励一切知道案件真实情况的人配合执法机关查清事实真相,法律应该向这个方向引导,而不是朝相反的方向引导。……主张如实供述,引导主动交代罪行有什么不好呢?我们要坚持辩证唯物主义的原则,以事实为依据,就是唯物的。……刑事诉讼还要遵循诉讼经济原则,在最短的时间内,以最简捷、最经济、最科学的方法,查清事实是最终的目的。[①]

这种做法反映了我国诉讼中追求"真实发现"的目标仍处于至高地位。当"查清事实"目的君临天下的时候,以公正为基石的程序似乎都成了阻碍实现诉讼目的的羁绊,任何基于保障人权而对诉讼进行限制的规定都成为一种可有可无的摆设。调查表明,很多司法人员依然把"实事求是"片面地理解为实体认识的正确性,把程序作为达到结果正确的工具。在我国司法实践中,对于程序正义的忽视已经到了"触目惊心"的地步。[②] 的确,从更有效地打击犯罪的角度出发,犯罪嫌疑人对自己是否实施犯罪以及如何实施犯罪知道得最清楚。讯问犯罪嫌疑人可以更快、更深地揭露和证实犯罪,查清犯罪的目的、动机等案件全部事实和情节,判明犯罪性质,查明有无遗漏罪行和其他应当追究刑事责任的人。特免权的设立必然会降低破案率,这是一项阻碍侦查机关完成"指标"的程序设置,在实践部门中肯定会遭到阻力。只要在犯罪侦查中过分依赖口供的取证方式得不到改变,特免权的建立就遥遥无期。我国"重实体、轻程序"的观念实际上反映的是在诉讼中对客观真实的价值的过分强调,对其他价值的忽视,一元代替了多元,极端代替了权衡,造成了我国在相当长的时期内"习惯"于特免权制度的缺失。

二、不彻底的无罪推定

不自证其罪特免权的理论基础是无罪推定(presumption of innocence)。无罪推定是指在刑事诉讼中,任何被怀疑犯罪或者受到刑事控告的人在未经司法程序最终确认为有罪之前,在法律上应假定其无罪或推定其无罪。该原则作为一项国际通行的刑事司法准则,在世界各国的刑事司法制度中都得到了承认。1966 年联合国《公民权利和政治权利国际公约》第 14 条第

---

① 乐吟:《沉默权——事关立法和执法的导向问题》,载《中国报道》(电子刊物)第 149 期,2000 年 12 月 29 日。作者在该刊发表了一系列批评沉默权的文字,当时引起很多读者的争鸣。

② 据报道,1998 年在全国政法系统内进行了集中的教育整顿,结果共查出实体性错误的判决有 12045 件,而程序性错误的案件有 73143 件,后者占了司法不公案件的 85.6%。参见《人民法院报》1999 年 1 月 14 日报道。

2 款规定:“凡受刑事控告者,在未依法证实有罪之前应有权被视为无罪。”我国作为该公约的签约国,应当遵守该规定。

然而,无罪推定在我国的命运是非常坎坷的。由于历史的原因,20 世纪 50 年代到 70 年代,无罪推定一直是我国法学研究的禁区,1979 年《刑事诉讼法》颁布以后,无罪推定问题被重新提了出来,但是很快又被作为资产阶级自由化思潮加以批判,直至 20 世纪 90 年代初期酝酿修订刑事诉讼法时,关于无罪推定原则的自由的学术讨论才真正开始。[①] 1996 年修改刑事诉讼法,基本上吸收了无罪推定原则的“合理内核”,确立了“未经人民法院依法判决,对任何人都不得确定有罪”的规定。并且相应地,我国刑事诉讼法首次对犯罪嫌疑人和被告人加以区分,取消了免予起诉制度,增加了“证据不足”的无罪判决。很多人由此认为,中国也确立了无罪推定原则。这种判断未免太过乐观。笔者认为,我国只是在形式上确立了无罪推定原则,实际上却并没有确立该原则,甚至在某种程度上是对该原则的变相否定。

“坦白从宽、抗拒从严”是我国的一项基本刑事政策。虽然“坦白从宽”是比较符合鼓励犯罪嫌疑人自愿性陈述的刑事司法原理的,但是“抗拒从严”则把犯罪嫌疑人推向了悬崖。辩解算不算抗拒?“沉默不语”算不算抗拒?在侦查讯问中,由于在侦查讯问中侦查人员所拥有的潜在的强制力,犯罪嫌疑人的供述义务被进一步强化。在没有律师在场权的情况下,如实回答侦查人员的讯问,意味着犯罪嫌疑人供述的自愿性没有保障,他不得拒绝回答侦查人员的任何问题,甚至是涉及自我归罪的问题。而且,实证调查显示,讯问笔录中记载的大多数是犯罪嫌疑人的“有罪供述”而非“辩解”。在审判中,公诉人在法庭上讯问被告人时通常会说:“被告人某某,本公诉人现向你提问,希望你如实回答。”审判员在讯问被告人时通常也会说类似的话。很多法官宁愿相信被告人的庭前有罪供述,也不愿多听被告人在庭上的无罪辩解。而且在公诉意见、辩护意见和法庭的评议中,通常也将被告人的认罪态度、是否如实回答等作为量刑轻重的一个酌定情节提出。这实际上等于彻底否定了不自证其罪特免权。如实供述义务使新刑事诉讼法所试图建立的无罪推定原则遭到了毁灭性的打击,即使在法院审判方面确立了所谓的“无罪推定”,只要在侦查中仍然实行“有罪推定”,这种努力就注定是失败的。在现有的侦查体制下,一些侦查人员为了从被告人和证人那里获得

---

① 参见陈光中等主编:《联合国刑事司法准则与中国刑事法制》,法律出版社 1998 年版,第 112 页。

口供和证言，往往不惜采用任何手段，造成很多侵犯人权的事实，“口供情节”因为该规定的存在得以继续绵延。在我国司法实践中大量案件仍然是依赖犯罪嫌疑人、被告人供述而获得线索才得以侦破的。统计数据显示，1998 年，全国检察机关促使犯罪嫌疑人、被告人坦白交代获得犯罪线索的 17176 件，揭发他人的 73867 件。① 虽然刑事诉讼法规定控方负举证责任，但被追诉人的“巨大贡献”显然大大减轻了控方本来应该做出的努力。近年来媒体披露的刑讯逼供案件，几乎都是在面对面地审讯犯罪嫌疑人的时候发生的。② 对“无罪推定”的阳奉阴违，也成为我国刑讯逼供屡禁不止的一个重要根源（当然，笔者并非赞同规定了不自证其罪特免权就可以医治刑讯逼供的顽疾），更是不自证其罪特免权至今阻力重重的原因。

三、难有隐私权的世界

特免权制度的理念之一是保护社会重要的交流关系，注重对特定主体之间秘密交流的保护，是特免权制度的核心观念。我国社会的传统文化在这方面一直比较欠缺。在我国传统文化里，“私”的意思是趋于贬义的，被认为是不道德，“隐私”也因此很难取得正当性的地位。根据孙隆基先生的考证，“无需私人状态”是中国人文化的一个特征，“私人空间”对中国人来说并不重要。③ 这种文化造成了长期以来个人意识不发达，对于公民的隐私权缺乏保护观念。

在新中国成立之后，因为废除了“六法全书”，积几十年之功的刑事诉讼法律和民事诉讼法律也被付之一炬，特免权制度被抛入垃圾堆。人与人之间温情的幕布一旦被掀去，私人空间就不复存在。在“大公无私”、“公而忘私”的道德教化下，任何“私”的意识都会被无情地排除出意识形态领域。在极端年代里，隐私无处容身。在 1957 年的反右斗争中，为了证明自己的亲人、朋友、老师有罪，多少人效仿舒芜，“大义灭亲”，把平时交往中最隐秘的东西揭露出来？任何本来不可能被第三人知道的秘密，一夜之间都可能成为众所周知的事情。在经历“文革”的一代人的回忆录中，我们可以看到

---

① 转引自谢佑平、郑进：《论拒绝强迫自证其罪原则》，载《中国刑事法杂志》2000 年第 6 期。

② 关于侦讯程序中刑讯逼供造成严重后果的报道可以参见《湖南严惩渎职执法者》，载《法制日报》1998 年 4 月 1 日；《一起恶劣的刑讯逼供致死人命案》，载《法制日报》1998 年 5 月 3 日；《且看乐麓公安分局如何执法》，载《法制日报》1998 年 7 月 9 日。2005 年被媒体披露的“聂树斌案”以及“佘祥林”案，亦有刑讯逼供之情形。

③ 〔美〕孙隆基：《中国文化的深层结构》，广西师范大学出版社 2004 年版，第 207—209 页。

这样的事实：

——1967 年，江西中学生李九莲在给自己男朋友的私信中，谈及她对于“文革”的思考与质疑。她的男朋友将此信上交。李九莲被逮捕判刑，最后执行枪决。

——1973 年，公布自己家信的知青柴春泽被毛新远誉为“扎根农村、敢于同传统观念决裂的好青年”。受到鼓舞的柴春泽从此一发不可收拾，将同龄人给他的私人信件公布。

——诗人艾青在被划为右派后，原先的一帮“朋友”，居然在大庭广众之下，公然揭他生活的“隐私”，让他大骇不已：“一次，在王府井文联大楼开艾青的批斗大会，臧某某、冯某、徐某先后发言，声色俱厉地痛斥他生活腐败，甚至大讲某些‘细节’，令艾青无地自容。情况之恶劣超过了延安整风。”①

历史铭记了这尴尬的一幕幕。

虽然这不是法院的审判，但在当时已经没有正规的审判机关，党委会和以后成立的中央文革小组与各地的“文革”小组已经取代了法院的审判，所以“批斗大会”对公民的影响和审判并无二致。当“证人”纷纷抛出“被告人”的私人信件作为最有力的罪证的时候，人与人之间交往的隐私已经荡然无存了。究竟是什么使得这些人不惜牺牲亲人和朋友的信赖，揭发私密？是出于对革命的“觉悟”吗？其实，很多知识分子在揭发亲朋好友时矛盾万分，但为了明哲保身，不得不这么做。可见，是特定的制度在逼使人作出这种选择。在激进的革命主义下，整个社会的价值观严重扭曲，妻子如果在作证的时候敢于隐瞒丈夫的“罪行”甚至隐私，医生如果在被要求作证的时候说“不”，就是有“私心”，自己也有可能遭到灭顶之灾。

不幸的是，这种漠视隐私权的观念依然在我们今日生活中继续。笔者在电视媒体上经常看到家庭的隐私被公之于众②，老板监控公司员工以及顾客的工作或购物状况，律师和客户之间的秘密谈话遭到窃听，甚至医生与患者之间的谈话也没有完全遵从保密的原则。在医疗过程中，患者不得不向

---

① 参见郑也夫、彭泗清等：《中国社会中的信任》，中国城市出版社 2003 年版，第 279 页。

② 例如某些地方电视台热衷于做一些关于家庭生活的现场谈话节目，为了披露所谓的“婚外恋”、家庭教育、夫妻矛盾等问题，很多涉及隐私的问题未经另一方配偶同意被公之于众。一些法制类的报纸也经常以夫妻之间或者家庭内部的私密问题为焦点，由此产生的泄露隐私权的问题不在少数。

医生袒露一些自己的隐私，而因为医院管理措施不当，这些隐私常会被曝光，直至口耳相传……根据有关机构的调查，床头卡曝光患者病情，隐私被他人“旁听”，医学观摩令隐私变教材，化验单对公众公开，注射室男女不避嫌，医院泄露患者隐私现象令人惊心。① 而这种不尊重隐私的状况使得特免权建立的基础非常脆弱，人们对于自己的隐私权显得不太关心，甚至已经习惯了自己的隐私被侵犯。

即使在21世纪的今天，我们一方面看到个人权利的张扬，另一方面却无奈地看到为了特定的政治目的或者“社会利益”，隐私权观念仍然无处藏身。例如，被当作正面典型报道的“老婆监督老公”②，虽然对于反腐败有一定的功效，但是却是以牺牲必要的隐私权为代价的。夫妻之间最重要的是信赖，夫妻之间也应当有隐私。但“老婆监督老公”却为各位检察官的妻子设置了一个义务，作为“贤内助”，就应当保证自己丈夫的廉洁，应当毫不留情地严格监督丈夫的举动。从政治觉悟上，检察官的妻子应当与检察院公诉处保持高度的一致，让她们的丈夫“八小时之外”没有太多的自由。在妻子的虎视眈眈下，难道还有什么隐私吗？作为监督对象的丈夫对于自己私人交往中的一些秘密，对妻子会三缄其口，而且，由于担心妻子在法庭中被传唤作证，自己所说的话可能会在日后披露，也难免在平时的交谈中有所保留。

四、对亲情伦理的忽视

中国其实是一个很重视亲情伦理的国家，自古有亲不为证的传统。林语堂先生在《吾国与吾民》中说，中国人民是把情理放在道德上面的，而梁漱溟先生则更直接地指出，中国社会结构就是伦理本位的。所以唐代曾经奉行“情法并立，互为轻重”的原则，即“既不以法伤情，又不以情淹法，并重情法，以共同为治”③。但是近代以来，在思想整风和国家主义、集体主义的冲击下，这种传统正日益淡漠。从新民主主义革命至今，我们的“舆论导向”和

① 参见北京加明调查有限公司在全国范围内所作的《医院患者隐私状况调查》报告，2004年4月。

② 北京市检察院公诉处率先推出“检察干警家属联系卡”。该卡架起检察院和检察官家庭的联系，共同监管检察官“八小时”外的活动。检察院通过家属意见反馈，可以及时掌握干警社会活动情况和家属对检察院的意见和建议。该卡让“老婆监督老公”，据说对打击腐败可以起到很好的效果。详见廖卫华：《北京市检察院推行新政　检察官晚回家老婆可追查》，载《新京报》2004年7月15日报道。

③ 朱勇主编：《中国法制史》，法律出版社1999年版，第231页。

思想教育都有意无意地把追求正义与个人感情、民族大义与个人私利尖锐的对立起来：

> 这种二元对立的思维模式在对与错、进步与落后、革命与反动之间不能有丝毫的犹豫，其行为方式就是以斗争取代妥协……其中只承认你死我活的斗争，只允许一方存在而不允许另一方存在。于是，为了革命必须舍弃爱情，为了民族、国家、集体必须牺牲个人利益，为了民族化大众化必须拒绝西方文化借鉴和吸收，他们固执地认为所谓革命就是一个阶级推翻另一个阶级的暴力行动，其间不能有“资产阶级的卿卿我我”，不允许有丝毫的个人私情。所谓个人和集体的关系就是绝对服从的关系，不允许有个人的主张，不允许有个人的利益。[①]

当然，进入21世纪，上文所说的极端情形已经不存在了，社会也在回复、提倡亲情和伦理。但是，在面对打击犯罪的“大是大非”问题上，主流的观念只注意到亲情的消极影响（反映到法律上就是规定了“回避制度”），而忽视了其积极的一面（如“患难见真情”、“虎毒不食子”）。例如，媒体报道的“小眼睛盯大眼睛”活动，就是鼓励孩子监督、举报父母。[②] 为了取得一点“反腐败”的效果，鼓励孩子从小就监督自己身边的亲人，甚至揭发、举报自己的父母，不但会扭曲融洽的家庭关系，甚至会对孩子的心理产生消极的影响。诚然，反腐败是重要的，但是家庭成员之间的信任毕竟是人类最基本的伦理之一，父母与子女之间的感情又岂是惩罚几个犯罪分子获得的社会效益所能衡量的？把家庭视为构建法律秩序工具，把家庭成员视为国家安插的奸细，这是对构成社会基础的家庭关系极大的漠视和不尊重，也是对“构建和谐社会”的最大反讽！

当前对亲情伦理的忽视，还表现在大义灭亲的宣传，为了“司法正义”而大义灭亲的行为被认为是我国公民法律意识提高的标志。例如，岳母大义

---

① 汪振军：《影响的焦虑——全球化、知识分子与20世纪中国文学》，载《青海社会科学》2004年第4期。

② 广州市芳村区有关部门举办“小眼睛盯大眼睛”系列活动，要求孩子们对父母的行为进行监督，防止家长贪污腐败。如果腐败的家长不听孩子劝告的话，孩子就会找老师帮忙。而老师发现了重要的线索，可能就会去找领导，领导最后会去找纪检部门。这被赞颂者认为是“新型监督模式”。中央电视台《社会记录》报道，转引自李坚：《不宜鼓励孩子举报父母》，载《新京报》2004年6月20日。相关评论可参见李维民：《不当人子 不当人子》，载《南方周末》2004年5月13日第15版。

灭亲受到表彰[①],父亲大义灭亲得到支持[②],哥哥大义灭亲获得鼓励[③],妻子大义灭亲得到肯定[④],都表现了为维护"正义"可以牺牲"小我"的精神。而如果妻子不出庭指证自己的丈夫,反倒会被评价为一种自私行为。[⑤]《法制日报》曾经披露过这样一个颇有代表性的案例:

> 据报道,河南省某县法院对刘某入室盗窃一案作出判决,判处刘某五年有期徒刑并处罚金一万元。值得注意的是,在该案中,检察院和法院分别将刘某的妻子孙某(并非共犯)的证言作为起诉和定案的主要证据之一。事后,人们对孙某的评价褒贬不一。有的撰文赞扬她将自己的丈夫送上了法庭,勇于同犯罪分子作斗争,是大义灭亲;有的则嘲讽她背叛了自己的丈夫。孙某陷入了巨大的精神痛苦之中,并一直唠叨:"俺也不想这样。"[⑥]

作为被告人的配偶,孙某有权利对检察官说"不"吗?事实上,孙某几乎无路可走:她不能沉默,不能说谎,不能让犯罪嫌疑人躲在家里,不能供其吃喝、穿戴、不能让其外逃,不能在亲情、爱情与国法之间做选择,而只能向司法机关举报并如实指证亲人犯罪,否则就要因窝藏、包庇、作伪证等罪刑锒铛入狱。整个法律制度似乎在鼓励和引导公民"大义灭亲"。而在刑法上,"大义灭亲"式的犯罪行为往往能获得从轻或者减轻。[⑦] 这样一种价值观念,不能说完全错误,但至少是有失偏颇的。

作为社会的细胞,家庭是人类社会生活的基础组织形式。一旦"细胞"

---

① 湖南常德市在安乡县召开表彰大会,为举报、围捕常德"9·1"大劫案案犯陈世清的13位村民庆功。其中,举报人李传刚和魏成兰分别系犯罪嫌疑人陈世清的妻姐夫和岳母。大义灭亲、举报有功的村民李传刚、魏成兰获得公安部悬赏捉拿陈世清的5万元奖金,两人分获3万元和2万元。见《大义灭亲举报犯罪嫌疑人陈世清　常德表彰有功村民》,载《新民晚报》2000年10月21日。

② 2004年2月18日,16岁的黄晓军(化名)在江宁区一家迪厅里用刀将两人砍伤,三天后,黄晓军的父亲黄剑华(化名)向警方揭发了儿子的藏身地点。当晚,正在朋友家里睡大觉的黄晓军被干警擒获。《父亲大义灭亲,将亲生儿送进看守所》,载《金陵晚报》2004年4月6日。

③ 《大义灭亲阻止弟抢劫　哥哥将弟弟送进公安局》,四川在线2003年11月13日报道。

④ 参见本书第一章提到的邱兴华案。

⑤ 2004年9月15日,重庆市首例"骚扰案"尘埃落定。法院一审判决:被告牛辰虹多次电话骚扰,侵害了原告龙昭华的健康权,判决牛辰虹向龙昭华赔礼道歉,并赔偿精神抚慰金5000元。但本案开庭的时候,被告牛辰虹的直接领导、龙昭华的妻子没有出庭。对于本案的关键证人——龙的妻子不愿出庭作证,媒体给予了负面评价。据2004年9月16日深圳新闻网报道。

⑥ 雷小政:《在夫妻之间构建一道拒证特权的"栅栏"》,载《法制日报》2004年6月10日。

⑦ 我国刑法虽然未明确规定"大义灭亲",但如果属于"大义灭亲"的,可以在量刑时予以适当考虑。最高人民法院1999年10月27日出台的《全国法院维护农村稳定刑事审判工作座谈会纪要》中规定,对故意杀人案件量刑时,若犯本罪属俗称"大义灭亲"的,量刑时可以从轻或减轻处罚。

发生病变,并聚集到一定的量,就会影响到人类机体的健康。所谓“家和万事兴”,这里的“家和”,就是指良好的家庭伦理道德环境和氛围。其中,家庭伦理关系表现在家庭生活的各个方面,并体现出浓厚的人情味,如果过于强调作证义务而忽视爱情、亲情,难免影响家庭关系的和谐,进而酿成社会不和谐的隐患。转型时期的中国,面对传统道德失范,我们更需要一种国家法对家庭伦理道德的宽容和积极引导。

五、证人权利无保障

证人是诉讼的重要参与者,也是证据的主要来源。在现代诉讼中,证人已经摆脱了诉讼客体的地位,成为诉讼的主体,享有诉讼参与人的权利。我国诉讼法过于强调证人的义务观,却忽视了证人的权利观,使得证人权利与义务一直处于严重的失衡状态。

根据我国《刑事诉讼法》的规定,证人权利主要有安全保障权、充分陈述权、使用语言权、核对笔录权、证件知悉权、侵权控告权等。从法律条文上看证人权利似乎不少,但应当注意到,这些条文多为程序性权利,而很少有实体性权利。程序性权利是保障程序公正所必须的,但实体性权利更关乎证人的切身利益,理应更加受到重视。遗憾的是,中国目前的证人经济补偿权和安全保障权的实现步履维艰,证人特免权则干脆一片空白。

从法理上说,权利和义务是统一的,只享受权利而不承担义务,或者只承担义务而不能享受权利,都不是法律生活的常态。但在我国的诉讼制度中,证人事实上仅仅是义务的主体,他只有作证的义务而没有相应的权利。在法院需要证人作证的时候,证人成为法官查明案件事实的“工具”,在利用完之后,证人被草草打发,无人问津。至于证人在作证的过程中有什么难言的苦衷,会不会对他的社会关系产生什么破坏性的后果,则根本不是法律关注的对象。对于证人作证缺乏程序关照、对于证人作证的境遇缺少关怀、对证人权利的严重忽视,乃是我国证人制度中的一个痼疾。

特免权是一项权利,但是在普通人的观念中,却很容易被理解成“特权”——这是我国法律所反对的。特免权应当是证人享有的一项正当权利,而非法外特权。因此,在提倡特免权制度的时候,学者应当注意提醒普通民众它与法律上的特权的区别,而且也要注意它与普通的拒绝作证现象的区别。从解放初废除特免权制度到现在已经五十多年,人们可能已经习惯了没有特免权制度的生活,对于特免权的到来,惘然和困惑都是可以理解的。

20 世纪 90 年代以来,我国的诉讼制度改革一直以弘扬权利作为主基调,我国刑事诉讼法的修改就是在充分保障被告人和被害人权利的基础上进行的,而且学术界对于被告人权利保障和被害人地位的提升已经有太多的关注,对于证人权利的问题却殊少涉及,诉讼法的修改也完全没有对证人权利的保障作出实质性的努力,证人权利问题实际上处于被“边缘化”状态。这种对于证人权利的严重忽视,将无形中阻碍特免权制度的建立。我们应该正视这种社会的心理,但并不是意味着我们应当迁就这种心理,因为它只是转型时期社会心理的一个侧面,是属于可以引导和改造的部分。

第三章　特免权的基本理念

国家……有权得到每个人的证据，除非这些人受到宪法、普通法或制定法特免权的保护。[1]

——美国联邦最高法院

第一节　从作证义务到特免权规则

特免权与证人作证的关系非常密切，它与证人作证制度的冲突也比较明显。虽然特免权制度不限于证人制度范畴，但是由于英美法系国家的证据大多围绕着证人提出，大陆法系的特免权也以证言拒绝权为核心，证人作证制度与特免权的协调也就成为首先需要厘清的概念。特免权与证人义务、证人适格、证人可强迫性的关系，是一个绕不开的问题。

一、证人作证义务

证人负有作证义务是世界各国诉讼法的基本原则。一位美国法官曾在判决书里如是说，"所有的人都作证是一个普遍的规则，尽管我不能从任何书上找到这个规则，但是它早已由上帝写在每个人的心里。"[2]证人作为亲身经历或了解案件情况者，是法庭查明案件事实的重要证据来源，证人证言具有不可替代性，因此法律设置了证人作证的义务，除非有法定的正当理由，任何人不能拒绝作证。证人身处社会生活之中，由国家司法制度提供保护，任何人均可以从公正的审判制度中获益，那么，当国家为恢复一种被犯罪所破坏的法律秩序而进行刑事诉讼（或定纷止争以恢复民事法律关系）时，国家也有权要求知道案件真实情况的证人配合。证人作证作为公法上的义务，是公民对国家的一项基本义务，它"与纳税义务一样，是随着历史上近代国家以及公民这种主体形成而产生的一种法律观念……证人义务是否能够一般地得到主动履行，在一定意义上可以理解为显示个人作为公民被

---

① United States v. Nixon, 418 U.S. 683 (1974).

② See United States v. Smith, 27 F. Cas. 1192, 1197 (C.C.D. N.Y. 1806) (No. 16.3421).

整合到国家中的程度的一项指标”。[①] 证人义务的公法性表明，证人作证是为国家司法而非为某个特定的当事人服务。即使在当事人主义诉讼模式下，证人被视为“当事人的证人”，也只是程序上的请求权，不代表证人必须为一方当事人说话。

证人被纳入诉讼过程，是司法审判权对现实社会生活有目的的行为，其目的就在于维护国家和社会的基本秩序和解决当事人之间的纷争。所以某一社会主体被赋予证人的角色既是诉讼关系主体的需要，也是实现特定诉讼目的反映。法律的原则和规范控制着社会成员的行为规范，证人作为诉讼法律关系的主体，其基本特征表现为：第一，这种主体角色的定位具有普遍意义，即除法律另有规定外，社会生活中的任何一员都可能具备证人的条件；第二，这种主体角色的定位是每一诉讼过程的需要，其行为具有必要性，因而受法律强制力的约束；第三，在具体诉讼法律关系中，证人角色一旦确定，即不可替换。立法上是否规定证人作证义务，涉及公民权利（right）和国家权力（power）关系的不同考量，但更多地涉及对权利（right）和义务（obligation）的界定。证人义务是一种对国家的义务而非对当事人的义务，强制作证制度是证人义务性质的体现。

诉讼的进行，以解决社会纠纷为目标，以维护社会秩序为主旨，其裁决的权威性须以国家力量为支撑。诉讼制度不同于民间协商、调解等纠纷解决机制的最大不同点是国家力量的介入。诉讼中中立的第三者不是市民社会的成员，而是代表国家意志的法官，诉讼的结果不可避免地带有国家意志的色彩，法律强制性就是国家意志的表征。在刑事诉讼中，由于犯罪行为严重的社会危害性，国家必须对犯罪行为进行有效的追究，这种追究通过法院的审判而具有正当化的效果。从证明过程来看，法官对事实的认定是一个“回溯”的过程，需要借助各种人证、物证再现案件事实，而要使这种认识客观准确，必须尽可能地占有更多的信息。证人作为言词证据的重要载体，具有不可替代性，证人作证对于推进刑事诉讼的顺利进行具有重要的作用。因而，刑事诉讼中的证人作证义务就具有一种明确的国家性。在民事诉讼中，纠纷往往因当事人的利益争执而起，证人作证对于澄清案件事实、维护当事人的合法权益具有积极的意义，但并不能由此推出证人对当事人负有义务的结论。证人不同于诉讼代理人，证人参加诉讼不是为当事人提供法律服务，他只是客观地陈述自己所知案件事实，而不管其陈述究竟有利于哪

① 王亚新：《对抗与判定：日本民事诉讼的基本结构》，清华大学出版社2002年版，第176页。

一方当事人。从根本上说,证人作证是为了保证法院查明事实,推进诉讼的顺利进行,因而其义务只能是对国家的义务。这样,也就很容易理解为什么证人作证应由国家保障其权利,违反义务也由国家对其进行制裁的通常做法了。耶林在《为权利而斗争》的演讲中曾经这样说过:“法不仅是思想,而且是活的力量。因此正义女神一手持有衡量权利的天平,另一手持有为主张权利而准备的宝剑,无天平的宝剑是赤裸裸的暴力,无宝剑的天平则意味着法的软弱可欺。天平与宝剑相互依存,正义女神挥舞宝剑的力量与操作天平的技巧得以均衡之处,恰恰是健全的法律状态的所在。”①强制证人作证如同正义女神的宝剑,使证人出庭作证的义务得到了现实的强化。

除了诉讼目的上的考虑,强制作证制度的正当性基础还在于它是保障被告人权利的必要措施,是正当程序的逻辑结果。除了纠问制中的秘密告发审判外,现代刑事诉讼都强调公开审判,保护被告人公平审判的权利,被告人不但有为针对自己的指控申辩的权利,也有获得与证人对质的权利。美国《宪法第六修正案》、日本《宪法》第 37 条第 2 项、日本《刑事诉讼法》第 304 条、德国《刑事诉讼法》第 239 条都规定了被告人可以要求证人作证的权利。对质权作为被告人在刑事诉讼中的基本人权,《欧洲人权及基本自由保障公约》第 6 条第 3 项第 4 款及联合国《公民及政治权利国际公约》第 14 条第 3 项第 5 款,也都规定了凡受刑事控诉者,均享有与对其不利的证人对质的最低限度保障。而要保证对质权,必然需要强化证人作证义务。

但是,当证人作证义务和强制作证原则遭遇到特定关系的证人时,这种正当性基础是否仍然存在?这是本书需要考察的一个问题。证人作证的主要目的是为了查明案件事实,维护司法正义,兼具保障被告人的对质权。但是,如果证人与当事人具有夫妻关系时,其证言对于查明事实真相究竟有多大助益?它究竟是解决了案件的纠纷还是产生了新的纠纷?它对于社会的基本关系又会产生什么样的消极影响?这些问题的答案或许已经足以使强制特定关系证人作证的正当性发生动摇。因此,证人作证义务只是一个基本的原则,应当在特定的情形下允许特免权的存在。从更广泛的意义来说,证人义务的强制性并不包含对取得证言的强制,这与不得强迫被告人口供的原理是相同的。从理论上说,证言义务和证言的任意性应该是两个不同层次的问题。证言义务,是指证人在程序上无权利不为供述,乃相对于被告的沉默

① 〔德〕耶林:《为权利而斗争》,胡宝海译,载《民商法论丛》第 2 卷,法律出版社 1994 年版,第 12 页。

权,而证言的“任意性”是指证言的取得应遵循法定方式,不得以违法手段为之。① 与强迫取得的供述不可采原则一致的是,任意性为证言证据能力的要件之一,要求不正当手段取得的证言(非采取自由陈述,而是暴力胁迫、利诱、诈欺疲劳讯问或其他不正当方法)也不具有证据能力。一言以蔽之,证人作证义务离不开特免权制度,没有特免权制度的证人制度是不完整的。

二、作证适格和可强迫性

强制作证并不是一个绝对的原则。严格来说,证据法并不是追求案件事实得到发现的法律,而是限制发现真实的手段和途径的法律。这是本书的立论前提。证据理论上的作证适格性和可强迫性的区别验证了这个原理,同时也为本书研究的特免权提供了理论基础。

证人的适格性(competency)是指公民能否成为证人的资格和能力,是指哪些人有资格作证,包括证人的生理条件和事实条件,一般来说,感知案件事实的人如果具有正常的理解能力和表达能力,就可以具有作证的资格。普通法曾经严格限制证人的适格性,但是随着社会的发展这种限制逐渐放宽,以至于现在各国的法律基本上都假定任何人都有作证的适格性。② 早期普通法对证人适格的限制性规定主要是建立在社会人格不平等基础之上的,也是为了防止陪审团受一些可靠性低的证据影响。但是人格歧视已经为现代法律所摒弃,而陪审团的作用也日渐式微,为了查明案件事实,法律希望所有具有作证能力的人都可以作证。证人适格性条件的放宽不但说明了诉讼文明的进程,而且暗示着司法制度对于更多证据的期望。证人的适格性与证言的可靠性无关,无论是被告人的配偶、利害关系人、宗教信仰者还是有犯罪前科的人,都有作证的资格,即使是一个可能对作证的意义不甚明了的儿童,也具有作证的适格性③,只不过法庭应该对证人的证言进行审慎地裁量。

证人作证的适格源于证据的关联性。证据的关联性是一个逻辑问题,它关注的是证据和待证事实之间的逻辑关系,按照英美学者的解释,有关联

① 林志浩:《证言之证据能力与证明力——以避免误判与保障人权为中心》,台湾大学法律学研究所 1999 年硕士学位论文,第 48 页。

② 关于证人作证适格性的历史发展,可以参见何家弘主编:《证人制度研究》,人民法院出版社 2004 年版,第 61 页。

③ 当然,如果儿童缺乏正常的理解能力和表达能力,是不具有宣誓后作证的适格性的。具体论述参见吴丹红:《儿童作证问题之研讨》,载《政法论丛》2003 年第 1 期。

性的证据是那些"使待证事项更可能或更不可能的证据"[①]。证据可以被采纳的首要条件是关联性，如果证据和证明对象之间没有关联性，就谈不上可采性问题。证人知道案件情况，证言就与案件的系争事实存在关联，就有了作证的基础。但是有了关联性，证据也不一定具有可采性，因为可采性是一个法律问题。可采性是指证据在法律上可以提出于法庭作为证明之用的适格性，它取决于证据法是否允许法庭采纳某种具有关联性的证据。不可采的证据，无论其多么具有关联性，也不论其证明力多大，都不能被法庭采纳。由于可采性涉及的是法律问题而非事实问题，所以决定可采性的主体通常是法官，但是法官的裁判不是孤立进行的，诉讼双方的参与也很重要。这个参与的过程可能是在法庭审判的过程中，也可能是在审前的证据展示过程中，但更多的是后者。当一方要求提出特定的证人或者证据以证明事实主张的时候，享有特免权的一方可能会提出异议，要求法官事先排除这些证据。在证据法的发展历史上，为了避免引起错误的判断，可采性规则却限制了很多具有关联性的证据。无论是传闻证据规则，非法证据排除规则，还是意见证据规则，抑或品格证据规则，基本上都是以证据可能不可靠为前提，传闻的证据有误传的可能性，非法取得的证据有屈打成招的可能性，意见证据有主观擅断的可能性，品格证据有引起偏见的可能性，唯有特免权排除的证据，似乎不存在可靠性的问题，相反，很多被特免权排除的证据往往是最为可靠的。所以特免权的建立理由可能需要从可靠性之外去寻找。

证人的可强迫性（compellability）是指证人可以被强制作证的可能（当然，可强迫性并不等于强制性）。它涉及的不是证人有没有资格作证，而是证人有没有义务作证，它源于公法上的证人作证义务，普通的证人即使不愿作证也应当履行自己的义务，否则将被强制作证。可强迫性是指对于适格的证人可以强迫其出庭作证，对于拒不出庭作证的，法律将给予一定的惩戒。证人的可强迫性和作证适格性是什么关系呢？一方面，证人的适格性是可强迫性的前提，不具有适格性的人，就不具有可强迫性；具有可强迫性者，必须是适格的证人。所以基本上所有具有作证适格性的证人都具有作证的可强迫性。另一方面，证人的适格性与可强迫性是可以分离的，具有适格性的证人，未必可以强迫作证。例如，儿童可以作证人，但没有可强迫性，被告人的配偶可以作证人，也不具有可强迫性，甚至被告人自己也具有作证的资格，但是没有被强迫性。特免权是证人适格和证人可强迫性能够分离

① 转引自郭志媛：《刑事证据可采性研究》，中国人民公安大学出版社 2004 年版，第 4 页。

的最好例证,这些特殊身份的证人可能因为种种法律允许的理由拒绝作证,法庭不得强迫他们作证。为委托人提供了法律服务的律师即使知道案件事实,只要委托人主张了特免权,律师就不能就他们之间的交谈内容作证,这构成了对于作证义务的抗辩。特免权并不否定证人的适格性,但是可以作为证人可强迫性的一个例外。或者说,可强迫性和特免权是适格性原则的两个分支,适格的证人可能具有可强迫性,也可能具有特免权存在的理由。特免权制度对于证人可强迫性规则的"冲击"表明,国家获得证据的欲望是有限度的,获得证据的能力尽管可以凭借其强制力,也不是任何时候都可以畅行的,特免权制度为这种权力的行使留下了一个空间。当我们在反思证人不作证的问题时,往往把原因简单地归结为证人义务的不明确,因而试图建立证人强制作证的制度,但是如果因此忽视特免权制度正当性的话,我们努力建立的可能只是一个"规则更多而秩序更少"的诉讼制度。

三、特免权的规则体系

(一)范围:社会中的特定关系

基于特免权规则对于真实发现的巨大障碍,因此诉讼法只有在权衡查明真相与人权保障之间的冲突下进行取舍,如果特免权的范围过小,无以保护公民的基本权利,如果特免权的范围过大,则会对查明真相造成过多的困难。何种范围合适?考察各个国家的特免权制度,可以得出一个初步的原则,即只有在提供证据可能使基本的社会利益或者关系受到侵害的情况下,才有必要以特免权来限制对证据的取得和使用。这些基本的社会利益和关系,就是特免权的范围。在具体的特免权中,法律主要保护交流的私密性(confidentiality)和重要的关系(relationship)。前者主要是一些涉及交流秘密的特免权,如果谈话是在秘密或者认为秘密的条件下进行的,我们可以推定参与交流的一方对于另一方有一种合理的期待,希望这些谈话的内容只是被传达信息者所知,而不会在将来的诉讼中被披露出来。后者不一定有秘密的交流,但谈话者之间具有某种社会关系,或者是基于法律行为产生的委托关系,或者是基于自然产生的亲属关系,因为这种关系是社会信赖的基础,没有信赖,社会的交往就会充满危险,人与人之间的交流就会增加成本。所以,社会需要巩固这种关系。

特免权制度旨在保护一些重要的社会关系和利益,这是本书在以后的章节中要逐步揭示的。什么样的关系和利益可以成为特免权保护的内容?这些关系涵盖了国家与被告人的关系、委托人和受托人的关系、亲属之间的关系,这些利益主要包括了人格尊严、交谈秘密、亲情伦理、公务机密等。它们被认为是维系社会价值的基础。但是,基于社会背景、诉讼制度方面的差异,不同的国家在特免权的范围上是有所分别的。作为现代特免权滥觞之地的英国,其特免权的范围包括以下四种:法律职业特免权(legal professional privilege)、不自证其罪特免权、不受损害特免权(without prejudice)和公共利益特免权(public privilege);而美国的特免权以各州的立法为基准,但总的来说包括不自证其罪特免权、律师—委托人特免权、婚姻特免权(包括配偶证言特免权和婚姻交流特免权)、医生—患者特免权、精神治疗医师—患者特免权、神职人员—忏悔者特免权。在大陆法系国家,特免权的范围相对来说比较广泛。德国《刑事诉讼法》规定的特免权包括近亲属特免权(涵盖至特定等亲之内的亲属)、职业特免权(包括了律师、专利代理人、公证人、会计师、税务顾问、医生、牙医、药剂师、助产士、麻醉物品顾问、神职人员、新闻职业者等)、公共利益特免权。日本《刑事诉讼法》规定的特免权包括不自证其罪特免权、亲属特免权、职业特免权和公共利益特免权,其中亲属特免权和职业特免权的范围和德国《刑事诉讼法》的规定比较接近。鉴于各个国家普遍都规定了不自证其罪特免权、职业关系特免权、亲属关系特免权以及公共利益特免权,故本书的论述主要围绕上述四种特免权展开。

(二) 主体:特定关系中的人

特免权保护的关系可能涉及很多主体,有的是并列出现的(如律师—委托人特免权),有的是层级出现的(如公共利益特免权中的公务员和部门负责人),有的则是独立出现的(如不自证其罪特免权中的被告人)。在这些主体中,权利人和相对人是两个重要的概念。

无论是从特免权的制定法还是判例来看,特免权制度都存在一个核心的要素——权利人,即特免权的主张者(holder)。权利人是特定关系的受益人,在诉讼中通常是当事人或证人,但有时也可能是案外人。在不自证其罪特免权中,被告人或者证人享有这样的权利;在律师—委托人特免权中通常是委托人有这样的权利;在公共利益特免权中一般是主管部门的负责人有主张的权利;在夫妻特免权中,可能是作为被告人的一方也可能是作为证人的一方有主张的权利,或者是夫妻双方都有主张的权利。有些国家的法律规定,特定社会关系中的双方都是权利人。我们发现,在主张权的背后体现的是利益的分配,享有特免权的往往是接受利益者,其利益与特免权制度所要保护的利益和关系紧密相连,是否定特免权后利益最直接受伤害的人。换句话说,谁是受保护的利益的主要受益者,谁就有主张和放弃特免权的权利。如果权利人不能行使主张权，那么其代理人为了委托人的利益而主张特免权，也视为委托人的行为，同样受到特免权的保护。

相对人是与权利人相对的是关系中的另一方，如律师—委托人特免权中的律师、宗教工作者—忏悔者特免权中的牧师，他们原则上没有主张特免权的权利。相对人或者其他人可能明示或暗示地代表权利人主张特免权，但只有权利人才能享有主张特免权还是放弃特免权的最终决定权。当权利人主张特免权时，相对人无权放弃；当权利人放弃特免权时，相对人无权主张。当然，权利人如果没有明确放弃特免权，相对人（与患者、委托人进行交流的职业人员）可以代权利人主张该特免权。执业者通常负有道德上的义务，为疏于主张的委托人主张特免权。此外，为保障权利的顺利实现，相对人在特免权之外还应当承担相应的义务，律师、医生的保密义务，国家对被告人权利的保障义务（不采取强迫自证其罪手段），以及公务员的保密义务，都是以相对人的义务来保障权利人的主张的实现。虽然说特免权主要在于保障权利人的交流秘密等利益，但是相对人其实也在特免权中避免了一定的不利益。例如，律师可以不透露与委托人交流的内容，医生可以不透露与患者交流的内容，这无疑会促进权利人对相对人的信赖，并进一步增强该职业的客户关系。

相对人的辅助人也是特免权关系中不可忽视的一员。如果权利人主张特免权只及于相对人而排除其辅助人（如辅助律师的助理、辅助医生的护士），当相对人拒绝陈述的时候，法庭仍然可以要求他们的辅助人出庭作证，那么特免权的目的自然落空，因为辅助人在职务工作中所知悉的秘密，不一定比受辅助人少，最后的结局仍不能避免委托人与职业工作者的信赖关系遭到破坏。所以，为了使特免权保护一以贯之，立法都会把相对人的辅助人也一并规定在内。[①]

（三）程序：特免权实现的过程

特免权规则是证据展示程序的一个例外。证据展示程序是在正式审判以前的准备程序。它的主要作用是明确争论点，互相开示证据，避免审理时一方当事人发动“突然袭击”。但是对于涉及某些保密事项或者受特免权保护的事项，可以免于开示。特免权可以适用于审判前的诉讼程序，也可以在法庭审理中提出，对于当事人提出的特免权申请，法庭通常会通过一个专门的审核程序裁决。

---

① 如德国《刑事诉讼法》第53条a项的规定，以及我国台湾地区《刑事诉讼法》的规定。

（1）告知权利。知道权利是行使权利的前提，告知权利是实现特免权必要前提，也是正当程序的当然要求。特免权贯穿诉讼的整个过程，侦查人员在询问证人之前，有告知义务，法官在询问证人之前，也有告知义务。如有违反，证人则有权提出申诉，否定其证言的证据能力。但如果证人明知证言可能给自己造成不利而没有加以拒绝并作了证的，只要该证据具有证明效力，法院应予采信。

（2）提出主张。特免权是一种请求权，必须经过主张才能生效。权利人在被告知权利后，可以提出特免权申请。证人或者当事人认为有法律规定的免于作证的情形，而请求不作证的，应当在审前交换证人名单时或者开庭前向法庭提出书面申请，或者在开庭时提出书面或口头申请。申请的主要内容是说明其具有行使特免权的法定理由。如果说明过程有可能导致受保护的信息被披露，法官可以决定秘密听证，由特免权主张者及其双方律师在法官面前不公开地讨论特免权归属。主张者的说明在何种程度上可视为合乎要求，也是一个关键的问题：如果说明不充分，法院可能会认为理由不充足而否定拒绝权；如果说明过于详细，可能会导致本欲保护的事实实际上泄漏，这也与特免权的初衷矛盾。这种矛盾，在证人的证言涉及与刑事责任或处罚有关的事项时更显突出。对此，各国基本上由法官裁量确定，并无一定的规定。笔者以为，此时可以参照证明责任的有关规定，在证人用于辅助说明的证据基本明确、真实，且又不会涉及个人的刑事责任、隐私等的情况下加以认可。

（3）裁判与处理。当一方主张特免权的时候，另一方可以提出反对，以阻止特免权的实施。当一方要求披露另一方的证据时，另一方也可以提出反对，以实现特免权。在是否赋予特免权的问题处于真伪不明的状态时，法官应当作出裁判。裁判时，所保护利益大小、证言重要性等都是必须考虑的因素。对于有关身份关系的裁判标准相对来说具体而简单，应严格依法定范围为准，但是不考虑其证言的重要性或其他因素。那么，法官如何判断两个主体之间交谈的秘密性呢？在证据法上，通常的解决方法是，推定某些交谈是秘密的。也就是说，如果被寻求披露的事实是在法律规定的特殊关系存续过程中秘密作出的交谈，该交谈被推定为秘密作出，反对特免权者有责任去证明该交谈并不是秘密的。这一规定是基于如下考虑：如果特免权的主张者被要求显示交谈是秘密进行，在许多案件中，他为了确认他的特免权权利，将被强迫揭示交谈的主要问题，这显然有悖特免权设立之初衷。需要注意的是，如果证人应当享有特免权，但是由于侦查人员的原因而导致强制作证,那么在审判阶段法官应当裁定取得的证言没有证据能力,作为非法取得的证据排除。

(4) 放弃特免权。权利人可以自愿放弃特免权。最常见的放弃方式是通过语言或行为表达放弃特免权的意愿。如果权利人明知其拥有特免权而不援引,也可视为弃权。特免权的享有人在没有强制的情况下,自愿披露了交流事项中的重要部分或已经同意他人做此披露,就视为放弃了特免权。放弃特免权意味着原来受保护的内容应当被披露,这种披露通常不可能限定于文件的某一部分,除非文件的某些部分分别与不同的事件关联并且可以分割。[①] 当两者或两者以上共同享有一个特免权时,一方对特免权的放弃不影响共同享有的另一方主张特免权。如果是在另一个受特免权保护的交流中做了披露,则不构成弃权。如果该披露是被错误地强迫作出的,或者是在没有机会主张特免权的情况下作出的,不能视为放弃了特免权。权利人因受到欺诈而放弃特免权或者律师的明显过错而放弃特免权的,也不能被视为放弃特免权。[②] 对特免权保护的交谈内容所做的披露,如果同时受另一特免权保护,不能视为该内容已披露。

(四) 例外:特免权的合理限制

有原则必有例外。证据法上的证据规则,实际上都是由原则性规定和例外所组成的。传闻证据规则的原则性规定很简单,即不得以法庭外的陈述(书面证言或转述)作为证据,但是其例外之多,则几乎淹没了这条原则性的规定,以至于传闻规则成为例外的"汪洋大海"之中的一个"小岛"。[③] 特免权制度是否如此呢?立法确立特免权制度,主要是出于平衡法律价值的考虑,保护高于司法目的的社会价值。但如果这种特免权的适用将导致对更大的社会利益的危害的时候,法律将禁止特免权,转而保护更重要的社会利益。这里存在着价值权衡中的又一个冲突,即权利的行使也是有限度的,特免权所保障的利益不能危及更大的利益。特免权虽然也有很多例外,但是在英美法的判例对于创设特免权的例外采取比较谨慎的态度,因为特免权的例外实际上是在剥夺权利人的一种利益,如果不加限制地扩张,势必造成特免权的萎缩,保护人权和社会利益的初衷会大打折扣。大陆法系则以较为明确的立法规定,对于特免权的例外作出了限制性规定,使之保持在一

---

① See Great Atlantic Assurance Co v. Home Insurance (1981).

② See Guinness Peat Properties v. Fitzroy Robinson Partnership (1987).

③ 详细论述参见吴丹红、黄士元:《传闻证据规则研究》,载《国家检察官学院学报》2004 年第 1 期。

个合理的限度内。不过,大陆法系缺少像英美法系国家这样操作性与可预测性的例外,有人认为,这一差别在一定程度上反映了二者在诉讼模式上的差异。在美国,控辩双方对于诉讼的推进起主导作用,因此证据法上的规定更为明晰,便于其预测和操作;大陆法系的诉讼活动中,法官对于诉讼进程发挥主导作用,并不依赖于诉讼双方的推进,因而在证据法上相对简单。①

总的来说,特免权的例外规定并没有超过特免权的原则性规定。概括特免权的例外,主要由以下几种情形:一是存在欺诈与"欺诈"免除保护;二是利用特免权策划犯罪;三是危害国家安全和公共利益;四是存在其他比特免权保护的利益更为重大的利益。至于这些例外的具体内容,则因特免权种类不同而有差异,笔者将在下文中详细解释。

第二节 特免权正当性之争

自特免权产生以来,世人对它的赞誉和抨击就一直伴随着它的发展。支持者将特免权制度视为诉讼民主和人权保障的堡垒,否定者将特免权当作妨碍诉讼公正的绊脚石。

一、支持特免权制度的学说

支持特免权规则的传统理论,来自威格摩尔(John Henry Wigmore)的功利主义观点。它基于一个经验性的假设:承认某项特免权所带来的利益高于禁止使用相关性证据的成本。威格摩尔认为,追求司法正义是人们所企盼的目标,公众有权要求任何人作证,但如果特定关系中的交流需要保护的价值超过对发现真相的探求,就应当本着鼓励交流的目的确立特免权。威格摩尔提出了判断是否成立特免权的四个条件:(1)受保护的交流必须是基于信赖不会被披露的情况下进行的;(2)此种信赖必须为完满地维系双方关系的重要因素;(3)基于公众意见,有努力维护此种关系的必要;(4)因披露交流信息所带来的双方关系的损害,大于因获得证言而产生正确裁判的利益。②

在威格摩尔看来,如果没有特免权的保护,一些重要的秘密交流将会受

① 王进喜:《刑事证人证言论》,中国人民公安大学出版社2002年版,第133页。

② John Henry Wigmore, *Evidence in Trials at Common Law* §2285, Vol. VIII, p. 527,(简称Wigmore, *Evidence*.)Little, Brown and Company, 1961.

到遏制,特定的社会关系也会遭到损害。此一学说,因为强调“秘密交流”的重要性,成为支持秘密交流特免权的主要理由,我们姑且称之为“交流说”。该说清晰而且具有包容性,所以在当时影响甚广,但其缺点在于当运用于实际案件时,我们很难判断因披露交流信息带来的特定关系的损害程度和司法正确裁判的价值究竟哪个大,因此不具有可操作性。而在威氏的著作中,其宽泛的理论和严格限定特免权的做法又存在矛盾,因此,上述四个条件常为人所诟病。

20 世纪 60 年代,艾兰·维斯汀(Alan Westin)的隐私权理论给特免权带来了新的理论依据。维斯汀在其代表作《隐私和自由》中,虽然没有提供一套严谨的理论,但为人们认识特免权提供了很好的窗口。他在书中认为,对秘密交流的保护在现代社会中具有下列四种功能:(1)个人自治:秘密交流的保障有保护个人想法的私下实验或尝试的功能;(2)情绪宣泄:秘密交流的保障为人们日常所扮演的社会角色所产生的压力提供了宣泄渠道,使人可以放心批评而不用担心责任;(3)自我评价:秘密交流的保障有助于人们自己判断将个人想法从私下交流转向公开阶段的时机;(4)保护亲密关系:秘密交流的保障有助于配偶、家人、朋友、同事之间的互相信赖的亲密关系。① 在维斯汀看来,所有社会中的成员都需要隐私,如果强迫披露个人的隐私,会造成两种明显的伤害:一是秘密暴露于公众带来的尴尬;二是对于信赖关系的背叛。前者侵犯了人们对个人信息的控制权,后者违背了形成私人信赖的个体权利。基于上述理论而发展的“隐私说”,试图更新传统的“交流”说,强调特免权对个人隐私的保护,认为交流的私密性本身就是一种权益,对审判的事实认定功能有合法的约束作用。

托马斯·克瑞特梅克(Thomas Krattenmaker)把维斯汀的学说更向前推进了一步,认为秘密交流的保障是隐私权保护的主要内容。在他看来,不仅夫妻之间、律师与委托人、心理医生与患者间的秘密交流有保障的必要,父母子女、室友与室友、医生与患者、顾客与客户、法官与法官助理、议员、行政官员及其助理间的秘密交流也有在一定条件下加以保护的需要。② 不过,克瑞特梅克也认识到,要权衡保护隐私权的需要和其他利益,是比较困难的。在一个社会中,相对于某人的隐私权而言,保护他人自由以及获得信息的权

① Alan Westin, *Privacy and Freedom*, New York, Atheneum, 1967, pp. 31—39.

② Thomas Krattenmaker, *Testimonial Privileges in Federal Court: An Alternative to the Proposed Federal Rules of Evidence*, 62 Geo. L. J. 85—94 (1973).

利同样也很重要,何种情况下隐私权的保护优于其他社会价值呢?与威格摩尔一样,克瑞特梅克没有给出一个明确的答案。

威格摩尔的"交流说"与维斯汀、克瑞特梅克的"隐私说"各有千秋,也各有缺陷。前者只是注重鼓励交流的社会利益,后者则注重个人隐私方面的利益,但两者并不是排他的,其实在方法论上,它们是兼容的,即立足于利益的衡量。除了交流的利益、隐私的利益之外,可能还有一些重大的社会利益需要保护,甚至这种利益不单是个人的利益,有可能是集体的利益、国家的利益,于是,上述两种学说在一个综合的"功利主义"的框架下统一起来了。在功利主义的理论视野中,特免权的存在有实用主义的目的,即在强制披露证言和特免权保护的后果之间,存在着一种利益得失的衡量。

为特免权提供理论依据的学说还有很多。与功利主义相对的一种理论是"功能说"(functionalism)。该理论认为,特免权的设置应当符合其功能,特免权多种多样,不可能都服务于促进交流或者保护隐私这么单一的目标。[1] "功能说"为分析特免权提供了很好的逻辑工具,但是它没有为确立哪些特免权提供标准,因此不能解决特免权的范围问题。"面子说"(image theory)是一种在检讨上述学说的基础上产生的。它把现存的特免权看做是保留法律制度合法性和面子的手段。根据该说,法院和立法者设立一套现存的特免权是因为要减少使法律制度尴尬的可能性。这主要表现在两个方面:一是掩饰法律制度不可能迫使所有证人作证的能力限制;二是减少在审判后发现事实的可能性——那会破坏裁判的可信度。[2]

20 世纪 80 年代出现的"权力说"(power theory),否定了功利主义的解释,提出特免权的存在不是为了鼓励交流,也不是为了保护隐私,而是因为存在因特免权受益的权力。权力说认为,职业关系的特免权是政治实力的体现。在他们看来,特免权的产生是为了保护特殊的精英阶层。例如,英国法院早期就把有限的特免权赋予上流阶层,这些人在美国如今都是最有政治实力的职业群体和机构:律师、医生、教堂、新闻媒体以及政府。历史上与当前制定特免权都存在着政治上的偏见,大多数特免权都是由立法产生的,而立法过程则受到政治实力的影响。他们举例说,因立法者多为律师出身,特别了解与注重律师执业的需要,即使立法者无律师背景,审查法案时也多

① See *In re* Agosto, 553 F. Supp. 1298, 1325 (D. Vev. 1983).

② See Nesson, The Evidence or the Event? On Judicial Proof and the Accpetability of Verdicts, 98 *Harv. L. Rev.* 1357, 1367 (1985).

受律师界意见的影响，所以法律特别赋予律师特免权。而会计师执行业务时虽然也会涉及与客户交流所取得的机密，而且保护价值也不见得比律师与委托人的交流内容低，但因为会计师对国会的影响力远不及律师，所以法律不赋予会计师特免权。[①] 这种学说以律师—委托人特免权为出发点，从立法群体的利益角度考虑了特免权的基础，虽然能够在一定程度上解释美国律师—委托人特免权的发达状况，但是并不一定适用于解释其他国家或者其他种类的特免权。对于不自证其罪特免权和夫妻特免权，这种学说没有提供合理的解释，因而阻碍了它成为一种可以被普遍接受的观点。

于是，有人综合前人的观点，提出了"两分说"。他们认为，特免权大致可分为因职业关系有保密义务和因交谈者之间有亲密的亲属身份关系两类。保护职业人员与客户间的秘密交流，是为了该职业提供服务的需要；而保护一定亲属间的秘密交流是为了维持个人自主与人性尊严。因此，只有前者才适用威格摩尔等人提出的"功利说"，后者则不适用。[②] 但是，这种学说不但存在着与"功利说"一样的缺陷——不能比较因披露交流信息带来的双方关系的损害与因获得证言而产生正确的司法裁判之间何种利益为大，而且它也没有对两分中的后者（亲属特免权）提出更好的解释。

理论的解释总是要晚于制度的出现，而且会带有时代的烙印。笔者认为，"交流说"基本上能支持有关交流关系特免权存在，"隐私说"完善了"交流说"，共同构成了功利主义学说，其所提出的利益衡量的原则，虽然不能在司法实践中进行量化分析，但它揭示了特免权所面临的利益取舍问题，确实可以作为特免权存在的一个正当性基础，而且也应当成为特免权存在的主要基础，而"功能说"、"面子说"和"权力说"则从不同的层面弥补了功利主义忽视的功能主义视角、现实主义视角和结构主义视角。在上述学者对特免权进行解释的时候，也正是特免权制度不断发展的时候。在隐私观念并不盛行的20世纪初，人们可能并不会太多地考虑特免权中的隐私因素，所以"交流说"能够大行其道。但是到了20世纪70年代以后，"隐私说"异军突起，提供了一种新的解释，但也留下了疑问：诞生于20世纪的理论，用来解释18—19世纪就出现的特免权制度，是否有"新瓶装老酒"之嫌？"功能说"、"面子说"、"权力说"试图提供更有说服力的解释，但都没有成为一种

---

① 参见吴巡龙：《新刑事诉讼制度与证据法则》，台湾学林出版社2003年版，第247—248页。

② Eric D. Green & Charles R. Nesson, *Problems, Cases, and Materials on Evidence*, 2nd ed., Little, Brown & Co., 1994, pp. 695—696.

通说。“两分说”在一定程度上克服了片面性，但仍然不能提供一种更有解释力的理论。特免权的理论基础，或许是上述各说的综合。如果单纯地以带有某种倾向性的学说来解释整个特免权制度，可能会挂一漏万。各个特免权的理论基础虽然都各有侧重，但都是出于对追求实体真实的诉讼目的的限制和制约，都是在保护特定的公民、组织、团体乃至整个社会的人格尊严、交流秘密以及公共利益，而这些利益可以归纳为“非诉讼目的”的社会价值。至于这种非诉讼目的的价值，为什么会比发现真实的目的还要重要，笔者将在后文中展开阐述。

二、反对特免权制度的声音

反对特免权的最重要的人物当数英国证据法学家边沁（Jeremy Bentham）。他在1827年出版了《司法证明的原理》一书，该书主张为了发现真实应当采纳更多的证据，排除可靠性的证据是非常不明智的做法。边沁对特免权制度进行了不遗余力的抨击，认为特免权是“非理性的偏见”的产物，没有任何令人信服的理由支持该制度的存在。[①] 他认为，特免权不可避免地会排除诉讼中最可靠的揭示真相的证据——这往往只有从被告人身上获得——而它们的分量显然比那些传闻证据和其他种类的证据要重得多。在边沁看来，尽管赞成特免权的理由可以列举出很多，但都过于肤浅。有人认为要求被告人回答那些促使他们被定罪的问题会令被告人深陷窘境、手足无措或者感情失控的观点，在边沁看来这种观点似乎有点像神经脆弱、多愁善感的“老妇之见”；有人认为要求被告人回答这样的问题会给予控方额外的好处，这种推崇平等的热情则被边沁讥讽为是“猎狐者理论”[②]——它似乎把体育竞技和查明真相混为一谈了。有人主张特免权是为保护被告人“免受司法酷刑和意识形态迫害”之必需，边沁认为在历史上看这是相当错误的论断。他认为，特免权在过去的几个世纪里可能确实发挥了那样的功效，但在19世纪（边沁所处的时代）的条件下则是“相当不必要的”。当时，英国已经废除了拷问台和绞刑架，可以采用其他更为有效和较少危害的方

① William Twining, *Theories of Evidence: Bentham, and Wigmore*, Weidenfeld and Nicolson, 1985, p.86.

② “猎狐者理论”（Fox-hunter's reason），猎狐的规则，是等狐狸奔跑后再发射，以示机会的公平。边沁在这里批评将猎狐规则适用于刑事诉讼者，认为这种迂腐的“公平”会给刑事诉讼的进行带来阻碍。参见吴丹红：《证据法的批判与建构——边沁的证据法思想及其启示》，载《环球法律评论》2006年第6期。

式保护思想和信仰的自由。在边沁看来，特免权显然有一个不可避免的危害，即阻碍法庭发现真相，而这并非一个理性的法律制度的应有之意。他尖锐地批评律师—委托人特免权是“保护有罪者”[①]，指责配偶特免权“走得太远”[②]，认为这都不利于获得证据。特免权是“不必要的”，也是“不明智”的，它只是由“沉着而自满”的英国律师和那些被英国律师“欺骗和愚弄”的人们维持的一项制度。不过，边沁虽然反对律师—委托人特免权和配偶特免权，却支持宗教特免权。他认为，在天主教牧师面前的忏悔应该不能作为证据，因为牧师有为忏悔者保密的原则，强迫他们作证将会使人们不再信任牧师，拒绝忏悔。[③] 这种牧师—忏悔者特免权，在当时尚没有被英国普通法所承认。边沁也支持公共利益特免权（政府秘密特免权），他主张在涉及政治的审判中，如果强迫政府披露信息会对公共利益造成不利的影响，法官不仅有权制止这种行为，而且应该拒绝、修正这种询问。[④] 因此，边沁在反对特免权规则的同时，至少也论证了两种特免权应该存在的理由和正当性。

边沁对于特免权制度的攻击和批判发表的时候，正是特免权制度初步发展之时，边沁的学说并没有对特免权的法律地位产生什么实质性的影响。但是，边沁学说的长期影响却是不可忽视的。在边沁之后，对于特免权的严厉批评一直存在。在大洋彼岸的美国，坎布利尼（Charles Frederick Chamberlanyne）作为特免权的批判者出现，尽管他并没有对特免权制度进行过专门的研究。1881 年毕业于哈佛大学法学院的坎布利尼，是美国证据法学家赛耶（James B. Thayer）的学生。他在 1883 年到 1908 年期间对贝斯特《证据法原则》以及《泰勒论证据》所做的注释，使他在实务界和学术界声名鹊起。他在其著作中提出了一个富有争议的观点——“任何赋予证人特免权从而妨碍真实发现的规则都是极端错误的规则”。[⑤] 坎布利尼非常重视证据对于发现真实的作用，坚持认为任何排除对主张者案情有证明力或构成作用的事实和证据的规则都是极端错误的规则，国家通过诉讼所追求的压倒一切的目标，并不是使用理性非暴力地解决个人之间的纷争，而在于尽可能准确和迅速地发现真实和实现正义。

---

① Jeremy Bentham, Rationale of Judicial Evidence, Specially Applied to English Practice, Volumes V, *Hunt and Clarke*, 1827, p.304.

② Id., at.340.

③ Id., at.587—590.

④ Bentham, *A Treatise on Judicial Evidence*, ed. E Dumont, London, Baldwin, Cradock & Joy. (1825), p.236.

⑤ 转引自何家弘主编：《证据法学研究》，中国人民大学出版社 2007 年版，第 33 页。

在20世纪初,美国证据法学家威格摩尔接过了边沁手中的反对特免权的旗帜。尽管威格摩尔在其著作中详细阐述过特免权,也提出过功利主义的“交流说”,但他同时也是特免权的批评者。在学术生涯早期,他提出了“彻底抛弃特免权”的口号,后来经过深思熟虑后,他又提出应该对“第五修正案”(不自证其罪特免权)的表达进行“严格的限制”。[①] 在美国,配偶特免权保护的范围一度非常广泛,因婚姻而产生的许多事项,曾经都在保护之列。因为与发现事实之间的冲突,配偶特免权一度备受非议。威格摩尔对之提出了尖锐的批评,认为它是“法律理论上一个很纯粹的时代错误(anachronism),对于发现真实构成了不可原谅的障碍”。[②] 威格摩尔对律师—委托人特免权也颇有微词,认为它的益处都是间接的和理论上的,“它的障碍是直接的和具体的”。[③] 此言一出,学界反响强烈,很多人不以为然,不过也有不少人支持他的观点。甚至连为特免权辩护者有时也不得不承认,传统的支持特免权的理由有点“空洞虚夸”,而非理由充分的论断。

对特免权进行批评的还有路易赛尔(David W. Louiseil),他在1956年发表了一篇比较有影响力的论文,认为接受特免权给发现真相带来了很大的障碍,我们的社会为保护特定交流关系秘密所付出的代价太大了。[④] 美国法官弗兰德里(Henry J. Friendly)在1968年发表的《第五修正案的明天》里,声援路易赛尔的观点,认为特免权的范围已经被美国法院扩展到了非“理性”所能解释的地步。[⑤] 其实他的理由和边沁并无二致,但他所得出的结论却比边沁漂亮得多。弗氏在他论述中充分考虑了隐私权的因素,而隐私权问题在边沁的时代并没有如此明显,这是弗兰德里的优势。在那几年里,隐私权已经开始被纳入法律的视野,至少在美国是这样的。当时,人们普遍认为,“保护个人的隐私权是不自证其罪特免权的中心目的”,许多评论家也认为这是特免权的真正理论基础,这种观点的广泛传播,使得当时很多人参与到扩展特免权的支持者行列中。弗兰德里认为,以隐私权为基础的特免权理由是不能令人信服的,人们不能用新的理由来解释老的规则。特

① 8 Wigmore, *Evidence*, §2251, at 296.

② Id., §2228, at 221.

③ 〔美〕乔恩·R.华尔兹:《刑事证据大全》,何家弘等译,中国人民公安大学出版社2004年版,第358页。

④ David W. Louiseil, Confidentiality, Conformity and Confusion: Privileges in Federal Court Today, 31 *Tulane L. Rev.* 101,110 (1956).

⑤ Henry J. Friendly, The Fifth Amendment Tomorrow, The Case for Constitutional Change, 37 *University of Cincinnati Law Review* 671(1968).

免权尽管避免了与很多行为有关的证据被披露，但这些证据并不能理所当然地想象为是属于隐私权的范围。而且现代法律已经要求披露很多事实上属于隐私权的证据。无论如何，人们不会怀疑政府会在法律的规定下侵犯个人的隐私权，因此法律有理由要求证人作证，只是可以通过为他们提供豁免，使其没有将来受指控的后顾之忧。退一步说，即使承认很多隐私权的可取性，在弗兰德里看来，不自证其罪特免权似乎也不能对达到那些结果起什么作用。

当然，有些学者批评特免权只是为了更好地改革特免权规则。例如，麦考密克(McCormick)赞成剔除证据法中运用得最广泛的两条排除规则：传闻证据规则和特免权规则，因为前者以简单的可靠性标准为其承认传闻的充分基础[①]，后者则以权衡标准为由，在很多迫切需要证据的案件中对大多数特免权不屑一顾。[②] 因此，他主张的是对适用标准随意的特免权进行修正。

无论是在法庭的诉讼程序中，还是在学者的学术研究中，特免权问题都是证据法的一个焦点。围绕它的争论似乎从来没有停止过。即使人们对特免权的理论基础在原则上达成了共识，由此得出的实际结论也不尽一致。很多判例法都与这些评论意见大相径庭，人们对这些判决的异议也总是很尖锐。其实，撇开细节问题，上述肯定的学说和反对的意见都是从不同的角度对特免权的作用进行分析，特免权的倡导者强调的是特免权的道德基础、特免权对基本人权和社会权利的保障，对于法律崇尚的公正的促进；而特免权的反对者指出的是特免权的消极影响，特免权对于发现真实的阻碍、对国家在追求诉讼效率上的抑制。这些观点对特免权的理论基础产生了很大的冲击，使得传统的支持特免权的观点也在批评中不断地进行修正。

第三节 特免权的价值理念

一、发现真实的诉讼目的

自有国家介入纠纷的解决起，诉讼的进行就以发现真实为其最主要的目的，这一点无论在刑事诉讼还是民事诉讼中都是如此。

考察人类刑事诉讼制度的发展史，我们可以发现，原始的弹劾式诉讼、纠问式诉讼以及现在的以当事人主义和职权主义为基础的混合式诉讼，都以查明案件事实作为裁判的依据。只不过，由于人们各个阶段对于“事实”

---

① Charles T. McCormick, *Handbook of The Law of Evidence* § 305, West Publishing Company, 1954, p. 634.

② Id., § 81, at 166—167.

的理解和看法不同,导致人们在追求事实的过程和方法上各异其趣:在古代的诉讼中,因为人类认识能力的限制,"神"成了主宰一切的化身,根据"神"的启示认定证据就成为定纷止争的基本途径。"上帝对人间的一切事实都能够直接感知和认识,认定事实对于无所不知的神圣权威简直是易如反掌,他在转瞬之间就可以判明其中的错综复杂并作出裁决,用代表着'绝对道德'的规则对违反正义的行为进行惩罚。"①在纠问主义盛行的时代,为了查明事实真相,可以无所不用其极,残酷的、违背人性的取证手段让人不寒而栗,被告人、证人都不得不沦为诉讼的客体;在职权主义的诉讼模式下,法官主导案件的审判,以查明案件事实为己任,为了发现纠纷背后的事实,可以身体力行、主动取证;而在当事人主义的诉讼模式下,"让当事人争斗"成为发现真相的最大动力,双方当事人以证据为筹码,进行积极的抗辩,试图让法官或陪审团确认己方的事实主张。在刑事司法证明的历史长河中,"发现真实"一直居于最重要的地位,甚至一度成为刑事诉讼的唯一目标。

民事诉讼尽管更多地关注于补偿而不是惩罚,但查明事实依然是其不变的指针。"与古代诉讼相比较,依据法律和证据进行审判成为近代民事诉讼得以发达的重要标志。"②对于争讼的双方当事人来说,如果他们各自理解的法律没有出现偏差,引起纠纷的原因肯定是其中的一方在事实上产生了损害对方的错误,孰是孰非,必须交由第三人居中裁断。对于过去的事件,任何贤明的法官,也不可能根据自己的经验就直接作出断言,法官只有在查明事实的基础上才能适用法律,也只有基于事实作出的判决才真正具有说服力。因此,对证据的认定成为民事诉讼中"定纷止争"的关键。民事举证责任分配让当事人承担提供证据的义务,透露着这样一种信息:谁掌握了证据,谁就赢得了主动,谁掌握的证据充分,谁胜诉可能性就大,因为这些证据可以使该方的主张得到法官的认可。尽管民事诉讼中,更多地奉行私权自治,但维护社会的稳定和维护法制仍是民事诉讼的目标之一,国家虽然不再强行介入当事人取证过程,但既然在法律中强调证人提供证据的义务,对诉讼当事人来说,对胜诉的渴望就会直接转化为利益主体收集证据的动力,双方都竭尽所能去寻找有利于自己的证据材料,推动着发现真实目标的实现。在民事诉讼中,尽管当事人合意的成分越来越大,但是查明案件事实

① 〔斯洛文尼亚〕卜思天·儒佩基奇:《从刑事诉讼法治透视反对自证有罪原则》,王铮、降华玮译,载《比较法研究》1999年第2期。

② 刘荣军:《论证人的证言拒绝权》,载《法学》1999年第5期。

依然是解决纠纷、分清责任的基础。即使是在最难取证的案件中,当事人也不惜采用“陷阱取证”或者“偷拍偷录”来获得有利于自己的证据[①],以便更好地揭露真相。发现真实是刑事诉讼和民事诉讼最为原始、最为直接的目的。

但是,正如一位大法官曾经提醒的,“真相就像一切可能被人溺爱的好东西一样,也可能被人们过于执着地追求——不惜过大的成本。那么,保留、掩饰、不安、怀疑、恐惧就一定会渗透到日常的交流中。除非在绝对安全的情况下,我们的交流通常会变得毫无意义甚至更坏,这对真相本身造成了更大的代价。”[②]发现真实是一柄双刃剑,它必须有所限制。而以特免权为代表的证据规则,则是对发现真实最重要的制度性约束。

二、发现真实的道德限制

在现代诉讼制度的发展过程中,我们也越来越感觉到,发现真实已经不是诉讼法的“帝王条款”。[③] 这是在迈向法治进程中得到的一个重要认识。如果仅仅是为了发现真实,通过任何手段和方法获得证据的行为都应该受到鼓励,一切具有关联性和证明力的证据都可以被采纳,以便达到证据的充分性,但事实上证据法却阻挡了诸多对于发现真实极具价值的证据,人为地“损耗”查明真相的基础。传闻证据规则排除了一些并非证人亲自到庭陈述的证言,意在保障被告人的对质权;非法证据排除规则排除了一些通过不正当手段取得的证据,旨在保障诉讼中的正当程序和基本人权,尽管这些证据可能是非常可靠的。

在当今社会,发现真实的诉讼目的越来越受到各种因素的制约。首先,诉讼之进行,固然以“定纷止争”为基本出发点,但并不是查清所有的事实才可以实现,有的时候事实本身无法查清或者查清的成本太大,事实裁判者不得不放弃对真相的固执追求。例如,诉讼时效的规定就是限制人们对于时间过于久远的纠纷提起诉讼,“推定”和“自认”规则的存在就是以一种法律上认为的真实代替人们对于事实真相的过度发掘。其次,在探寻真相的过程中,手段的正当性问题越来越受到人们的关注,为求真相不择手段的取证

---

① 参见吴丹红:《偷拍、偷录的困惑》,载《人民法院报》2003 年 1 月 24 日 B2 版;吴丹红:《“陷阱取证”的法律思考》,载《证据学论坛》第六卷,中国检察出版社 2003 年版。

② Vice-Chancellor Knight Bruce, Pearse v. Pearse, 63 Eng. Rep. 950, 957 (1846).

③ 林钰雄认为“发现真实早已不是现代刑事诉讼法的‘帝王条款’”(参见林钰雄:《刑事诉讼法》上册,台湾元照出版有限公司 2004 年版,第 513 页),此语也可适用于民事诉讼法。

行为被各种程序性法律规范所制约，不得不对一些非法取得的尽管是真实的证据“忍痛割爱”。非法证据排除规则弘扬程序正义的旗帜，为规范取证方法的正当性做出了积极的贡献。最后，为避免破坏社会赖以运转的重要关系和社会基本价值，法律在追求真实的时候往往“绕道行之”或者“舍近求远”，给社会道德、伦理一定的空间。证据法不仅为法官审查判断证据提供着一个基本的规则，而且为当事人取证、举证提供了一套基本的规范，这种规范是一种道德化的法律。法律虽然排斥非理性因素的干扰，却无法避免道德和感情的潜移默化。法律不可能远离道德和情感，甚至总是自觉或不自觉地对道德和情感给予认可。诚信原则虽然来自市民社会的道德规范，却在民法中具有不可撼动的“帝王”位置；人道主义虽然是一项伦理原则，却在刑事诉讼中被广泛地适用于犯罪嫌疑人和被告人；而更多的职业道德，则是不管时代更迭，口耳相传，最终被法律所确认，凝固为成文的职业道德规范。

法律与道德的关系是法哲学领域内长期争论不休的一个问题。自然法学派主张道德是法律存在的依据和评价标准。在他们看来，道德法则是自然万物的理性最高法则，一切其他的法则都应当符合而且必须符合这项原则。从西塞罗、格老秀斯、斯宾诺莎到洛克、卢梭，都在论证道德如何作为法律的基础。而新自然法学派则强调法律本身的存在必须以一系列法制原则为前提，这些法制原则就是法律的“内在道德”，也即“程序自然法”。而法律的“外在道德”也要求法律必须符合“社会的道德追求和理想”。[①] 尽管上述观点为实证主义法学派所批判，但是它的合理性仍然被后人立法所吸收，因为它提醒我们在建构法律制度的时候应当充分考虑道德的因素。以特免权为例，法律要求知道案件情况的人都能出庭作证，这是为了满足社会民众对于真相和正义的渴望，维护一个安定的社会环境。但如果强制夫妻之间互相作证，强制律师说出自己当事人私下披露的信息，同样会伤害到一些基本的社会关系，触及一个正常的人在面对所谓的“正义”和“良心”抉择时的尴尬，甚至危及一定规模的社会群体对司法目的的情感认同。诚然，人们必须排除感情偏私来实现共同的正义，我们不能因为一个人“为民除害”而免除他的刑事责任，也不能因为“激起民愤”而错杀不该判死刑的人，这是维系法制所需要的理性；但如果追求正义的要求超出了社会所能承载的限度，一味地要求人们“大义灭亲”、“互相揭发”，则可能破坏和谐的社会环境，造成

① 沈宗灵：《现代西方法理学》，北京大学出版社 1992 年版，第 54—64 页。

较大的社会动荡。

证据法是关于证据的收集、运用和判断的法律规范，国家力量在证据法的运行中发挥着重要的作用。在证据法中强调伦理价值，其意义就在于平衡公权力和个人权利之间的关系，制约权利的滥用。正如土本武司所言："实体真实的发现同个人基本人权的保障成为时常对立着的要素……如何调整两者的对立，便成为问题。毫不夸张地说，刑事诉讼中所有问题的根本点就在于此。"[①]在追求"发现真实"的过程中，我们需要考虑整个社会的道德基础、伦理要求以及情感因素。只有在合理的伦理框架内，证据法的目标才能真正完成。从这种意义上说，特免权是对追求"发现真实"的诉讼观的一个矫正，是国家强制取证权力为社会生活留下的一片缓冲地带。

三、超越实体和程序正义

特免权规则在排除规则中一直被认为是最为"奇特"的规则，主要就在于它与其他排除规则的目的互相对立。诚如前文所述，几乎所有的证据规则（传闻证据规则、意见证据规则、最佳证据规则、品格证据规则）都是在尽可能地排除带有偏见的证据对发现真实的影响。因此，证人作为案件事实的见证者，如果能在法官面前如实陈述自己所知的情况，将为该目的的实现提供最为便捷的途径，因此各国的刑事诉讼法律普遍规定了证人应当作证的义务和违反义务的制裁措施。要求证人作证实际上就是在追求最大限度地发现真实。然而，特免权规则的存在却是与此目标背道而驰的，它不但对促进发现事实毫无兴趣，而且简直是在阻碍事实的发现。那么，特免权规则有何程序意义？它的确能对保障被告人和证人的人权有所促进，但这似乎不是其主旨。相反，若为程序的公正，要求证人作证更能实现公正的审判。因此，程序正义理论无以成为特免权制度的当然基础。

传统的诉讼价值观认为，程序的价值主要分为外在价值和内在价值，即实体正义和程序正义。实体正义要求司法过程的功能在于尽可能地发现真实，在查清事实的基础上作出裁判；但是获得证据的有限性，完全的客观真实难以达到，所以为了达到公正的目的法律规定了一些证据规则，以求通过程序实现正义。我国学者陈瑞华教授认为，证据法之所以存在，其内在理由在于，发现事实真相的途径尽管多种多样，但裁判者只能按照某种符合特定价值观念的特定途径，来对案件事实进行揭示和认识，而绝不能为达目的不

---

① 转引自宋英辉：《刑事诉讼目的论》，中国人民公安大学出版社 1995 年版，第 200 页。

择手段，或者为发现事实真相而不考虑任何代价。法律程序领域中的认识活动与其他社会领域中的认识活动，现代诉讼与古代野蛮诉讼的最大区别，不是要否查明事实真相问题，而是如何或以什么方式查明事实真相的问题。由此，他给证据法学确立两个方面的理论基础：一为形式理性观念，二为程序正义理论。① 笔者认为，形式理性和程序正义在理论脉络上是一致的，构成一个向度的价值。笔者赞同陈瑞华教授对于发现真实一元价值观的批判，但不同意将证据法的价值简单地二元化，也不能苟同证据法只是限制发现真实的论断。由于程序正义的内涵难以涵括一些司法之外的利益，二元论价值观不能完全解释证据法，特别是不能解释特免权的存在。

穆勒(Christopher B. Mueller)教授在谈到证据法存在的理由时，阐述了英美证据法是基于不信任陪审团、服务于与系争事项有关的实质性政策、促进与系争事项无关的实质性政策和确保准确地发现真实。② 艾伦(Ronald J. Allen)教授也认为，证据规则的存在具有三个方面的正当理由：效率、政策和准确性。③ 笔者认为，证据法必须考虑三个方面的价值：一是查明案件事实的实体价值；二是保障诉讼公正的程序价值；三是其他的社会价值。证人作证义务的设置是为了更好地查明案件事实，保证被告人对证人的交叉询问权是为了体现程序的公正，而特免权规则的存在与查明事实和程序公正无关，它更多地偏向于保护特定的社会利益，理所当然地成为社会价值的"代言人"。实现司法公正之外的社会正义才是特免权存在的立足点。特免权的存在表明，在某些情形下，对于特定社会价值的保护的意义远比查明案件事实重大，以至于为了保护这些社会价值而可以牺牲对案件事实的查明。现代社会是一个走向主体及其利益多元化的社会，国家利益、社会利益、个人利益之间越来越分化，对于安全、自由、公正等价值追求也不再是单一，诉讼法和证据法的价值追求也应当迈向多元化。在中国当前的诉讼文化中，安全和秩序的地位历来至高无上，追求程序正义的观念近年来受到推崇，唯有社会利益的价值长期以来无人问津。而社会利益的边缘化，将无形中使我国证据制度的目的、结构和规范发生畸变。我国正在进行的证据立法如

---

① 陈瑞华：《从认识论走向价值论——证据法理论基础的反思与重构》，载《法学》2001 年第 1 期。

② Christopher B. Mueller, Laird C. Kirkpatrick, *Evidence*, 3th Edition, Aspen Publishers, 2003, pp. 1—2.

③ 参见〔美〕罗纳德·J. 艾伦等：《证据法——文本、问题和案例》（第三版），张保生等译，高等教育出版社 2006 年版，第 136—137 页。

果能够打破实体和程序两分的价值格局，在关注社会利益方面有所进展，将特免权等规则纳入到证据法的体系中，将是一个非常重要的也是影响深远的进步。

四、特免权制度的价值取向

对于特免权来说，一直都是批评的声音和赞成的声音互相交织，可谓“毁誉参半”。但是，规定特免权制度的国家和地区，却在这种争议中日渐普遍。英国、美国、加拿大、澳大利亚、德国、法国、日本、意大利以及我国台湾和香港地区，都是特免权制度的代表者。虽然不能说“存在就是合理的”，但这种现象至少说明了一个事实：如果没有特定的价值理念支撑，特免权制度就难以具有这种进入主流制度的正当性。

价值是指客体对主体的满足，特免权的价值是指特免权作为客体对于诉讼主体的满足。价值取向和价值判断不同。价值判断是一种认识，判断者在作价值判断时，可以而且应该以超利害的、不带偏见的旁观者的冷静的、审视的态度，从各种可能的角度进行全面的考察分析，而进行价值取向时，不能采取中立的态度，而是必须选取某一特定的立场、特定的态度。[①] 在价值哲学的角度来看，真正与事实判断形成鲜明对照的是价值取向，而不是价值判断。证据的真实性问题是一个事实判断（“是不是”），而证据可采性则关系到价值取向的问题（“要不要”），特免权制度的价值问题关注的不是前者而是后者，即使是真实的有关联的证据，也可能因为价值取向的原因而不能被采纳。价值取向没有一个统一的标准。被一个国家承认的特免权不一定被其他国家承认，在某一时期被接受的特免权不一定在另一个时期被接受。那些影响特免权存在的社会、文化和历史因素，同样是需要关注的。我们不能因为国家和历史阶段的性质而否认一项制度存在的价值，也不能因为国外存在该项制度我们就必须建立。只有很好地把握其折射的价值理念，分析其赖以存在的制度环境，并探究它在我国的现实合理性，方能真正奏“他山之石，可以攻玉”之效。

从诉讼制度上说，特免权是发现真实对个人权利的一个让步；而从宪政意义上说，特免权制度是国家权力对个体权利的一个让步，它维护了个人、社会单元在表达自由、利益自主、信息自决方面的基本权利：

其一，特免权是保障证人、被告人自主法律地位的要求。在古代和近代

① 刘永富：《价值哲学的新视野》，中国社会科学出版社 2002 年版，第 102 页。

诉讼制度中,证人和被告人一度作为诉讼的客体,成为发现事实真相的工具。特别是纠问制时代,司法以发现案件真相为最高目标,证人、被告人被法官当作查明案件事实的工具,被告人的口供为证据之王,证人接到法官的传唤必须出庭,出庭必须陈述,陈述必须为真,稍有违背,动辄拷掠,严刑相加,权利毫无保障。因此,在以人证为主要证据方法的诉讼程序中,被告人、证人与国家不可避免地呈现紧张关系。现代法律理念已经抛弃了被告人、证人作为诉讼客体的观念,认为被告人、证人在法律上首先是自主主体而不应视为发现实体真实的工具和手段,其基本权利应得到法律的保障。首先,被告人、证人作为公民,至少应该享有社会普通公民所享有的权利;其次,被告人、证人作为法律主体,其意志自主性不应被忽略;再次,由于被告人处于弱势地位,为保障平等武装应当赋予被告人更多的对抗性权利,而证人对司法负有过多的义务(诸如到庭义务、宣誓和陈述义务、如实陈述义务等),理应有对等的权利作为回报。但是,事实上司法实践中证人仍然被有意无意地作为发现证据的工具,一味强调证人的义务,对证人要求权利受到保障的需求却置若罔闻。如我国《刑事诉讼法》只规定知道案件情况的人都有义务作证,证人应当如实提供证据。但对证人作证特免权问题却避而不谈,证人的主体地位难以得到体现。特免权制度和其他排除规则的显著区别在于它把排除证据的权利从诉讼当事人和法官手中剥离出来,单独赋予了证人和被告人,由他来决定是否提供证据,甚至在权利人死后仍会存在。在这种状况下建立的特免权制度,对于保障证人和被告人的自主法律地位、健全我国证人权利保障机制有重要意义。

其二,特免权是证人私权利得以对抗国家公权力的一道屏障。在国家生活中,私权利是与公权力相对的一种权利。“不认同”和“不参与”被认为是私权利的首要内容。[①] “不认同”是指任何个人有权不认同集体、组织、他人的意志,有权不认同习俗和道德观念,有权不认同他人或权威为他确立的生活目标。“不参与”是指个人在任何情况下有权拒绝参与社会活动,无论这种社会活动的目的多么崇高。从社会或他人的角度来看,个人的不参与权利意味着,个人有权利选择自己的生活与思想方式,社会、集体、他人也应承认并尊重这种自由选择的权利,只要这种行为没有违背法律的强制性规定。如果言论自由是一项积极的自由,那么拒绝陈述就是一项“消极的”自

① 殷鼎:《从政治审查和档案制度看私生活的权利与范围》,载《中国报道周刊》2001 年 7 月 19 日。

由。犯罪行为是一种反社会行为,为支持和维护法治的社会政策,国家必须建立一套完备的治罪制度,当实际发生犯罪行为后运用合法程序有组织地对犯罪行为进行惩罚和制裁,为了达到这个目的,国家需要公民的认同和参与。但是治罪过程不应是一场不择手段的战斗,公权力的行使必须有其疆域,它不能侵扰社会、家庭和个人正当的合理的生活空间。为了社会成员的自由,国家不得不防止刑罚权的滥用,并在刑事诉讼中作出有限的让步。不仅作为刑事诉讼主体的犯罪嫌疑人、被告人应享有不自证其罪的权利,作为自主诉讼法律关系主体的证人,为保障其基本生活环境的安宁和信任,也应享有对抗国家权力的不得被迫自证有罪的权利及在一定条件下免予作证的特免权。立法设立特免权制度,是防止司法武力滥用的法律政策,也是诉讼过程中追求实体真实与权利保障必然导致的妥协。特免权由此成为公权力行使的界限,也成为私权利得以维护的壁垒。

其三,特免权是基于保护特定社会关系的宏观考虑。法律要求证人履行作证义务主要是为保证刑事诉讼的顺利进行,完成惩罚犯罪的目的;但同时法律又对这种义务作了例外规定,乃是在权衡社会价值的基础上,考虑到婚姻家庭的稳定、律师制度的贯彻、宗教对社会的影响、个人隐私权的保护以及国家利益的维护等。这些利益和社会关系是社会正常运转的重要组成部分,不仅事关特定家庭、特定行业的稳定,而且与整个社会关系的巩固息息相关。美国证据法学家华尔兹教授做了一个经典性的解释,他认为这种作证特免权存在的一个基本理由是:“社会期望通过保守秘密来促进某种关系。社会极度重视某些关系,为捍卫保守秘密的本性,甚至不惜失去与案件结局关系重大的信息。”[①]在美国人看来,他们之所以珍视这些作证特免权,是因为“我们既珍视审判,也珍视我们生活中的其他价值。我们并不只是为了作证而在美国生活,我们保护有作证特免权的社会关系,是因为这些作证特免权对于社会至关重要”。[②] 特免权的存在表明了在诉讼活动中,查明真相并不一定是最高目标,法律在适当的时候可以以牺牲探求真实为代价保全特定的社会关系,这是法律制度的理性选择。

其四,特免权是公民信息自决权在诉讼程序中的体现。信息自决权是德国联邦宪法法院发展出来的新基本权。根据信息自决权理论,每一个人

① 〔美〕乔恩·R.华尔兹:《刑事证据大全》,何家弘等译,中国人民公安大学出版社2004年版,第356页。

② 中国政法大学诉讼法律研究中心:《中美证据法研讨会纪要》,2000年5月23日、24日。

皆有权自己决定是否将其个人资料交付利用。[1] 信息自决权的概念与隐私权其实并非泾渭分明,例如美国是将前者纳入后者的范畴,但是在德国法中两者却属不同权利,隐私权仅指“个人私密领域”,至于个人是否将私密领域公开,则属于“信息自决权”的范围。特免权所保护的正是基于信任关系的交流信息,这种信息是属于个人私密,是参与交谈者不愿意公开的。例如,患者向医师陈述病情,委托人向律师陈述案情,一般都是在秘密的环境下进行,他们提供这些信息是基于对倾听者的信任,但并不意味着将个人的资料交于对方处置。因此,医生未经患者的同意,不得公开患者的秘密,这是交谈得以发生的前提,也是维持这种交谈的逻辑结果。当然,如果这种交谈不是在秘密状态下进行的,则被视为非“个人资料”,不在保护之列。例如,在夫妻特免权中,如果所知事实为结婚以前,或者在分居之后,就不能主张特免权,因为其他人也有同样的机会知悉该事实。而且,这种信息自决权不是毫无限制的,如果该信息涉及国家安全,或者利用该特免权策划重大犯罪时,证人就不能以该秘密交流主张特免权。在现代社会,信息化的触角已经伸到人类生活的各个领域,隐私权的保护也成为法律必须面对的一个重大问题。在诉讼上赋予特定人提供证据的特免权,实际上就是为了保护隐私,尊重这些主体的信息自决权。

第四节　特免权中的利益权衡

价值取向问题是在较为宏观的层面上讨论特免权制度蕴涵的理念,涉及的是特免权制度与国家、社会和公民的关系,而利益权衡问题则是在较为微观的层面上分析特免权制度与具体的证据规则、诉讼制度之间在利益分配上的冲突与抉择。利益问题一直是法学研究中的一个核心问题。在立法上,利益问题关系到各种利益主体在制定法中的地位,在司法上,利益问题牵涉到特定的主体能否实现利益分配的满足。

一、特免权制度中的利益因素

学者对于特免权的存在有着这样一个共识,即它是在“保护对于维系我们的社会价值来说意义重大的利益和关系”(safeguard interests and relation-

[1] 详见李震山:《论信息自决权》,载《现代国家与宪法》(李鸿禧教授六秩华诞祝贺论文集),台湾月旦出版公司 1997 年版,第 709—756 页。

ships considered vital to the preservation of our societal values)[①]。基本的社会利益和关系,是维系社会发展所必须的一些重大权益,它不仅涵盖宪法意义上的公民基本权利,如自由权、生命权、人身不可侵犯权、人性尊严的尊重、财产权等实体的基本权,也包括诉讼基本人权在内,即受无罪推定原则的保障、沉默权、依法定程序受审的权利、自我辩护权、受律师咨询辩护权、受公正审判的权利等,还包括家庭伦理关系、职业道德关系、公共利益关系等诸多体现社会需要的基本关系。

在国家利益唯一、至上的社会,统治阶级可以发动国家机器对案件进行全面而彻底的调查,可以完全不顾个人权利和社会代价。但在当今社会,不仅国家利益、公共利益、社会利益、私人利益之间越来越分化,而且它们自身内部也存在不断分化的趋势,各主体之间的互动性和冲突性也越来越大,寻求利益分配的欲望也越来越强。面对各种利益冲突,制度必须作出各种选择。英国功利主义学者边沁认为个人的利益是追求个人幸福,而法律的最终目的是社会利益的最大化,立法机关的职责之一是在两者之间协调。德国新功利主义法学家耶林提出的"社会利益说"强调社会利益与个人利益的协调和结合。美国社会法学派学者庞德提出了公共利益、社会利益和个人利益的三分法,认为法的功能在于使最重要的利益得到最大的满足,而使最少的利益受到最小的牺牲。马列主义法学则从法和利益之间的关系做了阶级分析,认为统治阶级借助法律将其利益普遍化、社会化,批判资本主义法律的自私自利性。我国学者提出法律具有利益表达、平衡和配置等三大功能。[②] 笔者倾向于庞德的利益权衡理论,只有这种理论合理地区分了国家利益和社会利益,并提出了如何达到利益的最大化,与我国传统的"两利相权取其重,两害相权取其轻"的格言不谋而合。以经济学的角度来说,特免权规则体现了"法律是有代价的实践"的理念,即要求我们进行一项法律实践,追求一个法律目标时,要进行适当的代价或成本的耗费的分析。[③] 是失去某些重要的社会关系而强令证人公开这些信息以求得案件的迅速处理,还是不公开这些信息以维护既存的、稳定的社会关系?法律对价值的选择过程说到底就是人类理性对利益的权衡过程,牺牲较小的、个别的利益乃是为了保全更重大的、基本的利益。笔者认为,特免权制度中存在着各种利益的冲

---

① Paul Ivan Birzon, *Asserting the Privilege*, Family Law, FALL 1997.

② 参见赵震江、付子堂:《现代法理学》,北京大学出版社 1999 年版,第 6 章"法与利益"。

③ 冉井富、王旭东:《刑事诉讼中的拒绝作证特免权》,载《中国律师》2000 年第 10 期。

突，可以从五个层次阐述：

第一，特免权制度必须衡量事实查明的成本和代价之后进行抉择。由于时间的不可回溯性，查明案件事实的过程犹如“考古”一样，往往显得比较艰难。有的事实可能因为时过境迁而无从调查，有的事实可能因为证据有限而调查不清，有的事实可能因为调查的成本太大而不得不放弃调查。这里的“成本”不仅包括调查证据所需要的劳动损耗，而且包括披露证据所带来的社会利益损失。要求亲属、律师、医生披露特定的交谈信息所需要的劳动力成本可能并不大，通过一定的国家强制力就可以实现，但由此可能造成的社会消极影响可能很大——它使得长久以来建立的亲属之间的信任、职业者与委托人之间的信赖顷刻之间瓦解，社会关系趋于紧张。因此我们应当辨证地看待这个问题：一方面，有些案件因为当事人所提供的证据本身有限，受特免权人保护的信息又被排除在外，可能导致不利于举证方的诉讼后果，有些案件尽管可以通过其他途径获得相同的或类似的证据，但是这样获得证据的方式显然成本太大，或者造成了诉讼的拖延和诉讼效率的降低。从这种意义上说，特免权的设置是以牺牲查明案件事实的便捷为代价的。当然，另一方面，特免权规则阻碍事实发现的程度也不能过分地扩大——特免权的存在的确妨碍了对特定交流信息的获得，但因此就把引起证据丧失的责任归咎于特免权是不公平的。事实上，否认一定的特免权并不必然会促进事实的发现，相反，还可能引起伪证。从这种意义上说，否定特免权可能导致“有失未必有得”的尴尬局面。特免权规则虽然人为地“堵死”了一条便捷的取证途径，“舍近而求远”，影响发现真实的效率和可能，但可以避免给一些值得保护的社会关系造成重大损失。

第二，特免权必须权衡证人权利和被告人公平审判权之间的利益。特免权制度赋予证人或者当事人享有不提供证据的权利，这在一定程度上会与被告人享有的基本权利相冲突，如美国宪法第六修正案规定的被告人与原告证人对质权，要求法院强制获得对己有利证据的权利，以及《欧洲人权公约》关于被告人公平审判权。如果证人拒绝作证，那么被告人与证人对质的权利就不能实现，公平审判的权利也就受到了影响。所以诉讼法的原则就是强调证人作证，并且鼓励被告人与证人对质，这样才能查清事实。特免权的设立在满足证人权利保护的同时，必然影响到被告人的公平审判权，但要确保公平审判权，则证人的权利可能受到影响，这是一对需要协调的利益冲突。

第三，特免权必须在平衡证人作证义务与作证权利之后进行立法考量。

证人承担义务和享有权利的统一是法理上关于权利义务关系的具体体现，法律显然不能只规定前者而忽视后者。我国传统的诉讼制度的价值取向往往过分强调证人作证的义务而回避对证人权利的规定。目前普遍的现象是证人出庭难，所以人们更多地把目光投向如何保证证人出庭上，甚至采用强制措施。这种思路的大方向是正确的。然而在拒绝出庭作证的人当中，有相当大的一部分并不能怪法院对作证义务执行不力，而确实是由于证人有难言之隐，如本书所说的种种理由，对他们来说法律的规定未免太过苛刻。现行的证人制度根本无法弥补证人被迫作证所遭受的感情上、经济上和名誉上的损害，法律也无视他们拒绝作证的正当理由。我们是否该冷静地审视证人作证义务与作证权利的失衡状态？面对这种日益被动的局面，赋予证人作证特免权可以说是对证人权利保障最重大的措施之一。

第四，特免权还要考虑对证人道德困境和证言真实之间的冲突。证人拒绝作证的原因很多，但不可忽视的是很多证人是因为道德因素而拒绝作证的，他们拒绝作证有着“难言”的苦衷。特定关系中的证人面对作证义务和对他人情感（或职业道德）的两难困境，很难会有什么两全之策，结果往往是：要么宁可违背作证义务拒不出庭，要么极不情愿地出庭，但不陈述实情。这两种结果都会导致对证人不利的惩罚，实际上对查明案件事实来说都毫无益处。贝卡利亚就指出，“证人的可信度应该随着他与罪犯之间存在的仇恨、友谊和其他亲密关系而降低”。① 如果法律强迫这种证人提供证言，那么基于上述困境，即使证人提供了证言，其真实性也是极不可靠的，甚至有可能误导侦查机关。因此，法律对证人“基于某种关系，致其证言义务与良心抵触，难期正确，乃免除其证言义务”②是最现实的考虑。与其强迫这些证人作证以“收获”更多的虚伪证言，还不如赋予这些证人作证特免权，解除他们在法律与良心上冲突的矛盾，这未尝不是从另一角度对刑事诉讼证据中追求真实的促进。在法律经济学看来，让尽可能多的证人作证是在努力增加发现真相的途径，而免除特定证人的作证义务，则是减少误入歧途带来的“错误成本”，可谓殊途同归。

第五，特免权的范围和限度需要在社会利益和司法利益之间进行再次

① 〔意〕贝卡利亚：《论犯罪与刑罚》，黄风译，中国大百科全书出版社 1993 年版，第 23 页。其实，《最高人民法院关于民事诉讼证据的若干规定》第 77 条就有过这样的规定：“人民法院就数个证据对同一事实的证明力，可以依照下列原则认定……证人提供的对与其有亲属或者其他密切关系的当事人有利的证言，其证明力一般小于其他证人证言。”

② 陈朴生：《刑事证据法》，台湾三民书局 1979 年第 3 版，第 382 页。

博弈。特免权如果是没有限度的,绝对地赋予证人或者被告人拒绝作证的权利,那么它就有可能不是促进社会利益而是被利用来进行有损社会利益的活动。委托人可以借助特免权与律师交谈传递策划犯罪的信息,夫妻可以向法院隐瞒共同进行犯罪时交流的秘密,有利害关系的证人可以隐瞒亲属危害国家安全或者公共安全甚至进行恐怖主义活动的事实,那么特免权就会成为犯罪分子避难的天堂。这显然是与特免权设立的初衷背道而驰的。因此,我们应当为特免权制度设立一定的范围和限度。证人能在多大范围内主张他们的特免权,在什么情形下他们将丧失特免权,特免权不保护什么类型的秘密交谈,这些都需要法律对社会利益和司法利益的博弈中,加入更多的参数,进行再次的博弈,为特免权制度划定疆域。

在刑事诉讼中,其实存在着很多的社会利益关系,如个人利益与社会利益的冲突、查明事实真相与保护个人隐私的冲突,打击犯罪与保障基本人权的冲突,被告人利益与证人利益冲突等。特免权制度的利益冲突犹如一场"拔河",一端是查明真相的渴望,另一端是特定社会利益的诉求。尽管我们强调发现真实的诉讼目的,强调在查清事实的基础上解决纠纷,但是我们也不得不承认,"对于人类的自由来说,存在着比司法更重要的东西。这其中之一就是特定的人与人之间的关系问题上,人们有不被政府干扰的权利。无论承认这些特权,会给审判带来多大的障碍,这是普通法的选择,显然也是欧洲的选择,并且被整个西方社会普遍接受。为了保护特定的交谈关系——夫妻之间,当事人和律师之间,以及忏悔者与神职人员之间——这个代价并不特别大。"①

二、特免权制度中的利益权衡

利益权衡的出现,源于利益主体的多元化和法治社会的大背景。没有利益的分化,就没有利益的权衡,在国家利益至高而无个人利益的时代,利益的权衡无从谈起。现代诉讼中,存在着不同的主体,也存在着不同的利益冲突。追求发现真实是为了维护公共安全的国家利益,赋予犯罪嫌疑人沉默权是为了维护个人的权利,而允许检察机关提起公益诉讼则是为了维护社会的利益。被害人希望犯罪的被告人受到惩罚,被告人希望自己能得到宽大的处理,而社会民众则希望法院不要放过一个坏人,也不要误判一个好

① John R. Waltz and Roger C. Park, *Evidence—Case and Materials*, 9th Edition, New York Foundation Press, 1999, pp. 553—554.

人。尽可能地满足所有主体的利益，当然是一种较为理想的结果，但事实上这只是一个“乌托邦”，利益之间的矛盾和冲突不但存在于诉讼法的立法中，也存在于诉讼法的运行中。有利益冲突必然有利益权衡，如何权衡相互冲突的利益，才是问题的关键。

针对上述困境，法理学者提出了“利益评价”(valuation of interests)的概念。尽可能多地满足一些利益，同时使牺牲和摩擦降低到最小限度。[①] 从理论上说，当两种利益相冲突时，只要“两害相比择其轻，两利相较择其重”，就可以实现利益的最大化，但该原则运用到具体的诉讼中，问题就没有这么简单了。要求证人作证的司法利益和维系证人所处的社会关系的利益相冲突时，何者优先？德国联邦法院在1964年的一个案例中论述了应当维护的个人利益和有关刑事追诉的国家利益之间的衡量比较，认为侵犯人的尊严和人格自由所得的证据应予禁用，但对于重大犯罪，则前者应当让步。[②] 在很多国家的特免权制度中，我们也会发现类似的情况。当证据的运用与当事人和证人的人性尊严、亲属关系、业务关系和国家秘密的利益相冲突时，证人可以免于提供证据，违背特免权规则所披露的信息，也不得被采纳为证据。但是如果特免权的主张与重大的国家利益、公共安全等利益相冲突的时候(例如特免权被利用策划犯罪)，该特免权则被限制或禁止主张。所以，利益权衡需要考虑参照系的问题，国家利益也好，公共权益也好，个人权利也好，并没有天然的优越性，只有在分析具体的制度时，我们才有进行利益权衡的立足点。

利益权衡是一个道德哲学上的问题，更是一个社会决策的问题。司法制度一直面临的难题就是利益权衡，或者说是利益衡量的尺度问题。当追求司法正义的目标与保护某些社会利益的目标相冲突时，如果过分追求司法正义，要求所有的证人都出庭作证，这将损害一些特定的社会利益[③]；如果过分保护这些利益，允许更多的证人拒绝作证，那么司法正义的目标无疑也会受挫。如何协调两者的尺度？我们可以用经济学的方法来分析这种两难困境，寻求两种利益的最大化。图3-1表示的是不同出庭率下两种利益变

---

① 〔美〕博登海默：《法理学：法律哲学与法律方法》，邓正来译，中国政法大学出版社1999年版，第399—400页。

② 宋英辉：《刑事诉讼目的论》，中国人民公安大学出版社1995年版，第202页。

③ 由于证人所作的有利于当事人的证言可信性很低，所以司法实践中不大容易采信，法庭上真正期待的是与当事人关系密切的证人提供的不利于当事人的证言。这对于证人和当事人的关系是一种损害。

化的关系：

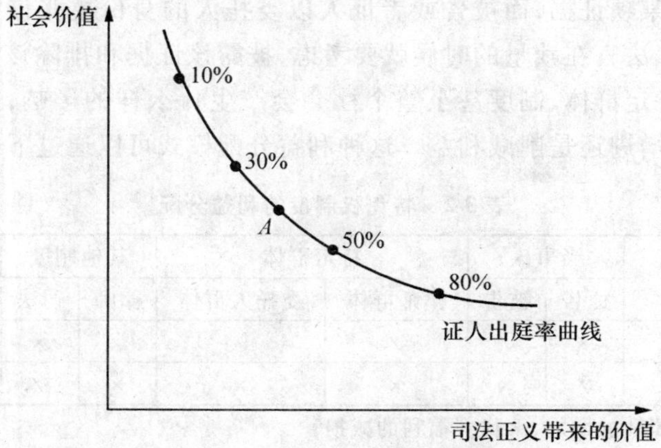

图 3-1　证人出庭率中的利益函数

在上图中，我们可以看到，随着证人出庭作证率的提高，司法正义的价值在不断增益，但是相关的社会利益在遭受间接的损耗，这种冲突是此消彼长的，为了能最大限度地增进司法正义而又最小尺度地减小社会价值的损耗，必须找到一个最适点 A，使得两个价值的总收益能够达到最大化。图 3-2 表示了社会利益和司法公正利益总价值随着证人出庭率的变化曲线。图中二次曲线的最大值就是这个最适点。这个最适点，既是证人作证义务的下限，也是特免权范围的上限。

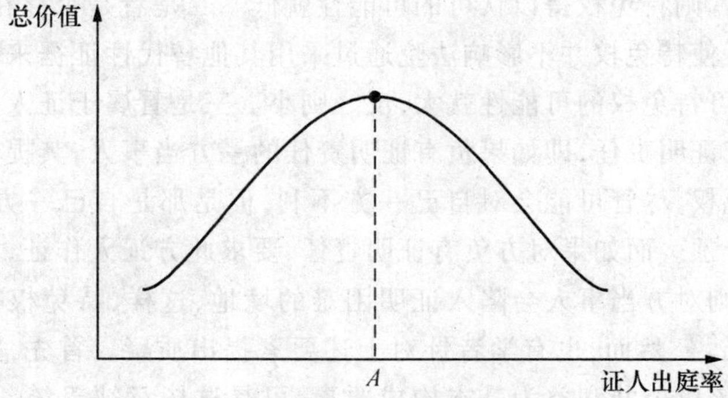

图 3-2　总价值和证人出庭率的关系

对于不同的主体来说，一项制度的收益和损失是不同的，对于甲有福利的制度可能对于乙来说是一项灾难。所以，我们还应当在利益权衡中考虑不同的主体（群体）的利益分配情况，寻找能在最大限度上增进福利的制度。

以律师—委托人特免权制度为例，如果原告在证据展示过程中要求被告或者证人披露某项证据，而被告或者证人以委托人的身份主张该证据受特免权保护，那么法官在裁量的时候就要考虑，披露该证据和排除该证据对于诉讼当事人、特定群体、制度甚至整个社会会产生什么样的影响，这种影响又会在总体上增进还是削减利益。这种利益分配模式可以通过下表显示：

表 3-2 特免权制度的利益分配

	当事人		特定群体		其他制度		公共利益
	原告	被告	律师群体	委托人群体	律师	司法	
承认特免权	×	✓	✓	✓	✓	×	✓
否认特免权	✓	×	×	×	×	✓	×

（✓代表福利的增加，×代表福利的减损）

当然，上表提供的只是一个利益分析的模型，很难进行量化的处理，因为我们无法确定原告承受的损失一定会大于被告增加的收益，也无法确定律师制度福利的增加和司法制度福利的减少之间会有多少的差距①，但是这种分析至少可以反映特免权制度对于不同利益群体的影响，并能够在个案裁量时从总体上看如何对待特免权才能实现利益的最大化。

有人认为，特免权制度中的利益衡量是有标准的，大致需要考虑以下因素：一为案件的重要性、是否具有公共性以及公共性程度的多少。此意味着，如果案件的重要性比特免权的行使可保护的利益的重要性大，案件的公共性程度高，则特免权得以认可的可能性就低。二是看是否存在代替证据。如果证人行使特免权并不影响法院通过采用其他替代性证据来查明案件事实时，则认可特免权的可能性就大，反之则小。三是看属于证人一方的当事人是否负有证明责任，即如果负有证明责任的一方当事人，其提供的证人如果行使特免权，尽管可能会对自己一方不利，但是那是自己一方的选择，法院会不予干预。而如果对方负有证明责任，要求此方证人作证，而该证人拒绝作证时，则对方当事人会陷入证明困难的境地，这样，特免权得到认可的可能性就低。② 然而，也有学者针对上述要素提出质疑。首先，案件的公共性，自然应该以公共利益为基本构成要素，可是这毕竟缺乏统一的标准，而

① 而且，无法确定潜在的交易成本有多大。即使在个案中强制作证能增加总收益，但可能会造成特定社会关系交易成本的上升，这是在对特免权制度进行成本—收益分析时容易忽视的问题。

② 〔日〕伊藤真：《民事诉讼法》，日本有斐阁 1998 年版，第 329 页。转引自刘荣军：《论证人的证言拒绝权》，载《法学》1999 年第 5 期。

且,发现真实与公共利益的要求是一致的,又怎么能够以与诉讼外的公共性来代替诉讼中应该保护的公共利益呢?其次,就可代替证据来说,如果真正存在这样的证据,那么特免权是否成立根本无需法院作出判断。最后,就特免权于证明责任的关系而言,如果法院因为负有证明责任的一方当事人由于对方提供的证人的拒绝作证有败诉的危险而不认可特免权成立,则特免权本身就失去了原来的意义。如此一来,实际上在考虑是否认可特免权时,法院所考虑的应该是根据实体法的规定,对相关的事项作出判断就已经足矣。①

笔者认为,社会的复杂和利益的多元化意味着利益衡量的困难,试图建立一种利益权衡的模型是非常困难的。价值取向是抽象的、非个案的,而利益权衡是具体的、个案的。如何判断特免权制度中的利益因素,则完全因各个国家的社会情况而定,并没有统一的标准。尽管在立法上我们可以对利益衡量需要考虑的因素进行规定,但是立法无法准确预测现实生活中的利益诉求的多样性,也无法预先给每一种利益设定一个权值,再让司法者根据固定的规则去取舍。司法公正的利益和家庭关系和谐的利益哪个更重要?保护患者的隐私权和被告人要求反询问的权利哪个更优越?我们无法确定地回答。在立法者眼里,每个纳入权衡范围的利益都具有重要意义,不能为了一个利益而绝对地牺牲或者放弃另外一个利益,“均衡性和最大化是利益衡量的基本要求”。② 在考虑特免权种类时,应当听取不同的利益主体发出的诉求,全面客观地考虑各种利益③,进行分析和比较,在各种利益的冲突中寻找协调的方法。而在司法者眼里,针对每一种特免权所面临的价值冲突,在利益主体参与博弈的基础上,必须作出相对具体的判断——在何种特免权里,应当充分考虑被告人接受公平审判的权利;在何种特免权里,应当着重保护基于秘密关系而产生的隐私权;在何种特免权里,应当维护国家为追求司法公正而探求事实真相的权力。在某项特免权里,原则上什么利益应当让位于什么利益,例外情况下又出现相反的情况,也需要进一步的考量。即使涉及同一个特免权的类似案件,也并不是在任何情况下都向某种利益倾斜,而是应当根据具体的案情作出裁量:赋予特免权实现的利益是否大于放弃特免权获得的利益?主张特免权带来的证据缺位有没有其他替代性的

① 参见刘荣军:《论证人的证言拒绝权》,载《法学》1999 年第 5 期。

② 高家伟:《论证据法上的利益衡量原则》,载《现代法学》2004 年第 4 期。

③ 即使是有些没有主体主张的利益也应当纳入考虑的范围。没有人主张并不代表没有利益的存在,有可能只是利益主体属于弱势群体,发不出他们的“声音”而已。

解决方法？在本案中重要的利益博弈关系是否发生了变化？这些问题不是立法者所能解决的问题，法定的“标准”只能给利益权衡带来一种对利益协调的机械性理解，特免权的利益权衡只能是司法者的职责。在立法中，我们可以规定特免权的种类和适用特免权的情形，但是不可能规定具体标准。就像我们可以规定证据的种类和证据规则，但是不能规定证据证明力的大小判断规则一样。[①]

当然，在本书中，笔者还会在具体的特免权的研究中，涉及利益权衡的问题。尽管没有权衡的标准，但是试图提出一些权衡的原则和适用条件，希望这些努力可以为特免权制度的构建提供一些有益的参考。

① 笔者一直反对在有关立法或者司法解释中，对证据的证明力大小作出规定，认为原始证据的证明力比传来证据大，或者物证的证明力比证人证言大，是很不恰当的，可以说是对法定证据主义的一种“复辟”。参见吴丹红：《证据法学的启蒙》，载《证据科学》2007 年第 1、2 期。

第四章　不自证其罪特免权

要求一个人既是控告者，同时也是被告人，这就是想混淆一切关系。

——〔意〕贝卡利亚[1]

第一节　不自证其罪特免权的产生

不自证其罪特免权（The Privilege Against Self-Incrimination），在我国还被称作"反对强迫自证其罪特权"、"拒绝自我归罪的特免权"、"不自我归罪的特免权"等，只是翻译上的差异。它是指在刑事追诉中，任何人不得被强迫提供对自己不利的证言或证明自己犯罪。

一、不自证其罪特免权的起源

对于不自证其罪特免权的起源，一直众说纷纭。流行最广泛的说法是，该特免权起源于17世纪末的英国。威格摩尔提出：1641年英国议会废除王室特别法院和宗教法院，在此后的普通法诉讼中，开始有人明确主张任何人都没有义务对于任何指控、在任何法院自陷于罪。[2] 雷纳德·利维（Leonard W. Levy）在《第五修正案的起源》一书中也提出，不自证其罪特免权是英国人创造的，在中世纪英国普通法中存在着深厚的基础。利维认为，该特免权产生于刑事诉讼两种对立模式的斗争中，一边是坚持诉讼主体的权利和自由的英国普通法，另一边则是反对创设该特免权的罗马法和欧陆纠问式诉讼（适用于英国教会法庭），前者顽强地战胜了后者。[3] 但威格摩尔和利维的观点引起一些学者的强烈批评，芝加哥大学教授赫姆霍兹（R. H. Helmholz）、格雷（Charles M. Gray）等几位知名教授分别撰文就利维教授的观点

---

① 〔意〕贝卡利亚：《论犯罪与刑罚》，黄风译，中国大百科全书出版社1993年版，第32页。

② John H. Wigmore: *Evidence in Trials at Common Law* § 2250 (John T. McNaughton rev. ed.), Vol. VIII, Aspen Law and Business-Little, Brown and Company, 1961, pp. 289—293.

③ Leonard W. Levy, *Origins of the Fifth Amendment: The Right Against Self-Incrimination*, Oxford University Press, 1968, pp. 216—218.

发表评论,认为不自证其罪特免权其实源于被英国吸收的欧陆法传统,但在19世纪以前只是作为一项原则存在,保护刑事被告人甚少,其真正成为一项制度是在出现了现代刑事诉讼制度的晚近时期。[①] 利维教授随即进行回应,对上述几位批判者的观点逐一反驳。[②] 这场笔战旷日持久,最后也没有明确的胜方。

如果作为一项理念,"不自证其罪"可能还要上溯到更早时期。据考证,在西方文献中,不自证其罪理念最早见于犹太教塔木德经(Talmud),塔木德律法中有"人与自己最亲近,不入自己于罪"。关于该法则的基础原理,塔木德经的注释者之间出现了不同主张。有人认为人类生命属于上帝,不得借由自证其罪而放弃;有人为被告的自白无法保证真实,例如被告可能有精神障碍;有人认为被告自白形同自杀,精神正常的人不为之;有人认为不自证其罪原则乃上帝之法则。[③] 这个阶段的不自证其罪主要限于宗教。

不自证其罪作为一个明确的原则被提出来,是在中世纪时。中世纪是欧洲历史上政治最黑暗的一个时期,但也是一个法学复兴的时代。在12世纪,随着第一批大学的出现,正规的法学教育开始出现。"任何人没有背叛自己的义务"(*Nemo tenetur prodere seipsum*)这句格言就来自中世纪的共同法(Ius Commune)[④],作为欧洲大学法学教育的基础,它首先确认了不得自证其罪的原则。对该原则的论述散见于当时的很多法学作品,例如,13世纪后半叶法学家杜兰梯斯(William Durantis)编纂的《法庭鉴》(Speculum iudiciale),15世纪著名的教会法学家帕诺密特尼斯(Panormitanus)评论教会法的著作,法院的法官和律师都要遵循的程序规则手册,以及影响较大的中世纪判决汇编。[⑤] 这被很多欧洲学者认为是现代特免权的滥觞。美国学者也认为,教会法律中的"不可以强迫任何人去揭露他自己"是不自证其罪原则的来源。在宗教忏悔仪式中,忏悔者得到赦罪的前提是揭露所有的罪行,但

① 这些评论于1997年被芝加哥大学出版社结集出版。See R. H. Helmholz, Charles M. Gray, John H. Langbein, Eben Moglen, *The Privilege against Self-Incrimination: Its Origins and Development*, University Of Chicago Press, 1997.

② See Leonard W. Levy, Origins of The Fifth Amendment and Critics, 19 *Cardozo Law Review* 821, Dec. 1997.

③ 上述资料是笔者根据我国台湾地区"司法院大法官解释第582号"的意见整理。

④ Ius Commune 为拉丁语,如果直译为英文就是普通法,但是它与英国的普通法不同,而是罗马法和教会法结合的产物,或者可以称为"欧洲大陆的普通法",笔者译为"共同法"。在法典化时代以前,"共同法"适用于没有成文法和习惯法的大陆法系国家的法院。

⑤ R. H. Helmholz et., *The Privilege against Self-Incrimination-Its Origins and Development*, The University of Chicago Press, 1997, p. 17.

是根据基督教的调查审讯程序，这种义务不可以强加给在教会法庭上宣誓如实作证的人。[①] 在“共同法”中，“不得自证其罪”是作为抵御指控者“过度热心”的一道屏障，而不是作为一项个人权利出现的。所以，严格说来，作为权利的“不自证其罪”此时还没有出现。

不自证其罪特免权的胚胎，孕育于 17 世纪的英国普通法中。英国普通法对于特免权规则最早的记载，见证了人们为反对教会强迫被告人自证宣誓(oath ex officio)作出的努力。[②] 在当时的英国教会法庭，普遍采用自证宣誓，被告人对于证明自己有罪的指控有义务提供证据，而且宣誓后对有关自己罪行的陈述必须真实。这为教会法庭惩罚异教徒和持不同政见者提供了极大的便利。1487 年，英国星座法院运用纠问式宣誓来达成其广泛的政治目的，甚至置一些限制性条件(用来防止教会法院滥用自证宣誓的)于不顾，此后，这种程序也被运用于一些充满政治色彩的高级法院，并且伴随着刑讯手段——这无疑激起了人们对纠问式宣誓程序格外强烈的反对。[③] 代表革命力量的新教徒一直与代表保守力量的宗教高等法院进行抗争。1532 年，在约翰·兰博特(John Lambert)被控倡导邪教案中，兰博特主张不自证其罪乃思想与良知的自由。1607 年，一位英国律师尼古拉斯·富勒(Nicholas Fuller)，曾根据大宪章，主张当时纠问制度要求被告宣誓并作证义务的规定违宪，更毋庸言自证其罪违背大宪章。该律师被称为第一位为不自证其罪原则提出理论依据的人。[④] 但是不自证其罪原则开始具有法律地位，则是要到李尔本案件。1639 年，英国王室特设法庭——星座法院在审理指控约翰·李尔本(John Lilburne)印刷出版煽动性书刊的案件中，强迫李尔本宣誓作证，被李尔本拒绝。李尔本在法庭上说：“任何人都不得发誓折磨自己的良心，来回答那些将使自己陷入刑事追诉的提问，哪怕是装模作样也不行。”[⑤] 星座法院遂对其施以鞭笞和枷刑。1640 年，李尔本在英国议会呼吁通过法律确立不自证其罪的规则，获得支持。1640 年选举的“长期议会”在翌年废除了星座法院和高等委员会，同时废止了自证宣誓。1641 年以后，英国在普通法院的程序中对教会法院普遍采用的宣誓程序进行了一些限制，标志

---

① 参见〔美〕阿克希尔·瑞德·艾玛、瑞尼·B.莱特：《第五修正案的基本原则：反对强迫自我归罪条款》，载江礼华、杨诚主编：《美国刑事诉讼中的辩护》，法律出版社 2001 年版，第 252 页。

② oath ex officio 的字面意思为“依职权宣誓”，指在法官裁判之前，被告人必须提出证据，并宣誓证明自己的清白。笔者译为“自证宣誓”。

③ See John W. Strong (ed.), *McCormick On Evidence*, 5th Edition, West Group, 1999, p. 177.

④ 参见我国台湾地区“司法院大法官解释第 582 号”。

⑤ 王以真主编：《外国刑事诉讼法学参考资料》，北京大学出版社 1995 年版，第 427 页。

着归罪性的自证宣誓寿终正寝。

17 世纪末，英国首次在叛国罪案件中允许辩护人可以参与刑事诉讼[①]，整个 18 世纪辩护人的数量不断增加，辩护的范围也越来越大，平等对抗的诉讼制度逐渐建立起来。辩护制度的完善，使证明制度发生了根本性的变化，即从被告人对不利于己的证据进行反驳的做法变为要求控方对指控进行证明。这为不自证其罪特免权的建立奠定了基础。到了 1700 年，在犯罪或罚金的问题上，法律规定在任何程序中强行获得对问题的回答都是不正当的，此即不自证其罪特免权。[②] 因此，笔者认为，法律上的不自证其罪特免权应该是产生于 1641—1700 年之间。

1791 年，不自证其罪特免权为美国宪法第五修正案所吸收，上升为宪法性权利。根据该修正案的规定，任何人都不得在刑事案件中被强迫自证其罪。[③] 1868 年美国国会通过宪法第十四修正案，明确规定各州必须遵守正当程序原则。但由于联邦主义传统的影响，各州有较高的自主权，使得该条修正案并没有促使在全国形成一个统一的保障当事人刑事诉讼权利的体制。这一情况延续到 20 世纪才有所改观。1964 年，美国联邦最高法院通过判例，援引宪法修正案第十四条的正当程序条款，确认不自证其罪特免权适用于各州。[④]

除了美国之外，还有一些国家也在宪法中作了类似的规定。例如，印度《宪法》第 20 条第 3 款规定："不得强迫被告自证其罪。"日本《宪法》第 12 条第 2 款规定："任何人，不受拷问。在刑事上，不得强制任何人做不利于自己的供述。"不过，很多国家把不自证其罪特免权规定在刑事诉讼法中。如德国《刑事诉讼法》第 55 条规定："每个证人均可以对如果回答后有可能给自己、给第 53 条第 1 款所列亲属成员中的一员造成因为犯罪行为、违反秩序而受到追诉危险的那些问题，拒绝予以回答……"法国《刑事诉讼法》第 198 条规定："证人无义务就他可能因之承担刑事责任的事实作证。"日本《刑事诉讼法》第 146 条规定："任何人，都可以拒绝提供有可能使自己受到刑事追诉或者受到有罪判决的证言。"意大利《刑事诉讼法》第 198 条第 2 款规定："证人无义务就他可能因之而承担刑事责任的事实作证。"我国澳门特

---

① Alexander H. Shapiro, Political Theory and the Growth of Defensive Safeguards in Criminal Procedure: The Origins of the Treason Trials Act of 1696, 11 *Law & Hist. Rev.* 215 (1993).

② See John W. Strong (ed.), *McCormick On Evidence*, 5th Edition, West Group, 1999, p. 177.

③ No person... shall be compelled in any criminal case to be a witness against himself.

④ See Malloy v. Hogan, 378 U.S. 1 (1964).

别行政区《刑事诉讼法》第 119 条第 2 款规定："如证人提出回答有关问题将导致其须负刑事责任，则无须回答该问题。"我国台湾地区《刑事诉讼法》第 181 条规定："证人恐因陈述致自己或与其有前条第一项关系之人受刑事追诉或处罚者，得拒绝证言。"可见，两大法系的立法都承认不自证其罪特免权。随着司法民主形势的发展，不自证其罪特免权也成为国际刑事司法最低准则之一。联合国《公民权利和政治权利国际公约》第 14 条第 3 款庚项明确规定："不被强迫作不利于他自己的证言或强迫承认犯罪"。

诚然，在 20 世纪 70 年代以来，作为不自证其罪发源地的英国，产生了对该特免权的一些限制。英国 1994 年《刑事审判与公共秩序法》规定，如果被告人选择拒绝作证，"有可能"被作出对其不利的"正当的推论"，但这种推论并不意味着被告人会被定罪，也不意味着被告人必须作证，所以并没有否定不自证其罪特免权的意思。目前没有确切的证据表明，哪个确立不自证其罪特免权的国家取消了该项权利。

二、不自证其罪特免权的理论基础

不自证其罪特免权虽然确立有几个世纪了，但对于其理论基础的研究一直没有取得共识。耶鲁大学教授阿克希尔和瑞尼曾经抱怨说，该特免权是权利法案中一个"难解的结"，"从一开始它就缺乏一个一致的理论"。① 麦考密克则颇为悲观地认为，探讨该特免权的支持政策是一项"令人沮丧并可能颗粒无收的任务"。② 如果仅仅从不自证其罪特免权产生的历史背景去考察其理论基础，确实会陷入这样的困惑。在英国，由于不自证其罪特免权是为反对法院没有适当指控的前提下就滥用纠问式宣誓程序而出现的，因此它的主要意义首先是对"从被告口中获取指控他的信息"的刑事政策的否定，换言之，它只是改变了一种不适当的获取证据的方式。但问题在于，星座法院所崇尚的自证宣誓早已不复存在，为何还要坚持设置这样一种特免权？不自证其罪特免权的理论基础或许需要重新发掘。

不自证其罪特免权是普通法刑事诉讼程序中讨论得最多的部分。不自证其罪特免权不仅意味着任何人无义务帮助代表国家的控方指控自己，而且意味着，如果一个人回答将会使自己暴露于被定罪的"真实的和可估计到的危险"之中，就有权拒绝提供证据。不自证其罪特免权的前提是无罪推

① 参见江礼华、杨诚主编：《美国刑事诉讼中的辩护》，法律出版社 2001 年版，第 237 页。

② See John W. Strong (ed.), *McCormick On Evidence*, 5th Edition, West Group, 1999, p. 178.

定。不得强迫任何人充当不利于其自身的证人的规则是从无罪推定原则延伸出来的。在这里必须明确两点：第一，法律并不禁止自证有罪，因为被告人可能随时会自愿作出自证有罪的供述，只要这种供述是自愿的，就是合法的证据。法律允许被审讯者自己选择是否作证，禁止的是以“武力强迫”（“武力”不仅指对被审讯者肉体上施加压力，同时也指通过持续拘禁而带来的精神上的压力）去证明自己有罪。第二，不自证其罪特免权是一项权利，它暗示着国家和政府的义务。政府不仅必须依据别人的作证来证实被指控的罪行，而且得保护被审讯者的权利。而被指控者无须亲口提供可用以反对他本人的任何证明，或者甚至根本无须作证。在英美法系，被告人可以作为证人陈述，所以有学者认为：“因为被告人的双重身份，美国联邦宪法第五修正案才有了‘任何人于任何刑事案件中，不得强迫成为对自己不利的证人’这样的‘不自证其罪’的规定，避免被告因出庭陈述而陷于伪证、藐视法庭及自我控诉的三难之境，此种制度，也导出了刑事被告有权保持沉默的必然结果。”①

在 1964 年的一个判例中，美国联邦法院就不自证其罪特免权确立的理由做了如下阐释：

> 它反映了我们诸多的根本价值和最高贵的渴望：我们不情愿使有犯罪嫌疑的人陷于自我指控、伪证或者藐视法庭的残酷的三难境地；我们更偏爱控辩式，而不是纠问式的刑事司法制度；我们担心以不仁道地对待和虐待的方式获得自证其罪的陈述；我们对公平游戏的理解，也就是“在政府与个人对抗时，通过要求政府肩负全部重担，或者政府和个人间的公正平衡”……我们对人类特性的神圣不可侵犯的尊重以及我们对每一个人都拥有“可以过私人生活的私人领地”的权利的尊重……我们对自我否定的不信任；以及我们认识到这一特免权虽然有时是“犯罪的避难所”，但更经常的却是对“无辜者的保护”。②

从这段话中我们不难理解，不自证其罪特免权不但在保护犯罪嫌疑人的人格尊严、个人隐私，而且在维护公平而文明的诉讼程序，它深深地根植于人类社会对于纠问制诉讼的反思，并通过在打击犯罪和保障人权之间艰难的抉择而为后者作出最终让步。所谓的“公平游戏”的理解，就是不自证

---

① 王兆鹏：《刑事被告的宪法权利》，台湾翰芦图书出版有限公司 1999 年版，第 35—36 页。

② See Murphy V. Waterfront Commission of New York Horbor, 378 U.S. 52, 55(1964).

其罪特免权的政策性基础,而对"人性"的尊重则是其个性基础。在证据制度的发展历史上,言词证据,特别是口供曾经备受侦查机关的青睐,被告人的口供一度被当作"证据之王",成为获得定罪根据的绝好途径。但是人类司法文明发展到今天,刑讯逼供已经被世界各国法律所明文禁止,任何人不自证其罪原则的确定与否,不仅体现了一国在控制犯罪与保障人权方面价值冲突的选择态度,也反映了一国刑事诉讼中犯罪嫌疑人、被告人和证人的人权状况和刑事诉讼的文明程度。尽管从打击犯罪的角度来说,赋予证人拒绝自证其罪权,可能会丧失一部分证明被告人有罪的重要证言,给侦查工作带来更大的难度,甚至导致有的犯罪人逃避惩罚;但从保障人权角度来说,则主要在于从制度上防止侦查机关在刑事诉讼中的刑讯逼供行为,避免无罪的人受到定罪和判刑,所以它有助于保障被告人的人格尊严不受非法侵害,体现了诉讼的文明与进步。

笔者认为,不自证其罪特免权的理论基础通过以下两个方面体现:

一方面是不自证其罪特免权的制度性基础:

从诉讼原理上看,不自证其罪特免权符合对抗制的精神。诉讼之所以为诉讼的根本在于纠纷,没有纠纷就没有诉讼。只有在控方和公诉方对事实各持己见,坚持定罪应该在考虑"事实上有没有罪"之后才能进行,一旦被告人直接认罪,就不再需要事实审理者,可以直接进入量刑阶段。控辩双方观点的对抗性构成了整个诉讼制度正当性的基础。"要求一个人既是控告者,同时也是被告人,这就是想混淆一切关系。"①

从诉讼公平角度考虑,程序应当保证双方具有相近的武力以及平等的地位和权利。在力量悬殊的冲突中,诉讼不可能产生,因为力量强大的一方可以直接对力量弱小的一方进行治罪。诉讼的对抗是建立在双方平等的假设上的,不自证其罪特免权可以保障被追诉者获得公正审判的诉讼权利。如果让被告人站在控方的立场反对自己,无疑有违对抗程序赖以建立的平等原则。如果强迫被告人自证其罪,那么被告人就成了控方的工具,与控方一起反对自己,这恰恰是纠问制诉讼的特征。没有平等的对抗,公权力的滥用就不能杜绝。

从实体正义的角度考虑,在诉讼不自证其罪特免权虽然在一定程度上丧失了重要证言,但同时也保证了重要证言的真实性,因为特免权的存在使得处于道德困境中的证人摆脱两难,可以防止证人铤而走险作伪证,从而减

① 〔意〕贝卡利亚:《论犯罪与刑罚》,黄风译,中国大百科全书出版社1993年版,第32页。

少因排除伪证而耗费宝贵的司法资源——这无疑是对实体真实的另一种促进。

另一方面是它的人性化基础：

从程序文明角度考虑，不自证其罪特免权是避免刑事诉讼中强迫性地获取口供的一道防线，是为了保护被告人免受刑讯逼供，权利得到保障。如果没有不自证其罪特免权，被告人就必须"如实陈述"一切包括对自己不利的事实，即使不愿供述，握有强制力的控方也会使用种种手段逼使被告人陈述，刑讯逼供就难以避免。人类从原始的武力解决纠纷发展到今天，一直都是在程序上努力避免运用赤裸裸的武力，强迫被审讯者自证其罪，使得程序的文明荡然无存。

从道德角度考虑，人皆有趋利避害之本性，让被告人"自戴枷锁"有悖于人性，是对个人价值的蔑视，是一种不道德的制度。这是从道德哲学的角度作出的考虑。不自证其罪特免权以尊重人的天性、自由和基本权利为基点，反对忽视个人价值的强迫供述制度，提倡口供的自愿性，向诉讼的文明化迈出了重要的一步。"绝对地认可反社会个人在刑事诉讼中的平等和尊严，他在诉讼当中是一个与控诉方地位平等的主体，而不是任人摆布的客体。"[①]不自证其罪特免权肯定了被追诉者在诉讼中的主体地位。

当然，不自证其罪特免权的发展并不完全取决于上述理论基础，因为制度的生长并不是建立在对这些理论的仔细审视的前提上的，后人对特免权理论基础的探讨很大程度上是在论证特免权的正当性，是一种附加的理由。但是这些理论基础至少可以说明，我们的社会为何仍要坚持、发展和传播这种特免权。

第二节　不自证其罪特免权的基本内容

关于不自证其罪特免权的内容，不同的法律文本表述并不尽一致，但相对而言，联合国《公民权利和政治权利国际公约》规定的"不被强迫作不利于他自己的证言或强迫承认有罪"是广为接受的。结合美国宪法第五修正案的规定，我们可以在以下方面对其内涵逐一解读：

---

① 〔斯洛文尼亚〕卜思天·儒佩基奇：《从刑事诉讼法治透视反对自证有罪原则》，王铮、降华玮译，载《比较法研究》1999年第2期。

一、不自证其罪特免权的主体

从美国宪法第五修正案的表述来看，不自证其罪特免权似乎只适用于被告人，但在其后的一系列判例中，权利人的范围扩展到其他任何的证人——如果自己的陈述可能招致自己陷于被控犯罪的不利境地，均有权拒绝作证。[①] 在刑事诉讼中，被告人和证人的角色有时候会交叉：当被告人主动要求作证时，即成为自己案件的证人或者同案其他被告人的证人；在某个案件中主张特免权的证人，也可能会在随后的案件中成为被告人。

犯罪嫌疑人、被告人的不自证其罪特免权是与无罪推定原则联系在一起的。不自证其罪特免权最初只适用于审判阶段的被告人，后来扩展到审判前阶段的犯罪嫌疑人。在法院判决被告人有罪之前，犯罪嫌疑人、被告人被假定是无罪的，只要不选择作为证人作证，就不需提供任何证据证明自己无罪，更没有义务自证有罪。一旦被告人在其案件的辩护中担任证人，就意味着放弃了不自证其罪特免权，被告人必须回答提问。而普通证人拥有的不自证其罪的特免权，可以使证人免于披露任何可能致其负罪的信息，因为证人出庭只是为了提供案件有关信息而非接受审判的。被告人特免权和证人特免权的区别主要体现在：被告人如果选择作证，就不能拒绝回答表明其罪的问题，因为特权已经被放弃；证人作证时，则可以拒绝回答可能引起刑事诉讼的问题。被告人不能被强制作证，被告人拒绝作证不能引起控方的质评；证人可以被强制作证，只要法庭下令，证人就必须作证，拒绝作证可能导致被控蔑视法庭。被告人的特免权是不可分割的，当作为证人作证时，不能再就某些问题引用特免权拒绝回答，因为不能在问题对其有利时就以回答洗刷自己的罪名，当问题对其不利时就以拒绝回答来逃避对自己有罪的证明。证人的特免权恰好相反，不能笼统地以不自证其罪为由拒绝作证或拒绝回答所有问题，而只能针对具体问题特别引用不自证其罪特免权。

不自证其罪特免权的保护只适用于自然人，公司或合伙企业（法律上将它们视为人）不能享有此项基本公民权利。历史上，美国一些法院曾经允许公司透过其雇员来援引不自证其罪特免权，但联邦最高法院在1906年的黑尔诉亨克尔（Hale v. Henkel）案中裁定，公司不能援引该特免权。[②] 与自然

---

① 美国联邦最高法院1924年判决指出该修正案规定的不自证其罪特免权同样适用于证人。王进喜：《刑事证人证言论》，中国人民公安大学出版社2002年版，第145页。

② Hale v. Henkel, 201 U.S. 43(1906).

人不同，组织不可能遭受到刑讯，也没有什么被侵犯的尊严。法人作为国家的产物，遵从国家法律和自身的章程而获得特权。立法机关合理地保留着调查这些组织的权力，以确保它们没有超越权能，并可以用命令该组织甚至要其提供自证其罪性的信息来接受调查。如果这种做法不被允许的话，那么对于可能出现的法人滥用其权能的行为进行的必要调查将注定会失败，因为也许只有凭借从这些组织自身获得的信息才能确证这种滥权行为。因此，如果对一个组织作出了要求其提供文件和有形物证的命令，则该组织的管理人员或代理人无权因为将归罪于该组织而拒绝提供。按照"集体性实体"(collective entity)规则，组织代理人不得援引个人的特权来回应要求提供该有形物证或文件的命令。[①] 例如，公司面对违反劳动和反垄断法的指控，被要求出示它的正式账簿和记录，公司的雇员不能以不自证其罪特免权拒绝提供，即使它们包含表明有罪的证据。

二、不自证其罪特免权的客体

对不自证其罪特免权的客体范围，实践中通常认为仅限于陈述证据，也有人认为应扩展至其他物证。美国联邦最高法院在1966年的一个判决中指出，"不自证其罪条款的规定仅在于保护被告不被强制对自己作不利的供证，或向国家提供其他供证性(testimonial)或交谈性(communicative)的证据，本案所争议的抽血并使用化验结论并不会导致上述强制性后果。"[②]这个判决对第五修正案的客体范围做了限缩解释，统一了实践中对该特免权范围的混乱看法。从此以后，不自证其罪特免权仅仅保护言词证据以及具有和言词性的行为，而不保护实物证据。例如，直接询问被告人是否杀了死者的问题属于言词的自证其罪，受该特免权的保护，而通过对被告人强制进行合理的身体或精神检查获得的证据——声纹、指纹、照片、胸围、腰围或臀围、行动特征，通过排队指认、提取血液样本、尿液样本、笔迹样本，甚至做紫外线检查等行为获得的证据，均不违反不自证其罪特免权，被告人或证人不能援引该特免权拒绝提供。关于血液酒精含量测试的问题，联邦最高法院在"南达科他州诉奈维尔"案中认为[③]，起因于血液酒精含量测试的任何自证其罪在本质上是物理性的，不是陈述性或口头的，因此它不受不自证其罪

---

① See John W. Strong (ed.), *McCormick On Evidence*, 5th Edition, West Group, 1999, p. 206.

② Schmerber v. California, 384 U.S., 757, 86 S. Ct. 1826, 16 L. Ed. 2d 908(1966).

③ South Dakota v. Neville, 459 U.S. 553 (1983).

特免权的保护。联邦最高法院在“宾夕法尼亚诉缪尼兹”一案中①,更进一步认定,警察命令酒后驾驶人回答问题(例如,你六岁生日是何年何月何日?)以测试该人的精神敏锐度,并不违反不自证其罪的条款。但强制被告接受测谎,或提供其他陈述性证据,则认为有违反不自证其罪条款的规定。

对于书面文件是否受特免权保护的问题,则要视情况具体而定。如果书面文件是证言或者口供的笔录,而作成该书面文件的证人或被告人并非出于自愿(警察强迫签字),这些书面的证言或口供就在特免权保护的范围内;如果这些书面文件不是警察强制询问的产物而是以前做成的,如商业文书或者财务记录,那么就不受特免权的保护,即使这些文件证明被告人实施了某种犯罪行为也得提供。② 商业记录的内容是不受不自证其罪特免权保护的。

该特免权适用的案件范围,可以说是相当广泛的。此规则不仅适用于刑事诉讼,也适用于民事诉讼,不仅适用于审判程序,也适用于审判前的证据展示程序。不自证其罪特免权虽然在美国第五修正案中被限定为“在刑事案件中”,但如果在民事程序中,证人认为自己的陈述很可能会在随后的刑事诉讼中成为指控自己的证据,那么他也可以引用不自证其罪特免权拒绝作证。③ 因为证人如果在该民事案件中如实作证,就极有可能受到随之而来的追诉,刑事诉讼中的特免权就会落空。

三、“强迫”与“自证其罪的风险”

不自证其罪特免权赋予犯罪嫌疑人、被告人和证人抵御被强迫自证其罪的风险,其关键的问题在于,何为“强迫”?何为“自证其罪的风险”?这是适用该特免权的前提。

不自证其罪特免权完整的名称应该是“不得强迫自证其罪特免权”,省略的“强迫”二字其实很重要。特免权制度并不反对自愿作证,如果自证其罪的证言是自愿作出的,则该证词是可以被采用的。《公民权利和政治权利国际公约》第7条规定:“任何人均不得加以酷刑或施以残忍、不人道或侮辱性的待遇或惩罚,特别是对任何人均不得未经其自由同意而施以医药或科学实验。”该特免权反对的只是强迫的自证其罪,而强迫的方式是可能是刑

① Pennsylvania v. Muniz, 496 U.S. 582 (1990).
② Fisher v. United States, 425 U.S. 391 (1976).
③ See United States v. Kordel, 397 U.S. 1(1970).

讯或其他使人在肉体上剧烈疼痛的方法，可能是违背陈述者自由意志的威胁、诱骗、服用药物、催眠，也可能是其他残忍、不人道或有辱人格的方法，但不外乎肉体上和精神上的。肉体上的强制很好理解，但精神上的强制则可能存有疑义。美国对于精神上的强制限制得比较严格，在“沃茨诉印第安纳”案中[①]，联邦最高法院认为不间断的询问和孤立导致被告人随后作出的口供是非自愿的，这种精神压力与身体折磨一样，因此口供不能采纳。

“自证其罪的风险”是指承担刑事法律责任的预期，即面临刑事指控或者判决。如果作证只是与民事责任或者社会责任（如回答会使证人感觉羞愧、耻辱或尴尬）有关，则此特免权不适用。这种风险是一种合理的可能性，即遭受刑事指控或判决是“真实而可感知的”，这种风险不包括构成犯罪行为但不会被定罪的情形。如果证人虽然构成犯罪，但由于法定追诉时效已过，已经被无罪开释，或者拥有法律诉讼豁免权，不会被起诉，他或她可以被强制出庭作证。不过，这由法官来判断，主张者无需“证明”是否有罪来引起该特免权。

四、不自证其罪特免权的行使

行为人在行使该权利时，应当明释其拒证理由。由于行使证人作证特免权会构成对寻求实体真实的障碍，因此各国均规定行使证人作证特免权应附理由，无正当理由拒绝作证应承担否定性法律后果。如日本《刑事诉讼法》规定“证人没有理由拒绝宣誓作证的，裁定处以10万元以下罚款并命令赔偿由于拒绝所产生的费用”。德国《刑事诉讼法》第70条也规定“证人无特定理由拒绝作证应承担因拒证造成的费用”。诚然，证人说明理由对于防止特免权的滥用很有必要，但说明理由过于详细则有披露与刑事责任或处罚有关事项之嫌，与特免权之设立目的相悖，因为证人不愿披露的事实可能在陈述特免权的理由时被迫披露了。因此，一般法律规定，只要“释明”拒证事由的证据基本明确真实，法院就应认定其享有特免权。

至于证人陈述理由后，是否准许应由法官裁定。通常法院有两种处理办法：一种是准许其拒绝作证；另一种是宣布豁免该证人因此将受到的刑事追诉而令他们进行作证。当特免权获得认可时，法院就不能对拒绝作证的行为进行不利推论。一旦法庭驳回证人的拒证理由时，该证人必须作证，否则将受到相应制裁。如英国有关法律明确规定，证人向法庭提出拒证理由

① Watts v. Indiana, 338 U.S. 49,54 (1949).

后，应由法庭根据案情用问题内容来决定是否允许证人拒绝作证。在美国法律中，尽管对于证人拒绝到庭、延期到庭、"无正当理由"拒不提供证言等行为均有具体详尽的制裁措施，而对于行为人以特免权为由拒绝作证时，却没有明确的相关规定。特别是对于享有特免权的证人，什么情况下他们的拒绝作证属于有"正当理由"？法院应当如何认定"正当理由"？在法律上均未界定。

五、不自证其罪特免权的后果

被告人在审理中可以主张特免权而拒绝作证，一旦被告人决定不在法庭上作证，控方不得要求被告人以证人身份作证，也不得就被告人不作证的行为发表任何否定性的评论，不得暗示被告人这样做是为了避免自己的罪行暴露。法院也不得作出被告人拒绝作证的行为是其有罪证据的指示。在格里芬诉加利福尼亚案中①，美国联邦法院指出，控方因为被告人拒绝作证而对陪审团提出意见认为被告人有罪是不恰当的，这种评论可以引起有罪判决的撤销。允许不利推论侵犯了其宪法第五修正案反对自证其罪的特免权，"使得其主张代价太高"。《联邦证据规则》（建议稿）第513条在特免权法上总括性地适用了格里芬案的理论根据：

(1) 不允许进行评论或推论。无论是现在的程序还是先前的场合，特免权的主张都不是法官或律师进行评论的适当题目。不得就此作出任何推断。

(2) 在陪审团不知情的情况下主张特免权。在陪审团审判中，程序的运作应当在可行的范围内，以便在陪审团不知情的情况下促进特免权的主张。

(3) 对陪审团的指示。如果陪审团可能从特免权主张中作出不利于任何当事人的推论，则根据该要求该当事人有权得到一项不得就此作出任何推论的指示。

但是，上述原则现在已经被"公平回应"（fair response）例外所修正。"公平回应"是指这种评论不是控方主动发出的，而是对辩方不适当的指责的回应，如果被告人辩护律师首先声称政府没有给予被告人陈述案情的机会，检察官在最后陈述时可以作出相应的回应，向陪审团提出被告人本可以作证但却拒绝作证，甚至可以进一步认为被告人拒绝作证是因为有罪。在

---

① Griffin v. California, 380 U.S. 609(1965).

"合众国诉罗宾逊"一案中,法院认为,在符合公平回应的情形下,检察官的评论没有违背宪法第五修正案,这种评论也不会导致有罪宣判的撤销。[1]

六、不自证其罪特免权的放弃

不自证其罪特免权既然是一项权利,就意味着可以放弃。强迫犯罪嫌疑人、被告人作自证其罪的供述,所获得的证据是无效的,但如果犯罪嫌疑人、被告人自愿作有罪供述,法律也是允许的。放弃不自证其罪特免权并不意味着接受强迫自证其罪(这就回到纠问制了),而是放弃拒不陈述或者不作证的权利,接受如实陈述的义务。放弃不自证其罪特免权的人只能是有权主张该特免权的人,如果其明示或者暗示地选择放弃该特免权,任何人都不得反对。放弃特免权可能是主动的,也可能是被动的。主动放弃的情形主要是被告人自愿作证。此种情形下,被告人必须回答与指控有关的所有质询。被告人在交叉询问证人的过程中涉及的所有此类问题,都成为准许攻击的对象。被动放弃的情形包括没有主张与部分披露。证人在被问到使其负罪的问题时没有主张该特免权,被视为放弃。当证人披露其已知属于自证其罪的某项事实时,证人在有关同一指控的所有进一步的事实中也放弃了该特免权。

实务中放弃不自证其罪的情形是很多的。在刑事诉讼中,如果证人认为自己没有犯罪,他可能会考虑放弃特免权,就自己所知的案情陈述事实;如果证人想通过作证减轻刑事责任,他可以放弃特免权,主动供述;如果证人认为自己可以作为污点证人出庭作证,提供一些同案被告人的重大犯罪信息,他也可以通过放弃特免权换取刑事责任的豁免。而证人刑事责任的豁免制度,正是证人放弃不自证其罪特免权的补偿。而被告人自愿自证其罪的情况更多,特别是在案件事实清楚、证据比较充分的时候,被告人往往倾向于自愿认罪,以简易审理的方式得到判决;即使是在某些指控重罪的案件中,如果被告人试图以自愿认罪作为减轻处罚的交换条件,也会自愿提供能证明自己犯罪的证据,以便控方为其在法官面前请求从轻量刑。美国的"辩诉交易"就是一个很好的例子。

在民事诉讼中需要明确的是,在某项诉讼中选择放弃特免权并不意味着在随后的诉讼中也放弃特免权。除非在随后的诉讼中,双方当事人是相同的,因为那样在文件中就不会再有什么秘密了。同样,在刑事诉讼中放弃

① United States v. Robinson, 485 U.S. 25 (1988).

特免权也不会引起在随后进行的民事诉讼中丧失特免权。

第三节　与不自证其罪特免权相关的权利

一、不自证其罪特免权与沉默权

我国许多学者认为，不自证其罪特免权就是"沉默权"（the right to silence），两者是同一概念。① 但也有学者在详细比较了其产生的先后顺序、词语的表述、刑诉法的规定形式、宪法和证据法的不同规定、各自内容、适用对象以及国际文件的不同规定等方面后，认为两者虽是相互联系的，但更是相互独立的，而且它们之间也是相互区别的。② 在这两种观点中，笔者赞成后者。不自证其罪特免权和沉默权有密切的联系，但绝不是沉默权。

不自证其罪特免权和沉默权在起源上是共同的，它们都来自对强迫性的自证其罪的纠问式诉讼的反叛，不自证其罪特免权允许被告人在面对具有自证其罪性的问题时拒绝回答，而拒绝回答的表现形式就是沉默，沉默权是不自证其罪原则最为极端的表现。在美国等一些国家，由于"米兰达"原则的示范效应，不自证其罪特免权主要通过沉默权得以充分实现的，但两者也存在区别。从历史上来看，不自证其罪特免权出现的时代要比沉默权的出现早大约一个世纪，在"权利法案"的时代尚未出现沉默权的概念，沉默权只是不自证其罪特免权发展到更高阶段的产物。从表现形式上看，不自证其罪是一项国际通行的刑事诉讼原则，在有的国家还上升到宪法权利的高度，所以它是相对宏观的、抽象的。而沉默权则是体现不自证其罪原则的一项具体法律制度，是不自证其罪特免权的表现形式之一。不自证其罪特免权的表现形式既可以是沉默不语，也可以是口头拒绝供述及提供有罪证据，还可以进行自我辩解。而沉默权的表现形式只是沉默不语一种，不包括口头拒绝及其他形式的拒绝。从主体上看，不自证其罪特免权的主体包括犯罪嫌疑人、被告人，也包括证人，沉默权则只能是犯罪嫌疑人和被告人享有，

---

① 参见易延友：《沉默的自由》，载《中国律师》2000 年第 1 期，第 50 页；吴俐：《被控告人享有沉默权》，载《中国律师报》1999 年 11 月 17 日；中国政法大学刑事法律研究中心：《英国刑事诉讼制度的新发展》（赴英考察报告），载《诉讼法论丛》第 2 卷，法律出版社 1998 年版，第 366 页。

② 刘根菊：《在我国确定沉默权原则几个问题之研讨》（上），载《中国法学》2000 年第 2 期，第 50—52 页。

证人是没有沉默权的。[①] 从内容上看，不自证其罪特免权除了拒绝提供言词证据以外，还包括拒绝提供书证等实物证据，沉默权仅仅是指拒绝提供陈述这种言词证据。从适用范围来看，沉默权只能在刑事诉讼中主张，而不自证其罪特免权可以在民事诉讼中主张。当民事诉讼中的当事人以及民事和刑事诉讼中的非当事人证人站到证人席上，他们就可以在被问及具有潜在性归罪问题时行使其不自证其罪的特免权。[②] 从权利的特征来看，不自证其罪特免权是单点式的，有范围限制的，行使前需要受询问人先予释明；沉默权是全面的，随时的、不附任何理由的沉默与不合作，被告人也无需陈述理由。如果我们讨论的是证人问题，沉默权的很多规则是不适用的，证人负有如实作证的义务，任何人不得保持沉默拒绝作证，只有其作证的内容涉及自证其罪的事项，证人才可以就某一问题拒绝作证。因此，被告人的沉默权是总体性的，他可以在整个讯问程序中保持沉默；证人的不自证其罪特免权是具体性的，他只能就特定的问题主张拒绝作证。而且，如果证言是自愿作出的，就可以作为证据采纳。

从立法上看，很多国家以及国际公约对于两者的规定也是不同的。从联合国《公民权利和政治权利国际公约》、《禁止酷刑和其他残忍、不人道或有辱人格的待遇或处罚公约》等国际公约的内容来看，不自证其罪特免权已经成为一项公认的国际法原则，一项保障的基本人权和国际刑事司法最低限度的国际准则。而沉默权并没有作为一项基本的国际法原则出现，而更多地是作为国内法的规定。[③] 承认不自证其罪特免权并不意味着承认沉默权，但承认沉默权必然承认不自证其罪特免权。美国的判例法中确立了“米兰达”规则，该规则表明犯罪嫌疑人享有沉默权。美国《联邦刑事诉讼规则》第 58 条(b)规定了被告人在审判前程序中有保持沉默的权利。但是美国宪法中并没有规定有关沉默权的内容，而仅仅规定了不自证其罪特免权（美国宪法第五修正案）。有些国家在刑事诉讼法中既规定了沉默权原则，同时又规定了不自证其罪特免权。例如德国《刑事诉讼法》第 136 条规定的是沉默权的内容，而第 136 条 a 又规定的是不自证其罪特免权的内容。日

---

① 由于英美法系国家的证人范围很广，被告人也可以成为证人，但是当被告人自愿成为证人的时候，他实际上放弃了沉默权。

② ［美］乔恩·R. 华尔兹：《刑事证据大全》，何家弘等译，中国人民公安大学出版社 2004 年版，第 203 页。

③ 也许唯一的例外是《国际刑事法院罗马规约》，它在第 55 条规定了不自证其罪特免权后，也规定沉默权。

本《刑事诉讼法》第 311 条第 1 款规定的是沉默权的内容，而第 198 条第 2 款则规定了不自证其罪特免权的内容。否定沉默权，并不意味着否定不自证其罪特免权。英国于《刑事司法和公共秩序法》中限制沉默权的规定，对于不自证其罪特免权并没有构成实质性威胁。是否规定沉默权，应当视各个国家的社会现实和刑事政策而定，因为它体现的是国家对于被告人权利的高度保障，但是不自证其罪特免权是国际刑事诉讼法的最低准则，只要参与了联合国《公民权利和政治权利国际公约》的国家都应当在自己的国内法中规定。由于刑事司法体制方面的一些制度性障碍，可能对于中国来讲，目前的主要问题是如何实现不自证其罪特免权的问题，而不是是否规定沉默权的问题。

二、不自证其罪特免权与不受损害特免权

诚如前述，不自证其罪特免权也可以适用于民事案件。当证人认为自己的陈述很可能会在随后的刑事诉讼中成为指控自己的证据，就可以援引不自证其罪特免权拒绝作证。在民事案件中，还有一种与不自证其罪特免权类似的“不受损害特免权”（without prejudice privilege）——一种最早在英国民事诉讼中发展起来的特免权。① 所谓的“不受损害”，是指当事人在和解协商的过程中就其口头陈述和函电来往事先声明或注明“不受损害”，即使和解协议最终未达成，陈述者在此过程中提出的任何建议事项均不能构成对其不利的证据。

在 1889 年的“沃克诉维舍”案中②，被告提出其在协商之初曾经发出过一份要约，最后成立的条款和最初的要约是一致的，只是延误了一些时间，因此要求原告应当承担在最初发出要约到最后成交期间的损失。英国上诉法院认为，本案双方当事人的函电往来是一种善意的和解协议，并由于已经注明“不受损害”，就应该认定本案原告并不同意这些函电成为呈堂证供，被告无权以上述的信件作为支持其主张的依据。这是英国最早确立不受损害特免权的判例。在 1984 年的“科兹诉海德”案中，奥利弗（Oliver）法官作出了更详细的阐述③：

应该尽可能地鼓励当事人在不求助于诉讼的情况下解决纠纷，但

① 不过，有的学者认为不受损害权不属于特免权，而是一种证据排除规则。

② Walker v. Wilsher (23 QBD 335).

③ Cutts v. Head, [1984] 1 A11ER 597.

是如果当事人意识到他在和解过程中作出的任何陈述都可能在其后的诉讼过程中对其产生损害的后果,他就可能会避免与对方进行协商。事实上,应该阻止在审判中提出那些在和解谈判过程中作出的陈述与让步作为要求承担自认责任的证据。

这项特免权是与自认制度密切配合的一项重要证据规则,是自认制度的一个例外。不受损害特免权的价值理念与不自证其罪特免权有着很多的相似之处,它也是在非自愿供述或者自认的情形下,对于利用自己的陈述作为指控自己的证据的行为的一种抗辩。不过,不受损害特免权还有着它独特的意义,那就是旨在鼓励民事诉讼中的和解和让步——使当事人不必担心自己在和解协商中作出的让步会成为其后的诉讼中对己不利的自认。由于近年来英国民事诉讼制度改革的趋势是促进诉讼外解决纠纷的机制①,因此,该项特免权的意义就更为重大。美国《联邦证据规则》虽然没有明确规定不受损害特免权,但是在其 408 条规定了和解与提议和解的证据规则:"关于在就其效力或数额问题上存在争议的赔偿请求进行和解或试图和解的过程中,(1) 提出、要求提出或承诺提出,或(2) 接受、要求接受或承诺接受一项有价值的补偿的证据,不得作为证明该赔偿请求所负有的责任、该赔偿请求所具有的非法性或者其数额的证据采纳。在和解谈判中的言行也同样不具有可采性。对于通过其他途径可以揭示的证据,本条规则并不要求仅仅因为其在和解谈判中提出而加以排除。当该证据为其他目的而提出时,例如用来证明证人的成见或偏见、驳斥有关不当拖延的争论或证明妨碍刑事调查或起诉的行为时,本条规则也不要求加以排除。"

不受损害特免权的存在,以双方当事人进行和解为前提,没有和解谈判,就没有让步与承认,就没有必要注明"不受损害"。而和解的前提是双方当事人之间发生争议或者有"潜在争议"(potential dispute)。所谓的"潜在的争议",是指双方当事人在起诉前就开始的和解谈判。在和解谈判中,当事人可以在会谈之初就在信函中表明"不受损害",其交谈的内容就可以受该特免权的保护。但是当事人为达成和解协议而进行的沟通往往要经历很多回合,如果此后的一些函电漏掉了注明"不受损害",是否也受该特免权的保护?根据英国的判例,这里存在着默示的"不予披露"的意向。因为和解谈判意味着双方不想将争议提交诉讼的意愿,希望通过谈判化解纠纷,法律

---

① 参见齐树洁主编:《民事司法改革研究》,厦门大学出版社 2000 年版,第 328—330 页。

也就推定在此过程中双方互负保密义务，即使没有注明“不受损害”条款，任何一方当事人也不能将可能损害对方内容披露。当然，受特免权保护的事项应当是真正与和解磋商相关的，在和解过程中产生的一些与争议事项无关的事实的陈述，即使标注“不受损害”，也不受该特免权的保护。①

不受损害的特免权属于当事人，非经当事人同意，任何人无权替当事人主张或者放弃特免权。不过，由于当事人进行的和解协商通常是在律师的参与下进行的，所以英国判例也允许律师声明不受损害特免权。② 律师可以帮助当事人主张特免权，但是不能未经当事人授权而放弃特免权，当事人在律师主张特免权后，可以向法庭声明放弃特免权。

不受损害特免权不是绝对的，它本身也有一些例外的规定。主要有：(1) 在以“是否达成协议”为系争事实的时候，关于当事人之间是否达成协议的资料即使标明了“不受损害”，也不受该特免权的保护，因为这些证据是证明案件事实的唯一证据，而且披露这些证据并不会对当事人之间的交谈自由有所损害。(2) 在原告以“懈怠”为由撤销诉讼请求的情况下，法院可以针对这种诉讼请求查阅有关受该特免权保护的文件。③ (3) 欺诈或犯罪的例外。如果当事人之间的交流是为了进行犯罪或者采取欺诈行为，或本身就是犯罪或欺诈行为的构成部分，如果这些交流可以作为指控上述犯罪行为和欺诈行为的正当、合理的证据，就不受特免权的保护。(4) 有侵权的事实。(5) 对法院不诚实。

第四节 不自证其罪特免权与证人豁免制度

不自证其罪特免权可以看做是保护被告人权利的宪章。过于保护被告人的权利，可能会影响或侵害到被害人的权利，甚至对其他被告人的权利形成冲击。例如，美国宪法第五修正案赋予证人有不自证其罪的特免权，证人可以因此拒绝作证，而在宪法第六修正案中又赋予被告人有强制证人对质的权利，这两项宪法性权利本身也存在悖论，拥有对质是否意味着可以强迫证人放弃不自证其罪特免权而作证？回答这个问题，必须谈到证人豁免制度。

① 详见齐树洁、黄斌：《不受损害特权初探》，载《政治与法律》2002 年第 3 期。
② La Roche v. Armstrong, (1922)1 KB 485.
③ 杨良宜、杨大明：《国际商务游戏规则：英美证据法》，法律出版社 2002 年版，第 192 页。

一、证人豁免制度的理论基础

证人豁免权实际上是和证人不自证其罪特免权紧密联系在一起的。正是因为存在证人不自证其罪特免权，证人才有可能借此与司法机关进行“交易”，以放弃证言特免权的代价换取对自己罪行的豁免。也正是在这个意义上，证人不自证其罪特免权成为证人豁免权的前提条件。但是，赋予证人不自证其罪特免权，一方面是有利于最大限度地保护证人的利益，另一方面的后果是无论证人是否实际上犯有相关罪行，都不能得到其证言。不自证其罪特免权虽然反对强迫性的自我归罪，但是并不反对证人作证，相反，在许多犯罪案件中它鼓励证人有条件地放弃特免权。由于不自证其罪特免权增加了侦查和起诉中取证的难度，会在现实上削弱打击犯罪的能力，因此，只有以证人豁免换取对于不自证其罪特免权的自愿放弃，才能既满足打击犯罪的要求，也符合保障人权的要求。在证人豁免制度中，政府会给予证人或共同被告人法律诉讼豁免权作为对他或她提供证言的回报。在刑事案件中，对于放弃不自证其罪特免权而提供证言者，法律可以不因该证言而令其受到追诉或承担刑事责任。

证人豁免制度产生的前提，是承认发现真实的相对性。尽管在唯物主义认识论看来，世界是可以认识的，通过发挥人的主观能动性是可以达到绝对真实的，但是在司法制度之内，这样的预设却不得不受制于各种条件而无法达到，或者说没有必要去达到。首先，司法过程中发现真实的过程是一个逆向思维的过程，是在现有的场景去再现犯罪当时的情景，而侦查人员和控诉人员都没有亲身经历，所以只能靠现有的证据回复犯罪事实，推断被告人的犯罪行为，这就先天地带有一种认识困难；其次，出于种种客观原因，犯罪的证据并不能完全地收集到，有的物证随着时间的推移而不可觅，有的证人因为时过境迁而记忆淡忘，有的证据在有限的能力和物力下无法及时收集或者收集的成本太大，这一切都造成查明案件事实的不充分性；最后，司法过程中发现真实的时间是受到各种程序期限所限制的，不可能为查明某个疑难案件而无限期地拖延时间，被告人的权利保障也要求在尽可能短的时间里进行结案，在证据不足的时候不得不宣布被告人无罪，尽管事实上他可能是有罪的。承认了这一点，就可以理解为什么在侦查过程中会出现那么多的无头案，在起诉过程会有那么多案件因为证据不足而不起诉，在审判过程中仍然有很多犯罪分子逃脱法律的制裁。特别是在有组织犯罪中，犯罪集团组织严密、有较高的反侦查手段，许多同案的被告人事先都结成了攻守同盟，以致控方在证据不足时无法从被告人的自愿供述中获得突破，侦查或者起诉往往陷入僵局。犯罪集团的成员和犯罪活动的参与者是最了解案件事实的人，他们所掌握的信息源往往是收集其他证据的关键渠道，如果他们拒绝陈述自己知道的案件事实，可能所谓的“事实”最终也不能被发现，或者发现的成本是目前的司法系统无以承担的，案件只好无疾而终。司法机关作为社会安全的保障部门和正义的最后一道防线，如果无力追究重大的犯罪案件，任由犯罪分子逍遥法外，所承受的压力可想而知。

社会行为都是有代价的，以较少的代价换取较大的利益，不但是一个理性人的自发选择，也是一个制度良性运行的自然选择。在诉讼制度中，维护公正和正义的一个方面在于使每个犯罪分子都受到处罚，因此应当尽量地收集证据；另一方面在于保障证据收集的途径、方式和期限都有法律限制，不因非法取证或者无限期地延长时间而使犯罪嫌疑人或被告人的权利受到损害。这就存在一定的矛盾，有时我们坚持让每个犯罪分子都受到惩罚，最后却无奈地看到，犯罪分子形成的“攻守同盟”令他们最终都逃脱了法律的制裁。因此，如果通过社会可以接受的方法改变发现真实的局限性，甚至牺牲对一些犯罪分子的追究，就可以利用较少的司法成本达到较大的惩罚犯罪的效果，将会大大促进人们对公正的信心。例如，在“一对一”的行贿和受贿犯罪中，由于犯罪行为往往是在很隐秘的环境下发生的，“天知地知你知我知”，要获得贿赂证据，通常要获得其中一方被告人的供述，如果犯罪参与者之间结成攻守同盟，案件就很难取得突破，所以检察机关不得不对行贿者“网开一面”，通过其自愿供述获得关于贿赂事实真相的关键性证据，然后对国家工作人员的职务犯罪进行起诉。这就是实践中存在的行贿与受贿犯罪惩处不成比例而且对行贿大都判处较轻的重要原因。证人豁免制度以赋予罪行较轻微的犯罪嫌疑人豁免权换取对其他主要被告人指控的重要证据，是“代价理论”的实际运用。

当然，证人豁免制度并不是完全豁免证人定罪的可能性，“证据使用豁免”就允许检控方用其他独立来源的证据对证人进行指控，而作证的证人如果故意以虚假陈述逃避制裁，那么面对他的可能还有伪证罪的追究。对藐视法庭和伪证行为进行处罚，并不违背证人豁免制度的初衷，而且是为保障证人豁免制度良好运行所必需的。证人豁免的目的，是为了使掌握重要证据的证人可以在法庭上作证，以利于查明案件事实，如果没有处罚藐视法庭行为的措施，证人就可能仍然保持沉默；如果没有处罚伪证行为的措施，被豁免的证人就可以无所顾忌地撒谎,从而使证据调查误入歧途。因此,证人豁免也是有限度的。

二、证人豁免制度的起源与发展

一般认为,证人豁免制度最早产生于英国。1806 年,英国上议院准备以“严重悖逆和违反职责罪”罪名弹劾时任海军司库的麦威尔(Melville)勋爵。有一些确定的关键证人被要求作证,为防止这些证人利用特免权拒绝作证,他们同意证人通过证人豁免法得到豁免。并且,为防止证人以存在利害关系不能作证这一规则拒绝作证,他们也被免除由于弹劾案的结果可能给他们带来的债务。[①] 可见,证人豁免制度在产生之初,就是为使证人放弃特免权而设置的,它以牺牲对部分被告人的刑罚权为代价,换取追诉更重要的被告人的证据。

根据英国 1981 年《最高法院法》第 72 条规定,任何人在依法律规定或法院命令在特定的程序中所做的陈述或自认时,不得在追究有关联的犯罪或者进行有关联的处罚程序中,用作不利于陈述人或者其配偶的证据,但陈述人因伪证或者藐视法庭而受到追究时,不在此限。[②] 1987 年,英国又在《刑事审判法》中规定,在严重欺诈案件侦查局(the Serious Fraud Office)调查涉及严重欺诈的犯罪案件过程中,接受讯问的犯罪嫌疑人以及可以合理地相信对于正在调查的事项知情的人必须如实回答提问,如果没有合理的理由而拒绝回答提问或者在回答时说谎,或者故意销毁被调查的文件的,即构成独立的犯罪,并且可被处以短期监禁的刑罚。提供证词的犯罪嫌疑人或证人享受豁免权,其回答只有在下述两种情况下才能用作不利于他的证据:其一,陈述人被指控在接受调查时做虚假陈述的;其二,陈述人受到犯罪指控后,在审判中作证时所提供的证词与向严重欺诈案件调查局的陈述不一致的。这实际上就是规定对污点证人实行“证据使用豁免”,但是并不禁止作为弹劾证据使用。

在英国产生证人豁免制度半个世纪后,证人豁免制度在美国生根发芽。不过,美国确立该制度可以说是“一波几折”——从最初实行罪行豁免,到采用证据使用豁免,再到重新确认罪行豁免,最后发展到罪行豁免与证据使用

① 易延友:《沉默的自由》,中国政法大学出版社 2001 年版,第 226—227 页。
② 孙长永:《侦查程序和人权》,中国方正出版社 2000 年版,第 327 页。

豁免可以并存。[1] 目前,美国联邦系统是采用了证据使用豁免,但法律也不禁止在联邦系统中实行罪行豁免,州系统大致上两种做法各占一半。[2] 美国联邦最高法院在克斯特戈案件中裁定,检察官只需要授予使用价值及衍生使用价值的豁免权即可强令一个不情愿的证人作证。在证人被强制作证之前授予交易性的豁免权并不是宪法规定的权利。[3] 在该案中,证人拒绝在授予使用价值及衍生使用价值的豁免权下作证,宣称其拥有不自证其罪特免权,要求必须在证人被强制作证之前授予交易性的法律诉讼豁免权。法院不同意,认为使用价值及衍生使用价值的法律诉讼豁免权已经满足第五条修正案的保护目的;交易性的法律诉讼豁免权不是必需的。

德国是实行罪行豁免的国家。德国《刑事诉讼法典》第 153 条 e 款规定,在涉及某些特定犯罪的时候,如果在该犯罪被发现以前,行为人为消除该犯罪对德国的安全或者法定秩序有所贡献的,经有权管辖的州最高法院的同意,联邦最高检察官可以对这种行为不予追诉。如果行为人在犯罪行为发生之后,向有关部门告发了与这种犯罪有关联的,事关叛逆、危害民主宪政、叛国或者危害外交安全企图方面的情况而作出此类贡献时,同样适用此规定。已经起诉的,经联邦最高检察官同意,有权管辖的州最高法院可以在第一款所述前提下停止程序。也就是说,如果被告人在诉讼中就他人的犯罪行为为控方作证,可以就自己的犯罪行为受到不予追诉或者中止诉讼的程序待遇,即罪行豁免。

加拿大采取的是证据使用豁免。加拿大《刑事诉讼程序法》第 1324 条规定,在任何重罪程序或在任何调查或有重罪罪行而面临大陪审团时,如果嫌疑人以会导致自我归罪为理由而拒绝回答问题或拒绝提供证据,郡地区检察长可以书面请求最高法院介入诉讼程序,要求其命令嫌疑人回答问题或提供证据。嫌疑人应当遵守法庭的命令。在其因此而回答问题或提供证据后,则有权要求不应根据该命令而作出的回答或提供的证据所表明的任何事实或行为被起诉或判处刑罚,或使其权利、名誉、财产遭到损失。加拿大《证据法》第 5 条第 2 款规定:“如果证人以可能致其有罪或致其在王室或其他人起诉之民事程序中承担责任为由拒绝回答问题,而且若非根据本法或省级立法,该证人本应被免予回答提问,那么即使此人依据本法或省法被

① 详见何家弘主编:《证人制度研究》,人民法院出版社 2004 年版,第 268—271 页。

② 孙长永:《沉默权制度的基本内容研究》,载《诉讼法论丛》第 4 卷,法律出版社 2000 年版,第 57 页。

③ Kastigar v. United States, 406 U.S. 441 (1972).

强迫回答,其回答亦不得在此后的任何刑事审判或其他刑事程序中被使用或采纳为于其不利的证据,除非他被控在此作证中犯有伪证罪。"同时,加拿大《权利与自由宪章》第13条规定:"在任何程序中作证的证人,都有权利使任何有罪证据不在任何另一程序中被用来证明该证人有罪,但因伪证或者提供相互矛盾的证据而受到指控时除外。"

澳大利亚也是实行证据使用豁免的国家。澳大利亚1995年《证据法》第128条第7款规定:"在澳大利亚法院进行的任何诉讼程序中,不得运用以下证据反对提供证据的人:(a) 根据本条之规定被授予证明书的人提供的证据;以及(b) 由于提供该证据直接或间接的结果所获取的任何信息、书证或者物证,然而,上述规定不适用伪证之刑事诉讼。"[①]在该条规定里,法律不仅禁止以证人所提供的证言作为指控他的证据,而且反对以"间接"的方式从其证言中获取指控证据,也就是说,澳大利亚采用的证据使用豁免更为严格,效力及于派生的证据。与其一衣带水的新西兰则是一个实行罪行豁免的国家。新西兰《1908年证据法》(1977年修正)第17条规定,如果证人作证可能导致自证其罪,应向对其进行询问的法官提出申请,要求其签发书面证明书,证明其对案情做了真实的且诚信的披露,"如果该证人获得了上述证明书,则免除对其一切刑事起诉和刑事处罚,免除其在就有关事项作证前实施的不法行为所应承担的各种处罚、没收和惩罚"。

三、证人豁免制度与不自证其罪特免权之关联

(一) 证人豁免制度与不自证其罪特免权之冲突

尽管证人豁免权来自特免权,但证人豁免权和特免权还是存在冲突的。特免权是免除证人作证的义务,而证人豁免权则是要求证人作证,也就是放弃证言特免权。因此,从某种意义上说,证人豁免权的实现就是以牺牲特免权为代价的,但额外的报酬就是作证的人获得一定程度的豁免。如果豁免的对象和享有证言特免权的对象是同一人,则这种冲突表现在是拒绝作证,维护自己的自然权利,还是放弃权利,换取某种程度上的豁免。选择前者,意味着证人为自己或他人的利益,对证明案件事实设置了一定的障碍,减轻了自己的道德风险,选择后者,意味着证人希望以自己所知的信息换取豁免,实现自己利益的最大化。这种选择只是个人利益的衡量问题。但如果豁免的对象和享有证言特免权的对象不是同一人,那么这种冲突就表现为

① 何家弘、张卫平主编:《外国证据法选译》(上),人民法院出版社2000年版,第267页。

两种权利之间的冲突。为了使自己得到豁免，牺牲的却是他人的利益。例如，夫妻二人共谋犯罪，其中一方出庭作证指证另一方，被告人希望援引配偶证言特免权使证人不作不利于己的证言，而证人则希望通过作证获得豁免。这类冲突在实践中很多。较为经典的案例就是美国的“特拉美尔诉合众国”一案①。在该案中，妻子试图通过作证获得豁免，但其证言涉及丈夫的犯罪行为，丈夫主张特免权。法院判决认为，妻子既不能被强迫作证也不能被阻止作证，既然妻子选择了作不利于其丈夫的证言以获得刑事责任豁免，那就意味着他们之间的关系已经破裂，基本上没有什么“婚姻和谐”需要维护了。在这种情况下，证据规则如果还禁止配偶作出不利证言的话，似乎更会挫伤刑事正义而非促进家庭之和平。因此，最高法院维持了地区法院和上诉法院作出的驳回被告人特免权的决定。

证人豁免权和特免权的冲突还表现在自由和强制的紧张关系上。特免权给予享有该权利者一种选择的自由，他可以主张特免权而使证言不可得，也可以放弃特免权而使证人作证。证人的刑事责任豁免虽然可以使作证的证人免于刑事追诉或者其证言不被用作追诉的依据，但是其代价却是必须作证，而没有选择的自由。证人豁免制度与其说是一种保障被告人权利的制度，还不如说是一种以强制性的获取特定证言为目的的取证途径。当公诉机关决定给予对某主张特免权的证人豁免并向法院提出的时候，公诉机关就是试图让该证人提供证言或其他证据；当法院决定对某一公民赋予证人豁免以后，就意味着法院可以强制该证人提供证言或其他证据；当证人接到要求其提供证言或其他证据的命令时，必须按照命令提供证言或其他证据，不得拒绝。如果该证人没有正当理由而拒绝陈述时，法院将视情况判处其“藐视法庭罪”。因此，总体来说，证人在诉讼中一直处于自由和强制的紧张关系中，从“任何人有义务作证”的不自由，到基于“不自证其罪特免权”可以选择不作证的相对自由，再到赋予“刑事责任豁免”后强制性作证的不自由，深刻地凸现了发现真实和保障权利之间的紧张关系。

（二）证人豁免制度与不自证其罪特免权之契合

不自证其罪特免权并不是一个完美的权利，对于犯罪嫌疑人和被告人来说，主张不自证其罪固然可以免于泄漏一些犯罪证据，但是一旦被证实犯有所指控的犯罪，仍然难以逃脱法律的制裁；对于司法机关而言，如果证人主张该特免权，三缄其口，那么不但证明其本人犯罪困难，要通过证人证明

① Trammel v. United States 445 US 40 (1980).

其他人的犯罪行为也平添了一重阻碍。如果双方都有条件地退让,是否可以达成一个"双赢"的局面呢?对于控方而言,如果有条件地让证人自愿放弃不自证其罪特免权,就会达到更好的指控效果;对于被告人和证人而言,如果放弃不自证其罪特免权可以换来某些刑事责任上的减免,可能就不会冒着风险主张特免权。所以,在刑事诉讼中,如果司法机关认为某证人的证言对于案件的成功指控有着决定性意义的时候,或控方为其他重大犯罪嫌疑人(特别是在有组织犯罪的案件中)的定罪需要进一步的证据时,通常会给予特定的证人豁免权。获得豁免的证人可以被强制要求作证,因为证人不再受到"负罪的现实危险",受不自证其罪特免权保护的理由已经不复存在,要求其作证的正当性重新回归。如果被授予豁免的证人仍然拒绝作证,该证人可能被控蔑视法庭罪。

从打击犯罪的角度考虑,证人豁免制度可以缓和不自证其罪特免权带来的障碍,在获得有罪证据方面取得了常规证据调查手段所不能取得的效果。随着犯罪的组织化和智能化,运用传统的侦查手段获得证据的能力大受限制。在贪污贿赂犯罪中,行贿人和受贿人往往结成攻守同盟,由于利害相关,行贿人为求自保,不敢提供证据,甚至与受贿人联手进行一系列的反侦查活动。所谓"最坚固的堡垒,往往是从内部被攻破",破坏被告人攻守同盟的最佳途径是破坏他们共同的"利益链"。建立证人豁免制度,可以促使知道内幕信息的证人或犯罪的参与者大胆作证,有利于瓦解犯罪联盟,打击重大犯罪。① 证人豁免制度可以促使证人放弃不自证其罪特免权,又能最大限度地保护证人的权利,成为缓解证人权利保障和发现真实之间冲突的一个调节阀。

从节约司法资源的角度考虑,通过有选择地适当放弃对部分犯罪的追诉,来减少对重大犯罪进行追诉的成本,无疑具有重要的现实意义:首先,证人刑事责任的豁免有利于缩短侦查时间,避免"打持久战"带来的司法资源损耗;其次,证人豁免可以减少获取证据的直接成本,并可以最大限度地避免证据不足的问题;最后,以豁免情节较轻的犯罪分子换取对重要犯罪分子的指控,符合效率原则。对证人赋予豁免,并不是无原则地放弃国家对犯罪的追诉权。相反,其目的在于通过与证人的"交易",获得重要证据,从而清

① 例如,轰动一时的台湾地区高雄市议长贿选案,检察官即成功运用证人豁免条款策动多名被告作为"污点证人",供述诸多待证事实,致涉案议员一一浮现,以至在 2003 年 4 月被起诉的高雄市议员达 34 位之多。这被认为是利用证人豁免追诉贿赂犯罪的成功例子。

除成功指控重大犯罪过程中的证明障碍,减少成功指控的成本,从而将节约下来的司法资源用于对其他重大犯罪的检控。在这里,对部分犯罪追诉权的放弃与社会公共利益之间并不是一种相互对抗、相互冲突的关系。对部分犯罪追诉权的放弃使得相当部分的司法资源获得了解放,用来充分实现检控职能,从而使得社会利益得到进一步的强化。[①] 因此,当"鱼和熊掌不可兼得"的时候,证人豁免制度是一种经济上理性选择的结果。

① 由于上述优势,在美国判例上,证人获得豁免的案例层出不穷。据美国司法部透露,凭借污点证人的证词,约89%的罪犯可以定罪。而受到保护的污点证人在改换身份后,再犯率约17%到23%,仅及一般犯罪率的一半。参见齐铭:《秘密证人出庭之后》,亦凡公益图书馆(http://www.cnread.net)网上电子图书。定罪率之高,再犯率之低,足以表明证人豁免制度在打击犯罪和改造罪犯方面都能取得很大的成功。

第五章　职业关系特免权

社会期望通过保守秘密来促进某种关系。社会极度重视某些关系，为捍卫保守秘密的本性，甚至不惜失去与案件结局关系重大的信息。

——〔美〕乔恩·R.华尔兹[1]

职业关系特免权主要以律师—委托人特免权和医生—患者特免权为核心内容，也可能包括神职人员—忏悔者特免权和其他职业关系特免权。记者特免权的问题比较特殊，严格来说它属于“消息来源”的特免权，与上述特免权保护的对象存在差别，但由于同样涉及职业工作者保守秘密的问题[2]，本书一并放在职业关系特免权中论述。

第一节　律师—委托人特免权

律师—委托人特免权（在美国被称为 attorney-client privilege，在英国、加拿大被称作 solicitor and client privilege）在英美证据法上的含义是，委托人为了获得法律服务的目的而与律师进行的书面或者口头的秘密交流，受特免权的保护，除委托人放弃保持交流的秘密性外，不能在法庭的诉讼中披露该交流的内容。

一、律师—委托人特免权的产生

如果要把律师—委托人特免权上溯，它的源头可以到古罗马。不过，当时的特免权是针对诉讼过程中的特定事项而言的，与现代仅仅适用于委托

① 〔美〕乔恩·R.华尔兹：《刑事证据大全》，何家弘等译，中国人民公安大学出版社 2004 年版，第 356 页。

② 新闻从业人员的职业训练或许没有律师、医生一样专精，但同属于社会工作人员，都是需要为特定的对象保守秘密。新闻记者和消息提供者之间的信赖关系，与律师、医生与其客户之间的关系比较相似，如果消息提供者不能确定新闻记者能否对自己的身份保密，可能不会大胆地向媒体表达自己的真实意愿。

人寻求法律帮助时的特免权有所差别。在罗马，法庭不能在诉讼中传唤代理律师（辩护律师）作为对其委托人不利的证人。[①] 后来，通过皇室禁令，律师被禁止在其参与代理的诉讼中作证，律师的证言也被认为是完全不适格的。即使是律师的证言是有利于其委托人的，或者其委托人要求律师作证，律师的证言也不能被采纳。在他们看来，律师和委托人的关系如此密切，如果律师作有利于其委托人的证言，其可信性是值得怀疑的；如果律师作不利于其委托人的证言，那么就与其委托关系相冲突——违背这种委托关系的律师会被认为是"名誉不佳的人"。[②] 这种两难的境地使得律师作证没有必要。当然，现在看来，当时这种禁止律师作证的规定严格来说并非保护委托人的特免权制度，而属于证人不适格的内容。

真正意义上的律师—委托人特免权，通常被认为产生于大约 16 世纪。乔森那·奥本在《法律职业特免权》一书中引证了从 1569 年到 1589 年之间的许多案例[③]，这些英国衡平法院的判例，清楚地表明当时的英国律师（counsel/attorney/solicitor）已经拥有特免权。分析这些案件可以发现，律师实际上并不享有完全免于作证和接受询问的特权，而只是被免除了提供特定证据材料的义务，因此该特免权不会再成为不适格的规则。而且，特免权的范围被严格限制在自己参与代理的案件中获知的事实，对于并非自己职业范围内获知的事实还是不能免于作证和接受询问。例如，在 1579 年的"凯尔威案件"中，原告的律师出庭但拒绝作证，法庭就命令他必须接受询问，但不能被问及"他作为该案律师而知道的案件事实"。[④]

威格摩尔在其证据法著作中指出，律师—委托人特免权产生于英国伊丽莎白女王时代（1558—1603 年），并在 1700 年后逐渐得到强化。[⑤] 他认为，特免权是证言强制（testimonial compulsion）的一个直接的、自然的例外，后来的英美法学者基本上都接受了威格摩尔提出的这个观点。但是现在，

---

① 西塞罗曾经在起诉一个城邦的长官时，就表示很遗憾不能传唤该官员的律师作为证人。See Max Radin, The Privilege of Confidential Communications Between Lawyer and Client, 16 *Cal. L. Rev.* 487 (1928).

② John William Gergacz, *Attorney-Corporate Client Privilege*, Garland Law Publishing Inc., 1987, pp. 1—4.

③ Jonathan Auburn, *Legal Professional Privilege: Law and Theory*, Hart Publishing, 2000, p. 5, note 25.

④ Kelway v. Kelway (1579) Cary 89. Cite from Jonathan Auburn, *Legal Professional Privilege: Law and Theory*, Hart Publishing, 2000, p. 5.

⑤ J. H. Wigmore, *Evidence in Trails at Common Law*, Little, Brown & Co., Boston, 1961, viii, §§ 2290, 2291.

有些学者开始质疑威氏关于特免权起源的分析。资料显示，普通法中证言强制制度是在16世纪中期形成的，在很大程度上归因于英国1563年《伪证法》第12条，该条规定了不在诉讼中作证将会被判刑罚，而律师—委托人特免权大约在16世纪70年代左右形成，因此很有可能特免权是为应对证言强制权而出现的。所以先有强制证人作证的法律规定，再有律师—委托人特免权制度，特免权制度是证言强制法的一部分。① 这种说法似乎更符合逻辑。律师—委托人特免权看似与同时期发展的被告人可强迫证人作证制度互相矛盾，恰恰反映了追求发现真实和保障特定社会价值之间的微妙关系。

哈泽德(Geoffrey C. Hazard)认为，伊丽莎白时代的有关案例并不能充分证明律师—委托人特免权的产生。他关注的是1654年至1743年期间14个涉及该特免权的公开判例，这些案例有些肯定该特免权，有些存疑，有些否定该特免权。经过分析，他发现在英国有资格出席高等法庭并辩护的律师、法律顾问(Barrister)与只能为诉讼做准备而不能出庭的诉讼律师(attorney/solicitor)、给文件做公证的公证人(scrivener)是不一样的。出庭律师知悉案件事实，如果以证人身份传唤，必然会削弱对抗制的功能；而负责准备诉讼的律师被传唤作证，则不会有这样的后果。法院把特免权赋予出庭律师而非诉讼律师，显然是保护与诉讼直接相关的交流，而不保护向律师披露的其他事项。在早期的特免权判例中，通常认为该权利属于律师而非委托人，保护的内容只限于寻求法律咨询期间，只限于律师从委托人处获得的信息，不包括律师“自身的认知”，如在委托人告知之外观察到的内容。②

尽管在律师—委托人特免权产生的具体时间上存在一些分歧，但基本上可以肯定的是，该特免权在16—17世纪出现，只是早期的特免权范围比较有限。而且，在律师—委托人特免权发展的过程中，其理论基础也经历了转变。

早期的“荣誉说”认为，律师—委托人特免权的产生，是源于律师的荣誉(honour)。美国证据法学家威格摩尔曾经指出，早期律师—委托人特免权的理论基础是尊重律师的地位或荣誉。③ 戴维·梅林科夫在《律师的良知》

---

① Jonathan Auburn, *Legal Professional Privilege: Law and Theory*, Hart Publishing, 2000, p. 2.

② Geoffrey C. Hazard, An Historical Perspective on the Attorney-client Privilege, 66 *Calif. L. Rev.* 1070—1072 (1978).

③ J. H. Wigmore, *Evidence in Trails at Common Law*, Little, Brown & Co., Boston, 1961, viii, 542—545.

一书中也认为,律师的保密特免权的历史源于对绅士名誉的某种理想。[①] 与我国古代"讼师"身份卑微不同的是,西方律师从该职业诞生起就一直获得较为尊崇的地位。当时,律师被视为绅士,而绅士是值得信赖的,泄密的人决不能成为绅士。强制律师披露所知道的委托人的信息,无疑会令律师蒙受名誉损失。"荣誉说"完全从律师的主观方面出发,以维护律师的地位为目的,是一种极为功利主义的说法。它作为特免权的理论基础能否成立?从前文对 16 世纪特免权产生时的案例来看,当时的律师并不享有免于作证和接受询问的特权,而只是享有不得因履行披露特定内容的义务而受到指控的权利,律师的地位不足以避免其不被法庭传唤作证,也不足以阻止其就一些与诉讼案件的特定事实无关的情况接受询问。认为律师特免权的起源乃是出于对律师地位的尊重的说法有些牵强。诚然,在那个时代,财富、身份对于证人角色而言都非常重要,没有足够财产的陪审员会在法庭上遭到置疑,但是这也必能得出律师可以因为地位的原因而免于强迫作证。事实上,如果证人因自己享有贵族的特权而拒绝作证的话,通常会受到藐视法庭的指控。在证人出庭之前,法院会列明所有的贵族可以享有的特权,诸如不会因私诉遭到逮捕、不会被拷讯、不会在陪审团面前要求起誓等等,但是这些特权里面不包括拒绝回答问题的特免权。因此,我们很难说那些受特免权保护的案件事实与律师的地位和荣誉有什么关系。而且,关于特免权是基于尊重律师地位和荣誉的说法,被后来的证据法学者进一步发挥,着重于强调律师的地位,而完全忽视了委托人的地位。该说法也就逐渐被人们抛弃。与此相应的是,律师—委托人特免权的拥有者,也从律师转移到委托人。

大约在 18 世纪后半叶时,人们开始接受了特免权存在的另一个理由——这也是特免权的现代理论基础:鼓励委托人在与律师交流时候的坦诚性。[②] 例如,有人认为,"该特免权通过确保委托人有机会完全坦诚地向律师陈述,而不用担心自己所说的内容被他人所知,从而增强律师代理在社会中的价值"。[③] "该特免权通过鼓励律师和委托人之间完全坦诚的交流,

① David Mellinkoff, *Conscience of a Lawyer*, West Publishing Company, 1973, pp. 134—140.

② John William Gergacz, *Attorney-Corporate Client Privilege*, Garland Law Publishing Inc., 1987, 1—4.

③ Sacramento Newspaper Guild v. Sacramento County Bd. of Suprs. (1968) 263 Cal. App. 2d 41, 53.

促进法律的遵守和正义的维护。"①该理论认为,职业关系特免权的基础不是荣誉而是信赖,强制披露委托人秘密违背了职业人员和委托人之间的信赖关系。委托人、患者和忏悔者是基于对律师的信任而如实陈述自己的案情,一旦强迫律师在公开法庭上作证,虽然会出现更多的有罪判决,但委托人对于律师的良好信任就被摧毁了,以后谁又会完全坦诚地向他们陈述自己的案情呢?于是,委托人和律师的交流就不可能再如此坦诚,而更多的是"保留、隐瞒、忧虑、猜疑与害怕"②。根据这些不完全的信息,律师如何能为委托人充分地辩护呢?所以,为了保护信赖关系,法律设立了律师—委托人特免权,旨在鼓励那些寻求法律帮助的人能够完全地坦率地陈述,而不用担心所说的话会被强行披露。

笔者认为,相比"荣誉说",后者的观点是相对合理的,但是如果单纯地谈信赖关系,似乎还不能完全说明该特免权制度确立的理由,因为从事其他职业的服务人员为特定的委托人提供帮助,如房屋中介机构人员为客户买入房屋、股票代理人为客户抛售股票,同样存在信赖关系。在这些委托人的眼里,和职业人员的信赖关系同样很重要,为何这些关系不受到特免权的保护?在笔者看来,律师只有取得委托人的信赖和获得委托人的秘密(在很大程度上属于隐私的部分),才能很好地为委托人服务,而其他职业的人员即使没有获得这种信赖和秘密,依然可以为委托人服务。因此,律师—委托人特免权的存在,除了从委托人角度看到的隐私权和信赖度外,还有从律师角度看到的开展工作的需要,这种需要是其职业生存所必需的。如果律师在委托人寻求法律帮助的时候得知了一些秘密信息,这些信息又被强制开示来反对该委托人,那么还有谁敢来要求律师服务呢?这些职业的前景自然就岌岌可危了。对于律师来说,缺少特免权,无疑会削弱他们从事的职业得以立足的根基。所以法律规定了律师职业本身就有为委托人保密的义务。这种义务在证据法上的反映,就是特免权规则。

律师—委托人特免权与职业道德是一脉相承的。"对于从事律师、医生以及牧师等职业的人来说,最根本的价值是为公众服务的精神,其职业义务的内容尤其强调利他主义和伦理性。"③职业关系特免权的规则几乎都可以在职业道德规范中找到,而职业道德规范又借助特免权的规定使一种道德

① "Encourage full and frank communication between attorneys and clients to promote observance of law and administration of justice". Upjohn Co. v. United States, 449 U. S. 383, 389(1981).

② 沈达明:《英美证据法》,中信出版社 1996 年版,第 83 页。

③ 季卫东:《法治秩序的建构》,中国政法大学出版社 1999 年版,第 240 页。

的约束上升为法律的约束。“宗教师、律师、辩护人、公证人、会计师，其秘密之获悉，亦系基于信赖关系。其赋予以证言拒绝权，即以保证此项信赖关系，并以保障其职业伦理。”①律师在执业活动中对案件情况的保密义务，是各国法律的普遍规定。日本《律师法》第 23 条规定：“律师或曾任律师的人，有权利和义务保守由其职务上所得知的秘密。但法律另有规定时，不在此限。”法国 2005 年 7 月 12 日第 790 号关于律师职业道德的法令第 4 条规定：“律师不得泄露任何涉及职业秘密的事项，除非是为了在司法机关面前为自己辩护的严格需要或者法律规定或授予披露的情形。”②《美国律师协会刑事司法规范》第 4-3.1 条规定：“辩护律师应当致力于营造与被告人之间的信赖和保密的关系。……为了进行有效的辩护，辩护律师应当向被告人解释坦诚披露相关事实的必要性，而且，辩护律师应当进一步解释律师的保密义务，使被告人的披露获得特免权的保护。”可以说，律师职业保密义务已成为世界各国律师执业中一项基本的、重要的义务。

从职业伦理学的角度看，特定的职业道德由特定的职业决定，并不存在一个普遍适用的道德原则。但是，这种观点曾经受到两方面的理论挑战。康德在《道德形而上学的基本原理》中曾经指出，良好的道德原则的显著特征在于它的普遍适用性。他认为，在考虑“我应该做什么”时，应该以“一切有理性的人应该做什么，我就应该做什么”为基本点，在他看来，道德准则如果不是适用于所有的人，就不能称之为正确。康德的普遍道德原则排除了局部适用的道德的有效存在，使得律师职业道德的特殊性没有立足之地。斯图亚特·密尔则在《功利主义》一书中认为，正确的道德原则应平等地增进所有人的利益，一个行为如能最大限度地增进所有人的幸福，才是道德的。③ 按照这种功利主义的观点，在抗辩制下一心只为自己的当事人利益考虑的律师就是不道德的，因为他没有平等地考虑各方面的利益。但是，在职业道德中，我们无法否认因为立场的不同而出现的“角色差异”，要求律师以普通人的道德约束自己，无疑是降低律师职业道德的标准，让律师一视同仁地考虑各方面的利益，则完全否定了带有倾向性的辩护制度。就像每个父母都会把自己子女的利益置于别人子女之上一样，特定的职业有其特定的道德准则。角色的不同决定了道德准则的不同，道德义务的多样性使得人

① 陈朴生：《刑事证据法》，台湾三民书局 1979 年第 3 版，第 388 页。

② 该法令是在废除 1972 年 6 月 9 日第四百六十八号法令（律师绝对不得泄露任何涉及职业秘密的事项）基础上新规定的。感谢周建华博士提供的法文资料。

③ 〔美〕肯尼斯·基普尼斯：《职责与公义》，徐文俊译，东南大学出版社 2000 年版，第 3 页。

们在面对不同职业的服务者时无所适从。如果没有法律上的特免权规定，委托人就会不断地纠缠于不同的职业道德对于律师、医生、牧师的保密要求，纠缠于执业者违反义务该承担什么责任，特定职业者也将无以把握对委托人忠诚的程度和限度。

诚然，不管法律是否承认职业关系的特免权，保护其委托人的秘密也是许多职业共同体的道德守则。但职业秘密特免权和职业道德是有区别的。如果违反保密的职业道德，执业者受到的制裁是严厉的，包括职业惩戒、开除出职业团体、暂停执业或丧失执业资格。除了职业团体设置的规范约束，个人也可以将保密作为个人职业准则，或可以通过明示或暗示的合同约定该义务。这种规范设立的保密义务往往独立于特免权规则。在某些方面，职业的保密义务比特免权规则能提供更为广泛的隐私权保护。特免权规则只有在证言进入法律程序时才适用，而职业保密义务却可以阻止法庭以外的披露秘密行为。而且，职业道德的保密义务还保护那些未纳入特免权的事项，包括不属于交流的秘密和不是秘密的交流。例如，在第三方在场时委托人与律师的交流不受律师—委托人特免权的保护，但职业道德却可以限制律师公开此信息。尽管如此，特免权规则仍然具有比职业道德更大的效力，因为它是一种法律义务。当不存在特免权时，证人可以被强制出庭作证，披露秘密的交流信息，而不管任何保密的职业准则，也不管任何向交流另一方作出的个人承诺和合同义务。因此，执业者往往谨慎行事，尽量不在特免权规则范围以外作出保密的承诺。而大多数职业道德的保密规范也包含这样一个条款，即在法律要求或法庭命令披露时允许披露。坚持高于证据法许可的保密标准的执业者可能会遭受被认定为藐视法庭的风险。因此，对于法官而言，最重要的是职业关系特免权如何规定，而不是职业道德如何规定。即使职业道德规定律师应当保密，但如果法律规定律师必须作证，律师的职业道德义务也难以抗辩其法律义务。

二、律师—委托人特免权的主要内容

（一）“律师”与“委托人”

律师—委托人特免权中的“律师”，是指经授权或合理地认为被授权从事法律执业活动的个人。这里的“律师”是一个广义的概念，不仅包括职业律师，也包括律师助理和法律顾问。这里的律师并不一定是为了将来诉讼而聘请的律师，也可以是为个人或者法人提供法律意见的公司律师、税法律师、房地产律师或者合同律师。委托人如果为了获得法律意见，合理地相信某人为律师，其交流内容受特免权保护。特免权还保护委托人的律师之间、律师与律师的代表之间的交流。律师的代表人包括律师助理、秘书、文员以及律师委派的调查者，甚至包括受聘于律师而为进行相关诉讼做准备的专家。

“委托人”是指为了获得职业法律服务而向律师咨询或征求意见的人，主要是自然人，也包括机关、公司、团体或其他公共和私人组织。委托人不论是否是当事人，都有拒绝披露并阻止他人披露委托人和律师之间交流内容的特免权。委托人的代表为了委托人的利益而为的行为，也视为委托人的行为，受特免权的保护。委托人与其代表之间以及委托人代表之间进行的交流，也受特免权的保护。

除了上述委托人与律师的交流之外，委托人或其律师同代理他人的律师在共同利益事项中进行的交流，也受特免权的保护。因此，受律师—委托人特免权保护的主要交流关系可以表示为：

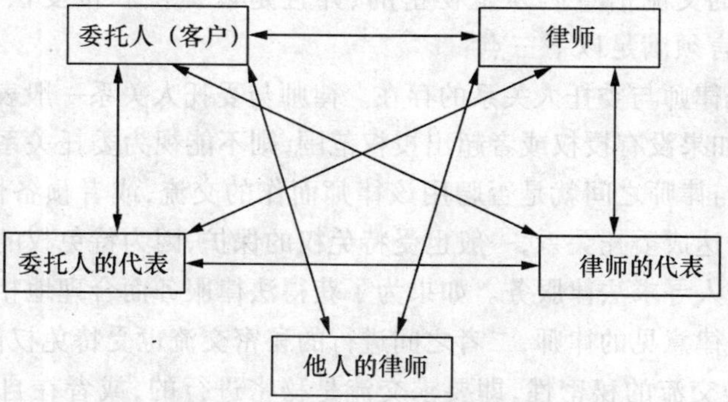

图 5-1　受律师—委托人特免权保护的主要交流关系

当“委托人”是一个组织而非自然人时，实务上存在着这样一个难题：谁可以代表该组织，或者说，谁是“委托人的代表”？美国判例上出现了三种判断方法。早期的判例认为，某个组织的任何职员、雇员或成员都是该组织的代表。[①] 这一过于宽泛的界定标准受到了广泛的批评，并在 20 世纪 60 年代出现了“控制群”（control group）标准，即只有雇员在所在组织的决策问题上处于控制或发挥重要参与作用的情况下，其交流才受特免权保护。[②] 该标准在很大范围内获得了认可，但也存在两个问题：一是特免权可以适用于谁，

① See United States v. United Shoe Mach. Corp., 89 F. Supp. 357 (D. Mass. 1950).

② See City of Philadelphia v. Westinghouse Elec. Corp., 210 F. Supp. 483 (E. D. Pa. 1962).

并不是非常明确，这种不确定性将遏制坦率的交流；二是由于该标准将律师—委托人特免权局限在了上层管理人员所进行的交流上，忽视了那些拥有对于律师为该组织作出适当的法律意见而言至关重要的信息的雇员所做的交流。20世纪70年代，针对"控制群"标准的"事项"(subject matter)标准诞生。按照这一新的标准，如果该雇员"所做的交流是在其上级的指示下进行的"，并且该交流事项是"该雇员对雇用职责的履行问题"，则受特免权保护。① 在《联邦证据规则》早期的建议稿中，采纳的是"控制群"标准，在最后定稿之前，最高法院又改用"事项"标准。基于对该问题存在的分歧和争议，联邦证据规则起草咨询委员会取消了对"委托人的代表"进行定义，认为该问题"过于棘手，很难处理"，"最好是在个案的基础上来加以解决"。② 但在实务中，"事项"标准已经成为主要的判断标准。

（二）律师—委托人特免权的条件

并不是律师和委托人之间的所有交流都是受特免权保护的。通常而言，受保护的交流信息必须是秘密的、并且是以提供和接受法律服务为目的，具体而言须满足以下三点：

其一是律师与委托人关系的存在。律师与委托人关系一般表现为正式的委托授权，如果没有授权或者超出授权范围，则不能视为委托关系的存在。但是，在某人与律师之间就是否聘用该律师而作的交流，或者预备性的磋商，不管最后是否达成委托关系，一般也受特免权的保护，因为特免权的目的之一就在于促进个人寻求法律服务。如果为了获得法律服务而合理地相信某人为可从其获得法律意见的律师，二者之间进行的秘密交流也受特免权保护。

其二是交流的秘密性，即要求交流是秘密进行的，或者在自认为秘密的环境下进行的，没有采取必要的保密措施将导致特免权的丧失。③ 如果委托人采取了必要的保密措施，该谈话的内容还是被非法窃听的话，则仍视为具有秘密性。在很多人参与的场合交流（如专家讨论会），不属于秘密交流；如果在委托人与律师交流的时候，委托人的朋友也在场，也不能视为交流具有保密性。如果是对于实现提供法律意见目的所必要的第三人在场（如翻译、秘书等），并不使秘密性受到破坏。

---

① Harper & Row Publishers, Inc. v. Decker, 423 F.2d 487 (7th Cir. 1970), aff'd mem., 400 U.S. 955 (1971).

② 2 Jack B. Weinstein and Margaret Berger, *Weinstein's Evidence* ¶ 503(b)[04], West Group, 1989, at 503—567.

③ Suburban Sew 'n Sweep v. Swiss-Bernia, 91 F.R.D. 254 (N.D.Ill. 1981).

其三是交流的目的性，即交流是为了获得法律帮助或者为准备现实的或将要进行的诉讼而做的交流，才能受到特免权的保护。如果只是与律师之间出于朋友关系的交流，或者并不是为了诉讼而寻求法律帮助的，就不在此列。[①] 例如，律师会为委托人做诸如研究投资机会、做财务评估或替房东收房租等非法律性事务，就不符合特免权目的。

（三）律师—委托人特免权的范围

律师—委托人特免权保护的范围广义上说有三个部分，即律师和委托人交流特免权、与第三人交流特免权和上述交流中涉及的工作成果特免权。如英国《1984 年警察与刑事证据法》第 10 条规定的“法律特免权”项目为：(1) 职业法律顾问与其委托人之间的或者与委托人的代理人之间就有关向委托人提供法律建议方面的交流内容；(2) 在职业法律顾问与其委托人或者委托人的代理人之间进行的，或者职业法律顾问或其委托人或其委托人的代理人与其他与诉讼程序相关的人之间进行的为该诉讼所做的准备过程中的交流；(3) 在上述交流中所涉及的与提供法律建议相关或者是为该诉讼程序做准备的，在有权拥有它们的所有人的手中的文件和物品。[②]

该特免权保护的交流的内容涵盖建议、意见和文件，其表现形式包括口头交流，也包括书面交流。这里的书面交流，是指律师根据自己所知悉的事实做成的书面文件，受特免权保护，不受强制的搜查和扣押；如果这些文件并非律师自己制作，而是受委托人的委托保管的文书或者物件，则不受特免权的保护，否则将使得律师事务所成为窝藏赃物和罪证的“治外天堂”。至于律师和委托人交流时委托人的状态，比如委托人是否头脑清醒、身体上是否有疤痕或其他特征等事项，是否受特免权保护，判例中存在不同的见解，但大部分的法院对此持否定意见。一般来说，特免权的保护范围并不涵盖委托人的身份[③]，但是在特殊情形下，如果透露委托人的身份会导致委托人受到报复，而且会引起普通民众不愿向公共部门检举揭发的可能，是可以对委托人的身份予以保密的。例如，美国在 1960 年的一个案件中[④]，法官权衡利弊，就裁定委托人的身份秘密受到特免权保护。

为形成正当合法的法律意见，无论是否与案件相关，委托人或律师一般总需要从潜在的证人包括专家证人那里获得相应的证言。这就涉及律师和

① United States v. Kovel, 296 F. 2d 918 (2d Cir. 1961).

② Section 10 of the Police and Criminal Evidence Act 1984.

③ In Re Grand Jury Investigation 83-2-35 (Durant), 723 F. 2d 447 (6th Cir. 1983).

④ In re Kaplan, 8 N. Y. 2d., 214, 203, N, Y. S. 2d 836, 168 N. E. 2d 660 (1960).

委托人之外的第三人。在英国,当事人与第三人之间或当事人的律师与第三人之间为准备预期的或未决的诉讼而进行的信息交流,受到"法律职业特免权"的保护。律师与第三人的交流秘密严格来说并不属于律师—委托人特免权,它并非保护委托人和律师的交流秘密,而是鼓励律师尽其可能为当事人的案件做好准备工作。

律师工作成果特免权(work product privilege),也称为"律师工作成果豁免原则"、律师卷宗特权(solicitor's brief privilege)、诉讼预期特权(anticipation of litigation privilege)。该特免权由美国联邦最高法院在1947年的一个判例中创造①,并为《联邦民事诉讼规则》第26(b)(1)和《联邦刑事诉讼规则》第16条第2款所承认。与较为绝对的律师—委托人特免权相比,律师工作成果特免权是一个有限的特免权,只适用于"在预料到诉讼"时所准备的信息,通常包括信息性(informational)工作成果和精神印象性(mental impressions)工作成果。前者如逐字记录的证人陈述,后者如律师的诉讼策略或辩论理由。该特免权作为证据开示制度的一个例外,主要目的是保护律师为将要进行的诉讼而为委托人所做的文件或工作内容,以更好地提供专业服务。实际上,所有由律师或委托人的代理人收集的信息,只要是在预测到诉讼的情况下收集的,不管是否由第三人传达,都受特免权的保护。这样一来,委托人与律师之间交流的安全性大大增加。一些不涉及律师与委托人之间的交流,如律师访问目击证人后所作的证人陈述,律师为案件辩护而撰写的书面意见,都可以免受披露。在确定是否保护工作成果的问题上,主张方必须提出"实质需要"标准,即希望披露工作成果的一方应证明这些材料对其非常重要并且得不到有效的替代物。

(四)律师—委托人特免权的行使

《加州证据法典》第954条规定:"如果下列人员主张特免权,委托人有权拒绝披露、阻止他人披露委托人和律师之间的秘密交流:(1)特免权的享有者;(2)特免权享有者授权的可以主张特免权的人;(3)在秘密交谈发生时身为律师的人,但如果不存在享有特免权人或者享有特免权的人作出了相反的指示的时候他就不能主张特免权。"

律师—委托人特免权的享有者首先是委托人,因为特免权的受益者是委托人,特免权保护的是委托人向律师的陈述自由而不是相反。如果委托人不具有行为能力或者丧失行为能力的时候,其监护人或者继承人是特免

① Hickman v. Taylor, 329 U.S. 495 (1947).

权的主张者。如果原委托人死亡,其代理人就是特免权的主张者。特免权可以由委托人行使,也可以由委托人的监护人、已故委托人的代理人、委托人的继承者、信托人行使,如果是企业、团体和组织,其类似代理人也可行使。律师不是特免权的主张者,但律师可以为了委托人的利益主张该权利,除非委托人不让律师主张。律师可以在委托人的同意下以委托人的名义进行主张,但律师无权主张其委托人也没有的特免权。特免权的主张者承担证明特免权各要素的责任,如果该特免权涉及一个交流,特免权的主张者必须证明:(1) 交谈双方的身份;(2) 交谈的时间和地点;(3) 交谈内容的简要描述;(4) 主张特免权的种类;(5) 主张特免权的书面声明。不能提供上述信息可能导致不能履行证明特免权存在的义务。

特免权的行使贯穿于整个诉讼过程,但主要是在证据展示程序中。证据展示程序是在诉讼上获取对方掌握的证据的途径,诉讼的一方可以要求另一方披露全部事实,但是特免权的存在又鼓励律师与当事人间能坦诚的,全盘毫无保留地讨论案情,以获得真正的公平正义,因此律师与当事人间的沟通要保护,甚至律师替当事人办案的工作成果亦要保护。因此,美国《联邦民事诉讼规则》第26(b)(1)条即明确规定,证据展示应受限制,对那些享有特权或豁免权的主题不适用。需要说明的是,律师—委托人特免权只是保护享有特免权者的交流(communications),并不是排除他们知道的事实(fact)。也就是说,律师—委托人特免权的存在并不妨碍对方当事人通过证据展示程序或传唤该委托人作证,来充分查明委托人所知的相关事实。对方当事人可以询问该委托人所知道的"事实"而不是与其律师的"交谈内容"来实现这一目的。律师—委托人特免权保障委托人私下对其律师的"陈述"不被强行披露,但并不保障委托人所知道的"信息"不被披露出来。

该特免权的存续并不以委托关系的结束而结束,"作为一个原则,你可以说一旦存在特免权,就永远存在特免权"(once privileged always privileged)①,即在职业关系终止后甚至委托人死亡后仍然存在该特免权。在斯威德勒和伯林诉合众国案中,美国联邦最高法院承认了在委托人死亡后律师可以代表委托人援用特免权,律师与委托人在生前所作的交流继续受特免权保护。② 但反对意见认为,不能过于强调"亡人的特免权",刑事司法制度的"首要价值"——保护无辜的被告人——应当"超过死亡委托人在保密

① Per Lindley MR in Calcraft v. Guest [1898] 1 QB 759 at p. 761.

② Swidler & Berlin v. United States, 524 U.S. 399 (1998).

方面的利益”。[①]

（五）律师—委托人特免权的放弃

律师—委托人特免权可以被放弃，放弃可以是明示的，也可以是默示的。一般而言，权利人通过签署书面的声明，同意放弃特免权，并明白放弃特免权的后果，委托人和律师之间进行的任何交谈就可以被披露。如果特免权的权利人在没有强制的情况下，自愿披露了交流事项中的重要部分或已经同意他人作此披露，就视为放弃了特免权。一旦秘密性通过自愿披露而破坏，是不能通过随后主张特免权而修复的。在审判中，未能主张特免权也构成弃权，特免权享有者拥有合法的立场和主张特免权的机会而未主张，就意味着对特免权的放弃。但如果特免权人是被错误地强制披露受保护的秘密交流或没有机会主张特免权，并不认为特免权已被放弃。例如，有人对交流过程实施了电子监听或者窃听，并不能认为特免权的放弃。但是如果交谈双方知道有人在听，并且知道他人可以光凭耳朵就能轻易听到交谈的内容，那就不存在特免权，因为交流已经缺乏秘密性了。[②] 需要说明的是，当两个或两个以上的人成为特免权的共同享有者，一个权利享有者放弃对特免权的主张，并不影响另一个权利享有者对特免权主张的权利。

如果对特免权保护的交谈内容所做的披露，同样是受另一个特免权保护的话，不能视为该内容已经披露，即一个特免权的披露不是对任何特免权的放弃。比如，某人悄悄告诉他的妻子他和律师的交谈内容，这个人并未放弃他的律师—委托人特免权。如果他在一个独立的关系存续期间把他和某个律师的交流告之另一个律师的话，他也没有放弃该交流的律师—委托人特免权。也就是说，一个特免权内的交谈不能仅仅因为它在另一个特免权的交谈中被叙述，就不受保护。特免权视为放弃的原则是特免权的享有人放弃了根据特免权赋予他的严守秘密的特免权，如果特免问题的泄露发生在另一个特免交谈里，就不存在这样的放弃。当然，如果一个向律师咨询合同问题的委托人不假思索地说出他曾告诉他的医生他有性病，这个委托人就放弃了特免权，即使他希望该泄露被保密，因为这个泄露对于他们讨论的商业合同是不必要的。

一个基于被特免权保护的交谈的信赖而做的披露，如果对于咨询律师、

---

① Michael Stokes Plausen, Dead Man's Privilege: Vince Foster and the Demise of Legal Ethics, 68 *Fordham L. Rev.* 807 (1999).

② 〔美〕迈克尔·H. 格莱姆：《联邦证据规则》，影印本，法律出版社 1999 年版，第 161 页。

医生、精神治疗医师或性攻击的律师的行为是合理必需的，就不是放弃特免权。这条规定主要适用于以下情况中保持交谈的秘密：在实现向律师、医生或精神治疗医师咨询的目的过程中，交谈要向其他人披露。比如，如果一个委托人的秘密交谈被其律师告诉了医生、估价者或其他专家，其目的是为了获得那些人的帮助，律师才能更好地建议他的委托人，这种披露不是特免权的放弃，即使该披露经委托人知情和同意。医生或精神治疗医师保留对诊断或治疗不可少的患者的秘密记录，这个秘密的医院记录，也不是特免权的放弃，即使其他被授权的人获得记录。同样，医生给注册药剂师的处方上有患者的陈述也不构成医生—患者特免权的放弃，因为这样的披露是为实现咨询医生的目的而必不可少的。这些秘密作出的交谈，不应损害特免权，即使它们是经委托人或患者同意作出的。

当事人的特权或律师的工作成果特免权，在诉讼过程中均有可能因行为失误导致明示或默示地被放弃掉，例如：在证据开示的过程中向对方清楚地说出享有特免权的信息，或是为向客户显示并未侵权，而把享有特免权的不侵害意见书出示给大客户，这就构成明示的放弃；默示的放弃例如：在诉讼过程中，法庭欲把享有特免权的信息列为证据供交叉询问时，未适时提出异议，或是在不注意下把享有特免权的信息披露给非享有特免权的一方当事人；一般而言自动的披露享有特殊权利的文件，将导致与该文件同一主题相关的所有其他文件一并被放弃特殊权利，且因基本法理有异，放弃特免权并不必然亦放弃工作成果豁免权。实务上碰到最多的是当事人可能找了不只一份律师意见书，法律不允许其只把有利于已的那一份提出来，对于不利的那一份，在公平(fairness)考量下也要被披露，故在故意侵权诉讼过程中，如以仰赖律师意见书抗辩，则不但放弃律师与当事人间的特免权，也放弃了所有与侵权(不只是故意侵权)相关文件的特免权。

(六) 律师—委托人特免权的例外

律师—委托人特免权的例外就是允许律师披露交谈内容的情形，主要表现在三个方面：

其一，如果交流的内容中存在被告人无辜的证据，则该交流内容不受特免权的保护。这是为了保护被告人受到公正的审判。在英国的一个判例中，被告人艾托(Ataou)与H被指控为共犯，艾托曾经在和他的第一个律师交谈的时候透露H并没有涉足此案。后来艾托换了一个律师，在法庭上，他主张特免权，拒绝披露他与第一个律师的交谈内容，但是上诉法院的法官认为该特免权不应存在，因为他和第一个律师的交流内容中包含有能够证明被告人H无辜的证据,所以他必须披露。[1]

其二,如果委托人为了实施犯罪或者进行欺诈而进行的交流不受特免权的保护。[2]《加州证据法典》第956条规定,如果律师提供的法律服务旨在为委托人实施或者策划犯罪或欺诈的话,不受特免权的保护。美国的判例还将此例外的范围扩展至一些轻罪甚至民事侵权行为,而不论其是否涉足犯罪和欺诈。该特免权的存在是为了鼓励委托人的坦率陈述,当被告人在寻求律师帮助时蓄意欺诈,或者利用该特免权进一步实施其犯罪行为时,已经违背了该特免权设立的初衷。委托人不是在寻求"职业法律服务",而是在利用律师帮助其达到非法目的,将此排除在保护范围之外在情理之中,因为其中已经没有需要保护的社会利益可言了。实务中,判断是否适用该例外,主要看委托人的目的。[3] 适用该例外援用该例外的当事人必须初步证明,律师与委托人的交流是为了预谋或实施犯罪和欺诈。

不过,这项例外也有被滥用的可能。美国经历"9·11"事件以后,对于恐怖主义心有余悸。2001年10月31日,美国司法部宣布,当政府有"实质性的理由"(substantial reason)认为被羁押者和律师之间的谈话传递的信息有促进暴力或者制造恐怖主义之嫌的时候,有权监督他们之间的交谈。[4] 一些刑事辩护律师和自由主义者认为该规则是"令人震惊的",它使得辩护准备工作无法开展。美国律师协会也表达了反对意见。[5]

其三,如果律师与委托人就律师费用的支付、法律服务的品质问题发生诉讼,有关上述事项的交流内容不再受特免权保护,因为交谈的内容可以表明有没有发生律师违背对当事人义务或当事人对律师义务的情形。[6]《加州证据法典》第958条规定,"关于律师或委托人违反产生于他们之间责任的问题的交谈,根据本条不存在特免权"。[7] 这种规定的理由是,如果允许委托人指责律师违反职责或者拒付律师费,并且运用特免权阻止律师在抗辩中提出证据,这显然是不公正的,因为律师的有效抗辩只能来自关于他们

---

① R v. Ataou [1988] QB 798; [1988] 2 All ER 321.

② United States v. Friedman, 445 F. 2d 1076, 1085—1086 (9th Cur. 1971); and See Commodity Futures Trading Commn. v. Weintraub, 471 U.S. 343, 354(1985).

③ See Clark v. United States, 289 U.S. 1,15(1933).

④ Prevention of Acts of Violence and Terrorism, 28 C.F.R. § 501.3(d) (2002).

⑤ Wire Services, ABA Opposes Monitoring of Client-Lawyer Talks, But Supports Use of Tribunals, 76 *Miami Daily Bus. Rev.*, Jan. 11, 2002, at 13.

⑥ Mueller & Kirkpatrick, *Evidence*, Aspen Publishers, 2003, pp. 368—369.

⑦ There is no privilege under this article as to a communication relevant to an issue of breach, by the lawyer or by the client, of a duty arising out of the lawyer-client relationship.

交谈的内容。例如,律师被指控或者被投诉有职业失职行为和不法行为,而律师试图为自己辩护,那么他可以披露他和委托人之间的交谈内容。律师违反义务通常包括失职、无资格或违背道德,而委托人违反义务通常是指不付律师费。如果第三人对律师进行起诉,律师也可以利用受特免权保护的资料来为自己辩护。

第二节 医生职业特免权

"医生职业特免权"是一种通称,它在大陆法系国家是泛指医生、药剂师、药商、助产士等根据法律规定享有的拒绝证言的权利,在英美法系国家[①]指的是"医生—患者特免权",包括三个部分:内科医生—患者特免权(physician-patient privilege)、精神病医生—患者特免权(psychiatrist-patient privilege)和心理医生—患者特免权(psychologist-patient privilege)。后两者可以统称为精神治疗师和患者特免权(psychotherapist-patient privilege)。

一、医生—患者特免权的产生

(一)普通医生—患者特免权

与律师—委托人特免权不同的是,普通法并不保护医生和患者之间的秘密交流,所以也没有该项特免权。1828 年纽约州立法首次以制定法的形式确立了医生—患者特免权。该法规定:"所有经合法授权从事内科医生或者外科医生的人,都不能披露其在诊治患者的职业性过程中得知的,他作为内科医生或者外科医生而为该患者开处方做手术所必须知道的信息。"[②]1872 年的《加利福尼亚州民事诉讼法》再次对医生—患者特免权做了确认,"获得执照行医的内科或者外科医生,未经他的患者同意,不能在民事诉讼程序中被问及有关他从诊治患者过程中得知的为患者开处方或做手术所必需的信息。"[③]美国大多数州对该特免权进行了承认。[④] 例如,亚利桑那州的立法规定,"在民事诉讼中,未经内科医生或外科医生的患者同意,不得就患者就生理或精神上的病患所进行的交流……或通过对患者进行亲身检查所

① 这主要是指美国,因为同为英国并不承认该特免权,加拿大也只是当作个案特免权,而没有立法。同为英美法系的澳大利亚在《1995 年证据法》中规定了该特免权。

② See John W. Strong (ed.), *McComick On Evidence*, 5th Edition, West Group, 1999, p.155.

③ California Code of Civil Procedure of 1872, § 1881, par. 4.

④ 美国大约有四十个州立法规定了普通医生—患者特免权。

获得的这种认知,而对上述医生进行询问。"[1]但是,大多数联邦法院拒绝承认该特免权。

传统理论认为,医生—患者特免权存在的理由和律师—委托人特免权存在的理由如出一辙:如果患者对自己与医生之间交流的保密性没有信赖的话,就不会彻底地坦白地披露自己的健康状况和真实病情(包括那些令人尴尬的细节),患者也就得不到最好的诊断和治疗。[2] 但上述理由遭到了一些学者的批评。威格摩尔认为,该特免权是不需要的,医生不需要它即可招徕患者,患者也无需如此鼓励以建立和医生间的关系。因为事关自己的身体健康,不管证据法上是否有这样的规定,患者一般都有很强的动机对医生陈述实情,以求自己尽快治愈,该特免权的作用可能并不大。[3] 威格摩尔的质疑不无道理。医生—患者特免权和律师—委托人特免权的存在基础有所不同:委托人在向律师咨询的时候,是为了准备将来的诉讼,所以可能会顾虑到自己和律师的交谈会不会在法庭上公开,没有特免权将影响到委托人和律师交谈的信赖度,而患者在向医生咨询病情的时候,患者最关心的可能是自己的病究竟能不能得到治愈,而不会在意自己和医生的交谈会不会在法庭上披露,很多患者甚至根本不知道在法律上有没有医生—患者特免权的规定,所以该特免权对医生与患者的交谈没有太大的影响。威格摩尔结论是,医生—患者特免权并不会增进患者披露信息,患者需要治疗的内在动力本身就会促进患者如实陈述。[4] 波斯纳以经济分析的方法指出,如果职业特免权是出于信赖的话,那么废除医生—患者特免权将只有收益而不发生成本。其理由是大多数人并未意识到有这样一种保密特免权的存在,而且那些接受咨询的人们已经不顾及精神病在社会中的污名而决意咨询心理医生,又怎么会因为害怕某一天自己的心理医生被传唤作为对其不利的证人而受到影响呢?[5] 出于这种现实的考虑,支持该特免权的力量逐渐削弱。

"隐私权说"的观点是在反思传统观点的基础之上提出来的。该理论认为,该特免权存在的真正理由,应该是"保护患者的隐私"。[6] 从委托人的角度说,职业秘密乃是牵涉其个人隐私的重大事项,如果检察官可以不顾委托

---

① Ariz. Rev. Stat. Ann. sec. 12-2235 (1992).

② Steven L. Emanuel, *Evidence*, Aspen Law & Business, 4th Edition, 2001, p.409.

③ Stephen A. Saltzburg,《美国联邦证据法》,台湾司法周刊杂志社 1996 年再版,第 46 页。

④ 8 Wigmore, Evidence § 2285 at 527—528 (McNaughten rev. 1961).

⑤ 参见波斯纳:《证据法的经济分析》,徐昕译,中国法制出版社 2001 年版,第 145 页。

⑥ See Shuman, The Origins of the Physician-Patient privilege and Professonal Secrect, 39 *Sw. L. J.* 661 (1985).

人的强烈反对而随意把律师、医生或牧师置于证人席上并且要求他向法庭透露委托人的秘密，那么任何人的隐私都有可能面临最严重的威胁，当事人生活也会充满不安全感。这个理由在隐私权被高度强调的今日，得到了很多的支持。麦考密克指出，把保护隐私作为承认一些特免权的实践基础，已经被认为是一种健康的和期待已久（overdue）的发展方向，"它可以提供一种最佳的理论基础，使得为自由而反对非法侵扰之合法要求与司法体制之基本要求两者达到一种更为协调的关系"。[①] 可以作为例证的是，美国一些地方法院在判例中认为，政府强制披露医生和患者之间的交谈内容，在一定程度上违背了隐私权保护的原则。[②]

由于不断遭到质疑和挑战，普通医生—患者特免权在美国联邦司法系统逐渐受到限制。除了前文提到的一些州的制定法，美国联邦法律现在已经不再认可一般的医生—患者特免权。《联邦证据规则》甚至在其建议稿中根本没有考虑该特免权。在联邦范围，只有美国《统一证据规则 1999》（仅具示范效应）依然承认该特免权。

（二）精神治疗师—患者特免权

在普通医生—患者特免权式微之时，精神治疗师—患者特免权却发展起来了。对于个中原因，人们经常援引的解释是："在医生中，心理医生特别需要保守秘密。他们帮助患者的能力完全取决于患者自由交谈的意愿和能力。如果不能让他的患者确信他的秘密和交流会受到特免权的保护，心理医生就很难开展治疗。对交谈秘密性的威胁会阻碍对疾病的成功治疗。"[③] 的确，心理医生诊断和普通的医生诊断存在很大的区别：前者主要是通过患者自愿的披露和交谈而使医生了解病情，后者可以通过其他很多方法（如中医的"望、闻、问、切"以及西医的观察、听诊、化验等程序）而不仅仅是与患者的交谈；前者在诊断过程中披露的信息比后者更加隐私和个人，也更容易引起尴尬或潜在的民事与刑事责任。因此，与普通的医生—患者关系不同的是，心理医生对交谈自由的渴求要远远胜于一般的医生，心理治疗的有效实施也有赖于患者陈述的自愿性、自由度和高度真实性，这在一定程度上取决于治疗时的秘密状态。由是观之，精神病和心理疾病治疗过程中交谈的重要性是其他医疗活动无法相比的。在加州诉利夫斯凯兹一案中，托布瑞

---

① John. W. Strong ed., *McCormick On Evidence*, West Group, 1999, p.124.

② Steven L. Emanuel, *Evidence*, 4th Edition, Aspen Law & Business, 2001, p.409.

③ Report No.45, Group for the Advancement of Psychiatry, 92(1960).

勒法官很好地表达了这种观点：

> 许多身体疾病医生可以有效地治疗，即使患者并不信任他；但是心理疾病就不是这样，心理医生必须获得患者的信任，否则他就无能为力。心理患者对心理医生所投注的信任超过了世间任何其他信任，他不仅要向医生表露他的日常世界，而且要袒露整个自我、他的梦想、他的疯狂、他的罪恶，还有他的羞耻。大多数接受心理治疗的患者都知道他必须这样做，否则他就得不到帮助。如果他得知他所说的一切——也就是心理医生获知的一切——将在证人席上向公众披露，那么他和心理医生的交流就难以进行了。很难设想，如果没有了患者和心理医生之间彻底的信任和私密，那么心理诊断和治疗将何以维系。①

学者们也认为，精神治疗师—患者特免权的正当性基础要大于普通医生和患者特免权，因为精神病治疗过程中的患者完全受制于医生，医生与患者的关系更加脆弱，更值得保护。在患者接受医生的仔细审查时，缺乏对于隐私权和机密性的保护是不安全的。② 精神病治疗“完全取决于（患者）是否愿意、是否有能力进行自由的交谈。如果精神病医生不能向患者确保受特免权保护的交流的秘密性，则其功能很难发挥……人们广泛认同的是，保密是成功的精神治疗的必要条件。”③

正是因为上述特殊性，美国联邦司法咨询委员会在1972年起草《联邦证据规则》时，尽管没有写入普通医生—患者特免权，却在第504条建议规定精神治疗师与患者特免权。这种做法引起了一些争议。有人认为，在某些案件中，医生对患者身体或精神状态作出的诊断对案件的处理结果至关重要，授权当事人隐藏这样的证据显然是不公平的，同时如果法庭必须听取当事人提供的对其有利的医生的证言，他就有权听到那些不利于当事人的声音。另一些人却认为，这样一项特权的存在有利于维护医患间的信任关系，因为谁都不想让自己的病成为他人议论的话题，而医生有责任为他的患者保守秘密。④ 最终咨询委员会的草案未获通过。《联邦证据规则》只对特免权进行了原则规定。当然，国会并不反对该特免权，而只是把决定的权力

① 刘晓丹主编：《美国证据规则》，中国检察出版社2003年版，第306页。

② See Louisell, The Psychologist in Today's Legal World: Part II, 41 *Minn. L. Rev.* 731, 745 (1957).

③ See Group for Advancement of Psychiatry, Report No. 45, Confidentiality and Privileged Communication in the Practice of Psychiatry 92 (June 1960).

④ 参见刘荣军：《论证人的证言拒绝权》，载《法学》1999年第5期。

赋予各州的法院而已(根据“理性与经验”个案裁量)。在美国,许多学者肯定该特免权存在的价值,并极力倡导将之立法。目前,美国50个州以及哥伦比亚地区都以不同形式规定了该特免权。1974年修订的《证据统一规则》在第503条规定了该特免权。基于同样的理由,一些仍然反对普通医生—患者特免权的州,在自己的立法中也规定了精神病医生或心理医生与患者的特免权。

精神治疗师与患者特免权之所以能异军突起,获得广泛认同,与心理学的高度发展是有关系的。自20世纪50年代以后,心理学和心理治疗学在职业上获得社会认可,为该特免权的确立奠定了基础。由于很多州的立法曾经规定过普通医生和患者的特免权,所以精神治疗师与患者特免权很容易获得人们的认同,即使否定普通医生和患者的特免权的州也对该特免权“网开一面”。人们有理由期待联邦系统转变对该特免权的看法。

1996年,美国联邦最高法院在“杰斐诉瑞德蒙”案中①,认为根据《联邦证据规则》第501条应当保护精神治疗师和其患者在诊断和治疗期间的秘密交流,由此承认了精神治疗师和患者的特免权。该特免权也因此被称为“杰斐特免权”(Jaffee Privilege):

> 该案被告人瑞德蒙(Redmond)是一位警官,他在执勤的时候开枪杀死了一位叫艾伦(Allen)的人。之后他曾多次(五十次)去找某诊所的社会工作者贝耶(Beyer)进行心理咨询。艾伦的遗产继承人杰斐在起诉时试图利用贝耶的笔记作为证据,要求进行证据展示。瑞德蒙认为这些咨询交谈的笔记是受精神治疗师和患者特免权保护的。地区法院不同意被告的抗辩,但是瑞德蒙和贝耶拒不遵从证据开示命令披露笔记。在审判的最后,法院向陪审团作出指示,认为拒不交出笔记的行为是很不恰当的,陪审团可以由此推测那些内容不利于瑞德蒙。陪审团判给原告杰斐54.5万美元的赔偿,但瑞德蒙上诉并成功翻案,杰斐对于撤销赔偿再度上诉。本案的焦点是,精神治疗师和患者之间的秘密交流是否受特免权保护?

审理该案的法官斯蒂文(Stevens)认为,《联邦证据规则》只是对特免权作了笼统的规定,各州可以根据“理性和经验”创设新的特免权,而是否承认基于秘密关系的特免权应当进行个案裁决,充分考虑这种特免权能否带来

① Jaffee v. Redomond, 518 U.S. 1 (1996).

公共利益。他认为，该特免权所保护的重要利益远远大于对有证明力的证据的需要，“精神治疗师和患者特免权根源于保密和信任的动力，心理疾病的成功治疗取决于精神治疗师和患者之间完全坦诚的交流。公众的心理健康，也部分地有赖于患者和精神治疗师之间的保密性。相比之下，通过否定特免权获得证据的利益就逊色得多。”[①]于是裁定该特免权成立。这代表了联邦最高法院的一种基于公共利益的倾向性认识，他们意识到，精神治疗师和患者的特免权保护的不仅是医生与患者之间交流的秘密性，而且保护社会普通公民潜在的寻求心理健康服务的公共利益。在现代极度复杂的社会中，经济、文化、道德的极速变化给我们的社会造成了极大的压力，信仰的危机、情感的负担让人们不堪重负，而这些可能需要心理医生提供职业帮助。精神治疗职业的重要性应该得到认识，以维护社会稳定和健康。在未来社会，公众的心理健康问题绝不会亚于生理健康问题，该特免权的设立表达了一种必要的秘密交谈的社会需要。今日看来，美国联邦最高法院审时度势，这项判决的意义是深远的。

二、医生—患者特免权的内容

由于现在已经较少承认普通的医生—患者特免权，所以下面的分析中，笔者将以精神病医生和心理治疗师与患者的特免权为主要内容，但也会涉及大陆法系国家医生职业特免权，为方便起见，它们被统称为医生—患者特免权。

（一）特免权的主体

医生—患者特免权的主体之一是医生，尽管他/她不一定是特免权的主张者。美国《统一证据规则 1999》第 503 条规定医生是指有权在任何州或国家开业从医的人，或者是被患者合理地认为有上述权利的人。美国大多数州的立法使用“医生（physicians）”或“内科医生或外科医生（physicians or surgeons）”这样的术语来说明该特免权所指的医疗提供者。明尼苏达州的特免权立法将“牙科医生、按摩疗法医生（chiropractors）和注册护士”也包括在了特免权的保护范围内。[②] 相比较而言，大陆法系国家该特免权中“医生”的范围远比英美法系国家宽泛，意大利、德国、日本以及我国台湾地区刑事诉讼法中牙科医生、药剂师甚至助产士等都在该特免权规定的医生之列，

---

① Jaffee v. Redomond, 518 U.S. 1 (1996).

② Minn. Stat. Ann. sec. 595.02(1)(d) & (g) (West 1988).

但是几乎没有国家提到心理治疗师(表 5-1):

表 5-1　大陆法系国家或地区关于“医生职业特免权”的不同范围

	医师	牙医	药剂师	药商	助产士	护士
德国	✓	✓	✓	×	✓	×
日本	✓	✓	×	×	✓	✓
韩国	✓	✓	✓	✓	✓	✓
台湾地区	✓	×	✓	×	✓	✓

注:中国台湾地区 2003 年修法,删除药商,并配合现行《药师法》,改“药剂师”为“药师”。

在精神治疗师和患者特免权中,精神治疗人员(psychotherapist)是指:(1)有权在任何州或国家开业从医,或者是为患者合理的认为有上述权利,并从事精神或情感状态,包括酒精或者毒品成瘾诊断或治疗的人员,或者是(2)根据任何州或国家的法律取得精神治疗人员的执照或者证书,并从事上述类似诊断或治疗工作的人员。不过,美国判例把这种范围作了扩大,没有医师资格的心理治疗师、甚至从事心理治疗工作的社工人员,都被认为是该特免权保护的主体。如在“杰斐案”中,联邦法院认为,此项特免权应该扩展至从事心理治疗的有执照的社会工作人员(licensed social workers)。[①] 该判例认为,社会工作者在今天已经承担了大量的心理健康治疗工作,他们的客户通常包括穷人和那些无力承担精神治疗和心理治疗的人,为了保护大多数的患者利益,社会工作者应当被纳入特免权保护的体系。美国第九巡回上诉法院在 2001 年对该特免权又进行了扩展,认为该特免权应当适用于无资格证的心理咨询师(EAP)和患者之间的交流。该法院认为,越来越多的雇员必须看到有心理咨询师的存在才会进入心理治疗诊所的,而心理治疗师在与患者接触的过程中和心理治疗师一样了解了很多机密的或者敏感的信息,所以也应该受特免权的保护。[②] 这种变化体现了精神健康服务在当今社会不断发展的态势。

特免权的主张者通常是接受医疗机构职业者服务的患者。美国《统一证据规则》第 503 条规定的“患者”定义为“向医生(或心理治疗人员)进行咨询或者被其检查或询问的人。”但并不是说所有接受医生检查的人都是患

① Jaffee v. Redomond, 518 U.S. 1 (1996).

② Oleszko v. State Compensation Insurance Fund, 243 F.3d 1154 (9th Cir. 2001).

者,患者向医生求助或者接受医生检查必须是为了诊断或者治疗自己在身体、精神或者感情方面的问题,那种被动接受检查的患者并非是本特免权所指的“患者”。因为患者的切身利益与该特免权最为相关,所以患者成为该特免权的权利人。美国《联邦证据规则》建议稿504条规定:“患者、该患者的监护人或保护人、该患者死亡后的代理人都可以主张该特免权。精神治疗人员仅可以为该患者主张该特免权。如无相反证据,则推定该精神治疗人员拥有这样的权限。”但在大陆法系国家,往往规定医生享有拒绝作证的特免权,只有当作为证人的医生不行使该特免权的时候,作为当事人的患者才可以提出异议,主张医生不得因职务上得知的事实为证言。不过,这里说“医生的”特免权,乃是针对法院要求作证的义务而言,医生拒绝证言保护的仍然是患者的利益,特免权并不是真正归医生所享有。医生拒绝提供证言的权利出自他对于患者的保护义务。所以,实务中医生放弃特免权也需要当事人同意。假如没有当事人的允许,证人在法庭上披露在其职务活动中所知的秘密,是否构成泄露秘密的刑事责任?对此,德国和我国台湾地区有相反的见解。德国通说认为除非在紧急避难的情况下可以构成妨害秘密之罪,而我国台湾地区学者认为此非“无故”泄漏业务知悉他人之秘密。①

(二)特免权的范围

该特免权保护的范围及于医疗关系的开始阶段、入院时的陪同状态,以及为了预防、治疗或减轻病痛而向医生咨询的整个过程,医生诊断也在该范围之内。特免权的持续时间并不因为医患关系终止或一方死亡而消灭。

该特免权保护的对象是指在医生执业过程中所获得的所有信息,还是仅指患者与医生间的交流信息,美国各州有着不同的规定。如加利福尼亚州适用于护理过程中所获得的所有信息,包括通过化验等检查手段所获得的数据,而俄亥俄州仅仅是指患者传达给医生的信息。2001年1月18日,美国某地方法院认为联邦法院的心理治疗师患者特免权可以扩展到一般的包含有心理状况陈述的治疗,只要病历中包含有患者的心理状况,就受特免权的保护。这是迄今为止将该特免权延伸最广的判例。② 大陆法系国家对特免权保护对象的规定是比较模糊的,如意大利法律规定“因自己职务或职业原因而了解的情况”,日本法律规定“由于受业务上的委托而得知的有关

① 参见〔德〕洛克信:《德国刑事诉讼法》,台湾三民书局1998年版,第282页;黄东熊:《证据法纲要》,台湾“中央警官学校”1980年版,第137页。

② Finley v. Johnson Oil Co. (2001) No. EV 98-221-C-Y/H.

他人秘密的事实”，德国将其限定为“在行使职务时被信赖告知或者所知悉的事项”。①

普通医生—患者特免权存在的前提是为了治疗的目的，在精神治疗师—患者特免权中，所保护的交流必须是在获取精神治疗服务过程中或为该服务目的作出的。因此，以下行为中的信息不受特免权保护：交警为了检验司机是否酗酒而要求司机验血；法院或者检察院要求医师给被告人做一个体检或者心理检查；人寿保险公司聘请医生检查投保人的身体状况；原告的律师为了准备人身伤害诉讼而聘请医生检查原告的身体状况。上述情况之所以不存在特免权，是因为作为特免权的基础——医生与患者之间医疗信赖关系并不存在，所以不管患者是否同意，医生都无拒绝证言的特免权。“任何人不得从自己的违法行为中获利”。如果患者就诊的目的是非法的，如试图通过医生违法地获得某些法律许可的麻醉品，为了逃避审判而要求医生做整容手术，法律就不会保护这些特免权。

医生特免权的适用范围主要是心理治疗和精神治疗领域，对于该特免权能否扩展到更广泛的范围，存在着一定的争议。美国伊利诺伊州的地方联邦法院曾经以与“杰斐”特免权一样的理由赋予正在经受流产的孕妇对于医疗记录的特免权，但是2004年，联邦第七巡回法院否决了“部分流产”记录的特免权，并否定了这些理由。

（三）特免权的放弃

特免权是可以放弃的。如果权利人放弃该特免权，允许披露自己与医生之间的秘密交谈，这些信息是可以被采纳作为证据的。与律师与委托人的特免权一样，该特免权也会因权利人授权披露信息而放弃，因主张权利的人没有主张而放弃，因受保护的信息非强迫地公开而放弃，还会因患者死亡后，其遗产继承人认为公开信息比保守秘密更能获得财产增益而放弃。通常而言，放弃特免权必须以权利人明示表示，如果患者并非以语言明确表示其放弃特免权，那么什么情况能构成对该特免权的放弃，是一个可以讨论的问题。患者透露心理状况在什么情况下可以构成弃权？1999年，联邦一地区法院在一个判决中认为，对特免权的“放弃”应该做狭义解释。患者透露其心理状况本身不应该构成对特免权的放弃。② 最近的一些判例倾向于对“放弃”做更加狭义的解释。2000年，美国第八巡回上诉法院在一个判例中

① 王进喜：《刑事证人证言论》，中国人民公安大学出版社2002年版，第135页。
② Booker v. Boston 1999 wl 734644.

认为,患者将自己的心理状况随意发布(at issue),视为对该特免权的放弃。[①] 这是第一次由上诉级别的法院对此问题作出判决。那么,在签订保险合同中,被保险人或者医生透露被保险人的身体状况是否能视为放弃特免权呢?1966 年的“卢顿诉寿险投资公司案”就遇到了这个问题:

> 1963 年 6 月,卢顿先生于向爱荷华州寿险投资公司申请了一份保险并支付了保险金,受益人是卢顿夫人。同年 9 月,投保人死于癌症,但公司拒绝按照保单规定支付保险金。公司在卢顿先生去世时曾访问卢顿夫人,并告诉她公司想要一份关于她丈夫死亡以及治疗过程的陈述以调查其丈夫的死因。卢顿夫人当时签署了一份委托书,内容是委托任何医院、医生披露其丈夫的死因和治疗过程。公司依据这份委托书向曾经参与诊治卢顿先生的医生进行调查并获得医生陈述,证明卢顿先生在申请保单之前已经得知其病情并对寿险公司进行了隐瞒。案件审理过程中,原告基于特免权主张排除那份医生的陈述,而被告请求传唤曾经作出过陈述的医生作证。[②]

美国爱荷华州最高法院对被告的主张不予支持。审理该案的法官认为,死者遗孀同意医生按照保险公司的要求披露治疗情况,并不构成对特免权的放弃。从此以后,法院对于保险人在售保单的时候要求被保险人透露自己病情的做法持否定的态度。1999 年 11 月 3 日,美国卫生服务部(HHS)发布了《电子化健康信息隐私的建议规则》(Proposed Rules for the Privacy of Electronic Health Information),在这份复杂而详尽的建议稿中,卫生部为心理治疗师的处方设立了强有力的保护措施,例如保险公司要求患者在买健康保险的时候应同意披露自己接受心理治疗的信息都被认为是违法的,保险公司以患者没有披露自己心理治疗的情况而拒绝赔付的行为也被视为非法。1999 年 12 月 3 日,美国外科医学会发布的《美国心理健康报告》中专门提到该特免权,指出目前的州法太消极,认为应该效仿 1984 年新泽西州法,禁止将心理治疗师和患者之间的谈话透露给保险人。2000 年 12 月 28 日,卫生部《个人健康信息隐私保护——最终规则》发布,该规则禁止保险人为了售保单或者赔付而要求作为被保险人的患者透露自己的心理治疗信息。

---

① Schoffstall v. Henderson (8 th Cir. 2000) 223 F.3d 818, 827.

② Rutten v. Investor Life Ins. Co. of IOWA.

三、医生—患者特免权的例外

审理"杰斐案"的联邦最高法院的法官认为,该项特免权是绝对的,无需权衡公众对信息的需要和鼓励心理治疗的社会价值。但是,在该判决中,法官仍不得不承认该特免权有存在例外的可能:

> 尽管对联邦法院的精神治疗医师特免权的前景进行推测言之尚早,但我们可以毫不怀疑地说,该特免权必定会有退让(give way)的情形,例如,当它对患者或者他人有造成伤害的严重威胁且只能通过心理治疗医生的披露才能化解的时候。("杰斐"案脚注19)①

该注释隐含了法院对创设一种无条件的特免权的压力,所以要以"退让"来表达。联邦法院不想过早限定该特免权的范围,而是留待下级法院根据个案裁判去发展。于是,该注释在实务中引起了颇多争议。有的法院根据这个注释发展出了"危险患者"(dangerous patient)的例外。但是,2000年,美国第六巡回上诉法院在"合众国诉海耶斯"案中认为并不存在"危险患者"的例外②,该法院认为,人们误解了所谓的"杰斐案脚注"而认为有这样一种例外存在,其实该脚注只是说明,为了防止发生即时的伤害,心理治疗师可以不经患者同意而作证,但并不意味着在面临危险时心理治疗师可以不经患者同意而作不利于患者的证言。2002年,美国第九巡回上诉法院在"合众国诉查斯"案中③,认为"杰斐特免权"存在"危险患者"的例外,采纳了第六巡回法院在"合众国诉海耶斯"案中反对派的意见。至此,就该问题所作的三个上诉法院的判例,承认该例外的是两个,而否认该例外的是一个。但是,富有戏剧性的是,2003年,美国第九巡回上诉法院重审了"合众国诉查斯"案,并认为"杰斐特免权"并不存在"危险患者"的例外,这样,否定该特免权例外的上诉法院就变成了两个。

从1996年确立心理治疗师和患者的特免权以来的八年里,制定法和判例一直在对该特免权进行修正和完善,其中对于例外的发展大致可以归纳为以下几项:

(1) 医生和患者之间发生诉讼时,即在由患者提出的诉讼程序中不存在该特免权,因为交谈的内容成为与待证事实最紧密相关的证据。

---

① Jaffee v. Redomond, 518 U. S. 1 (1996). Footnote 19.

② U. S. v Hayes, 2000 WL 1289028 (6th Cir. Sept. 14, 2000).

③ U. S. v. Chase, 135 US 255, 10 Sup. Ct. 756.

(2) 医生或患者违反医生—患者关系责任的交谈,不存在特免权。

(3) 帮助患者犯罪或者帮助犯罪的患者逃匿时,也不存在特免权。当职业服务用来帮助犯罪的情况下通常不适用特免权,这一点对于医生和心理医生都适用。"如果寻求或获得律师服务是帮助策划或者实际实施某种当事人知道或应当知道的一种犯罪行为或者欺诈行为,那么就不存在医生—患者的特免权。"[①]如果寻求或获得医生的服务是为了帮助他人或使他人能够实施或计划实施一个犯罪或侵权行为,或是在实施后逃避侦查和逮捕,那么不存在特免权;欺诈同样构成例外。[②]

(4) 如果精神治疗医师是被法庭指定对患者进行精神检查,那么没有特免权。但在刑事诉讼中法庭应律师的要求为被告指定心理医生,其目的是为律师提供必要的信息以便律师建议被告提出还是撤回基于精神错乱的抗辩,或出示一份基于他情感或精神情况的答辩时,这一例外不适用。

(5) 如果精神治疗医师有合理理由相信:患者正处于一种对自身有危险或对他人的人身或财产有危险的精神或情感状态中,并且对该交谈的披露是阻止这种有威胁的危险发生必需的,没有特免权。尽管该例外可能把患者和精神治疗医师之间的关系限制到一个有限的范围内,但是如果精神治疗医师在治疗过程中确信患者对他或其他人是一个威胁,并且患者不允许精神治疗医师作必要的披露以防止有威胁的危险,那么采取适当的行为是至关重要的。("危险患者"的例外)

(6) 在民事诉讼中,就已故患者实施的,影响财产利益的让与、遗嘱或其他文书行为的目的和有效性进行的交谈,不存在特免权。

(7) 当委托人的心理状况是其提出的诉讼主张或抗辩的必要组成部分时,不适用特免权。

值得一提的是,有些地方的法院过分地扩展了心理治疗师—患者特免权的例外,以致该特免权本身也受到了很大程度的影响。笔者认为,联邦法院承认该特免权的初衷是为了像律师—委托人特免权一样保护特定的社会利益,过多的例外将可能损害该特免权保护的对象。

---

① 〔美〕乔恩·R.华尔兹:《刑事证据大全》,何家弘等译,中国人民公安大学出版社2004年版,第366页。

② 1999年8月19日,联邦第一巡回上诉法院设立了该特免权在联邦系统的第一个例外,即与律师—委托人特免权类似的"欺诈犯罪例外"。

第三节 神职人员—忏悔者特免权

一、神职人员—忏悔者特免权的起源

在西方社会,宗教一直在社会生活中起着很重要的作用。古代神学的发展和基督教义的传播,为这种宗教文明奠定了良好的基础。基督教的道德戒律在教会法时期甚至取代了法律,成为社会普通民众遵守的规范。

根据罗马天主教的经典律例,"以任何方式出卖教徒的自白者"是有罪的,直接违背这个告发禁令的自白者将被自动逐出教会。这条神圣的规则从 1066 年诺曼征服英国到 16 世纪英国大革命都一直被英国法承认,这被当作神职人员—忏悔者特免权(clergyman-penitent privilege)的起源。但是,英国大革命后,人们对于英格兰天主教的敌意使得这项特免权遭到了否弃。由于"在宗教改革时期,英格兰存在对罗马天主教堂的敌视态度"[①],神职人员—忏悔者的特免权在英国普通法上没有得到承认,因此法庭可以强迫神职人员披露他们在工作过程中所得到的信息。[②] 正是这个原因,美国建国的时候,普通法中并没有宗教特免权。美国法院要求特免权必须由制定法加以规定,既然这项特免权不存在,牧师就会经常被迫到法庭作证,尽管这样做遭到个人、道德和宗教上的反对。后来,美国路德教会(Lutheran Church)作出规定,没有忏悔者的特别同意,牧师应当保守交谈的秘密而不应向任何人进行披露。美国长老教会(Presbyterian Church)和美国浸信教会公约(American Baptist Convention)采纳了大致相同的政策。[③] 对此,有人提出:"任何对教会教义的侵犯就意味着对基本法律侵犯,我们的基本法律保护任何人享有充分的宗教自由。至于忏悔,它作为基督教教义的重要内容,适用于教会。在这种情况下,我认为应当毫不犹豫地赋予神职人员特免权,免除他们披露忏悔内容。"[④]

鉴于很多牧师准备不惜以进监狱为代价捍卫他们的宗教信仰,于是美国就有了第一个关于特免权的判例。据记载,纽约州是第一个在司法上保

① *See* Mary Harter Mitchell, Must Clergy Tell? Child Abuse Reporting Requirements Versus the Clergy Privilege and Free Exercise of Religion, 71 *Minn. L. Rev.* 723, 736 (1987).

② *See* Steve Uglow, *Evidence: Text and Materials*, Sweet & Maxwell, 1997, p. 236.

③ Neil S. Kaye, *State v. Szemple: A Double Whammy-Marital-Communication and the Priest-Penitent Privilege*, American Academy of Psychiatry and the Law Newsletter, 1994.

④ 刘晓丹主编:《美国证据规则》,中国检察出版社 2003 年版,第 326 页。

护忏悔私密的说英语的州。该判例发生在1813年6月,由当时主持纽约市市长法庭的德·维特·克林顿法官作出裁决,认为忏悔——因其作为基督教教义的重要部分——使神职人员免受法律的强迫披露他人在忏悔中向其讲述的事实。许多州沿用了该判例,特别保护神职人员不必披露在执业期间忏悔人向他秘密讲述的事实。一些州的法律也开始规定:在涉及向神职人员作出的忏悔问题时,神职人员不得被强迫作证。① 此后,很多州都先后在立法中规定了牧师特免权(clergyperson privilege)。这与其说是牧师们奋斗的结果,毋宁说是宗教传统与道德的影响力使然。教会信条往往要求神职人员在其行使宗教职责过程中对教徒作出的秘密陈述保守秘密。赋予神职人员该特免权有许多理由,但至少一个潜在的理由是法律不会强迫一个神职人员违反他的教会信条,也不因其拒绝违反而惩罚他。虽然现在该特免权通常并不赋予神职人员,但神职人员在保护其宗教咨询的隐秘性方面也有他们自己的利益。在1997的一个案件中②,美国第九巡回法院判定,强制披露牧师和在押狱犯的谈话录音将会侵犯宪法第四修正案和联邦《宗教自由恢复法》(Religious Freedom Restoration Act)。因此,该特免权不仅保护忏悔者,也保护神职人员。

传统的功利主义观点认为,神职人员—忏悔者特免权对于维护神职人员和秘密倾诉者之间的秘密关系是必要的,该特免权类似于律师—委托人特免权、医生—患者特免权、精神治疗师—患者特免权和婚内交流特免权。而宪法学者认为,根据美国宪法第一修正案规定的宗教信仰自由条款,法院如果强迫神职人员披露秘密交流的内容,不但有悖于其宗教习惯,也违背宪法的信仰自由原则。隐私理论则认为,宗教礼拜活动具有隐私性质,该特免权通过创造一个隐私地带,保护精神咨询不被披露,对秘密交流者与神职人员的密切关系表示了尊重。而持"司法信赖"说的学者认为,该特免权要通过防止法院和神职人员之间产生争议与冲突,来保护我们的司法制度的可信性。"法院因神职人员拒绝辜负人们对他们的信任而公开有关信息,而将他们加以监禁的情形,可能会破坏公众对司法程序的信任。"③上述四种观点,从不同角度论证了神职人员—忏悔者特免权的正当性。美国证据法学家华尔兹则采取实用主义的立场,他认为:"……有些证言特免权是直接建

① 刘晓丹主编:《美国证据规则》,中国检察出版社2003年版,第325页。

② Mockaitis v. Harcleroad, 104 F. 3d 1522 (9th Cir. 1997).

③ 参见〔美〕罗纳德·J.艾伦等:《证据法——文本、问题和案例》(第3版),张保生等译,高等教育出版社2006年版,第1014—1015页。

立在讲求实际的实践基础之上。实际上,即使不保护证言特免权,某些类型的秘密也无法获得。力图从忏悔室获得泄露的秘密就是一个典型的例子。即使面对藐视法庭传票的危险,神父决不会破坏神父和忏悔者之间的关系。所以法律接受了现实,设定了'神职人员—忏悔者特免权'。"[①]信仰宗教在西方国家是一种普遍的社会现象,宗教文化也是源远流长。教徒在牧师或传教士面前的忏悔,是基于对宗教的信仰和对牧师或传教士的信任,这种信任关系一旦破坏,就可能危及社会的基本价值观念,因此,为了维护宗教信仰的自由,国家有必要牺牲部分诉讼中的真实。

美国新泽西州在1947年第一次在立法上承认该特免权。但是,当时的法律并没有对主张特免权的主体进行规定,所以对于该规定到底是作证资格的规定还是特免权的规定存在争议。显然,人们担心的是牧师被强迫作证或者泄露秘密。这也是为了保护牧师不被人利用以披露为目的而参与交谈。这些问题和精神病医生的职业很相似,为了保护特定人的隐私权,规定宗教特免权是大势所趋。美国居民中教徒占很大的比例,因而向神职人员忏悔几乎成为众多教徒日常生活中不可缺少的内容。联邦法院和约三分之二的州法院承认神职人员保密特免权规则。《联邦证据规则(建议稿)》第506条明确认可了保护"(每个人)与以精神咨询者职业身份出现的神职人员之间的秘密交流"的特免权。根据《联邦证据规则》第501条的原则性规定,联邦法院实践中也将该特免权作为联邦普通法事项认可了。[②] 美国《统一证据规则(1999)》第505条以及美国所有的50个州也都承认该特免权。与医生—患者特免权遭到的阻碍不同,美国几乎所有的法院都承认该特免权。除了美国,规定该特免权的法律还有德国《刑事诉讼法》第53条、意大利《刑事诉讼法》第200条、日本《刑事诉讼法》第149条、澳大利亚《1995年证据法》第127条、新西兰《1908年证据法》第8条等。此外,我国澳门特别行政区《刑事诉讼法》第122条、台湾地区《刑事诉讼法》第182条也对此进行了规定。

二、神职人员—忏悔者特免权的内容

(一)神职人员—忏悔者特免权的主张者

通常,只有忏悔人或其监护人、代理人、继承人才是该特权的权利人,而

---

① 〔美〕乔恩·R.华尔兹:《刑事证据大全》,何家弘等译,中国人民公安大学出版社2004年版,第357页。

② 案例参见 United States v. Gordon, 655 F.2d 478 (2d Cir. 1981); United States v. Dube, 820 F.2d 886 (7th Cir. 1987); In re Grand Jury Investigation, 918 F.2d 374 (3d Cir. 1990)。

神职人员只能以忏悔人的名义要求为忏悔人保密。例如,在美国的大多数司法辖区,特免权拥有者是忏悔者,禁止神职人员未经忏悔者的同意而披露秘密交流的内容。美国一些州(比如密歇根州和纽约州),在该特免权的规定上就用"被允许"取代了"被强迫"一词。[①] 这就意味着,即使神职人员愿意就忏悔问题作证,并且也没有律师反对,法庭也会禁止他这样做。不过在大多数情况下,能否作证取决于权利人——忏悔者的意愿。

但美国也有一些州将该特免权赋予了神职人员,由其决定是否披露有关交流。例如美国《加利福尼亚州证据法》在第1033条规定了忏悔者的特免权外,还在第1034条规定了神职人员的特免权。法律修订委员会在该条的注释中指出:"本条为神职人员提供了一个他自身的特免权。即使忏悔者放弃了第1033条赋予他的特免权,他可以主张此特免权。""赋予神职人员这个传统的特免权有许多理由。至少一个潜在的理由似乎是法律不会强迫一个神职人员违反——也不会因其拒绝反而惩罚他——他的教会的信条,这要求他对在他的宗教职责过程中对他作出的秘密陈述保守秘密。"[②]《美国联邦证据规则》建议稿506条规定,"神职人员"是指神甫(minister)、牧师(priest)、教士(rabbi)或宗教组织中的其他类似人员,或者为寻求咨询者合理地认为是上述人员的人。所谓"宗教组织中的其他类似人员"是指宗教组织中有权接受教徒忏悔的人。通常,接受忏悔的神职人员已被获准或已习惯接受这种交谈,并且基于他所在的教堂、教派或组织的纪律或信条,他有责任就该交谈保守秘密。

如果忏悔者交谈的对象是由并没有得到正式任命的神职人员提供的,该特免权是否适用?在1971年的一个案件中,法院保护忏悔者与没有得到任命的咨询者进行的秘密交流,这是因为咨询者的服务非常类似于对他们进行监督的得到任命的神职人员所从事的行为。[③] 美国第三巡回法院认为,美国《联邦证据规则》建议稿第506条虽然就神职人员采纳了一个宽泛的定义,并不意味着"该特免权应当被解释为包括对教派中的成员进行的交流和这些成员之间的交流,从而把每个人都命名为神职人员……",而要由主张特免权的一方承担证明负担,说明接受交流的人日常从事的行为与天主教的神父、犹太教教士或新教的神职人员所从事的行为通常是一致的。[④]

---

① 刘晓丹主编:《美国证据规则》,中国检察出版社2003年版,第325页。
② 何家弘、张卫平主编:《外国证据法选译》(下卷),人民法院出版社2000年版,第1103页。
③ In re Verplank, 329 F. Supp 433, 435—436 (C. D. Cal 1971).
④ United States v. Napolean, 46 M. J. 279, 284—285 (Ct. App. A. F. 1997).

（二）受神职人员—忏悔者特免权保护的交谈内容

该特免权保护什么内容的交谈？对此有三种做法。第一种做法认为，基于宗教职业的特免权只限于为了宗教信仰的目的，对于有权接受此类陈述的人所为的秘密的事项。宗教徒对牧师的陈述必须是一种忏悔式的供述（a confession of sin），才受特免权的保护。这种观点把特免权保护的内容限于"忏悔的交谈"，例如澳大利亚《1995年证据法》第127条即把受特免权保护的交谈限定为"宗教忏悔"，并将其解释为"某人根据有关教堂或者教派之仪式，向以职业身份出现的神职人员所作的忏悔。"第二种做法则没有将交谈内容限于"忏悔内容"，而规定符合秘密性即可，即悔过人意识到的，没有第三人在场的秘密进行的交谈，该交谈可以发生在该教堂、教派、宗教组织的活动中。美国《联邦证据规则》建议稿第506条（b）款规定："每个人享有拒绝披露以及防止他人披露该人与以精神咨询者的职业身份出现的神职人员之间的秘密交流。"第三种做法则范围更广，因其宗教职务上所知的事项皆有特免权。例如，意大利将该特免权保护对象限定为"因自己职务或职业原因而了解到的情况"。我国台湾地区《刑事诉讼法》也笼统地规定宗教士有特免权，而未限制。

（三）神职人员—忏悔者特免权的放弃

神职人员—忏悔者特免权可以由拥有特免权的忏悔者放弃，没有主张特免权也会被视为放弃。法律并不强迫神职人员一定要主张特免权。如果神职人员没有主张特免权，同时忏悔者死亡、无能力、缺席而无法主张特免权，那么忏悔交谈的内容将被采用。比如，如果一个杀人犯就其犯罪向神职人员忏悔，神职人员可能在某些情况下（如杀人犯死亡）拒绝主张特免权，也可能会为了被指控的无辜的第三方的利益而作证。

与律师—委托人特免权一样，如果第三人的在场对于交流至关重要，有助于交流，则并不导致特免权的放弃。例如，忏悔者同神职人员进行交流时，信息可能通过教堂层级内垂直传递给另一个宗教人员，这通常是很多教堂的习惯做法，仍然受特免权保护。当几个家庭成员和他们的牧师之间的交流时，如果有非家庭成员在场，也不必然导致特免权无效，这取决于第三方的在场对于促进同神职人员的交流是否至关重要以及在进行该交流时是否有保密的合理期待。

（四）神职人员—忏悔者特免权的例外

与其他类别的特权（特别是医生与患者之间的保密特权）不同，神职人员保密特权只有很少的例外规定，这使得该特权在大多数情况下都能得到适用。美国某些州的法律要求神职人员就任何他们认为与可能的儿童虐待有关的任何信息加以披露①,但很多法院反对这种例外,美国《联邦证据规则》建议稿第506条对于该特免权就没有规定任何例外,该条的咨询委员会注释指出,这种咨询的精神性质使得该咨询没有必要包括一个关于"促进犯罪与欺诈"的例外条款。美国《加州证据法典》第1034条的注释也指出:"神职人员应当保守秘密还是揭示忏悔交流的度不是立法可以适当解决的;这个问题最好留给涉及的神职人员个人的自由裁量和他所属的宗教团体的纪律。"当然,也有的国家仍然立法规定该特免权的犯罪例外,如澳大利亚《1995年证据法》第127条第(2)款。

第四节 记者消息来源特免权

新闻报道真实地记录着社会上发生的最大事件,借自身拥有的调查权,新闻记者和新闻从业人员也因此了解很多案件的事实。当诉讼中的待证事实需要新闻报道的基础——消息来源(news sources)佐证时,新闻记者是否有作证的义务?在特定情形下可否拒绝作证?针对记者消息来源的特免权(简称记者特免权),新闻自由和司法公正二者之间产生了激烈的碰撞。

一、围绕记者特免权的理论纷争

(一)新闻自由和公正审判的冲突

公正和民主乃是现代社会文明的两大要义。公正是法律的灵魂,在现代社会,实现公正的权力被赋予了司法机关,司法公正成为实现社会正义的最后一道防线。而在一个民主的社会里,媒体作为传达民意、宣扬民主的喉舌,自由地报道公众感兴趣的问题,乃是其权利所在。通过"表达自由"实现民主的理念,已为现代社会奉为圭臬。那么,在公正审判和新闻自由之间,是否存在着一种冲突呢?

诚然,从积极层面上说,新闻自由可以促进公正的审判。社会期望媒体积极地对有关信息进行报道,满足公众的知情权,让公正"以人们看得见的方式"实现。新闻记者乃是社会舆论的喉舌,媒体在西方社会被奉为继立法权、司法权、行政权之后的"第四种权力",媒体对审判的监督可以消除腐败

① See Mary Harter Mitchell, Must Clergy Tell? Child Abuse Reporting Requirements Versus the Clergy Privilege and Free Exercise of Religion, 71 *Minn. L. Rev.* 723, 736 (1987).

和不公,更大限度地保证程序的公正和结果的正确。司法民主强调公民对司法过程的监督,但是作为监督群体的民众是相当分散且不易聚合集中的,除了陪审团的设置外,普通民众想要亲自监督司法程序,会因缺乏资金、时间、技术而难以奏效,大众传播媒体则拥有获取充分信息并将所得信息或评论传递给大众的能力,因此在现代民主社会,大众传播媒体扮演重要的媒介角色,能将重要的司法信息传达给民众,形成舆论监督的氛围,确保人民获得"知的权利"。但是,新闻自由也给我们带来了新的困境。曾几何时,我们发现代表真相的新闻也会纠缠于绯闻、小道消息与失实报道的漩涡中。尽管,绝对客观的新闻报道是不存在的,媒体报道时常会代表某种意见,体现特定主体的观念或者偏见,因此,本身会对公正的审判造成消极的影响。越来越多事实也告诉我们,新闻报道也会通过发布信息而直接或者间接地侵犯个人的名誉权和隐私权,甚至蓄意地制造错误和混乱。当新闻自由突破了一定的界限,必然引发诉讼。在法庭查明事实真相的过程中,新闻的报道者在法庭上不得不面临被要求提供新闻来源的尴尬处境。如果强迫记者提供新闻来源,消息提供者的身份秘密将受到影响,如果拒绝提供新闻来源,则意味着查明真相的过程不得不止步于新闻自由的堡垒前。对于这种两难的境地,美国大法官胡果·布莱克(Hugo Black)曾经说过:"言论自由与公平审判是我们文明中两种最为珍贵的权利,实在难以取舍。"①

一方面,新闻自由是现代文明社会的宝贵价值。通过记者的报道,我们可以获知信息、监督政府、揭发时弊。为了出色完成上述任务,记者有时依赖秘密的渠道获得讯息,于是就有了所谓的"消息来源"和消息提供者。记者所保守的秘密,与律师、医生和教士保守的秘密的最大区别在于,后者所拥有并保密的可能是委托人提供的非常有价值的信息、文件和资料;而记者所保守的不是消息本身,而是消息的来源,也就是提供消息者的姓名身份。消息本身不是记者特免权的保护对象,因为记者的主要职责就是发布这些新闻,让公众知道有价值的信息;记者所要保护的是那些害怕被报复的"消息来源",同时也是保护记者本身日后的消息来源不会堵塞。消息提供者可以是公开的,也可能是秘密的,当消息提供者不愿意公开自己身份的时候,记者和消息提供者之间就默认地产生了一种信赖关系,前者信任后者的消息是真实的,而后者信任前者不会披露自己的身份。这种信赖关系之所以是默认的,就在于两者之间往往不会签订一个书面的协议,更不会以公示的

① Bridges v. California, 314 U.S. 252 (1941).

方式让第三者知晓,而是基于一种"心照不宣"的信赖,这就自然使得这种信赖呈现出天然的脆弱性。它将面临两个可能的危险:其一,消息提供者所提供的信息是错误的或者虚假的,记者被卷进了诉讼;其二,新闻报道者没有遵守事先的承诺,向外界披露了消息提供者的身份。即使消息提供者提供的信息是真实的,记者也可能因为他人的起诉而进入诉讼程序,这都会使消息提供者的身份成为案件的一个争点。保护消息提供者的身份秘密是世界各国新闻记者的成文和不成文的义务。这种义务对应着公民的言论自由权,这是国际公约和各国宪法所确认的公民的基本权利,新闻媒体作为实行该权利的重要渠道,能够使公民的言论自由权得到能够得到充分的发挥。但公民在行使这种权利的时候,也会出于为防止打击报复而不愿透露自己身份或者要求给予保密的要求,这种要求是合情合理的,体现了消息提供者的自我保护意识。强制记者披露消息提供者的身份,不但破坏了消息提供者对于记者的信任,也摧毁了公民行使言论自由权的防线,进而威胁到新闻自由的根基。

但是在另一方面,赫然站立的是司法追求公正的价值。在诉讼中,任何人都有作证的义务,新闻记者作为新闻侵权案件的主要当事人,可能是最了解案件事实的人,即使他不是新闻事件的直接感知者,但也是最为接近新闻源的人,对于新闻的真实性负有提供证据的责任。如果消息提供者向记者有意或者无意地提供了虚假的信息,被侵权的人就会把潜在的消息提供者作为起诉的对象,要求消息提供者和记者共同承担侵权的责任,如果记者拒绝透露消息提供者的身份,进一步的诉讼就难以开展,被害人也无法追究主要侵权者的责任,侵权的主观过错和侵权结果之间的联系也因为记者的拒绝作证而被切断了。在这种情况下,即使追究了记者的相关民事责任,事实的真相可能也无法完全查清,被侵权人的诉求也无法得到满足,记者特免权成为提供不实信息的"避风港"。由此带来的消极后果可能是,为了所谓的新闻自由牺牲了诉讼本应有的正义和公平。

新闻自由和司法公正之间这种对抗关系,给社会提出了一个两难的问题:是给予新闻报道更多的自由,还是保障司法对事实真相的查明?牺牲什么样的代价是值得的?——这将表明法律对自由和公正的立场,折射着特定社会的价值取向。

(二)记者特免权的理论基础

对于应否赋予记者对消息来源的特免权,世界各国以及在不同的历史时期都存在争议。记者特免权在19世纪的出现并不是偶然的,当时美国社会自由职业阶层正在形成过程中,他们以独立的姿态区别于政客和为生计而工作的人,其中记者群体是主力军。记者们把他们的社会价值和律师做了类比,主张他们也应当获得和律师一样的特免权。其实,从社会学的角度来看,每一个新诞生的职业群体都会提出要求和既存主体一样的特免权,而既得利益者也会千方百计防止新的职业群体侵占他们的权利疆域。有人指出,大多数的证据规则都是为了查明事实真相服务的,而特免权规则却要"为了所谓的社会利益屈就发现真实的目的",因此,法律应当对特免权,特别是新生的特免权,持不支持态度。[①] 基于这种理由,当时的美国学界普遍承认律师一委托人特免权和配偶特免权,而不予承认两项新生的特免权:医生一患者特免权和牧师一教徒特免权。虽然法院后来给予了这两项特免权合法的地位,但是记者特免权要取得相同的地位却要艰难的多,也更加旷日持久。

美国宪法第一修正案中的出版自由(free press)曾一度成为支持新闻记者特免权的依据。支持这种观点的人认为:强迫记者在司法或其他程序上作证,将有害于其接近敏感及机密新闻来源的机会,进而限制了把新闻传播给社会大众,违反宪法第一修正案。美国联邦最高法院大法官斯特沃(Potter Stewart)在1974年提出了"第四权理论"(the fourth estate theory),为这种观点提供了依据。该理论主张新闻媒体是继立法、行政和司法三权之后的第四种权力,具有有别于一般人民言论自由这种"个人的基本权利"的"制度性的基本权利"。[②] 在这种理论架构之下,新闻媒体被认为是具有高于一般人民的特权(privilege),新闻媒体自认具有不被搜查和拒绝证言等特免权。但是,反对的观点认为,宪法第一修正案规定的只是国会不得制定任何会剥夺言论或出版自由的法律,而出版自由乃是国民普遍具有的基本权利,并非专属于新闻媒体。如果因为新闻自由的原因赋予记者特免权,那么

① Stephen Bates, The Reporter's Privilege, Then and Now, *Harvard University John F. Kennedy School of Government*, *Research Paper* R-23, April 2000, p. 1.

② 就个人而言,言论自由是一种"个人的基本权利(an individual's right)",是宪法为保障个人的自我表现或自我实现以及尊重表意人自我决断的自主权所规定的一种基本权利。就新闻媒体而言,言论自由是一种"制度性基本权利(an institutional right)",此乃为了保障平面或广电媒体作为现代民主社会中监督政府公共事务、并进而引起公众讨论的一项重要制度所给予的基本权利的保障。参见林子仪:《言论自由与新闻自由》,台湾月旦出版社股份有限公司1997年版,第61—131页。

享有新闻自由的其他人是否也应当享有此种权利呢?[1] 因此,把新闻自由作为记者特免权的理由可能站不住脚。

所谓"立场不同,观点不同",这种争论在某种程度上说是由于观点持有者的立场分歧造成的。在记者是否应当享有特免权的问题上,美国的记者群体和侦查员、法官、检察官显然有着不同的视角。作为记者,他们坚信作证会损害宪法赋予他们的"让公众知"的神圣职责。在他们看来,传唤记者作证将使得记者成为政府侦查的工具,从而影响新闻业的独立性;它会压制潜在的新闻来源,从而逐渐削减给予公众的信息量。美国宪法第一修正案是崇尚新闻自由的记者们常常引证的理由。但是,从政府的角度来看,保护新闻匿名性的重要性可能比不上陪审团获得有关的证据重要性。由于工作的便利,记者获知的这方面证据比大多数人都要多。政府认为,作证只是社会加诸于公民的许多义务之一,所有的公民都应当作证,包括记者。这两种针锋相对的观点一旦形成,往往很难改变,当争论趋于激烈的时候,双方都变得情绪化。在 1976 年的一个案件中,当四名记者拒绝透露消息来源时,法官谴责他们的行为是"狂热主义的"(act of fanaticism)。[2] 而在 1981 年的一次论战中,《纽约时报》的执行编辑罗森塞尔(A. M. Rosenthal)讥讽,通过强制传唤记者作证,法院会告诉媒体"发表什么,什么时候发表,如何操作,思考什么"[3]。

当我们分析该问题时,如果仅仅从司法公正或新闻自由的片面角度出发,可能也会得出简单地肯定或否定的结论。其实,这个问题是新闻自由与限制、政府权力与限制的双重博弈过程,我们在看到新闻自由的时候,应当从政府的角度审查新闻媒体的自我制约,我们在看到政府权力正当性的时候,也应当从记者的角度审查政府权力的界限。在笔者看来,美国宪法第一修正案所体现的"言论自由"并不足以构成记者特免权的完整基础,尽管我们可以说保护记者的消息来源秘密就是保护记者的言论自由,但是该特免权存在受益的不仅仅是新闻记者,而且主要的是向记者报料的新闻线人。保护消息来源秘密,不仅仅是保护记者报道的自由,而且保护的是记者和消

---

① 在网络时代,新闻传播的途径不再局限于电视广播和报纸,任何人都可以建立网站,对新闻进行发布和报道,每个人都有可能成为媒体记者。

② Maurice R. Cullen, Jr., *Mass Media and the First Amendment: An Introduction to the Issues, Problems, and Practices*, Dubuque, Iowa: William C. Brown, 1981, p. 215.

③ William Safire, ed., *Lend Me Your Ears: Great Speeches in History* (rev. ed.), New York: Norton, 1997, p. 762.

息提供者之间的信赖关系，恰恰是这种与律师—委托人、牧师—忏悔者之间的信赖关系类似的利益，才使得记者具有对消息来源保密的正当性。所以，记者特免权背后所体现的，不仅是记者的利益，而且还有消息提供者的利益。不过，由于公众对于新闻消息真实性的要求，承认这种特免权到什么程度，也是一个需要利益权衡的问题。

二、美国的记者特免权

对于是否承认记者拥有消息来源的特免权，法院的做法也经历了一个转变。自从现代新闻记者出现之后，司法机关与新闻界的关系就一直比较紧张。司法素来拥有有权获得任何证据的权威，而新闻界的职业道德却要求记者保护消息来源，二者自然会有冲突。

（一）布兰兹博格案之前的努力

在美国早期判例中，曾经对拒绝提供消息来源的记者处以“藐视法庭罪”[①]，最早的案例发生在 1848 年，《纽约先驱报》（*New York Herald*）的记者约翰·纳均特（John Nugent）拒绝披露何人给他一份美国与墨西哥签订的秘密条约影印本，他因藐视国会而入狱。一位联邦法官认为法院无权干涉此事。《纽约先驱报》在纳均特入狱期间给他开了双份工资，并继续刊发他的文章。最后参议院对此也无计可施，只好以“保护纳均特的身体健康”为台阶释放了他。[②] 这个事件被认为是新闻史上的一个重大事件，标志着新闻自由的“胜利”。但是，记者关于消息来源的特免权却没有被承认，记者隐匿消息来源，仍然要被判藐视法庭罪。1874 年涉及《纽约论坛报》（*New York Tribune*）的案例也同样否定了记者特免权，纽约州的大陪审团传唤该报的编辑要求披露在该报发表的一篇涉嫌损害名誉的文章的作者。[③] 在这个时期，法院的权威已经建立，任何人都有作证义务得到贯彻，但是新闻自由的时代却没有到来。因此，法院完全可以对记者拒绝提供消息来源的行为判以藐视法庭，采取监禁的手段迫使其就范。不过，这样“针尖对麦芒”的事情较少发生。在 1848 年到 1958 年这一百多年的时间里，记者“偶尔”收到法院的

---

① 藐视法庭可以分为两类：一类是不遵守法官的命令、没有为案件一方当事人的利益提供某种行为的不作为；另一类是损害法律的威严、损害法院和法官的权威和尊严的行为。对于媒体而言，前者如拒绝作证，不透露消息来源；后者如扰乱庭审秩序，言语攻击法庭或法官。对于前者，法官可以判令监禁，直至犯者提供所要求的信息；对于后者，可以判令罚金、一定期间的监禁或并罚。

② Ex parte Nugent, 18 Fed. Cas. 471 (D. C. Cir. 1848); Donald A. Ritchie, *Press Gallery: Congress and the Washington Correspondents*, Cambridge: Harvard, 1991, at 28—29 (footnote omitted).

③ People *ex rel.* Phelps v. Fancher, 2 Hun. 226 (N. Y. Sup. Ct. 1874).

传票。法院有时用藐视法庭罪威胁记者,大多数记者都对政府利益表示理解,即使不用传票,记者也会给警察、检察官以及大陪审团提供必要的信息,只有少部分记者抵制政府的命令。因此,在相当长的一段历史里,媒体与政府、司法机关是保持合作的态度,记者特免权问题也没有引起重视。

1958年的加兰德诉托丽(Garland v. Torre)案,是记者与法院的一次正面交锋。在该案中,被告玛利亚·托丽是《纽约先驱论坛报》①(*New York Herald Tribune*)的记者,在某专栏中,她引用了一位匿名的CBS(哥伦比亚广播公司)主管抱怨加兰德太胖的话,而实际上,加兰德那时确实很胖而且在服用减肥药。加兰德因此以诽谤和违约为由起诉CBS,要求赔偿140万美元。如果放在今天,法院可能会驳回加兰德的起诉,而在当时的美国,尚未建立公众人物提起的诽谤之诉的严格标准②,因而案件进入了审理程序。在加兰德代理律师的询问下,托丽强调她的引述是准确的,但是拒绝提供消息来源。她说,如果她披露了消息来源,这个行业就没有人会找她了。结果,托丽因拒绝透露新闻来源被判藐视法庭,入狱十天。被告人上诉,主张第一修正案有给予新闻从业人员在诉讼中拒绝提供证言的权利。《先驱论坛报》的律师指出,"如果强制要求记者披露秘密的消息来源,那就会因获得消息途径的限制而打击了新闻自由"。而法官认为,新闻自由是自由社会的基础,但它不是绝对的,司法公正以及发现真相的权力更是重要的基础。有时候,"要求证人作证的义务要压制宪法第一修正案的自由,证人可能会失去选择作证还是沉默的自由。"法官强调说,这并不意味着一律地要求披露消息来源,而是由于本案争议的消息来源系原告主张的中心,新闻记者应公开这一消息。联邦第二巡回上诉法院维持原判。③ 在该案中,虽然新闻自由在与司法公正较量中败下阵来,但是法院并没有否认新闻自由的价值,只是认为根据本案的具体情况,证人在诉讼案件中的作证义务具有更加重要的地位,为了维持宪法所规定公平审判之原则,宪法所保障的新闻自由必须让位。法院承认,司法程序并不是被用来强迫大举揭发新闻来源的,然而由于本案原告所要求披露的消息系原告主张的中心,因此新闻记者应公开这一

① 《纽约先驱报》成立于1835年,《纽约论坛报》成立于1841年,1924年合并成立了《纽约先驱论坛报》。

② 1964年《纽约时报》诉沙利文案中,美国联邦最高法院裁定,公职官员不能针对发表与公务行为有关的诽谤性不实言词要求得到损害赔偿,除非他能证明有关言词出于"实际恶意"。这项规则的适用范围后来被扩大到所有公众人物。See New York Times Co. v. Sullivan, 376 U. S. 254 (1964).

③ Garland v. Torre, 259 F. 2d 545(2d Cir. 1958).

消息。[①]

但总的来说,记者消息特免权无论在各州还是在联邦,都是获得逐步认可的。美国社会一直珍视新闻自由的价值,作为一个因为反抗强权而建立起来的政府,本身也警惕自身不至于变成威权政治。美国公众长期以来坚信,媒体应自由并强大得足以对抗政府。因此,美国很多州都承认记者消息来源特免权。最早立法承认新闻记者可主张特免权的,是马里兰州在1898年通过《新闻记者保护法》(newspapers' shield law)。在1971年的"《纽约时报》公司诉合众国"案中,《纽约时报》记者从其内线消息来源获得了一份美国国防部有关越战的高级机密文件,并将其公之于众。国防部向法院提起了诉讼,并要求《纽约时报》交出幕后"线人",但法院最后裁决《纽约时报》享有报道"五角大楼文件"的权利,也有权不把泄密者的名字告诉政府。[②]此案例被认为是以宪法第一修正案为基础的承认记者特免权的判例。

(二) 富有争议的布兰兹博格案

1972年,美国联邦最高法院在布兰兹博格(Branzburg)[③]案中对四件有关新闻记者特免权的案件进行审理,由于这些案件都涉及宪法第一修正案所保障的权利,因此并案审理。

布兰兹博格案的前两案涉及的是记者布兰兹博格所写的两篇报导。第一件案子是1969年在他的一篇关于吸食大麻的报道中,刊登了整个大麻生产过程的照片(但只拍摄手部以下),由于事前他答应受访者不透露其姓名身份,所以当大陪审团传唤他作证时,布兰兹博格出庭却拒绝指认。第二案则是1971年他花了两个星期时间调查采访数十位吸毒者及贩毒者,然后写成一篇关于肯塔基州毒品泛滥的报导,大陪审团发出传票希望其能出庭针对其所目击的贩毒过程作证。肯塔基州本身虽然有"新闻记者保护法",但法院认为该法并不保障亲眼目击刑事犯罪的记者有拒绝作证的特免权。

另外两案则分别与《纽约时报》记者及电视台记者有关。1970年,《纽约时报》记者卡德威(Caldwell)被大陪审团要求交出采访极端黑人民权团体黑豹党(Black Panther)的采访笔记与录音带,当时大陪审团正在调查该极端团体涉嫌威胁总统尼克松以及其他民运暴动事件。卡

① Garland v. Torre, 259 F. 2d 545(2d Cir. 1958).
② New York Times Co. v. United States, 403 U.S. 713, 1971.
③ Brabzburg v. Hayes, 408 U.S. 665(1972).

德威拒绝交出笔记和录音带,同时也拒绝出庭作证。联邦地方法院同意不强迫其就答应保密的部分作证,但他必须出庭就其他部分作证。卡德威不服,第九巡回上诉法院支持卡德威的主张,于是控方上诉至联邦最高法院。第四案也与黑豹党有关,电视台摄影记者帕帕斯(Pappas)于1970年采访黑豹党纵火暴动现场,当时他获准进入黑豹党临时总部,但黑豹党要求除非警察发动攻坚行动,否则佩帕斯对于他在总部内看到及听到的事,不得透露。后来大陪审团在审理该次暴动时传唤佩帕斯作证,佩帕斯出庭表示愿意回答他所目击在黑豹党总部外发生的事,至于当时总部内发生什么事,则一概拒绝回答。

涉案三名记者主张:宪法第一修正案所保障的新闻自由,应当包括新闻记者可以拒绝被迫公布其秘密消息来源;根据宪法第一修正案可导出新闻记者可主张"有限度的特免权"(qualified privilege)。联邦最高法院最后是以五比四的微弱优势,认为要求新闻记者出庭作证,没有侵害第一条宪法修正案保障的言论和出版自由。由怀特(White)大法官陈述的多数派指出,记者在采集新闻时,通常承诺为消息来源保密,或者只公布部分消息来源。如果记者公开所有的消息来源,可以预见的是,以后再也没有人会为记者提供消息。因此,新闻采集应当受到宪法第一条修正案的保护,否则出版自由形同虚设。但怀特接着指出,本案不涉及侵害言论或出版自由的问题,因为公开的内容不会受到民事的或刑事的制裁,法院也没有禁止或限制记者通过保密的方式来采集新闻。记者与其他公民一样,应当按照大陪审团的要求,回答与犯罪调查活动有关的问题。由于宪法不承认普通公民享有拒绝向大陪审团提供他们通过秘密渠道获得的消息的权利,最高法院认为,记者同样不享有这样的特权。从本案来看,记者坚持认为新闻采集中包含的利益大于法律实施和保障大陪审团有效工作中包含的公共利益的观点,是毫无依据的。从历史上看,在没有为新闻线人提供宪法保护的情况下,出版业依然繁荣。根据先例,为宪法第一条修正案附加哪怕是间接的责任,政府也必须证明其中包含着"令人信服的"或者"极其重要的"利益。本案符合这一条件:(1) 政府在根除非法毒品交易、阻止暗杀总统的企图和防止社区暴力骚乱中具有重大利益;(2) 根据布兰兹博格、卡德威的文章和帕帕斯承认的活动内容,他们很可能提供帮助政府确定是否发生过非法活动,(如果发生过)政府是否有足够的证据提起公诉的信息。因此,记者必须提供消息来源。

该判决虽然否决了记者提出的特免权,但只是表明第一修正案对于新闻自由的保障并非绝对。本案并非是政府有意打击或压抑新闻界,而是侦查实际已发生的犯罪。法院除了求诸该记者之外,别无其他途径可查明该犯罪。本案没有证据显示,公布消息来源将使消息流通受到影响。因此,本案三名记者没有权利拒绝透露消息来源。由于本案中法官的两种意见势均力敌,比较微妙,所以判决并没有产生压倒性的示范效应。[①] 布兰兹博格案中少数派的见解,即持反对意见的司图尔特(Stewart)、布伦南(Brennan)和马歇尔(Marshall)三位大法官所提的不同意见书,同样受人关注。司图尔特大法官在不同意见书中指出,新闻记者应被容许可以主张"有限度的第一修正案权利"(a limited First Amendment right),拒绝将其答应保密的消息来源被迫揭露。本案当中最高法院的多数意见过于狭隘,将使得第一修正案对于新闻自由的保障无法落实。[②] 他提出了三项判断标准以权衡新闻自由与公平审判权的矛盾:(1) 证明有相当理由确信记者所持有的信息与违法行为有密切的关联性;(2) 证明该信息无法通过其他对宪法第一修正案损害较小的途径获得;(3) 证明该信息具有必要且压倒性的利益。[③] 布兰兹博格案后,各级法院开始逐渐倾向承认"有限度"的消息来源特免权。

(三) 布兰兹博格案之后的判决

虽然美国联邦最高法院也存在分歧,关于记者特免权的争论在布兰兹博格案判决后还是暂告一段落了。由于遵循先例原则,联邦系统和州系统开始分道扬镳。美国联邦法院系统基本上不承认记者特免权,或者只承认有限的记者特免权,而美国州法院系统则倾向于承认记者特免权。在承认记者特免权的案件中,我们可以发现,如果记者的报道对象是公众人物,特免权的主张往往会更加容易得到支持,这是与美国新闻侵权法的发展背景有关的。20 世纪 70 年代美国政府接连爆发"五角大厦文件案"与尼克松总统的"水门案件"都是新闻媒体透过秘密消息来源才得以揭发这两桩政府弊案及总统丑闻案。

> 1972 年 6 月 18 日,《华盛顿邮报》登出第一篇关于当时尼克松总统涉嫌唆使窃听民主党竞选总部的报导,开启了著名的"水门事件"的序幕。当时《华盛顿邮报》最重要的秘密消息来源为代号"深喉"(Deep

---

① 台湾地区学者周叔厚先生认为美国联邦法院在此案后的立场为不承认记者特免权。参见周叔厚:《证据法论》,台湾三民书局 1995 年版,第 561 页以下。笔者认为这个结论似乎过于武断。实际上,联邦法院在该案中的多数派意见并没有取得明显胜利。

② Brabzburg v. Hayes, 408 U. S. 665(1972).

③ Brabzburg v. Hayes, 408 U. S. 665, 743(1972).

Throat)者,此人的真正身份除直接与之接头采访的两位记者及总编辑三人外,连发行人葛兰姆女士都不知道。1973 年 1 月,法院传唤包括发行人、总编辑,及其他三位记者出庭作证,并要求必须提出所有采访相关文件。被传唤者以保护消息来源为由拒绝作证。三十多年来,“深喉”的真实身份仍是个谜,包括《华盛顿邮报》发行人葛兰姆女士直至过世前都不曾知晓。①

在美国社会看来,法治的要义在于对公权力的限制和制约,当社会的知情权和公权力发生冲突的时候,应当保障公民知情的权利。在这样的社会与政治氛围下,当时的美国社会甚至包括法院都深感自由新闻媒体的重要,因此对于新闻来源保密的问题开始比较倾向记者的主张。“水门案件”中,尼克松总统是作为“公众人物”的角色出现的,所以法院对记者采取了宽容的态度,而尼克松反而要承担证明媒体“真实恶意”的责任。从此以后,美国媒体便把追踪、报道政府各类机密情报作为自己的当然权利。但根据美国法律的规定,把政府机密情报透露给记者或外国情报人员,导致泄密并造成严重后果的行为是违法的,泄密的美国政府官员必须承担法律责任。因此,为了保护消息提供者,美国媒体此后一直严守不透露“泄密者”的原则,即使冒着被判“藐视法庭罪”的危险。②

综观自布兰兹博格案以后的发展,可以归纳出美国目前各州立法施行状况以及法院在实际审理刑事案件时,新闻记者主张特免权的原则:首先,宪法第一修正案并未赋予记者绝对的特免权,法院在承认记者是否具备有限度的特免权时,主要仍视个案当时的法律状况而定。在刑事审判或刑事案件的听证程序中,当要求确认此秘密消息或文件者的主张关系到整个案件成败,且无其他渠道可获知时,法院将不允许记者主张特免权。如果新闻记者所主张的有限度的特免权不被法院接受,则记者必须在公开消息或消息来源与不接受法院命令的后果中做一选择。其次,消息来源特免权不保护犯罪。当新闻记者亲眼目睹其他人参与目前调查中的刑事犯罪时,法院

① 相关报道参见王健壮:《深喉咙隐姓埋名 28 年》,载《新新闻》周报 2000 年 11 月,第 716 期。2005 年 5 月 31 日,美国《名利场》杂志消息证实,原联邦调查局副局长马克·费尔特主动披露,他就是“水门事件”中的神秘线人“深喉”,真相才大白于天下。

② 最近的案例是:2004 年 9 月 28 日,美国《纽约时报》一纸诉状将美国司法部长阿什克罗夫特告上法庭,称其领导的司法部企图通过中间人获得该报两名资深记者与其“线人”的电话录音,以期找出向该报泄露机密情报的美国政府官员。《纽约时报》的律师称,司法部的这一行为大大地干扰和破坏了美国新闻自由的从业准则。参见《〈纽约时报〉状告美司法部长“破坏新闻自由”》,载《新闻晨报》2004 年 9 月 30 日。

通常不倾向承认记者对此可主张特免权。当新闻来源系为涉嫌参与目前正在调查中的刑事犯罪活动时，法院也不会允许新闻记者主张特免权。

十余年前的一项资料表明，美国只有 12 个州的制定法承认记者的消息来源特免权。[①] 而到目前为止，全美已经至少有 31 个州通过立法赋予记者该项权利。[②] 美国作为联邦制国家，各州州法对于新闻记者是否有特免权的认定不一致是很正常的，不过为统一各州州法不同规定，美国统一州法委员会(NCCUL)还是于 1975 年特别制定了《新闻记者特免权统一法》(The Uniform Reporters Privilege Act)，以供各州参考。该法规定，对于一般案件，"除了在审判过程中，新闻记者在任何程序当中均有权拒绝提供消息；在审判过程当中，记者有权拒绝回答其已经答应(不论是明示或默示)保守秘密之消息。"但同时也作出了一些例外的规定(详见后文)。美国联邦法院系统并不承认记者特免权，《联邦证据规则》以"理性和经验"对待特免权，把决定的权力交给了各州的法院。1975 年之后，各州的做法仍然无法统一，有些州承认新闻记者的特免权(如加州证据法典、亚利桑那州证据法)，有的州不承认该特免权，有的州则规定仅适用于民事案件。[③] 现在，美国很多州的判例有条件地承认该特免权的，即在符合"非常必要"的时候才能要求新闻记者公开消息来源。1981 年，联邦第三巡回法院为这些"必要"的条件作出了一个参照性判例，指出申请人证明有下述情形时，新闻记者应公开其新闻来源：第一，必须证实已从其他方面尽力寻找来源；第二，必须证实只有该新闻记者的消息来源，才能够接近需求的信息；第三，必须使法院充分相信(persuade)所需求的信息，于请求事项而言是至关重要的。[④] 这就是所谓的"有条件的记者特免权"。

在美国最高法院的"沃伦时代"，我们看到的趋势可能是扩大刑事被告人的权利，而在"伦奎斯特时代"则正好相反，最高法院更倾向于注重控方指

---

① 参见周叔厚：《证据法论》，台湾三民书局 1995 年版，第 550 页。

② Laurence B. Alexander, Looking Out for the Watchdog: A Legislative Proposal Limiting the Newsgathering Privilege to Journalists in the Greatest Need of Protection for Sources and Information, 20 *Yale L. & Pol'y Rev.* 97, 115(2002).

③ 美国普通法法庭均一致拒绝扩张特免权至新闻从业人员。若干州的州法，如马里兰、新泽西虽有保护新闻从业人员的特别立法，但是法院在适用时均做严格解释。

④ United States v. Cuthbertson, 651 F. 2d 189, 195—196 (3rd Cir. 1981).

控的效率而不是被告人的权利。① 这在对待记者特免权的态度上也有反映。不过,"青山挡不住,毕竟东流去",从美国判例法对于记者特免权的逐步确认的历程中可以看出,承认"有条件的特免权"是大势所趋。

三、其他国家的记者特免权

英国过去并不承认记者特免权。在"检察总长诉马尔霍兰案"和"检察总长诉福斯特案"中,记者特免权并没有得到承认。坚持拒绝回答的记者被法庭以藐视法庭罪判处6个月监禁,后来被告人上诉到英国上诉法院,作为法官的丹宁勋爵维持原判。丹宁勋爵认为,只有律师职业拥有不向法庭透露消息的特免权,记者并不享有。"法庭询问消息来源是符合公众利益的。假如记者不告诉法庭消息来源,那么人们怎么能知道这个消息不是纯粹捏造的呢?""假如他的消息有可靠来源(我相信并完全接受他对此作出的说明),不管他多么想保守秘密,他都必须记住,法庭要求他透露消息来源乃是履行一种公共职责,这就足以说明这样做是正当的了"。② 丹宁勋爵的担忧也代表了当时法官的普遍观点。新闻记者因为拒绝透露消息来源而被判藐视法庭的事件,曾经在英国时有耳闻。

但是,随着新闻自由理念的传播,如今有关消息来源的法律有了很大的改进。《最高法院规则》规定,在文字诽谤案件中,法院不允许询问新闻记者的信息来源。③ 英国现在承认有限的记者特免权,保护潜在消息来源也成为英国新闻业的一个基本原则。《1981年蔑视法庭法》第10条规定,法庭不得要求任何人透露任何包含在他应负责的出版物中的消息来源,任何人也不会因其拒绝透露消息来源而犯藐视法庭罪,除非能证明为了公正利益、国家安全或为防止混乱和犯罪,有必要透露消息来源。④ 这就意味着,要求披露该消息来源者应当承担举证责任,证明披露将符合上述理由之一。怎么才算"必须"(necessary)?证明该达到什么程度?英国判例有的采取严格的

① 厄尔·沃伦从1953年到1969年担任联邦最高法院首席法官期间,联邦最高法院积极扩大行使司法审查权,倾向于自由主义,保障个人权利。1969年继任的沃伦·伯格继承了前任的传统,继续推进民主。但1986年上任的伦奎斯特法官则倾向于保守主义,他很少限制联邦政府的权力,甚至撤回利用宪法对刑事被告的保护。

② 〔英〕丹宁勋爵:《法律的正当程序》,李克强等译,群众出版社1984年版,第24—27页。

③ 按照《最高法院规则》的规定,在文字诽谤案件中法院不允许讯问新闻记者的信息来源,参见沈达明:《英美证据法》,中信出版社1996年版,第82页。

④ 参见沈达明:《英美证据法》,中信出版社1996年版,第82页。

解释，认为是“必备的”(essential)[①]，有的采取较低的标准，认为是“很有用的”(very useful)。[②] 2000年，英国最高法院扩大了对记者特免权的保护，以便向在报道公共利益事务中犯了“诚实和合理的错误”的报刊提供一些保护，它要求披露消息来源的一方必须证明：公众有权了解含有损害性陈述的消息，以及报刊有义务向公众提供报道。[③]

德国由于历经纳粹时期高度遏制新闻自由的影响，战后对于保障新闻自由可谓不遗余力，其法律体系的完备，在某些方面甚至超过美国。德国对媒体的传播自由权，采取双重的保障：除了视新闻自由为不受公权力干涉的公众权利之外，也视其为有助民主政治健全运作的客观制度。因此，政府不仅仅只是消极的不介入新闻自由，更是积极地通过立法的程序来促使媒体的各项功能得以发挥。[④] 在此原则下，德国法律对于新闻自由有很多保障，如《柏林新闻法》第4条、第23条，以及《北莱茵威西法兰邦新闻法》第4条、第26条均规定新闻传播媒体为履行其公共任务，有向行使公权力的机关要求必要信息的权利；又如德国《刑事诉讼法》第53条明文规定“基于职业理由有拒绝作证特免权”，“参与或者曾参与定期刊物或者无线电广播的准备、制作或者发行的人(例如出版业者、编著者、大众传播业的负责人、编辑及技术方面或经销方面的人员)，均对于作者、寄件人及消息提供者，或对于‘就其职务所提供之信息’，而这些信息只要是有关编辑方面的论述、文件及信息提供时，有广泛的拒绝证言权”。[⑤] 同时，新闻从业人员有拒绝到庭作证的权利也被判例承认。因此，德国是一个充分承认记者特免权的国家。

法国为了保障新闻自由，通过1993年1月4日第2号法令赋予记者对消息来源的特免权。《刑事诉讼法》第109条第2款规定，“记者在被传唤要求对于职业中知悉的信息作证，被免除要求披露信息来源的义务。”2008年3月12日，法国司法部长提交了一份旨在保护记者消息来源的法律草案，建议将劳动法典所包括的所有记者、编辑和报社固定的联系人都纳入保护的范围。记者可以在刑事诉讼所有阶段保守消息来源，而不只是预审阶段中的对抗预审法官的询问。记者在搜查中享有更多保护，不仅工作地点，而且

---

① Maxwell v. Pressdram (1987).

② Re An Inquriy Under the Companies Security (Inside Dealing) Act 1985.

③ 《英国媒体的自我约束与法律限制》，新华网2003年11月6日报道。

④ 张永明：《搜索大众传播媒体在德国——新闻传播与之自由与界限》，台湾永然出版社2001年版，第224—228页。

⑤ 参见〔德〕克劳思·罗科信：《刑事诉讼法》，吴丽琪译，法律出版社2003年版，第247页。

住所也将受到保护。记者可以提出异议,请求自由与羁押法官的裁决。当然,记者的特权也受到公共秩序的限制。司法机关的介入,只有当消息来源的秘密触及根本利益,比如涉及的重罪和轻罪特别严重,或者对于侦查是必需的。①

与美国和英国不同,日本的做法比较特殊,在刑事裁判中否定新闻记者的特免权,但在民事裁判中却承认该特免权。在日本"朝日新闻拒绝作证案"中,法院认为日本《刑事诉讼法》第149条不能类推适用于新闻记者而否定了新闻记者的拒绝作证特免权。② 而在《北海道新闻》记者拒绝作证事件中,记者特免权又被民事裁定所承认。

> 《北海道新闻》日报于昭和五十二年(1977年)6月24日刊载了《父母控诉保姆责打院童》一文,保姆以名誉受毁损要求北海道新闻登刊道歉启事并支付赔偿金,并要求找出证人来。在法庭上,记者对保姆代理人的询问以《民事诉讼法》第281条规定的"职业秘密"为由,拒绝提供消息来源的姓名、地址、职务等,因此保姆便申请法院裁示。后札幌地区法院于昭和五十四年(1979年)3月30日判定,记者可拒绝作证。此案后来经札幌高院审理和向最高法院提出特别抗告,但结果均维持了原审法院的判定。这两个上诉法院除了用了"职业秘密"这一理由外,还大量行使了司法自由裁量权——即"利益权衡论"。札幌高级法院的判决避开刑事案件中的做法,而是认为:"关于是否拒绝提供取材来源,因与民事诉讼的公正裁判实现的关联而受到制约,那么,就应当用那种制约下公正裁判实现的利益和依靠取材来源隐匿获得的利益之间的比较衡量来决定。"③由于考虑到这种利益考量的难度,很多人反对这种利益权衡理论。

意大利也承认有条件的记者特免权。意大利《刑事诉讼法典》第200条第3项规定:"第1款和第2款的规定适用于在职业登记册中注册的职业记者,他们有权对在职业活动中取得依赖性消息的来源保密。但是,如果上述

① http://www.justice.gouv.fr/index.php?rubrique=10016&ssrubrique=10259&article=14255,2008年4月20日访问。

② 就刑事案件中"新闻记者对取材来源是否具有特免权"的问题,日本最高法院曾作出判决,认为记者对新闻源无特免权。参见最大昭判二七年八月六日,刑集第六卷第八号,第974页,转引自林志洁:《证言之证据能力与证明力——以避免误判与保障人权为中心》,台湾大学法律学研究所1999年硕士学位论文,第54页。

③ 参见程宗璋:《论新闻取材来源隐匿的法律问题》,载《电视研究》2001年第4期。

消息对于证明犯罪来说是必不可少的并且其真实性只能通过核实消息来源的方式加以确定，法官则命令该记者指出向其提供消息的人”。可见，在意大利，记者隐匿消息来源的权利是有限的，它要受制于打击犯罪的需要。

西澳大利亚州曾在1980年的《记者特免权法案》(Privilege for Journalists)中建议只能在普通法的领域内发展该特免权，而不应在制定法中规定。[①] 但是在1990年前后发生的几个案件[②]使得人们再次对是否应当赋予记者拒绝提供消息来源的特免权以及其他社会关系的特免权提出质疑，西澳大利亚州法律改革委员会不得不在1991年12月签发一份咨询案，邀请各职业团体、组织和个人，以书面、广播媒体和研讨会的形式对是否应当在制定法中规定这些职业关系特免权进行讨论，并于1993年5月发布了一份最终调查报告。在这份调查报告中，法律改革委员会建议[③]：(1) 国会应当通过立法，授权法院可以免于证人在诉讼中违背秘密交流关系而披露信息；(2) 在行使这种司法权时，法院应当权衡在证据开示中公共利益是否占优势，在特定的案件中，应当保护特定职业关系中的证人与相对人的秘密交流关系，鼓励这种自由的交流。随后，澳大利亚《1995年证据法》以及南澳大利亚州《1999年证据法》都通过立法确立了上述特免权。

我国台湾地区的《刑事诉讼法》尽管没有对记者特免权进行规定，但依据“大法官第364号解释”，承认新闻自由为言论自由保障的一环，理论上为满足社会大众的知情权，认为对于消息来源有予以保密的必要。也有学者主张，虽然新闻自由为台湾地区“宪法”所保障的言论自由的范围，但仍需依照法律保留的形式予以限制，再考虑到国家追诉犯罪与发现真实的利益，认为立法者应当在保障新闻自由和追诉犯罪利益之间衡量，通过立法予以规范，故新闻职业从业者是否具有特免权的问题应当由立法者决定。王兆鹏教授参考美国立法例而采取肯定的意见，认为新闻从业人员应具有特免权。[④] 2006年，台北地方法院审理“股市秃鹰案”，法官要求出庭作证的《联合报》记者高年亿提供消息来源，高年亿主张记者特免权而拒绝证言，法院

---

① Law Reform Commission of Western Australia, *Privilege for Journalists*, Project No 53 (1980).

② DPP v. Luders (unreported) Court of Petty Sessions (WA), 27 November 1989, No 27602 of 1989 (committal roceedings); DPPv Luders (unreported) District Court of Western Australia, 7—8 August 1990, No. 177 of 1990.

③ Law Reform Commission of Western Australia, Professional Privilege for Confidential Communications, Project No. 90 (1993).

④ 参见王兆鹏:《论搜索扣押之客体——搜索新闻媒体、律师事务所?》，载台湾《月旦法学杂志》第68期(2001年1月)。

于是裁定处以3万新台币的罚锾,结果高年亿翌日又拒绝证言,法院又罚3万新台币,第三日如出一辙,高年亿三度被罚3万元,结果引起媒体的强烈反弹,纷纷表示支持高年亿的立场。"立法院"部分代表也提出修正刑事诉讼法,增列记者特免权。①

国际社会对记者消息来源特免权持开放的态度。国际法院承认记者的特免权。2002年12月11日,海牙国际法院上诉法庭5名法官一致作出裁决,判定已退休的《华盛顿邮报》战地记者乔纳森·兰德尔有权拒绝"被迫作证"。此前,前南刑事法庭发出传票,要求曾采访过拉多斯拉夫的兰德尔出庭作证,原因是他1993年2月11日在《华盛顿邮报》上发表的一篇文章提到拉多斯拉夫"希望将非塞族人清除出波黑巴尼亚卢卡地区"。面对传票,兰德尔坚决表示反对。前南刑事法庭在6月的裁决中要求兰德尔必须出庭,兰德尔随后向海牙国际法院提出上诉。海牙国际法院上诉法庭在确认记者特免权的判决书中说:"如果战地记者被确认为潜在的证人,它将造成两大后果:首先,他们的新闻采集工作将遇到阻碍,因为被采访对象可能不再对他们坦诚相见,他们还可能因此被拒绝进入冲突地区。其次,战地记者因此由侵犯人权行为的见证者变成受袭击对象,他们的生命将面临危险。"判决书还说,除非一名记者的证词将对其案件核心问题提供"直接、重要的证据",否则法庭不应传唤记者出庭。② 记者消息来源特免权也为欧盟所认可。在1996年Goodwin案中,欧盟法院因为英国对一名拒绝向司法机构披露信息来源地提供者的记者判处罚款,认定英国侵犯记者的言论自由。③ 类似的判例还有2003年2月,在Roemen et Schmidt案中,欧盟法院判处卢森堡对一名记者采取搜查的措施违法。法院重申保护记者是新闻自由的基石,如果缺乏这种保护,将会阻碍新闻的来源,从而影响公众知悉有关社会利益的问题。④

总的来说,记者特免权的制定法经历了一个从不承认特免权到承认特免权的过程,但是大多数国家都没有承认记者的完全特免权,而是赋予其有

① 参见王已由:《追问来源法官施压开罚记者司法首例》,载台湾《中国时报》2006年4月25日。

② 《南方都市报》2002年12月15日报道。有关研究参见 Steven Powles, To Testify or Not To Testify Privilege from Testimony at the Ad Hoc Tribunals: The Randal Decision, *Leiden Journal of International Law*, 16(2003), pp. 511—524。

③ Cour eur. D. H., arrêt Goodwin du 27 mars 1996, R. A. D., 1996-II, § 39.

④ Affaire Roemen et Schmit c. Luxembourg, Requête n. o. 51772/99. ARRêT. Strasbourg. 25 février 2003.

限的对于消息来源保密的特免权，通常来说是在衡量公共利益与司法公正的利益之后，对特免权的条件进行适当的限制，规定一些特免权的例外(详见后文)。所以，关于是否承认特免权的争议开始转化为在多大程度和条件上承认该特免权的问题。而考虑到法官自由裁量权因素的影响，实务中的记者特免权其实已经变得非常有限和不确定。

四、记者特免权的相关问题

(一) 记者特免权与承诺保密义务

记者特免权涉及新闻自由的问题，也涉及新闻从业人员的道德问题。如果仅仅从功利主义的角度考虑，我们只能看到消息来源保密对于新闻自由发展的利益，但是在另一层面，却可能回避了作为涉及作证案件的记者为何拒绝提供消息来源的真正原因。在个案中，拒绝提供消息来源的记者不一定是考虑到新闻自由的前途而主张特免权的，而往往是基于记者与消息提供者之间的关系。这种关系和律师与委托人的关系一样，也是在互相信赖的基础上产生的。这种信赖可能是由于记者承诺的保密义务(明示)，也可能是消息提供者认为记者有着保密义务(默示)。如果法律要求记者提供消息来源，而记者又曾经对消息提供者作出过保密承诺，那么该如何处理这种矛盾？

2004 年 1 月 7 日，主审李文和案[①]的美国联邦法院法官杰克逊按照李文和提出的要求，命令美联社记者赫伯特、洛杉矶时报记者德罗金和前美国有线新闻网记者托马斯向法庭公布他们的消息来源。但是这些记者拒绝向法官透露“消息来源”，因为他们曾向当事人作出过对消息来源保密的承诺。尽管按照法律规定，拒绝接受法庭命令的记者可以被认为是蔑视法庭罪[②]，但是这些记者以及他们的律师仍然坚持他们拥有记者特免权。

在该案中，记者认为他们曾经对提供消息者做过保密的承诺，这种承诺

① 李文和曾经受雇于美国能源部的洛斯阿拉莫斯国家实验室，由于被指责向中国提供有关核武器的机密情报而在 1999 年 3 月丢掉了在这个实验室的工作。李文和被单独监禁长达 9 个月。但是，他只向法庭承认了一项向非机密的计算机下载核武器机密文件的较轻的罪行，从来没有正式受到间谍罪的指控。后来，李文和对政府提出了法律诉讼，指控政府官员非法向新闻界披露了他的个人资料，从而侵犯了他的隐私权。

② 虽然《新闻记者特免权统一法》原则上肯定了记者特免权，但是作为例外之一，法院如果认为原告所要求提供的消息内容，与原告之诉密不可分者——则被告便具有作证、提供消息来源之义务。

构成了对要求作证的抗辩，而法官认为这种情况不满足成立特免权的要求。那么，在法律的视野下，这种承诺会产生什么效果？法律如果承认记者特免权，而新闻记者的职业道德也认可记者承诺的保密义务，那么就不会存在冲突，但是如果法律并不承认记者特免权，或者在具体的案件中认为不能主张该特免权，那么即使记者作出了这种承诺，甚至职业道德也要求履行这种义务，这种义务也无法构成对否定特免权的抗辩，因为法律规范的效力总是大于道德规范。例如，英国《新闻界行为准则》第 17 条就规定，“新闻工作者在道德上有保护秘密消息来源的义务。”[①]英国在相当长的时间里，媒体对“线人”的保护还仅仅是道德上的义务，而并非法律上的责任。1963 年，两位英国记者因为拒绝透露消息来源而被判“藐视法庭罪”。当时的法官倾向认为，记者与“线人”的关系，并不像牧师和信徒那样。牧师有拒绝透露忏悔者和忏悔内容的职业特权，但基于公共利益，记者应该向法庭说出其消息的来源。[②]

由于新闻道德规范与法律规范的冲突，使得坚持职业道德的记者不得不面临法律上的不利后果，这种现象绝非法律精神的本意。所以英国在随后的立法中，不得不把记者特免权成文化，以化解与职业道德的冲突。而在上文提到的李文和案件中，虽然记者对消息提供者作出保密的承诺，但是那只是记者与消息提供者之间的事情，该事由不足以构成主张特免权的条件，因为道德的义务不能直接转化为法律上的权利，道德的理由也不能成为抗辩法律义务的理由。如果法官认为该情形符合享有特免权的例外规定，那么记者仍不得主张特免权，除非他们能冒着被判处“藐视法庭罪”的危险。所以，记者承诺的保密义务是否有效，必须视法律上关于记者特免权以及特免权例外的规定以及具体的案情而定。如果记者“不适当地”做了法律并不认可的保密承诺，那么等待他的除了“藐视法庭罪”的威胁之外，还有消息提供者起诉的“后顾之忧”。在美国的科恩诉考利斯媒介公司案中，联邦最高法院以 5∶4 票数裁定，无论消息提供者的姓名对于某一重要报道会有多大的新闻价值或相关性，如果记者违反给予消息提供者的保密诺言，第一条修正案不保护媒介免遭消息提供者提出的普通法上的合同诉讼。[③] 这无疑将记者推到了两难的境地。如何限制法官在关于记者特免权例外的裁量权问题，成为解脱记者窘境的一个关键。

---

① 宋克明：《英美新闻法制与管理》，中国民主法制出版社 1998 年版，第 197 页。

② 同上书，第 180 页。

③ 〔美〕T. 巴顿 · 卡特等：《大众传播法概要》，黄列译，中国社会科学出版社 1997 年版，第 138—184 页。

（二）记者特免权与搜查扣押权

为了打击犯罪、保护社会秩序，侦查机关享有对刑事案件追诉对象搜查和扣押的权力，而记者特免权则赋予记者有免于提供消息来源的特殊权利，如何协调两者的关系，成为利害攸关的问题。

德国《刑事诉讼法》在赋予记者"拒绝证言"的特免权后，又在该法第97条规定不得对记者信息来源的文件加以扣押①，而在德国16个邦中，其中有8个邦有记者特免权及其不受扣押权的相关规定②。但是在实务中的冲突却并未消弭。"《明镜周刊》案"发生后③，德国联邦法院确立了两条基本原则：第一，新闻媒体有拒绝提供消息来源的权利，除有合法授权外，不被强制搜查、扣押；第二，搜查媒体的行为应遵循比例原则，不得滥用。为配合上述原则，《刑事诉讼法》特别规定，针对新闻媒体的搜查、扣押只能由法官决定，而非由检察官决定。

美国宪法修正案规定了禁止非法搜查的原则性条款，但当时并未就针对新闻媒体的搜查扣押作详细规定，以致在一些案件中发生争议④。后来，美国国会通过立法对新闻媒体拥有的工作成果和非工作成果予以了特殊保护，政府官员或其雇员鉴于侦查或起诉刑事犯罪而搜查或扣押"合理地认为其通过报纸、书籍、广播或其他类似公共媒体向公众传播信息者所持有的"材料，是非法的，除非有一些必须进行搜查扣押的重大正当理由。⑤也就是说，除少数例外情形，原则上不得搜查、扣押新闻媒体受保护的材料和信息。

英国也针对记者特免权限制搜查、扣押新闻媒体的物品。根据1984年

---

① "在属于第53条第5项所称人员特免权范围内，对该人员、编辑部、出版社、印刷厂或广播电视台所保管的文书、录音载体、录像载体、数据载体、图片以及其他资料不准许扣押。"

② 张永明：《搜索大众传播媒体在德国—新闻传播与之自由与界限》，台湾永然出版社2001年版，第256—262页。

③ 1962年10月10日，德国极具影响力的《明镜周刊》(Der Spiegel)在其第41期的刊物中，报道了一则封面故事，内容详细分析德国与北大西洋公约组织（以下简称北约）的军事实力、战略盲点与未来计划，并报导一项联合军事演习的过程。该报导最后，还引导出一旦开战，北约和德国将无法抵挡东欧共产集团凌厉攻势的结论。报导刊出后，德国国防部长施特劳斯（Franz Josef Strauss）遂要求联邦检察官以涉嫌叛乱罪或泄密罪搜查《明镜周刊》社。随后联邦检察官即率员对位于汉堡的周刊总部和位于波昂的编辑部进行将近一个月的搜查、扣押行动，并羁押发行人和若干编辑，随之对其提起公诉。但法院认为被告的犯罪嫌疑不足，因此宣判无罪。《明镜周刊》在得到无罪的判决后，随即向德国联邦法院提出宪法诉讼，确认联邦检察官搜查行为的合宪性。本案经联邦宪法法院第一庭8位法官的表决结果，以4票对4票认定无法判决该搜查行为违宪。从案件背景分析，德国联邦宪法法院考虑到当时的国际形势，才未对其作出违宪判决，但也没有认同政府的做法"合宪"。不过虽然如此，由于引起舆论和朝野政党相当之震撼与反感，国防部长亦因此而下台。

④ 如Zurcher v. The Stanford Daily, 436 U.S. 547(1978).

⑤ See U.S. Code Collection, Title 42, Ch 21A, I, Part A, § 2000 aa.

《警察与刑事证据法》第11—14条的规定，警察没有获得令状或者巡回法官的命令，不得对该特免权保护的材料进行搜查。"一国两制"下的香港沿用的是普通法系的英国法，香港也曾经发生搜查扣押权和记者特免权的冲突案件，其判例不无启迪。2004年7月24日，香港廉政公署采取"驿马星"行动，就先科国际有限公司高层涉嫌行贿银行职员一案，派出逾百调查人员搜查《东方日报》、《太阳报》、《苹果日报》、《星岛日报》、《信报》及《南华早报》等6间报馆，引起新闻界人士和各界人士的强烈关注，舆论认为廉署搜查6间传媒机构，构成干预新闻自由及侵犯传媒机构对资料来源保密的原则。[①] 在由此引发的诉讼中，香港高等法院裁定廉政公署的搜查行为严重侵害了新闻自由和消息来源的保密性。法官认为："英国案例十分重视宪法认可的新闻采访自由，保障提供消息来源不被泄露，就搜查和检取新闻材料一事，1984年生效的英国《警察与刑事证据法》，当中对平衡两种不同性质的公众利益——调查罪案的公众利益以及尊重新闻材料保密性的公众利益，制订了指引，完全适用于本港的《释义及通则条例》。"

（三）记者特免权与藐视法庭罪

记者特免权的主张，即在于免于披露新闻消息来源，若是法院不承认该特免权，则记者当然有承担如实作证义务，如记者坚持不披露消息来源，又会导致怎么样的结局呢？如果无正当理由而拒绝作证一样，拒绝披露消息来源也可以构成藐视法庭罪。记者特免权与藐视法庭行为之间，也存在着紧张的张力。近期在美国发生的电视记者吉姆·塔里卡尼拒绝公开新闻消息来源案[②]，就是涉及因特免权而导致的藐视法庭罪。

> 2004年11月18日，美国罗得岛州首府普罗维登斯地方法庭作出裁决，宣判电视记者吉姆·塔里卡尼因拒绝公开新闻消息来源，藐视法庭罪名成立。据悉，塔里卡尼此前得到并公开报道了一盘有关普罗维登斯市官员弗兰克·科伦特收受贿赂的录像带。但在审理过程中，塔里卡尼拒绝了法官提出的公开录像带提供者身份的要求，他认为自己替消息源保密是严格"履行工作职责"。

特免权是一种免于作证的权利，是指证人虽具备适合性与能被强迫作证性，仍能以某种理由为依据拒绝答复某种问题。这种抗辩权针对的是法

---

① 《香港廉政公署搜查6报馆 引发新闻自由之争》，载《世界商业评论》2004年7月30日。

② 2004年11月19日新华网报道。

院要求证人作证的义务，自然会与法院的权威发生冲突。通常的处理办法是，证人如果认为自己有主张特免权的情形，可以提出理由，法院认为符合法律规定的，准许拒绝作证，法院认为不存在特免权事由的，可以强制证人作证，证人仍然拒绝作证的，则构成"藐视法庭罪"。就记者特免权而言，藐视法庭罪是对新闻记者不当行使特免权的限制，它与以立法为中心的国家用拒绝作证罪来否定这种职业特权不同，即它不是对当事人所附加的一种法定义务，它体现的是受审者和审判者之间的一种关系，是一种以司法为中心的对新闻职业特权的限制。藐视法庭罪可以区分为直接藐视和间接藐视，直接藐视关系到在法庭或靠近法庭的不端行为，而如果拒绝作证发生于大陪审团的过程，一般视为间接藐视。藐视法庭罪也可以区分为民事藐视和刑事藐视，这种区分是以制裁的目的不同为基础的，如果是为了强迫当事人作证，则仅有强制性而无惩罚性，由此具有民事性质；如果制裁目的是为了维护法院或法院命令的尊严而丝毫不考虑强制，这仅为惩罚性的，由此而被认为是刑事藐视。对民事藐视法庭将判以监禁，或附条件的判处监禁或处以罚金；对刑事藐视法庭则要么判处监禁，要么处以罚金。

五、记者特免权的例外

（一）为了公共利益或国家安全，有必要透露消息来源

记者特免权旨在保护记者消息来源的渠道，是为保护新闻自由而做的努力，但如果该特免权与公共利益或者国家安全的维护相冲突的时候，记者特免权应当让步。《纽约时报》涉及"特工门"事件的朱迪思·米勒案就是一个例子：

> 中情局女特工瓦莱丽·普莱姆的丈夫、前美国外交官约瑟夫·威尔逊在2003年曾批评布什在国情咨文中使用假情报。随后在一篇报纸专栏文章内，有人披露了普莱姆的身份。威尔逊认为这是政府故意泄密，对他实施报复。美国司法部于2004年9月开始调查此案。此案牵涉甚广，总统布什、副总统切尼和国务卿鲍威尔等高官都接受过质询。报道普莱姆身份泄密一事的几名记者曾匿名引用过一些政府高官的话，接受调查时被要求公开消息来源。《纽约时报》记者朱迪思·米勒因拒绝这一要求，而被判"藐视法庭罪"，于2005年7月入狱。[①]

① 后来朱迪思·米勒在获得消息提供者的许可后作证。详见王建芬：《"特工门"女记者告别〈纽约时报〉》，载《羊城晚报》2005年11月11日。

因为中情局是美国的国家安全机关,关于中情局身份泄漏事件,当然可以被认为是事关公共利益或国家安全,所以本案中法官的裁判应该说是正确的。不过,因为公权力有被滥用之虞,为防止国家借口"公共利益"或"国家安全"而限制特免权,有些国家的制定法或者判例试图对该例外的情形进行适当的解释,使之具有可操作性。

(二)当新闻记者本人是诽谤案的当事人的时候

美国《新闻记者特免权统一法》在肯定记者特免权的同时,对于妨害名誉的案件,基于保障当事人名誉,又作了不同规定,认为"在本类诉讼当中:(1)若原告之诉的其他部分已获得证明;(2)而原告就其已提出的证据部分,能证明被告知道消息不正确,或因重大过失而不知道消息不正确;且(3)法院认为原告所要求提供的消息内容,与原告之诉密不可分者——则被告便具有作证、提供消息来源之义务"。"若新闻记者仍拒绝作证,则法院便可以依'藐视法庭罪'(contempt court)论处,刑期甚至可以为不定期刑并附加罚金,直至新闻记者同意作证、提供消息来源为止。"

联邦最高法院在1979年的赫伯特诉兰多一案中认为①,新闻记者(媒体)若被控诽谤罪时,不得以保护消息来源或维护新闻自由为由,对原告请求作证的要求主张特免权。该案系CBS电视台"六十分钟"栏目在一段报导美军在越战期间种种不当行为的节目中,指控当时负责的赫伯特(Herbert)少校为掩盖这些事实的"幕后黑手",节目播出后遭赫伯特提起诽谤诉。赫伯特的律师准备了上千页问题要求制作人兰多(Lando)回答采访过程及新闻资料的取舍过程。但兰多认为,新闻尤其是富争议性的新闻,在决定刊登或播出前,势必会在编辑室内经过激烈讨论,当然也会有人表达不同或反对意见,如果要求记者必须对编辑过程作证,势必会使得记者不敢在编辑室进行公开坦率的讨论,以免日后成为呈堂证物,这将造成"寒蝉效应"而有违宪法第一修正案的精神,因此拒绝作证。最高法院判决认为,若被告在本案中主张特免权,则身为公众人物的赫伯特势必难以达到沙利文案②所要求的"真实恶意"(actual malice)的严格举证责任,而且此证据无法从他处获得,是故法院无法承认记者所主张的特免权。但纵使法院命记者必须作证,记者仍可能拒绝,此时若只是判记者藐视法庭罪,对诽谤罪的原告也无济于事。因此有些法院在处理诽谤案件时,对记者违背法院命令仍拒绝作证,法

① Herbert v. Lando, 441 U.S. 153 (1979).

② New York Times Co. v. Sullivan, 376 U.S. 254, 1967.

官不再是处以记者藐视法庭罪而是会直接推定其所主张的秘密消息来源并不存在，借此认定有所谓的诽谤的真正恶意存在而判决其败诉。①

（三）严重影响被告人的公平审判权

被告人的公平审判权和特免权的冲突已经在前文中有所论述。当记者特免权的行使严重影响被告人的公平审判权的时候，可以不赋予记者特免权。记者对于消息来源隐匿的特免权牵涉的是新闻自由或者消息提供者的信赖，而当是否披露该信息与被告人的清白息息相关时，它牵涉到的就是个体的自由和生命的权利。美国宪法第六修正案规定了被告人的公平审判权。在美国的一个案例中，《洛杉矶时报》的一名记者和摄影记者随行采访警方巡逻勤务时，警方逮捕一名非法持有毒品者，当时记者亲眼目睹警方搜身的经过。后来该名非法持有毒品者被起诉，然其反控警方涉嫌非法搜索，要求当时随行的洛杉矶时报两位记者作证。加州虽然是全美对于新闻记者保护法立法最完善的一州，包括记者亲眼目睹的事情，记者都可以主张拒绝证言，然本案加州最高法院认为，此项证据关乎刑事被告基于宪法上公平审判之权利，因此记者主张的特免权必须退位（give way）。②

（四）记者亲眼目睹犯罪行为或所保护者为参与该犯罪活动者

该例外的目的在于防止记者成为犯罪行为的参加者或者犯罪行为的庇护者，前文已经列举了这方面的案例，如布兰兹博格案中的记者佩帕斯，曾经在黑豹党总部采访，亲眼目睹犯罪行为，由此从特免权例外的角度也可以否定其特免权的主张。在新闻采访中，很多记者可能会采取一些隐性采访，以类似于“卧底”的身份“深入虎穴”，近距离接触重大事件的新闻源或者潜入犯罪集团内部，于是有机会目睹犯罪行为。记者如果在相关的诉讼中行使特免权，对于犯罪行为的指控将缺少非常有力的目击证人，但是要求其作证也面临着如何保护其安全的问题。

（五）法院在审判中需要记者提供与系争事实密切的消息内容

美国《新闻记者特免权统一法》在承认记者特免权后，又作了如下例外规定：“法院在下列情况下，仍可要求新闻记者作证：（1）要求记者提供消息内容，但不会泄漏其所答应保密的消息来源者之姓名及身份；以及（2）所要求记者提供的消息，与原告被告之主张、被告所指控的行为，或原告所要求

---

① Downing v. Monitor Publishing Co., 120 N. H. 383, 415 A. 2d 683 (1980); De Robürt v. Gannett Co., 507 F. Supp. 880 (D. Haw. 1981).

② Delaney v. Superior Court, 789 P. 2d 934 (Cal. 1990).

的赔偿之间,有密不可分之关系。”

第五节 其他职业关系特免权

社会分工是客观存在的,作为为社会服务的行业,总是存在执业者和客户的关系,存在着一些可能危及执业人员和客户交流秘密的事项。既然律师与委托人之间、心理医生和患者之间、牧师和忏悔者之间有交流的特免权,那其他行业有没有职业关系特免权呢?从各国的立法来看,有的国家严格限制其他特免权,如英国①和加拿大;有的国家是有条件地承认其他特免权,如美国各州的做法;有的国家或地区则是对其他特免权没有什么限制,立法上上采取容许的态度,如一些大陆法系国家以及我国台湾地区。下面就一些主要的但是可能存在诸多争议的职业特免权阐述如下:

一、会计师和委托人特免权

关于会计师和委托人特免权(accountant-client privilege)问题似乎比较复杂。按理说,会计师与律师的职业性质与职业地位并无多大差异,会计师与委托人之间也存在着一些不方便披露的信息,为保护这种关系也应当设立该特免权。但是普通法一直没有承认该特免权,并且所有法院一致地驳回这样的特免权主张。美国有 15 个州为了保护会计师和他的当事人之间信任关系,曾经规定该特免权,但是实践中却发现“这些法律会被狭义地解释,因为许多联邦法院都不喜欢这项特免权”,而且,在一些涉及会计师特免权的案件里,联邦法院拒绝适用新法,仍然坚持旧的普通法规则。② 不过,1998 年的《合众国法典》7525 条将律师—委托人特免权扩展到“联邦授权的税务执业人员”,他们是有权在国内税务局执业的非律师人员。虽然其工作成果仍然不受保护,但该新的特免权规定,“适用于纳税人和律师之间交流的秘密性的普通法保护,也同样适用于纳税人和联邦授权的税务执业人员之间的交流,如果其交流就像纳税人和律师之间受到特免权保护的交流

① 英国法关于职业秘密的作证特免权只规定律师有权对其与委托人之间的秘密交谈和通信包括有关诉讼的问题及非诉讼的法律事务拒绝作证。参见刘善春、毕玉谦、郑旭:《诉讼证据规则研究》,中国法制出版社 2000 年版,第 109 页。

② 刘晓丹主编:《美国证据规则》,中国检察出版社 2003 年版,第 326 页。也有资料称,美国仅有五个州承认该特免权。参见简旭成:《刑事诉讼法上之业务关系拒绝证言权》,载《全国律师》2002 年 9 月号,第 93 页。

那样。”[1]

会计师和律师的职业性质初看非常相似，但是其本质上的差别还是阻碍了会计师特免权的成立。会计师的委托人通常是公司和企业，这些主体负有依法纳税的义务，而且有义务接受国家对纳税状况的检查，如果唯一掌握公司和企业的会计师拒绝提供证据的话，国家的税务查验可能会遭到很大的阻力。而且，会计实践表明，为了谋取更多的利益，很多委托人要求会计师从事做假账、偷税、逃税等非法行为，这种隐蔽的行为很难为外行人发现。美国注册会计师协会因此反对这项特免权，他们的主席这样解释：“我们不在从事公共会计事务的成员中推广这项特免权的原因可能是，他们的许多收入来自税务工作，他们和国税局有着良好的关系。如果某些交流享有特免权的话，就会影响到他们的工作关系和合作。通常当事人会对调查人员说，‘去和我的会计师谈。’如果会计师享有这项特免权的话，调查人员就无从下手了。”[2]1938 年美国律师工会建议特免权不得扩张至会计师，从此，美国立法上殊少关于该特免权的规定。联邦法院认为，会计师—委托人特免权会使政府在追查逃税方面困难重重。在 15 个州里有 6 个州默认了这项法律会造成妨碍性后果——这 6 个州在刑事和破产案件中暂停适用这项特免权。有人因此认为：

> 如果就某个案件的个人咨询或意见要求绝对的保密的话，这可能不是会计师的职责。尽管律师和会计师的职能有交叉的部分，这并不意味着特免权可以赋予前者。为了实现这些职能，律师—当事人特免权必需赋予所有的律师。如果交叉的部分可以分离的话，那么两种职业都不会享有特免权。事实上，法庭已经撤回了律师的一些特免权，那些律师的角色与其说是律师，不如说是会计师。进而，法庭宣布会计师的一些活动并非法律授权，以此减缩了会计师类似于律师的活动，总之，特免权不能延伸赋予会计师。[3]

但是，一些大陆法系国家和地区却承认会计师特免权。例如，德国《刑事诉讼法》第 53 条第 3 项规定：“……财会师、宣过誓的查账员……对于在行使职务时被信赖告知或者所知悉的事项（有权拒绝作证）”。韩国《刑事

① 〔美〕罗纳德·J. 艾伦等：《证据法——文本、问题和案例》（第 3 版），张保生等译，高等教育出版社 2006 年版，第 1020 页。

② 刘晓丹主编：《美国证据规则》，中国检察出版社 2003 年版，第 326 页。

③ 同上书，第 327 页。

诉讼法》第 149 条也规定了注册会计师的作证特免权。我国台湾地区《刑事诉讼法》第 182 条也规定:“会计师或其业务上佐理人或曾任此等职务之人,就其因业务所知悉有关他人秘密之事项受讯问者,除经本人允许者外,得拒绝证言。”

二、专利代理机构和委托人特免权

对于专利代理机构(代理人)与委托人特免权,英美法系国家趋于否定,而大陆法系国家趋于肯定。加拿大承认律师—委托人特免权,但法律规定,专利代理机构和委托人之间的交流不受特免权的保护。1997 年,在加拿大的“威尔普公司和英格理士有限公司诉康科公司和通用电力公司”一案中[①],被告人试图获得原告的美国律师(专利律师)与代表原告利益负责起诉三个专利实施机构的加拿大的专利代理机构之间的通信,并要求提交特定的专利文件,联邦法院的资深书记官协会(Associate Senior Prothonotary)驳回了被告的请求。根据资深书记官协会的意见,美国的专利律师为了更好地为原告提供法律服务,而从加拿大的专利代理机构那里获取信息,就应当享有特免权的保护,虽然加拿大法律规定一般的专利代理者和委托人的特免权不被承认,但如果这些文件是委托人的律师为了进行诉讼而准备的,就不受该规定的制约,仍然享有特免权。被告人提出了上诉。重审该案的法官支持被告人的上诉,认为关于代理机构和委托人之间无特免权的法律规定仍适用该案,在本案中,那些文件与专利代理机构起诉专利实施机构相关,“而没有表示律师在考虑诉讼”,因而代理机构的通信不受特免权保护。而日本新《民事诉讼法》第 197 条(2)却在医生、牙科医生、律师之外,特别将特免权赋予专利代理人。

三、其他职业特免权

(一)英美法系国家

由于美国《联邦证据规则》依“理性和经验”原则,将特免权的种类授予各州的立法,因此,《联邦证据法》虽然不愿创造新的特免权,但它却不能阻止联邦法院根据司法需要而采纳新的特免权。有些法官认为,如果有充分而正当的理由在判例上创造普通法的特免权的时候,是可以这样做的。例

① Whirlpool Corporation and Inglis Limited v. Camco Inc. and General Electric Company, yet unreported, judgment of April 11, 1997, Federal Court no. T-2028-95; Mr. Justice Max M. Teitelbaum.

如，阿拉斯加州的最高法院就通过 Wall v. Gyuricsko 一案[①]，创造了一项新特免权，禁止动物收养组织（收容被遗弃或者丢失的动物的公益性机构）披露动物的新主人的身份。根据这项判例，如果动物收养组织通过广告寻找被遗弃动物的原主人一段时间未果，并且由于该动物缺少身份标记又很难找到原主人的情况下，动物收养组织可以把该动物移交其他愿意收养的个人，而且不得再向任何人（包括原主人）披露新主人的身份，这样就避免了新主人可以完全合法地获得该动物，而且不用担心因为自己的仁慈和好心而遭来以后的民事诉讼。评论认为，这项特免权可以很好地促进动物收养所尽力为被遗弃动物寻找愿意收养它的家庭。[②]

其他特免权包括“调解纠纷”特免权（“mediation” privilege）和“家庭暴力”特免权（“domestic violence” privilege），前者保护的是在纠纷调解过程中产生的交谈，后者保护的是与家庭暴力受害者所进行的交谈。近来在美国，由于媒体的披露，人们对强奸受害者和家庭暴力受害者的困境表达了广泛的同情，有些州通过制定法和判例确立了“性攻击被害人—律师（咨询者）特免权”（sexual assault counselor-victim privilege）和“家庭暴力受害者—律师（咨询者）特免权”（domestic violence advocate-victim privilege）。例如，《加州证据法典》第 1035 条和第 1037 条就分别规定了这两项特免权，以保护性攻击和家庭暴力的被害人为了获得就攻击和暴力引起的精神、身体或感情情况的建议和帮助，而坦诚地与律师交谈。

此外，科学研究人员之间的交流特免权也被学者提及，只是没有被立法承认。在 1998 年关于微软公司案中[③]，微软公司申请强迫一些学者交出研究材料。法院判定，学术研究者类似于记者，其宪法第一修正案的权利禁止“压制言论”，要求像保护记者的信息来源那样保护学者的信息来源。如果没有这样的特免权，“学术人员将被剥夺信息来源，将只能提供更少的、更不具说服力的分析”，因而将更缺乏向公众传播信息的能力。法院判定，在就宪法第一修正案的保护进行权衡时，微软公司的需要并不具有压倒性。

---

① Wall v. Gyuricsko, No. 4FA-01-687 CI, Summary Decision and Order (Sup. Ct. 4th Jud. Dist. Nov. 5, 2001).

② John J. Tiemessen and Jason A. Weiner, The Golden Retriever Rule: Alaska's Identity Privilege For Animal Adoption Agencies And For Adoptive Animal Owners, *Alaska Law Review*, 2004 (6).

③ *In re* Microsoft Corporation, 162 F.3d 708 (1st Cir. 1998).

（二）大陆法系国家

大陆法系对于其他职业特免权的范围甚广。德国《刑事诉讼法》第 52 条和第 53 条规定了神职人员、辩护人、律师、专利代理人、财会师、查账员、税务顾问和税务全权代表、医生、牙科医生、药剂师和助产士以及从事无线电广播的准备、制作或发行的人员均有免于作证的权利，甚至上述职业的帮助人也享有同样的特免权。日本《刑事诉讼法》第 149 条规定："医师、牙科医师、助产士、护士、律师（包括外国法事务律师）、代办人、公证人、宗教职业者或曾经担任以上职务的人，对由于受业务上的委托而得知的有关他人秘密的事实，可以拒绝提供证言。"意大利《刑事诉讼法》第 200 条规定："宗教职业的司铎、律师、法律代理人、技术顾问、公证人、医生、外科医师、产科医师、公务员等就其职务或职业原因了解到的情况没有作证义务。"俄罗斯《刑事诉讼法》第 56 条第 3 项规定："以下人员不得作为证人被询问：(1) 关于因参加办理该刑事案件而可能知悉的刑事案件的情节，不得询问法官、陪审员；(2) 关于因参加刑事案件的诉讼而可能知悉的情节，不得询问犯罪嫌疑人和刑事被告人的辩护人；(3) 关于因提供法律帮助可能知悉的情节，不得询问律师；(4) 关于可能从忏悔中知悉的情节，不得询问神职人员……"① 此外，特定职业人员的帮助人员，也会被纳入特免权的主体之中。

大陆法系虽然采取比较宽泛的职业特免权种类，但并不是完全不受限制。首先，特免权的种类仍然有一定的范围。其次，对于特免权的事项也进行一定的限制，相对于亲属特免权的内容要狭窄。在德国，职业关系特免权被称为"有限制的证言拒绝权"。这种限制来自三个方面：第一是神职人员、律师、公证人、会计师、牙医、药剂师等特定职业的从业人员只在自己被信任从事的工作领域内知悉的事项可以拒绝作证；第二是这些职业的助理人员享有的特免权必须由其职业的业务负责人决定而不能自己决定；第三是上述人员在无保持沉默的义务后（如委托人撤回或者放弃以前的保密约定），就不得再拒绝证言。而我国台湾地区的诉讼法虽然仿德日而制，却采取概括式的规定，无形中扩大了范围。例如，根据台湾地区《民事诉讼法》第 307 条规定，"证人就其职务上或业务上有秘密义务之事项受讯问者，得拒绝证言"。也就是说，不论何种职业，只要有应有保密的事项，就其所知案外人或本案当事人秘密，未经该当事人或案外人免除保密责任之前，有特免权。李学灯在论及过于宽泛的职业特免权的规定时曾指出："……因业务及职业秘

① 〔德〕克劳斯·罗科信：《刑事诉讼法》，吴丽琪译，法律出版社 2003 年版，第 245—247 页。

密而得拒绝权之规定，实属最为广泛。各项拒绝证言权，在他国有予承认者，有尚未予以承认者，其承认亦必就其内容予以若干合理之限制。法律对此一部分原少历史之渊源，徒凭抄袭，概予网罗而竟漫无限制。实例上有拒绝权者，绝少主张。法律上不过聊备一格，虚有其表而已。如期法必欲行，使凡有拒绝权者，均可随意概予拒绝；抑或长使法律等同虚设，舍拒绝权而择其利便为虚伪之陈述；其贻害于正义及真理，甚至法律之威信及国民之道德者，均属至深且巨。"①可见，不问实践中是否需要和可行，只是在立法上抄袭其他国家各种各样的特免权，不但毫无益处，而且可能造成法律虚置的弊端。

从以上比较可以看出，英美法系职业特免权基本上是按照事项进行分类规定的，而大陆法系国家职业特免权基本上是按照主体进行分类规定的。英美法系是否承认特免权可以通过事项是否重要来把握，而大陆法系则因为形式上与特定的主体联系，更容易陷入不同主体的利益之争。至于缘何大陆法系职业特免权比英美法系宽泛，其深层的原因，笔者将在后文论及两大法系亲属特免权的差异时，一并阐述。

① 李学灯：《证据法比较研究》，台湾五南图书出版公司 1992 年初版一刷，第 632—633 页。

第六章　亲属特免权

妻子怎能告发她的丈夫呢？儿子怎能告发他的父亲呢？为了要对一种罪恶的行为进行报复，法律竟规定出一种更为罪恶的法律……为了保存风纪，反而破坏人性，而人性正是风纪的泉源。

——〔法〕孟德斯鸠①

第一节　亲属特免权的起源

正如本书第二章所述，亲属特免权与中西法制史上的容隐制虽然相似，却存在根本上的差别。诚然，曾经存在容隐制的国家具有接纳特免权的法律文化基础，但亲属特免权的产生，并不是古代容隐制的简单发展，而是需要新的制度性保障。

一、亲属特免权的产生

一般认为特免权制度中最早发展的是亲属特免权。与中国"亲亲相隐"相似的是，配偶的不适格性规则（spousal disqualification rule）也存在于西方国家。直到中世纪，配偶仍无权为对方作证。当时有两条被奉为经典的法理支持这种规定：一是妻子没有独立于丈夫的法律身份；二是被告人不能为自己的利益作证。② 根据这两条规则可以推出，不但妻子不能为丈夫作证，来自丈夫的证言同样是不可采的。16 世纪末期，英国社会和法律仍然认为，丈夫是一家之主，妻子或者奴仆如果伤害他，会被认为是背叛，作不利于丈夫的证言的行为当然不可能获得允许，当时的判例一律排除妻子的证言。1628 年，科克勋爵就指出，"法院已经裁决，既不能用妻子来反对丈夫，也不能用妻子来支持丈夫"。③

这种否定人格平等、禁止夫妻作证的规则，在欧洲资产阶级革命中受到

---

① 〔法〕孟德斯鸠：《论法的精神》（下册），张雁深译，商务印书馆 1963 年版，第 176 页。

② Trammel v. United States, 445 U.S. 40 (1980).

③ 1 E. Coke, A Commentarie upon Littleton 6b (1628), See 8 J. Wigmore, Evidence § 2227 (McNaughton rev. 1961).

了冲击。1789 年,法国爆发了大革命,在资产阶级的压力下,从中世纪早期延续的封建社会制度被荡涤,自由、平等和保障人权的新制度开始逐渐建立起来。《人权宣言》所提出的“人身自由、权利平等”原则,实际上已经否定了中世纪所奉行的证人不适格规则。1804 年,《法国民法典》颁布,该法典在家庭法方面否定了家父的绝对权力,并初步确立了夫妻地位的平等。随后,1810 年《法国刑法典》以及 1871 年的《德国刑法典》规定对亲属犯罪知情不举、令他人隐匿自己亲属、为犯罪亲属作伪证、帮助犯罪亲属逃逸等不能认为有罪。[①] 近亲属可拒绝提供不利于被告人的证言,也先后出现在法国和德国的刑事诉讼法典中。

英美法系国家的配偶间不得作证的规则,在 19 世纪以后逐渐松动。1853 年,英国通过《证据修正法》首先在民事诉讼中废除了禁止配偶作证的规则,并且规定:“不能强迫丈夫泄露在婚姻存续期间从妻子处获知的任何信息;不能强迫妻子泄露在婚姻存续期间从丈夫处获知的任何信息。”而刑事诉讼中的类似规定出现在 19 世纪末。1898 年《刑事证据法》规定,在普通刑事案件中,被告人的配偶可以作证,但不能强迫其作证。如果被告人不让配偶出庭作证,控诉方也不得加以评论。

笔者认为,配偶作证的不适格性规则与特免权规则存在着实质性的区别,前者是剥夺证人的作证资格,证言是绝对不被采纳的,而后者是一种可以主张也可以放弃的选择权,证言是否可以作为证据取决于权利人。与配偶的不适格性相比,配偶交流特免权在许多方面存在差别:在涵盖事项上,前者涵盖配偶知道的所有事情,后者只涵盖保密性的交流;在适用程序上,前者适用于指控另一配偶的程序,后者适用于所有的程序;在能否用第二位证据的问题上,前者可以使用第二位的证据,后者不可以使用第二位的证据;在持续时间上,前者持续于婚姻关系存续期间,后者永远有效。从证人的不适格性发展到特免权规则,标志着证据制度的重大发展,它表明原来基于配偶一方没有独立法律地位的社会观念已经被保护家庭婚姻关系并在一定程度上赋予配偶一方自主选择权的观念所取代,同时也表明诉讼制度在追求发现真实和保障主体权利之间的矛盾所做的平衡。

大陆法系亲属特免权的范围很广,不仅表现在配偶之间,还延伸至其他家庭成员。依照德国刑事诉讼法的规定,刑事追诉或审判机关在每次讯问有特免权的被告亲属时,应该告知其拒绝证言的权利,如国家机关违反告知

① 1810 年《法国刑法典》第 137、248 条;1871 年《德国刑法典》第 157、257 条。

义务时，被告人亲属所作的陈述或证言，不得作为证据采纳。但如果被告的亲属已经知道其有特免权，而且即使告知其特免权时，仍然选择作证，则意味着证人对特免权的放弃，其证言仍然可以被当作证据使用。英美法系国家的亲属特免权主要是夫妻特免权，包括婚内交流特免权（marital communications privilege）和配偶证言特免权（spousal testimonial privilege），前者阻止配偶一方就婚姻关系存续期间配偶之间所进行的交流提供证言，后者阻止证人提供使其配偶陷于刑事追诉的问题。很多国家规定了上述两种特免权。美国《统一证据规则》（1999）第 504 条第 2 款规定："每个人享有拒绝以及阻止其配偶或前配偶就其在婚姻存续期间向其配偶所做的秘密交流作证的特免权。"第 3 款规定："在刑事诉讼中，被告人的配偶享有拒绝为对被指控配偶不利证言的特免权。"澳大利亚《1995 年证据法》第 18 条第 2 款规定："当一个人作为检控方的证人被要求作证时，如果该人是被告人的配偶、事实上的配偶（de facto spouses）、父母或子女，则该人可以反对该（a）作证之要求；或者（b）就该人与被告人的交流作证之要求。"加拿大《证据法》第 4 条第 3 款规定："不得强迫丈夫公开其妻子在婚姻存续期间向其所做的任何交流，也不得强迫妻子公开丈夫在婚姻存续期间向其所做的任何交流。"

英国曾长期认可上述两种夫妻特免权，但在最近的几十年里却开始限制婚内的交流秘密特免权，扩展为配偶利益的证言特免权。一方面，英国通过 1968 年《民事证据法》和 1984 年《警察与刑事证据法》分别取消了夫妻之间在民事诉讼中和刑事诉讼中享有的交流秘密特免权。另一方面，《警察与刑事证据法》、《青少年审判与刑事证据法》、《同性婚姻关系法》等又规定，原则上不得强迫被告人的配偶包括同性伴侣为控方作证（特定犯罪除外），但可强制为辩方利益作证。这种立法上的变化，并不意味着英国开始否定夫妻特免权，而只是说明最早规定该特免权的国家基于司法政策的考虑对特免权的范围做适当的修正，以缓和权利保障与真实发现之间的冲突。

二、亲属特免权的理论基础

关于亲属特免权存在的理论基础，主要有两种观点：一为"家庭和谐论"；二为"秘密交流论"，由于价值取向的不同，大陆法系国家更为重视前者，英美法系国家更重视后者。

"家庭和谐论"把特免权作为保护家庭和谐的制度设置。大陆法系国家的诉讼理论普遍认为，夫妻一方对对方的证言，其真实性是极不可靠的，甚至有可能起误导作用。而且，"此等之人，因具有人的关系，使之为证言，不特有背人情,且与良心抵触”。[①] 与其如此,还不如赋予他们特免权,解除他们在法律与良心上的冲突与矛盾。例如,德国学说认为,德国《刑事诉讼法》第52条规定的特免权的主要根据,在于维持家庭的和谐、被告人以后与亲属共同生活的可能性,与德国《基本法》第6条第1项保护家庭的基本权价值体系关系密切。判例认为,这种证据取得禁止的规范目的主要是保护被告的家庭,避免被告亲属在亲情与如实作证义务的冲突下危及宪法对家庭生活保障的意旨。[②] 日本曾经参照德国法创立了相似的特免权。松岗义正认为,不规定亲属特免权“不仅有害亲属间之和谐,而且如为不利亲属之证言,终为人情所不忍,强使为之,自有违反善良风俗及陈述不实之弊害”。[③] 在英美法系国家,配偶证言特免权超越了夫妻间的秘密交流,更多地是从保护被告人以及家庭关系的角度考虑的。英美证据法也逐渐承认,“制定婚姻特免权的根据是,这样的证言将严重地扰乱或破裂婚姻关系,如果特免权不存在,这些证言就可作为呈堂证供的话,这个社会因婚姻破裂所失去的要远远大于它因这些证言所得到利益。”[④]判例反映了这种观点。美国联邦法院在1958年的一个判例中指出,如果要求配偶一方出庭作证指控另一方,这种行为会构成“不可原谅的行为”,从而破坏婚姻家庭关系。“法律不应强迫或者鼓励可能疏远夫妻感情或者进一步激化现有的家庭纠纷的证言”。[⑤]

经验表明,实践中大量存在的证人拒证现象中就有一部分是出于对亲情伦理的考虑,当证人的亲属成为被告人的时候,证人陷入了两难的境地:我是否应该“大义灭亲”,出庭证明我的家人有罪?法律同样也陷入了两难的境地:是否不顾具体缘由,对所有拒绝作证的人都要进行同样的制裁?家庭是社会的基本单元,家庭的和谐与安定维系着社会的秩序与稳定。联合国《世界人权宣言》第16条第3款宣称:“家庭是天然的和基本的社会单元,并应受社会和国家的保护。”联合国《公民权利和政治权利国际公约》重申了上述《世界人权宣言》的条款。联合国《经济、社会和文化权利国际公约》第10条也宣告:“家庭为社会之自然基本团体单位,应尽力广予保护与协

① 陈朴生:《刑事证据法》,台湾三民书局1979年第3版,第390—392页。

② 赵彦清:《受基本人权影响下的证据禁止理论》,载《欧洲法通讯》第4、5期,法律出版社2003年版。

③ 〔日〕松岗义正:《民事证据论》,张知本译,中国政法大学2004年重印版,第158—159页。

④ 刘晓丹主编:《美国证据规则》,中国检察出版社2003年版,第312页。

⑤ See Hawkins v. United States, 358 U.S. 74 (1958), at 79.

助。"夫妻关系,父(母)子(女)关系以及近亲属之间的关系是构成家庭的基本关系,一旦这些关系遭到人为的破坏,则不仅危及家庭的存亡,还会积聚成社会动荡的隐患。法律固然可以介入这种关系,但显然不能无止境地扩展其疆域,一旦它违背了人们最基本的感情利益或社区价值观念,则必然会受到抵制和规避,导致法律规定的流于形式。因此,法律不能忽视社会的人情基础,不能苛求任何有感情的人的所谓"觉悟"。所谓"爱亲之谓仁"(《国语·晋语》),亲属之爱乃一切爱的起点,是人类感情联系的基础,在亲属之爱与其他利益相冲突时,法律能强迫有感情的人置亲情于不顾吗?如果法律要求每一位父母都能"大义灭亲",那么源于人类本能之爱是否会有朝一日丧失殆尽?法律是要为维护婚姻家庭关系的稳定考虑还是为家庭纠纷的激化推波助澜?亲属关系特免权的设置,正是表明了法律在必要的时候也应该向社会的基本人情(亲情)作出一点让步。"屈法以伸伦理",是法律对情理的有限的妥协。

虽然关于特免权的存在会增进婚姻家庭关系之融洽与和谐的观点,已经被学者广泛接受和认同。但也有人对之提出了质疑:按照该理论基础,是否那些最了解证言特免权的人,比如律师们,会比社会上其他单纯相爱、恋爱、结婚而过着不知有证据法保障他们秘密交流的生活的人,有更美满的婚姻?[①] 根据我们的经验,我们可以很容易地作出否定的回答。那么,是否特免权存在的上述理由就被颠覆了呢?并不尽然。笔者认为,特免权规则并不是积极努力地在促使婚姻关系的融洽和家庭的和睦,而是在最低限度内防止婚姻关系的破裂和家庭关系的解体。在纠纷未曾发生的时候,我们可能不会被轻易地感受到其存在的意义,但是一旦在诉讼中发生是否应当披露某项交流事项的时候,它却可以避免很多正面的冲突。毕竟,通过其他途径获得交流信息的内容比配偶作证会缓和得多。特免权的存在阻止了司法机关强迫配偶一方或者家庭成员在涉及与之有亲属关系或者夫妻关系的另一方的案件中作证,在消极的意义上保障着家庭关系不因强迫作证而恶化。不过,这种质疑也提醒我们,除了维持婚姻家庭关系之外,是否还存在着支持特免权存在的其他理由?的确,由于家庭生活的密切性,它超越了社会上普通的人与人之间的距离,使得相互之间的隐私保护成为一个敏感的问题。由此,保护基于家庭关系而产生的隐私,成为亲属特免权制度存在的第二个

① Authur Best:《证据法入门》,蔡秋明、蔡兆诚、郭乃嘉译,台湾元照出版公司 2002 年版,第 268 页。

理论基础。

“秘密交流论”主要适用于英美法系国家的婚内交流特免权，但大陆法系国家也开始承认其积极意义。美国的亲属特免权主要是保护夫妻之间的秘密交流，这种秘密交流与律师—委托人、医生—患者、牧师—忏悔者之间的交流并无二致，都是基于一种保密的关系，但与其他发生在咨询人员和客户之间的职业特免权不同的是，婚内交流特免权主要是因为性和亲密的行为(sexuality and intimacy)。[①] 如果单纯依照家庭感情方面的考虑，那么在夫妻离婚或其中一方死亡之后，似乎已经无婚姻的和谐与美满需要维持，但其实婚内交流特免权还是继续存在的。隐私权的理论可以很好地解释此特免权延伸至婚姻关系结束以后。如果夫妻知道在死亡或者婚姻关系消灭后，他们陈述与交流的行为可能在法庭上被披露出来，他们就感觉不到“隐私所鼓励的自由与亲密感”。[②] 因此，和谐理论加上隐私权理论，才能共同构成亲属特免权的理论基础。大陆法系国家的学者也认识到了这一点。克劳斯·罗科信认为，亲属作证特免权的目的，首先在于“省却被告之亲属因介于陈述真实的义务及亲属间的情谊之间的矛盾冲突”，其次，也是出于证言真实性的考虑，“即使这种类型内的人如被迫陈述时，其证言的价值亦不高”，此外，还有对于家庭隐私权益的保护，“这种强行迫害家庭隐私的方式无法使其价值合理化”。[③] 德国最高法院还认为，亲属特免权不仅是为了避免被告亲属作证人时产生的义务冲突，也包含对被告的保护，因此在行使特免权的亲属已经去世，则其生前所为的陈述仍然不得作为证据加以使用。[④] 这种对被告人的保护，当然不是为了维护家庭的和谐与婚姻的稳定，而是尊重生者与死者之间的交流秘密。

第二节 英美法系的婚姻特免权

夫妻关系是构成家庭关系中最为基本也是最为重要的部分，是最能影响家庭稳定的部分。英美法系国家的亲属特免权一般来说只限于夫妻之

① Developments in the Law: Privileged Communication, 98 *Harv. L. Rev.* 1563 (1985).

② Authur Best:《证据法入门》，蔡秋明、蔡兆诚、郭乃嘉译，台湾元照出版公司 2002 年版，第 269 页。

③ 〔德〕克劳斯·罗科信：《刑事诉讼法》，吴丽琪译，法律出版社 2003 年版，第 243 页。

④ 赵彦清：《受基本人权影响下的证据禁止理论》，载《欧洲法通讯》第 4、5 期，法律出版社 2003 年版。

间。正如前述,婚姻特免权可以分为两种:配偶证言特免权和婚内交流特免权。

一、配偶证言特免权

配偶证言特免权(spousal testimonial privilege)是一种配偶之间基于身份的特免权,也称作不利配偶事实的证言特免权(anti-marital facts testimonial privilege)或不利证言特免权(adverse testimony privilege)。

在配偶的证言特免权中,到底哪一方享有主张的权利?对此问题,美国各州的规定不尽一致。有的州规定,该特免权属于作为证人的一方配偶享有,作为证人的一方配偶有权拒绝为控方指证作为被告人一方的配偶;有的州规定,该特免权属于作为被告人的一方配偶所有,作为被告人的配偶可以引用该特免权禁止另一方配偶成为控方证人作证;还有的州规定,该特免权属于配偶双方所有。[①] 1980年,美国联邦最高法院通过判例,将配偶证言特免权赋予了作为证人一方的配偶。从此以后,不管被告人是否愿意,只要证人同意作证,就可以作证。被告人无权阻止他的配偶自愿作不利于他的陈述。享有特免权的证人既不能被强迫作证,也不能被禁止作证。在美国联邦法院法官看来,作为证人的配偶一方如果愿意为指控另一方配偶作证,就表明他们之间的关系已经"限于绝境",期望通过特免权来保护婚姻关系已经失去了现实的基础。[②] 在这种情况下,赋予作为被告人的一方配偶特免权没有任何意义。

配偶证言特免权不仅保护配偶双方的秘密交流,而且还保护通过婚姻关系知道的所有事实,即使是在结婚以前发生的事实,依然受特免权的保护。特免权的范围只限于有权拒绝回答将使不作证的配偶陷于罪责(incrimination)的问题,不会使另一方配偶陷于罪责的问题不会损害婚姻关系。[③] 因此,在民事诉讼中,除非作证将引起配偶一方的刑事指控,否则该特免权并不适用。

主张配偶证言特免权必须是在婚姻关系有效期间,如果在案件审理时配偶双方已经解除婚姻关系(如离婚),那么该特免权就不复存在。婚姻关

---

① 高忠智:《美国证据法新解——相关性证据及其排除规则》,法律出版社2004年版,第137页。

② Trammel v. United States, 445 U.S. 40 (1980).

③ 〔美〕迈克尔·H.格莱姆:《联邦证据规则》,法律出版社/West Group联合出版1999年版,第159页。

系结束后发生的事实,不受特免权的保护。在欺诈婚姻和不合法婚姻中也不存在该特免权。由于该特免权并不是基于保护秘密交流的理念,所以不能因为作证的配偶曾在先前程序中自愿披露过就视为放弃特免权。

二、婚内交流特免权

婚内交流特免权又称夫妻交流秘密特免权(husband-wife confidential communication privilege),允许证人拒绝或者阻止其配偶披露其夫妻间的秘密交流内容。该特免权的设立,旨在鼓励配偶之间进行公开、坦率的探讨,并保护配偶间亲密交流的隐私。该特免权适用于在合法的婚姻关系中配偶之间作为交流的言行,并且该交流是在具有保密意图的情况下作出的。

(一)合法的婚姻关系

夫妻交流秘密特免权保护的是夫妻交流,因此,主张特免权的当事人必须证明在进行有关交流时,存在合法的婚姻关系。通常,男女双方符合结婚的条件,自愿结婚,并在婚姻登记机关进行注册或登记,才被认为是具有合法的婚姻关系,但具体规定视当事人所在地的法律为准。订婚或者非法同居期间进行的交流,是不受特免权保护的。[1] 在不具有合法婚姻关系的交流中,夫妻双方都没有承担婚姻的法律责任。如果夫妻双方结婚后长期分居,该特免权也可能不能适用。[2] 因为该特免权是为了促进夫妻之间的全面交流,但如果夫妻在进行交流时,已经“不可调和地”分居了或已提起离婚诉讼,则特免权的目的不一定能实现。而婚姻存续期间的秘密交流在离婚后依然受特免权的保护,并不因婚姻关系的结束而改变。由于该特免权保护的是夫妻双方所做的秘密交流,因此双方都有权利阻止对方作证。

(二)秘密的交流

由于夫妻关系的亲密性,婚内交流一般都被视为是秘密的,除非当事人有证据证明这种交流已经公开。例如,夫妻交流时有第三人在场(不能理解交流信息的年幼子女除外),或者交谈双方知道他人能听到,就不受特免权保护。地点的变化并不一定改变交流的秘密性,在公共地点进行的交流,可能也是秘密的。在交流的内容上,很多法院认为,交流的主题也应当限定于婚姻上的关系,夫妻之间在经营事业上的交流不在保护的

① United States v. Acker, 52 F.3d 509 (4th Cir. 1995).

② See United States v. Fulk, 816 F.2d 1202 (7th Cir. 1987).

范围之内。[①] 在“交流”的方式上，语言交流肯定是夫妻交流的主要方式，但非语言的意思表示是否属于“交流”呢？对此，有必要区分非交流性的行为和具有交流内容的行为。例如，丈夫把窃取的财物展示给妻子看，虽然没有用语言交流，但却传达了重要的信息，属于具有交流内容的行为。[②] 如果让妻子辨认某条裤子是其丈夫所穿的样式和尺码，则该证言被认为没有涉及任何交流，不受特免权的保护。

（三）与配偶证言特免权的比较

从保护的对象来看，配偶证言特免权的保护范围似乎要比婚内交流特免权大，因为前者排除了配偶的所有不利证言，而不仅仅是秘密交流的内容；前者一般可以扩展到婚前发生的事项，而后者则只限于婚姻存续期间的秘密交流。但是，从适用的诉讼和时间来看，配偶证言特免权要比婚内交流特免权狭窄。前者只适用于当配偶成为被告人的刑事诉讼中，而后者不仅适用于刑事诉讼和民事诉讼，且并不要求配偶是当事人。此外，前者的持续时间只限于婚姻关系存续期间，而后者在婚姻关系结束后依然有效，即在婚姻关系因废除、离婚和死亡而终止后秘密交流特免权也仍然存在。而且，对于后者阻止披露的权利可以属于夫妻双方，也可以由任何一方主张，如果由夫妻双方共同享有特免权，配偶一方放弃特免权的权利并不影响另一方主张作证特免权的权利。两者的比较可以参看下表：

表 6-1 配偶证言特免权和婚内交流特免权的比较

比较主题	配偶证言特免权	婚内交流特免权
立法目的	维护婚姻和谐	保护婚姻内交流的隐私
权利主体	配偶证人	配偶双方
权利范围	所有配偶证人知悉的事项	婚内配偶间秘密性的交流
适用程序	配偶一方为被告的刑事诉讼程序	所有的诉讼程序
持续时间	婚姻关系存续期间	永远

三、婚姻特免权的例外

关于婚姻特免权的例外，各国也纷纷规定了内容不尽相同的例外情形。

① Authur Best:《证据法入门》，蔡秋明、蔡兆诚、郭乃嘉译，台湾元照出版公司 2002 年版，第 268—269 页。

② State v. Smith, 384 A.2d 687, 690 (Me. 1978).

主要包括危及社会、国家利益的犯罪或夫妻之间存在针对对方的犯罪等情形。

例外之一是家庭暴力或者针对配偶的犯罪行为。夫妻特免权的存是为了保障夫妻之间关系的和谐与家庭的稳定,但是如果这种和谐稳定的基础已经不存在或者没有维护的必要,特免权就没有意义了。家庭暴力是一种典型的例外。在“怀尔特诉合众国”案中①,联邦最高法院认为,一个已经实施了“无耻的犯罪”破坏其家庭者,就没有权利以维护婚姻家庭关系为借口排除其配偶就其实施犯罪提供证言。如果被告人被指控犯有家庭暴力犯罪,再赋予其特免权,那么这种权利不仅不会对保护被害人产生益处(因为夫妻之间的共同利益体已经瓦解了),而且可能导致被害人再次受害(由于被告人的主张或压力,被害人往往不能或不敢作证)。

该例外被很多国家和地区的立法承认,英国 1984 年《警察与刑事证据法》第 80 条规定,夫妻之间存在针对对方的犯罪的,如殴打、伤害、威胁等,被告人的配偶可以向公诉方作证,即被告人无权主张特免权。澳大利亚首都地区《1986 年家庭暴力法》规定的家庭暴力犯罪,被告的配偶等利害关系人有证人资格,可强制其作证。根据美国《加州证据法》第 504 条规定,在任何诉讼中,当一方配偶被指控对另一方的人身、财产、孩子和个人住所进行了有过错的行为时,不再适用特免权。美国佛罗里达州《夫妻特权法案》的规定走得更远,该州立法机关在制定配偶特权例外的规定时考虑了众多的因素,规定配偶被迫作证不仅适用于家庭暴力犯罪,而且适用于如纵火、围捕、拐骗、入室行窃和盗窃等犯罪行为。得克萨斯州立法机关也把夫妻特免权的例外扩展至“对配偶实施的犯罪行为”,使得在非暴力案件中也可以强迫配偶作证。据称,自从该州在 1995 年颁布配偶特权例外法案以来,已经取得了巨大的成果。②

例外之二是夫妻共谋犯罪。特免权是保护夫妻之间的交流秘密,而不是纵容犯罪。如果作出该交谈的目的全部或部分是为了使其人能够或帮助他实施或计划实施一项犯罪或欺诈,那么不存在特免权。当有足够的证据

---

① Wyatt v. United States, 362 U. S. 525, 80 S. Ct. 901, 4 L. Ed. 3d 931.

② 在配偶特免权例外法案颁布之前,休斯敦城大约有 50% 的败诉率。现在,休斯敦通过被告服罪或者被判决有罪已经处理了 70% 的家庭暴力案件。处理率的提高要归功于配偶特权例外法案的颁布。被告更加倾向于认罪,因为控方通过强迫受害人配偶作证更可能赢得案件的胜诉。在对家庭暴力案件的指控过程中,配偶特免权例外法案已经被证明是一个获胜工具。From http://www.mobar.org/journal/1999/sepoct/rold.htm。

证明共谋犯罪或者一起参与了被指控的犯罪的话，夫妻之间的交谈可以被强制披露。

例外之三是为配偶一方因精神或身体状况而把其本人、财产或两者置于另一方的控制之下而进行的诉讼程序中，不存在特免权。例如，在为了当事人的利益而进行的委托和宣告行为能力程序中，能证明配偶一方行为能力的许多或所有证据通常都是由其与另一方配偶的交谈构成的，如果允许夫妻任何一方运用该特免权去阻止这些至关重要的信息的出示，这是不合理的。这些程序不仅对社会，而且对作为程序当事人的配偶都是至关重要的。

例外之四是在夫妻争讼的时候，即夫妻反目成仇。证据法学家摩根(Morgon)认为，"夫妻依照别居之规定，实行分居，且互存敌意者，则无拒绝可言"，"如家庭已告分裂，在配偶一方因他方爱情转移(for the alienation of the other's affections)提起诉讼中，拒绝权即缺乏存在之基础。"[①]当配偶在诉讼中成为争讼的双方时，婚姻关系实际上已经遭到破坏，所以在由一方配偶(或者代表一方配偶)提起的针对另一方的诉讼中，不再适用特免权。

第三节 父母—子女特免权

夫妻特免权是亲属特免权的核心，几乎有特免权制度的国家都规定了这种特免权。但是对父母—子女特免权(parent-child privilege)，却没有形成如此一致的意见。

一、对父母—子女特免权的争议

普通法上并不存在父母—子女特免权，美国只有明尼苏达州、马塞诸塞州和爱达华州等几个州承认该特免权。[②] 长期以来，司法界对该特免权一直怀着谨慎的态度。在联邦法院系统，承认该特免权的法院屈指可数。[③] 纽约州的一个法院在1979年审理的"人民诉菲茨杰拉德"中，根据宪法上的隐私权保障条款，允许一位父亲拒绝披露其儿子与他所做的秘密交流，认可了父

① Edmund M Morgon:《证据法之基本问题》，李学灯译，台湾世界书局1982年版，第123页。

② See Minn. Stat. § 595.02(9)(1982); Idaho Code 9-203(7)(Supp. 1984).

③ See In re Agosto, 553 F. Supp. 1298, 1325 (D. Nev. 1983); In re Greenberg, 11 Fed. R. Evid. Serv. (Callaghan) 579, 582—584 (D. Conn. 1982).

母—子女特免权。[①] 但该判决并未产生示范效应，反而受到限制和批评。[②] 许多上诉法院明确拒绝该特免权。

华盛顿州最高法院在1988年的一个案件中认为，基于正当程序的分析，很多隐私权的判例都没有明确承认父母和子女之间的秘密交流利益可以成为一种基本的权利，由于不承认该特免权引起的父母与子女之间利益的损害都是间接和次要的(indirect and incidental)，国家发现真实的利益相对于父母子女之间交流的隐私而言具有明显的优越性。[③] 有的法院认为，特免权对于发现真实有着重大的阻碍作用，应当严格限制。父母—子女特免权在大多数的联邦和州法院都没有获得承认，最高法院也没有认可，所以还是不宜再增加这种特免权。更为重要的是，法官认为承认这种特免权，有可能导致父母在知道子女的违法犯罪行为时，不能从子女的长远利益考虑而向当局报告，沦为不法行为的保护伞。[④] 在"瑞奥诉合众国"一案中[⑤]，联邦最高法院重新审视了是否存在普通法上的父母—子女特免权。在该案中，作为父亲的瑞奥被传唤在大陪审团前就他和他儿子之间的谈话作证，瑞奥提出父母—子女特免权。他指出，在普通法上有与之非常近似的配偶特免权，而在社会上没有一种关系比父母于子女之间的关系更加重要和值得保护。但最高法院出于现实考虑，并不打算增加该特免权。

可能是因为1998年克林顿绯闻案的影响[⑥]，有人在1998年、1999年、2001年和2003年的国会上，不断提出有关父母—子女特免权的议案，并建议在联邦民事、刑事程序法或证据规则上增设父母—子女特免权[⑦]，甚至要

---

① See People v. Fitzgerald, 101 Misc. 2d 712, 422 N. Y. S. 2d 309 (Westchester County Ct. 1979).

② See People v. Harrell, 87 A. D. 2d 21, 26 450 N. Y. S. 2d 501, 504 (1982); *In re* Gloria L., 124 Misc. 2d 50, 52, 475 N. Y. S. 2d 1000, 1002 (Sup. Ct. 1984); People v. Hilligas, 175 Misc. 2d 842, 670 N. Y. S. 2d 744 (Erie County Ct. 1998).

③ State v. Maxon, 756 P. 2d 1297, 1301 (Wash. 1988). quoting Comment, Parent-Child Privilege: Constitutional Right or Specious Analogy? 3 *U. Puget Sound L. Rev.* 177, 210—211 (1979).

④ In re Grand Jury, 103 F. 3d 1140(3d Cir. 1997).

⑤ Roe v. United States, No. 96-1767.

⑥ 在该案中，独立检察官肯尼斯·斯塔尔(Kenneth Starr)传唤莫妮卡·莱温斯基(Monica Lewinsky)的母亲玛西娅·刘易斯(Marcia Lewis)就其女儿与克林顿总统的关系在大陪审团前作证，莱温斯基曾向媒体表达了强烈的抗议。父母—子女特免权问题借助这一政治事件在全美引起关注。See Lance Gay, Lewinsky's Mother Torn Between Law and Loyalty, *Times Union*, Feb. 14, 1998, at A1.

⑦ See Confidence in the Family Act, 105 H. R. 3577 (1998); Parent-Child Privilege Acts of 1998 and 1999, 105 H. R. 4286 (1998), 106 H. R. 522 (1999).

求美国司法部长就保护家庭隐私和父母与子女的交流而为联邦检察官制定指南。[①] 但这些议案基本上遭到了否决。

在学术界，一些学者则主张应该规定该特免权。他们认为，“当要求父母—子女作证时，存在着两种力量的痛苦抉择：一方是父母和子女之间的忠诚，另一方是政府要求获得证据的需求。一些父母或者子女可能会屈从于国家义务而提供证言，但是以牺牲感情为微小代价；其他人可能会拒绝作证，但是却以对抗国家和冒着被监禁的危险为代价。”由此，为考虑这种困境，在特定情形下不应当强迫父母或者子女互相为证。[②] 有人进一步认为，父母—子女特免权的缺位，带来的或许不止是两难的境地，而是“残忍的三难选择”：一是作证的父母或子女选择犯伪证罪来保护家庭成员；二是选择说出真相，并面对因此给这种关系造成的破坏和因为伤害所爱的人而带来的负疚感；三是拒绝作证，并被判藐视法庭罪。[③]

与美国立法否认父母—子女特免权不同的是，该特免权在个别英美法系国家和大部分大陆法系国家获得认可。澳大利亚《1995 年证据法》第 18 条第 2 款对亲属特免权作了规定：“如被要求提供证据的人系被告之配偶、事实上的配偶、父母或者子女的，可以反对如下事项：(a) 作证；或者(b) 就该人和被告之间的交流作为控方证人提供证据。”即把亲属关系的特免权的范围限为父母和子女。相对而言，大陆法系在享有特免权的主体方面的规定则较为宽泛一些，德国、日本以及我国台湾地区都是明确承认父母与子女特免权的。

二、父母—子女特免权的主要内容[④]

(一) 父母—子女特免权的范围

该特免权同样也包含两种特免权：一是不利证言特免权。在任何民事或刑事案件中，父母不能被强迫在涉及子女的案件中作为不利证人作证，子女不能被强迫在涉及父母的案件中作为不利证人作证，除非作为证人的父母或子女自愿作证并且知道放弃不利证言特免权的后果。二是秘密交流特

---

① Attorney General Guidelines for Familial Privacy, 105 S. 1721.

② See Parent-Child Loyalty and Testimonial Privilege, 100 *Harv. L. Rev.* 910, 920 (Feb. 1987).

③ 〔美〕罗纳德·J. 艾伦等：《证据法——文本、问题和案例》(第 3 版)，张保生等译，高等教育出版社 2006 年版，第 1022—1023 页。

④ 此处主要以 2003 年在美国国会提出的《父母子女特免权法案》(Parent-Child Privilege Act of 2003) 为文本。

免权。在任何民事或刑事案件中,父母不能被强迫披露任何在父母子女关系存续期间的秘密交流内容,子女不得被强迫披露任何在父母子女关系存续期间的秘密交流内容,除非父母和子女或者与秘密交流利益相关一方自愿作证并且知道放弃这种特免权的后果。上述特免权一旦提出,即使作出或者接受交流的父母或子女在诉讼中死亡,或者父母—子女关系终止,该特免权仍然适用。

(二)父母—子女特免权的权利主体

父母—子女特免权中的"子女"(children),通常限定于未成年人(minors),因为未成年人是最需要关照和指导的。子女的范围包含儿子,女儿,前妻或前夫所生之子女(stepchild),父母、监护人或者以孩子的父母身份共同生活着的养子女。但是,法院更愿意保护还没有独立的未成年子女同父母进行的秘密交流。[1]"父母"(parents)是指生父母、养父母、继父母、法定监护人或者法院认为可以获得作为该子女父母的权利的人。该特免权保护父母与子女之间的秘密交流。主张特免权的权利,既可以是父母也可以是子女拥有,以"以保护在因血缘、情感、忠诚和传统所联系在一起的不可分离的家庭单位内所进行的交流"。[2] 所谓"秘密的交流",是指父母和子女之间私下的或单独的交流。如果其他家庭成员、律师、医生、精神治疗师、社会工作者、教徒或其他与父母或子女有亲密关系的人在场,但上述人员并没有在将来披露交流内容的意图,也视为是秘密的交流。

(三)父母—子女特免权的例外

父母—子女特免权在下列情形下不适用:(1)在子女起诉父母或者父母起诉子女的任何民事诉讼或程序中;(2)在子女的父母是案件中相对方的任何民事诉讼或程序中;(3)在涉及子女的不动产或者父母的不动产纠纷的任何民事诉讼或程序中;(4)在任何以子女照管、归属、遗弃、抚养、虐待或疏忽或者为子女而终止父母权利为系争点的诉讼案件或程序中(5)在任何以宣称子女或者父母心理或生理能力不健全为由的诉讼或程序中;(6)在任何因为宣称心理或者智力障碍而处置子女或父母的人身或者财产的诉讼或程序中;(7)在任何子女或者父母被控犯有针对子女、父母或家庭其他成员的人身或财产的刑事案件或未成年人诉讼案件中。

---

① In re Unemancipated Minor Child, 949 F. Supp. 1487 (E. D. Wash. 1996).

② In re Grand Jury Proceedings (Agosto), 553 F. Supp. 1298, 1325 (D. Nev. 1983).

第四节 大陆法系的亲属特免权

一、大陆法系国家亲属特免权

(一) 大陆法系亲属特免权的范围

在刑事诉讼法上,大陆法系国家对于亲属特免权的规定是比较宽泛的。首先在主体上,亲属特免权不限于夫妻关系,而是扩展至婚姻关系之外的人。日本《刑事诉讼法》第147条规定:"任何人,都可以拒绝提供有可能使下列的人受到刑事追诉或者有罪判决的证言:(1) 自己的配偶、三代以内的血亲或两代以内的姻亲,或者曾与自己有此等亲属关系的人;(2) 自己的监护人、监护监督人或者保佑人;(3) 由自己作为监护人、监护监督人或者保护人的人。"在法国和德国,除直系血亲、姻亲和配偶外,业已离婚或业已订婚的男女之间也拥有特免权。例如德国《刑事诉讼法》第52条规定:"以下人员有权拒绝作证:(1) 被指控人的订婚人;(2) 被指控人的配偶,即使婚姻关系已不再存在;(3) 被指控人现在或者曾经在旁系三亲等内有血缘关系或在二亲等内有姻亲关系的人员。"德国法官对于有特免权的被告之亲属,如其拒绝作证时,法官则不得命其作证,必须排除该行使特免权的亲属作为人证的证据方法(或称证据的呈现形式),此种类型即被称之为证据调查对象的禁止(Beweismittelsverbote,证据方法的禁止、证据呈现形式的禁止)。[①] 还有的国家把特免权的范围扩展到"近亲属",如意大利《刑事诉讼法》第199条规定"被告人的近亲属没有义务作证。"俄罗斯新《刑事诉讼法典》第56条第4项规定:"证人有权拒绝作对本人、自己的配偶和近亲属不利的证明。"在我国,有着大陆法系传统的澳门刑事诉讼法对亲属间的特免权规定在亲属及姻亲关系,而属于英美法系的香港地区,则把亲属特免权限于夫妻之间。其次在免于作证的事项上,一般不限于秘密交流事项或者引起不利法律责任事项。在德国,有人认为德国《刑事诉讼法》第52条规定的特免权是"不受限制的"特免权,即证人拒绝证言涵盖的内容是案件发生的过程,而不限于特定的事项。[②] 如一证人就其父亲所犯的销赃罪被传唤讯问时,他/她也无需就有关盗窃罪的部分加以陈述。当存在数位被告人的时

① 赵彦清:《受基本人权影响下的证据禁止理论》,载《欧洲法通讯》第4、5期,法律出版社2003年版。

② 参见宋英辉等:《外国刑事诉讼法》,法律出版社2006年版,第407页。

候,只要证人与其中一位被告人有亲属关系,即有特免权,甚至该亲戚死亡也不影响特免权的成立。

但是,近年来,大陆法系对于如此宽泛的特免权范围也进行着反思,因为特免权的行使,终究对发现真实造成诸多障碍,不利于诉讼目的的实现。我国台湾地区《刑事诉讼法》曾经规定亲属特免权的范围非常宽泛,包括:(1) 被告人或自诉人之配偶、五亲等内的血亲、三亲等内的姻亲或家长、家属者;(2) 与被告或者自诉人订有婚约者;(3) 现为或曾为被告人或自诉人的法定代理人或者现由或曾由被告人或自诉人为其法定代理人者。2003年的修法将之改为"现为或曾为被告或自诉人之配偶、直系血亲、三亲等内之旁系血亲、二亲等内之姻亲或家长、家属者"。该法对特免权进行了大幅度的限缩,以求"强化证言发现真实的功能"。修法后,被告或自诉人四亲等以上的旁系血亲(例如被告或自诉人的堂表兄弟姊妹)以及三亲等以上的姻亲(例如伯母、婶婶、姨丈或舅妈等),均不得拒绝作证。

在民事诉讼法上,亲属特免权的规定其实较刑事诉讼法,有过而无不及。根据德国《民事诉讼法》第 383 条第 1 款规定,凡证人遇有以下婚姻关系或亲属关系,有权拒绝作证:(1) 系当事人一方的未婚配偶;(2) 系当事人一方的配偶,包括婚姻关系已不存在的;(3) 系现在是或过去是当事人一方的直系姻亲,或三亲等以内的旁系血亲或二亲等以内的旁系姻亲。日本《民事诉讼法》第 196 条规定"证言有关的事项可能拒绝证言。证言有损于上述人的名誉有关事项时,亦同。(1) 配偶、四亲等以内的血亲或三亲等以内的姻亲(或者曾经是上述关系者——笔者注);(2) 有监护人与被监护人的关系。"我国台湾地区《民事诉讼法》第 307 条规定,证人为当事人之配偶、前配偶、未婚配偶或四亲等之内血亲,三亲等之内姻亲,或曾有此关系者,可以拒绝作证。我国澳门地区《民事诉讼法典》第 519 条规定,在涉及直系血亲卑亲属之案件中,直系血亲尊亲属得拒绝作证言,反之亦然;在涉及女婿或儿媳之案件中,岳父岳母或翁姑得拒绝作证言,反之亦然;在配偶一方或前任配偶一方为当事人之案件中,配偶另一方或前任配偶另一方得拒绝作证言;现与或曾与案件中任一当事人以事实婚方式共同生活之人得拒绝在该案件中作证言。

(二) 大陆法系亲属特免权的种类

在大陆法系国家,婚姻特免权包括基于身份的特免权和刑事归罪的特免权,基于身份的特免权类似于英美国家的婚姻秘密特免权,不利证言特免权类似于配偶证言特免权。

基于身份的亲属特免权是指配偶之间有免于作证的权利,这是从家庭感情的角度出发而设的规定。从大陆法系国家关于亲属身份特免权的规定来看,通常有以下几个特点:首先,该特免权的所有者是证人,不作证的亲属没有主张权,即使其利益受到影响。其次,该特免权对可以拒绝作证的事项一般都没有限定,证人可以全面拒绝作证。再次,该特免权保护的期间可以延伸至婚姻关系存续之外,对于婚姻关系尚未正式建立的订婚者,对于婚姻关系已经终止前配偶,都可以适用该特免权。特免权并不因离婚、死亡而终止。例如,法国《刑事诉讼法》第 335 条规定,下列亲属的证言不得经宣誓接受之:(1) 被告人或在场并接受同一庭审的被告人之一父亲母亲或其他任何直系尊血系;(2) 子女或其他任何直系卑血系;(3) 兄弟姐妹;(4) 同亲等的姻系;(5) 夫或妻,对已离婚的夫妇也适用;(6) 民事当事人;(7) 未满 16 岁的孩子。

不利证言特免权是指证人可以就有可能使自己的配偶或者与自己曾有此等亲属关系的人受到刑事追诉或者受到有罪判决的事项拒绝作证,它的基础是“尊重亲属之间的友爱这种政策”。① 对于夫妻关系而言,证人可能作不利证言的情形有二:其一是当该证人的配偶或者曾有配偶关系的人尚未被起诉的时候,如果作证可能使自己的配偶或者曾有配偶关系的人受到刑事追诉,证人可以拒绝作证;其二是当该证人的配偶或者曾有配偶关系的人已经被起诉的时候,如果作证可能使自己的配偶或者曾有配偶关系的人受到有罪判决或者刑事处罚,证人可以拒绝作证。其他亲属关系可以依此类推。例如,德国《刑事诉讼法》第 55 条规定:“每个证人均可以对如果回答后有可能给自己、给第 51 条第 1 款所列亲属成员中的一员造成因为犯罪行为、违反秩序行为而受到追诉危险的那些问题,拒绝予以回答。”日本《刑事诉讼法》第 147 条也规定,任何人都可以拒绝提供有可能使自己的配偶或者与自己曾有此等亲属关系的人受到刑事追诉或者受到有罪判决的证言。

二、亲属特免权范围的差异和成因

两大法系对于亲属特免权虽然皆有成文法的规定,缘何大陆法系国家规定的特免权范围比英美法系国家还广泛?造成这种情形的原因大致有几

① 参见〔日〕田口守一:《日本刑事诉讼法》,刘迪等译,法律出版社 2000 年版,第 232—233 页。

种说法。有人认为这是源于两大法系的对特免权的创制过程不同：英美法系的特免权从渊源上看，很多是法官所创造的。作为英美法系的法官，对证人的依赖性更强，因而在创制特免权的过程中尽量加以限制，以减少对法官判断案件的消极影响。大陆法系的特免权是在制定法中产生的，法官对这种特免权的创制过程影响较小。[①] 这种解释似乎有点牵强，英美法系国家的特免权虽然最早的时候是源于判例，但现在大多已被成文法所确认，不存在法官再任意创设的问题，为何不在立法中扩大特免权规则呢？有人认为，之所以会形成这样的特点，是因为大陆法系国家历来重视书证，所以对证人拒绝提供证言的情形规定的比较多。与此不同的是英美法系民事诉讼中，实行陪审制度，陪审员们要直接从证人提供的证言中获取判断事实真伪的依据，故而证据制度历来重视证人证言。这样一来，认可证人拒绝作证的空间范围也就只能狭小了。[②] 这种说法也颇值得怀疑，证人特免权范围的扩大显然不是为了促使当事人多多提供书证，这不符合特免权创设的初衷。还有人认为，这说明英美法系在宗亲关系上不若大陆法系重视。[③] 这种说法虽然可以解释亲属特免权范围差异的现象，却难以说明在职业关系特免权等其他特免权方面为何大陆法系仍然比较宽泛。笔者曾经提出，特免权范围的大小是与两大法系的诉讼制度和证据制度紧密联系的，大陆法系国家以职权主义为其诉讼模式，对证据的审查判断仰赖法官的自由心证，所以为了抑制恣意擅断，对于证人证言这种具有主观形式的证据限制较多，而英美法系国家以当事人主义为诉讼模式，证人证言几乎构成了贯穿诉讼的主线，所以对于证人的范围不宜做过多的限制。[④]

但是笔者在进行更加深入的思考，特别是分析了两大法系更多的制度环境后认为，这种差异的根本原因在于两大法系特免权的形成途径。首先，英美法系国家有着判例法的传统，有着“遵循先例”的习惯，特免权的出现不是某个法官的灵光乍现，而是有当事人先在具体的案件中提出某项特免权，然后才有关于特免权的判例。即使后来有特免权的成文化趋势，那也是在经验主义的基础上对判例进行归纳总结的结果。以美国为例，美国在判例上承认律师与委托人特免权、记者特免权、医生与患者特免权，都是经过了漫长的演进，各种观点的交锋在所难免，每承认一项特免权，都是经历实践

① 参见王进喜：《刑事证人证言论》，中国人民公安大学出版社 2002 年版，第 186 页以下。
② 参见刘荣军：《论证人的拒绝证言权》，载《法学》1999 年第 5 期。
③ 参见刁荣华主编：《比较刑事证据法各论》，台湾汉林出版社 1984 年版，第 130 页。
④ 何家弘主编：《证人制度研究》，人民法院出版社 2004 年版，第 226 页。

的充分检验。有的特免权经否定而肯定,有的特免权经肯定而否定,有的特免权经否定之否定,而有的特免权每次提出,都会遭到法官的反对(如父母—子女特免权),这种“大浪淘沙”般的严格筛选机制使得最后幸存的特免权非常有限,保留下来并且最后能够被制定法所承认的都是对于社会利益而言非常基础、重要的特免权。[①] 美国法官在判例中也承认,他们非常“节制地”使用创设特免权的权力,只有在特殊利益明显优越于发现真实的价值的时候,才非常有限地赋予特免权。[②] 所以,任意扩展特免权的疆域是完全不可能的事情。其次,英美法系比较注重被告人权利的保障,被告人要求与证人对质的权利甚至成为一些国家的宪法性规定,与此相抵牾的特免权规则自然有所顾忌,因为扩大特免权的范围意味着限制被告人对质权的实现。即使很多特免权是基于相对重要的社会利益提出的,当与被告人的宪法性权利冲突的时候,也难有胜算。最后,熟谙判例法的证据法学者对扩大特免权的范围也保持着高度的警惕。在美国,由于配偶作证特免权与发现事实之间的冲突,以威格摩尔为代表的一批学者对之提出了尖锐的批评。[③] 美国律师协会(ABA)证据法改革委员会甚至提议废除该规则。[④] 后来,威格摩尔和其他学者建议效仿牧师—忏悔者特免权、律师—委托人特免权和医生—患者特免权,把该特免权保护的信息只限于秘密婚姻交流。[⑤] 所以在美国,婚姻特免权的范围很难扩张。在《联邦证据规则》的制定过程中,司法咨询委员会曾经历时数年,在全美理论界和实务界征求对草案的修改意见,任何企图扩张特免权的做法都受到多方面的批评和质疑。但是在大陆法系,情形则完全不一样。大陆法系有着成文法的传统,特免权制度不是判例的产物而是立法机关在制定诉讼法或者证据法的时候事先规定进去的,崇尚先验主义的立法者们为了考虑到各种现实的社会利益,预计到可能出现的问题,尽可能地规定一些认为重要的特免权,但是这些规定既没有经过判例的长期检验[⑥],也没有经过法学家严密而充分的论证,所以,一些特免权其实在相当长的时间内都没有人主张,很多特免权的规则也难以找到现

---

① 美国《联邦证据规则》、《加州证据法典》等虽然采取成文法的形式规定特免权,但是这也是在判例法成熟的基础上进行的。成文法上的每一项特免权,都有很多相应的判例。

② Babets v. Secretary of Human Servs., 403 Mass. 230, 234 (1988).

③ 8 Wigmore, §2228, at 221.

④ 63 American Bar Association Reports, at 594—595 (1938).

⑤ See 8 Wigmore, § 2332 et seq.

⑥ 在大陆法系,虽然很多国家也实行判例制度,但是判例法一直没有取得法律渊源的地位,实践中也很难承认判例的拘束力。

实的案例加以说明。成文法的滞后性又难以对这种规定的缺陷进行及时修正。但是,如此宽泛的特免权范围终究与大陆法系注重发现真实的传统有悖,因此,要求缩小特免权范围的呼声不绝于耳。例如,中国台湾地区2003年修法已经对特免权进行了大幅度限缩,而且学界认为仍有进一步缩小的必要,“不应仅因证人与被告或自诉人有一定亲属身份关系而赋予拒绝证言权,……证人需有恐因其有一定亲属关系者遭受刑事追诉或处罚之虞,才有赋予拒绝证言权之必要”。[①] 也就是从一般的证言特免权向不利证言特免权转变。

此外,笔者在研究中还发现,即使是同为大陆法系国家,在范围方面也存在着较大的差别(当然,这种差别没有两大法系之间那么大)。一些东亚国家虽然属于大陆法系,但是由于东亚国家的文化传统与西方文化传统有本质区别,其规定的特免权与德国、法国等国家的差别,主要体现在享有特免权主体的范围上。东亚国家比较注重家庭道德和家族观念,所以其特免权更加注重对家庭和家族关系的维护。如韩国《刑事诉讼法》第285条规定:“如果证人的证言可能引起证人或下列的人被提起公诉或被判有罪等有关身心耻辱的事项时,证人可以拒绝提供证言:证人的亲族、户主、家族或曾经有过此类关系的人;证人的监护人或被证人监护的人。”这种涉及整个家族或者亲属的特免权,实际上是特免权制度在古代“亲亲相隐”制度上进行嫁接的后果,当亲属容隐这种义务性规范转化为权利性规范的时候,原来的宽泛的范围并没有因此而限缩,所以特免权的范围也与“亲亲相隐”的范围保持一致。[②] 至于在诉讼法中规定如此宽泛的特免权范围,到底在实践中有何问题,仍需要进一步考察。

① 吴巡龙:《新刑事诉讼制度与证据法则》,台湾学林文化事业有限公司2003年版,第266页。

② 可以得到印证的是,《韩国刑事法》第9章第151条规定:对于窝藏或帮助犯了罚款和罚款以上罪的犯人逃避的人,将处以3年以下的劳役或1万5千元的罚款。但是,如果窝藏的是其亲族、户主或同居的家族,则可以免去上述处罚。这实际上是对近亲属犯包庇、窝藏罪的豁免,已经远远超过了特免权所能授予的权利。

第七章　公共利益特免权

公众的利益远远高于诉讼当事人的利益……有关联性的证据如果被披露将损害公共利益的，应予以排除。①

——〔英〕Swinfen Eady

第一节　公共利益特免权的起源

公共利益特免权(public interest privilege)，也称公共利益豁免(public interest immunity)。相对于前述的私人特免权而言，因为该特免权涉及公共利益而非私人利益，所以也被称为公共特免权(public privilege)或机构特免权(institutional privilege)。本书为体系统一起见，采公共利益特免权的称谓②。其基本含义是，如果公职人员或者掌握公共信息的人所知晓的公共机构内部程序、案件情况或信息资料的披露会招致国家利益或者公共利益的损害，那么该公职人员享有免于作证的权利，这些证据也可以被免于披露。

一、公共利益特免权的起源

公共利益特免权最早是在英国产生的。刑事诉讼中的公共利益特免权大约在 18 世纪末产生③，即使是有明确案例可查的也已经至少有一百多年的历史。在当时，公共利益特免权被称作"王室特免权"(crown privilege)或者国家特免权(state privilege)，即规定皇室贵族可以不用履行作证义务。这种基于特殊身份的特免权在资产阶级革命中遭到攻击，被认为是法律面前

① 转引自沈达明:《英美证据法》，中信出版社 1996 年版，第 79 页。

② 如无特别说明，后文公共利益豁免即指公共利益特免权。如果以特免权的性质可以分为私人特免权(private privilege)和公共特免权(public privilege)。私人特免权包括基于私人信赖关系的职业关系特免权、亲属之间的不受损害(without prejudice)特免权以及不自证其罪特免权，所谓的公共特免权，就是基于国防、外交、国家安全等方面的公务秘密事项而享有免于作证的权利，有的称为"公共利益特免权"，有的称为"公共利益豁免"。我国学界往往称为"公务特免权"，其实，基于公务秘密的特免权只是公共利益特免权的一个部分，还有一些非属公务秘密但可能影响公共利益的内容也会成为该特免权保护的内容(如告发者特免权)。

③ 有人认为，英国刑事诉讼中公共利益特免权的存在已经存在有二百多年了。See Adrian Keane, *The Modern Law of Evidence*, 4th edition, Butterworths, 1996, p. 481.

人不平等的表征，于是以身份作为特免权理由逐渐转变为以事项作为特免权理由，成为“公共利益豁免”，而皇室的特免权则成为一种礼仪。在1890年的一个刑事案件中，法官认可了证人拒绝说出告密者的名字。[①] 上诉法院支持了这个判决。艾雪(Esher)勋爵在判决中不但明确指出了该原则的确立，而且指出了该原则的限制，即为了证明囚犯的无辜可以舍弃该特免权，因为这是两个公共利益的冲突，保证无辜的人不受惩罚的政策应当占上风。[②] 因此，在当时公共利益特免权在刑事案件就已经获得承认了。但是英国学者谈起特免权的时候，通常是以英国1942年的一个著名案例(Duncan v. Cammell Laird & Co. Ltd.)为起点的。在该案中，一艘在1939年沉没的潜水艇带走了99个生命，原告起诉政府负责制造潜水艇的人员存在重大过失，他们要求披露特定的证据，包括海军部建造船体和机器的合同、救援报告等一系列文件。海军部授意被告人以公共利益的理由反对提供这些证据，最后部长的意见起了决定作用。[③] 1947年，《王室程序法》(Crown Proceedings Act)第28条明确规定证人披露文件或者回答问题将对公共利益产生严重损害的时候，可以免于作证。此后，更多的公共利益特免权在民事诉讼中出现。[④]

尽管免于披露侦查信息来源的特免权存在如此之久，但刑事诉讼中公共利益特免权的权衡原则却一直没有统一的见解。在1992年的一个案件中，被告人被控犯有共谋受贿、盗窃等罪行，但他希望通过披露英国治安法院和内政部之间的通信、内政部和香港政府之间的通信来证明自己无罪，英国王室宣称这些信件受特免权保护。尽管没有相似的判例可以引证，但曼恩(Mann)法官认为民事诉讼案件与刑事诉讼案件的权衡策略肯定不同，因为刑事诉讼中特免权的权衡更涉及自由、生命等重大的利益。在权衡不予披露的公共利益和特定案件的司法利益时，应当更多地考虑可能引起的审判不公的危险。当受特免权保护的文件的披露是为防止审判不公所必需时，就不能过于维护公共利益而排除该证据。[⑤]

---

① See Marks v Beyfus (1890) 25 QBD 494.

② Ibid, at 498.

③ Duncan v. Cammell Laird & Co. Ltd., [1942] AC 624, HL.

④ 民事诉讼中的案例相对较多。See House of Lords, Duncan v. Cammell Laird [1942] AC 624, Conway v. Rimmer [1968] AC 910, Burmah Oil v. Bank of England [1980] AC 1090 and Air Canada v. Secretary of State for Trade (No.2) [1983] 2 AC 394.

⑤ R v. Governor of Brixton Prison, ex p Osman, [1992] 1All ER 108, QBD. at 287.

在美国,代表性的案件是合众国诉雷诺兹案。[①] 1948 年 10 月 6 日,一架美军 B-29 轰炸机在执行任务途中坠落,6 名机组人员和 3 名平民因此死亡。3 名平民的遗属起诉美国联邦政府。案件审理中,在涉及美国空军的相关文书开示时,空军认为这些文书涉及军事秘密而不愿提供,法院驳回了空军的申请。美国《联邦证据规则》建议稿本来在第 509 条规定国家及其他公务秘密的特免权,但是在提交国会通过的时候没有通过。但是美国联邦法院仍然在判决中支持政府机关秘密事项的特免权,它援用的依据是 1966 年的《信息自由法》。该法规定公众对于政府机关的一般信息,原则上有知情权(right to know),但政府机关的秘密是不能公开的。该法列举了属于政府机关秘密的九类事项,大致包括有关国防和外交利益的事项、仅为公务只用的机关间公文函件、告发者的姓名和信息等。

现在,关于公共利益特免权的规定可见于世界上很多国家和地区的法律中。德国《刑事诉讼法》第 54 条规定,法官及其他公务员对于公务上知悉事项作证时,必须先前获得许可。"如果法官或检察官以诈骗的手法,造成公务员对其拒绝作证的权利有误认而为证言时,则可认为在此系以违法手段取证,有违反德刑诉法第 136a 条规定之嫌,而且违法公平审判原则,有成立证据使用禁止之可能。"[②]对法官而言,如果涉及受法律保护的国家秘密事项,法官不得加以调查,有保守该秘密义务的证人应对该秘密之内容拒绝证言,亦即此等事实不得作为证据调查的对象,这被称为待证事实主题的禁止(Beweisthemenverbote)。[③] 德国《民事诉讼法》第 326 条规定了四种情形的公共利益特免权:(1) 以法官、公务员或者其他从事公务的人为证人时,询问关于其职务上应守秘密的事项,以及许可其作证的问题,适用公务员法里的特别规定;(2) 对于联邦会议、州会议、联邦或州的政府的成员,以及联邦议会或州议会的一部分公务员,适用他们的特别规定;(3) 联邦总统,如果因他作证对联邦或者州有所不利时,可以拒绝作证;(4) 以上各款中的人即使不再从事公务,或者不再担任某一部门的公务员,或者其委任终止后,但如证言涉及他在从事公务、担任过公务员或者受委托时发生的事情,或这些事情是他在从事公务、担任公务员或者受委托期间知悉的,也适用以上的规定。日本《刑事诉讼法》第 144、145 条规定:"对公务员或者曾任公务员的

---

① United States v. Reynolds, 1948.

② 参见赵彦清:《受基本人权影响下的证据禁止理论》,载《欧洲法通讯》第 4、5 期,法律出版社 2003 年版。

③ 同上。

人得知的事实,本人或者该管公务机关声明是有关职务秘密的事项时,非经该管监督官厅的承诺,不得作为证人询问;众议院或参议院的议员或曾经担任过此职务的人,非经该院承诺,内阁总理大臣或其他国务大臣或担任过此职务的人,非经内阁承诺,不得作为证人询问。但该管监督官厅、众议院、参议院和内阁,除有妨碍国家重大利益的情形以外,不得拒绝承诺。"我国台湾地区《民事诉讼法》第306条以及《刑事诉讼法》第179条都对该特免权作了规定。在台湾地区,"以公务员或曾为公务员之人为证人时,法院如认询问事项,涉及公务员职务上应守秘密之事项,应于询问前征询该监督长官就讯问事项是否同意讯问,此乃虑及证人之陈述,如有妨害国家利益之诉时,即应得该监督长官之同意;然如该讯问事项无害于国家之利益,则该监督长官自应予以同意。监督长官如不同意,则应释明讯问事项有妨害国家利益之事实,否则不得拒绝同意。"这个规定和日本的比较接近。我国澳门特别行政区《刑事诉讼法》第123条规定:"不得向公务员询问其在执行职务时知悉且构成秘密之事实。"第124条规定:"……如证人提出有关事实系构成本地区机密,则此机密应在三十日内通过有权限当局确认;如经过三十日仍未获确认,则应作证。"

关于基于公共利益特免权是否属于特免权的问题,学理上存在争议。有的学者把两者进行区分,认为公共利益特免权并不属于特免权制度的范畴。[①] 也有的把它纳入特免权制度的体系之中,因为公共利益导致特定的证据免于披露[②],实际上就等同于特定的证人可以免于作证。我国有的学者以公共利益特免权和其他特免权的一些差别而将之从特免权制度中分割出来[③],对此笔者不敢苟同。公共利益特免权与其他特免权之间的确存在一些差别,但这些差别不足以构成两者在性质上的分道扬镳。例如,最常见的理由是公共利益特免权不能放弃,而私人特免权可以放弃,现在看来已经不能成立,因为公共利益特免权也是可以由政府放弃的。应该说,私人特免权和公共利益特免权都属于特免权:首先,它们的理论基础是同一的,都是利益权衡的原则,是发现真实的司法利益让位于特定的利益关系的保护;其次,它们的构成规则是同一的,都存在相似的主张不能作证的权利人、享受特

---

① 关于两者的区分的观点,参见 Adrian Keane, *The Modern Law of Evidence*, 4*th edition*, Butterworths, 1996, pp. 509—510.

② 本书所说的"披露"和"展示",在英文中实际上都是"disclosure",但是在不同场合有不同意义,笔者在文中根据原意稍加区分,前者主要是指行为,后者主要表示程序。

③ 如王进喜的《刑事证人证言论》就是将公共利益豁免单列一章,放在特免权制度的后面。

免权保护的事项和主张特免权的例外;最后,它们都表现为被要求出庭作证的证人享有拒绝作证或者就某些问题拒绝回答的权利。尽管我们可以根据法律保护的权益的不同将特免权划分为私人特免权和公共利益特免权,但是这也只是特免权之下的分类,并不能将公共利益特免权排除在特免权之外。事实上,在英美法系国家,由于文书证据和物证的提出都是需要证人出庭的,所以公共利益特免权也将落实到具体的证人。因此,一些英美的证据法教材都把这部分内容放入"privilege"一章论述。[①] 而大陆法系国家立法则把公共利益特免权表述成与其他职业特免权并列的"公务人员的拒绝作证权",放在整个特免权的体系内。本书综合考虑上述做法,将公共利益特免权作为特免权体系的一部分。

二、公共利益特免权的理论基础

如果说其他证言特免权的存在是保护特定社会关系和发现真实的司法利益之间的权衡的话,公共利益特免权存在的理论基础就是保护国家和社会的公共利益和追求真实之间的权衡。在其他特免权中,我们发现的是国家公共利益和公民权利或者社会权利之间的冲突,而在公共利益特免权中,我们看到的却是两种公共利益的冲突[②]:(1) 司法活动中使诉讼当事人获得相关事实的公共利益;(2) 需要为某些一旦披露会造成损失的特殊文件保守秘密的公共利益。在司法追求第一种利益的时候,法律上有很多规定证据可采性和证据展示程序的规则,在所有的案件中几乎都规定一方有向另一方展示特定的证据(文件和信息)的义务。第二种利益是与有条件的免于展示证据的豁免权有关,即"公共利益"的豁免,表明如果在展示证据的过程中披露或使用了特定的文件或信息将有损于公共利益。这些文件可能是政府资料、警察机关或者地方当局的文件,公共利益特免权意味着是对要求证据展示的一般规则的"豁免",但并不意味着这些文件或信息不能或者不准被披露,而是可以根据规则对上述两种利益进行综合考虑和权衡后再决定是否披露。

众所周知,公平和效率是诉讼程序所追求的两大目标,也是司法借以实

---

① 如 Michael H. Graham, *Evidence-Text*, *Rules*, *Illustrations and problems*, charpter 18, NITA Inc., 1983。

② 严格来说,这不是两种公共利益,而是同一个公共利益的两个方面。笔者此处只是借用雷德勋爵(Reid)在 1968 年的"康威诉瑞玛"案中的说法(two kinds of public interest)。Conway v. Rimmer [1968] AC 910, at 952.

现正义的价值取向。但是,诉讼中总有利益的冲突:使法院采纳支持自己的证据或反对对方的证据是诉讼当事人的利益诉求,而让彼此的证据通过证据展示而事先得到检验、避免不相关的证据混淆争端,也是一种公共利益。但还有一种公共利益,却是与证据展示背道而驰,它试图避免在证据展示中披露证据,因为这样做将有损国家或社会的福利。当这样两种公共利益相冲突并且后者压倒前者的时候,即使是相关的证据也会被排除在审判之外,相关的文件也被允许免于展示,相关的证人也可以拒绝作证。也就是说,证据展示促进了公共利益,而某些证据不展示也促进了公共利益,只是后者的公共利益可能更大。

支持公共利益特免权的理论,在传统上即沿袭这种功利主义的分析。公共利益特免权的设立,也是基于该特免权所保护的机构间的交流,会对公众产生重大的益处。因此,主张公共利益特免权必须符合以下几个要件:(1) 机构所主张的特免权符合重大的公共需要;(2) 要求保护的交流性程序必须是机构职能目标的一部分,并且有赖于其延续存在的机密性;(3) 机构必须表明,承认该特免权不会给特定的诉讼当事人披露交流信息的请求造成不公平。[①] 需要说明的是,公共利益相对于私人利益而言不一定具有绝对的优越地位。从功利主义理论角度看,利益之间的比较,也没有"放之四海而皆准"的公式,是否赋予公共利益特免权只能根据个案裁量。由于存在着不同利益之间的竞争,法官在权衡公共利益和当事人利益之后,往往倾向于赋予"有条件"的公共利益特免权而非绝对的利益特免权。

在一个民主的社会,公众有对政府工作的知情权,他们有权知道政府是在如何"代表他们的利益",因此很多涉及政府的信息都可以由媒体报道、公开,当然也可以由证人作证。但是,正如律师和委托人之间有交流秘密,政府部门之间、政府官员之间以及政府国外机构之间,也会存在必要的交流秘密,因此才有了"国家保密法"这样的法律规定,这种基于公共利益的考虑而免于提供证据的做法,主要是为了保证国家机关的正常工作秩序不被干扰。雷德勋爵(Reid)在 1968 年的"康威诉瑞玛"案中如此说道:"……(赋予特免权的)最重要的理由是,做这样的披露可能会产生一些一知半解、吹毛求疵的社会民众和批评家。政府的事务非常复杂,没有政府愿意让自己内部的决策和文件暴露于那些没有足够知识背景而且可能虎视眈眈、准备大放

---

① Developments in the Law: Privileged Communication, 98 *Harv. L. Rev.* 1563 (1985), at 1593.

厥词的人之眼。”①

政府在对付犯罪案件时,需要一些提供信息的告密者,这些信息对于案件的侦破是非常有意义的。但是,如果在法庭上被告人提出控方的信息来源有误,要求控方披露告密者的信息,侦查机关是否必须披露告发者的名字?在1994年的一个案件中,一审法官裁决辩方不得向一个海关官员提出两个被告人的电话是否被录音的问题。上诉法院维持了该法官的裁决,因为这样的问题是试探性的,目的是想弄清楚控方是否掌握了没有公开的不相关的信息。劳顿法官(Lawton L. J.)在判决中一语道破天机:“法院理解保护情报人员身份的需要,因为这不仅有利于他们的安全,而且有利于确保关于犯罪活动的信息来源不至于枯竭。”②也就是说,对犯罪侦查的信息享有证言特免权的直接理由在于保护告发者的身份,而其长远目的在于保护提供犯罪活动信息的源泉。

在现代复杂的国际关系中,一国的公务秘密不仅事关一个执政政府的安危,还可能引起社会秩序乃至国际局势的动荡变化,所以各国对涉及国家利益、公共利益的秘密都是持非常慎重的态度。这反映在诉讼中就是赋予特定的公职人员关于公务秘密的证人作证特免权,而且这种证人作证特免权一般来说是不能放弃的(除非政府有特别授权)。这里存在着一种利益冲突,即某一特定案件所涉的当事人的利益和公共利益、追求个案真实的利益与国家安全的大局利益。显然,前者对后者来说是微不足道的,于是牺牲前者较小的利益而保护后者较大的利益就在情理之中了。但是,如果要求公职人员提供的证据是与旨在推翻现政权等犯罪有关的事实、情报或文件,则是该证人作证特免权的例外情况,因为此时利益的衡量呈现了相反的趋势,惩罚这种危害国家利益的犯罪可能更有利于维护国家与社会的安全。所以从根本上说,关于公务秘密证人作证特免权的设置乃是基于对国家利益和公共利益的考量。

第二节　公共利益特免权的主要内容

一、公共利益特免权的范围

(一)涉及国家安全和国家秘密的信息

在一个民主国家里,国家事务原则上应当是公开和透明的,以便让纳税

① Conway v. Rimmer [1968] AC 910, at 952.

② R. *v.* Hennessey, [1994] 1 W. L. R. 752.

人了解公权力的运作，但是，关于国家安全和外交关系的信息却是关乎整个国家的利益，一旦泄漏，可能会危及国家的安全，因此，许多国家都以保密法的形式规定了这些重大的国家事务信息不得泄漏。在诉讼中，则表现为涉及国家秘密的公共利益特免权，当事人如果要求披露这些信息，代表国家的公共机构有权拒绝披露。基于国家秘密的作证特免权与外交豁免权不同，基于国际礼让的豁免则是一种国际惯例和政策，对于特定身份的人员不能强制要求其披露证据，以示国家礼仪。例如，某国大使在驻在国被提起了刑事诉讼，根据外交特免权，他可以免于强迫地披露证据。这种案件一般是通过外交途径解决的。

当证据涉及国家安全、外交关系和国际交往的时候，被排除似乎是必然的，因为在任何国家，上述利益都享有至高的地位。所谓的国家安全（national security），就是指与国家的生存和发展密切相关的问题，例如军事行为、国防实力、战略部署等；外交关系是指国家与其他国家、政治实体之间的联系和交流；国际礼让（international comity）是指处于对其他国家的尊重和友好而免于要求披露特定的证据。[①] 按照美国《模范证据法典》的解释，“国家秘密”是指关于国家军事组织或计划，或有关国际关系而言，除非法官认为不属于国家秘密，或经政府主管部长的同意，证人即可拒绝证言。如属于国家秘密，虽证人及当事人均愿意泄漏，法官也可以拒绝。在英美法系国家，通常是法官决定。在 1984 年的“合众国诉韦伯飞机公司案”中[②]，被告韦伯飞机公司要求空军提供该案失事飞机 F-106B 安全调查报告，空军依照上述法律规定拒绝提出，联邦最高法院审查后认为拒绝的理由适当，故拒绝了被告的要求。

美国《联邦证据规则》建议稿第 509 条曾经规定：“通过表明该证据存在泄露国家机密或者官方信息之危险的合理可能性，政府拥有拒绝提出该证据以及防止任何人提出该证据的特权。”“‘国家秘密’是指与合众国国防或者国际关系有关的政府秘密。”美国《联邦程序法》第 552 节第 2 款也规定，“为了国防或外交政策的利益而根据总统行政命令确立的标准特别授权应予保密的事务……免于公开”。《加拿大证据法》第 38 条规定，对于因公开有关信息将有损于国际关系、国防或国家安全而反对公开时，该申请只能由联邦法院首席法官或者仅由联邦法院首席法官指定的其他法官予以听

---

① Adrian Keane, *The Modern Law of Evidence*, 4th edition, Butterworths, 1996, pp. 486—487.

② United States v. Weber Aircraft Corp. ,1984.

审，以决定是否公开。澳大利亚《1995 年证据法》第 130 条第(4)款也对这一事项做了规定。意大利《刑事诉讼法》第 202 条第 1 款规定："公务员、公共职员和受委托从事公共服务的人员有义务不就属于国家秘密的事实作证。"我国台湾地区《刑事诉讼法》第 179 条规定的"国家利益"和澳门特别行政区《刑事诉讼法》第 124 条规定的"本地区机密"与上述规定中所称的国家安全等事项具有类似之处。

（二）涉及政府决策、政治文件的信息

所谓涉及政府决策、政治文件的信息，是指保障公共机构正常运作的政府成员交流、决策行为以及体现上述行为的政治文件中的信息。公共利益特免权在有时也称为"政府秘密特免权"。现代政府管理与决策是一件复杂的事情，在执行行政权的时候，不但同一部门的政府官员之间会就待决议的事项进行讨论，而且不同国家机构间也会交换意见。该特免权旨在防止披露这些信息影响公共机构的正常运作，从而危及公众对政府行为的信任和支持。例如，加拿大《证据法》第 37 条规定了对有关公共利益的信息的一般保护，第 39 条就女王枢密院的信息规定了绝对豁免，根据该条规定，向女王加拿大枢密院（the Queen's Privy Council for Canada）、女王加拿大枢密院委员会、内阁、内阁的委员会提供的有关建议的备忘录；为便于上述机构作出决定而提供的背景解释、问题分析或者政策选择等讨论资料；上述机构进行评议或者决定过程的日程安排或者记录等事项，均为加拿大枢密院秘密而受到保护。对于有权要求强迫提呈特定信息的法院、个人或其他组织，王室大臣或枢密院书记以书面形式证明有关信息为女王加拿大枢密院秘密而反对公开此等信息时，上述法院、个人或其他组织无须审查或听审即应拒绝公开此等信息。①

特定级别的政府官员免于作证，也是该项特免权的一个内容。日本《刑事诉讼法》第 144 条规定："对公务员或者曾任公务员的人得知的事实，本人或者该管公务机关声明是有关职务秘密的事项时，非经该管监督官厅的承诺，不得作为证人进行询问。"第 145 条规定："下列人员提出前条的声明时，对第一项所列的人员非经该院承诺，对第二项所列的人员非经内阁承诺，不得作为证人进行询问：一、众议院或参议院的议员，或者曾经担任该项职务的人；二、内阁总理大臣或其他国务大臣，或者曾经担任该项职务的人。在

① 何家弘、张卫平主编：《外国证据法选译》（下），人民法院出版社 2000 年版，第 1263—1267 页。

前款的场合,众议院、参议院或者内阁,除有妨害国家重大利益的情形以外,不得拒绝承诺。”这实际上也是间接对政府决策和政治文件等信息的保护。

(三) 有关犯罪侦查的信息

尽管证据开示是刑事诉讼的一个基本原则,但为了保证侦查和起诉工作的顺利开展,有关告密者的身份文件和证据、有关控方获得犯罪信息的渠道的证据,是不会透露给被告人的,知道这些信息的证人也不会接受交叉询问,除非披露对于防止司法误判来说是必须的。大约在18世纪末的时候,英国判例中就已经产生这样一条规则:无论在民事诉讼还是刑事诉讼中,证人在作证的时候都允许不披露向警方告发者的名字。[①] 这项特免权也因此被称作“告发者特免权”(informant privilege)。[②]

为了保护提供侦查情报的信息源不致受到损害,英美国家的很多判例都重申了这个原则,也被有的国家规定在刑事诉讼法中的,如意大利《刑事诉讼法》第203条规定:“法官不得强令司法警官和警员以及情报和军事或安全机构的工作人员泄露其情报人员的名字。如果对这些情报人员不作为证人加以询问,则不得调取和使用由他们提供的情报。”有的国家把它规定在证据法当中,如澳大利亚《1995年证据法》第130条第(4)款e项规定“将泄露或者使人确知与联邦或者州之执法或者司法有关的秘密信息来源的存在或者身份的”,免于披露。还有的国家把它规定在国家保密法当中,如英国的《电信拦截法》(Interception of Communications Act of 1985)第9条规定:“当导出证据或者交叉询问涉及有关侦查的具体信息时,该证据可以不用提出,相关问题也不用回答。”当然,该特免权并不保护侦查措施和侦查技巧。

美国《联邦证据规则》建议稿第510条也规定:“对于就可能的违法行为,向执法人员、立法委员会成员或者其从事调查活动的职员提供信息或者为其调查提供帮助的人员,联邦政府或者州或者分区有拒绝公开该人员身份的特权。”“该特权可以由政府的适当代表主张,无论该信息是向联邦政府的职员,还是向州或其分区的职员提供的。如果该信息是向州或者其分区的职员提供的,则该特权可以由州或者其分区的适当代表所主张,在刑事案件中如果联邦政府反对则不得允许该特权之情形除外。”在加拿大,情报人员的身份受法律保护,这是法律的一条固定规则,是否公开情报人员的身份

---

① R v. Hardy (1974) 24 State Tr 199. See also s 9 of the Interception of Communications Act 1985.

② “告发者特免权”属于消息来源的特免权,有的学者将之归入职业关系特免权,有的学者将之归入公共利益特免权,本书从其实质内容考虑,遵从后者分类。

并不属于法官自由裁量的范围,被广泛接受的观点是,情报人员在解决犯罪问题上,特别是与毒品有关的犯罪方面,情报人员发挥着重要作用,之所以要隐蔽情报人员的身份,一方面是为了保护情报人员,另一方面也是为了鼓励其他人员能够提供信息。[1] 基于这种原因,通常认为该权利并非起诉方或者情报人员单方面可以放弃,合法的放弃要求他们共同同意。这在涉及"诱惑侦查"或者"卧底侦查"的案件中比较常见。该规则保护情报人员的身份,但是并不保护情报人员所提供的信息,如果披露这些信息将可能泄露情报人员的身份,则不得披露这些信息。但是当有充分理由保护当事人的自由的需要超过了保护情报人员的需要时,应当公开有关信息。在"罗维洛诉合众国"案中[2],美国联邦最高法院提出了一个是否限制该特免权的标准,"就保护信息流通的公共利益和准备自己的辩护的个人权利之间进行平衡"。

(四)和司法有关的事项

有人可能认为和司法有关的特免权应当归入基于职业关系特免权而不是公共利益特免权,但是,职业关系特免权的理论基础是为了维护特定职业的执业者和其委托人的信赖关系,而这里没有什么信赖关系,而是出于保证司法评议的自由性、隐秘性这种公共利益。所谓和司法有关的事项主要是和审判有关的事项,主要是不得迫使法官就他们审理过的案情事实提出证据,当然,后来的判例又将之扩展到陪审员和仲裁员。[3] 该特免权存在的理由之一是为了保证裁决的效率和终结性。例如,当法官或者陪审员被传唤作证的时候,不得就以前自己在审判活动中的有关事项提供证言。试想,如果法官可以在以后的审判中公布自己的心证,陪审员可以透露在秘密会议室里讨论的情况,那么判决的稳定性和程序的安定性何在?某一方当事人可能很想证明在以前的诉讼中所做的陈述,而法院记录了诉讼并有适当的证明文本,如果要举证的话,这是最好的途径,因此理论上说任何见证该过程的人都可能被传唤作证。但是,如此一来,判决就没有了权威性,旧的纠纷没有解决,新的纠纷又产生了。所以,英国法律规定资深法官不能被传唤到诉讼中就自己心证的过程作证。仲裁员虽然可以被传唤作证,但通常也

---

① Gordon B. Schumacher and Christopher Mainella, *Public Interest Privilege—a Canadian Perspective*, January 2001, p. 1. From http://www.neiassociates.org/canada.pdf.

② Roviaro v. United States, 353 U.S. 53,62 (1957).

③ 仲裁员的案例参见1952年的Ward案,陪审员的案例参见1966年的Boslon案。

不能被要求就裁决的理由作出解释。① 同理，陪审员的裁决也不能基于在陪审室内发生的种种原因而受到质疑，其决定的具体理由是不能公之于众的。美国《联邦证据规则》第 606 条规定："在对陪审团裁决或起诉书的合法性进行调查时，陪审员不得就陪审团评议期间发生的任何事项或陈述，或者就因影响该陪审员或其他陪审员的思想或情感以至于其赞成或反对该裁决或起诉书的任何事情，或者就该陪审员的思想过程作证……陪审员就其不得作证的事项所做的宣誓书或者任何陈述证据也不得为上述目的而接受。"澳大利亚《1995 年证据法》第 129 条规定："（1）下列人员，或者受该人员指挥或者控制的与该诉讼或者仲裁有关的人员，不得就作出裁决的原因或者就该裁决的评议情况提供证据：（a）澳大利亚的法官或者国外的法官；或者（b）将某一争议提交其仲裁的仲裁人员。（2）上述证据不得以该人所准备的文件的形式提出。（3）本条并不禁止在诉讼中采纳或适用已经出版的裁决理由。（4）关于在澳大利亚或国外的其他诉讼中，陪审员作出裁断的原因的证据，或者与该裁断有关的陪审团成员的评议活动的证据，不得由该陪审团的任何成员在诉讼中提出。"赋予法官、陪审员免于作证权利的第二个理由在于保证司法的独立性。联合国第七届预防犯罪和罪犯待遇大会通过的《关于司法机关独立的基本原则》第 15 条规定："法官对其评议和他们在公开诉讼过程外履行职责时获得的情况，应当保守职业秘密，不得被强迫就这类事项作证。"当然，这里所说的法官免于作证和证人身份优先原则并不矛盾，因为这是在法官参与案件审理后的特免权。

二、公共利益特免权的决定主体

在是否披露的问题上，传统观点认为应由享有权力的国家机构而非法院决定。英国证据法学家阿德瑞·科尼说，"维护国家安全是执政政府的职责，该采取什么行动保护国家利益并不是由法院说了算，而是由政府说了算。所以这不属于司法裁量范围内的事情。司法程序只要处理那些该由它处理的问题就可以了。"②另一方面，法院也往往为了避免与行政权直接冲突，放弃决定特免权的权力。"法院通常不大愿意去调查政府部长主张的公共利益豁免，而宁愿相信该部长是那些信息性质的最佳判断者，特别是在涉

① Adrian Keane, *The Modern Law of Evidence*, Butterworths, 1996, p. 491.
② Council of Civil Service Unions v. Minister of the Civil Service, [1985] AC 374, HL at p. 412.

及国家安全的时候”[①]。例如,在1942年的邓肯诉开美尔公司案(Duncan v Cammell Laird & Co Ltd)中,部长的意见就起了决定作用。西蒙勋爵(Lord Simon)认为,当部长以披露证据将有损国防或者良好的外交关系,或者有必要为公共机构的正当职能保密为理由而决定不予披露证据时,他的决定对法院也有约束力。[②] 不过,该案件涉及战时潜艇的文件,披露证据对于国家利益的影响是显而易见的。

特免权之所以难以取舍,在于特免权中存在的价值利益冲突。如果证人作证是否影响国家利益由掌握该信息的机构或者国家公务员来决定,那么就相当于自己决定自己是否作证,何来的“价值利益冲突”?尤其在涉及国家利益的贪污、贿赂等事项,有权允许的公务员往往就是潜在的被追诉者,要求其能够“深明大义”,作出恰当的决定,无疑是在“与虎谋皮”!如果行政机关作出了不恰当的决定,当事人除了向上级行政机关要求复议外,别无救济的渠道。因此,许多国家纷纷转变先前的做法,把决定特免权的权力赋予了法院,法院享有权衡公共利益的权力和职责,当法院认为监督机构作出不予允许的错误决定时,可以以法院的命令代替公务允许,以便强制作证的公务员能够尽其陈述的义务。在英国,这种转变发生在20世纪60年代。在1965年的一个判决中,上诉法院认为,在某些情形下,即使部长对披露文件表示异议,法官仍有查阅文件的剩余权力。[③] 而标志性案件是1968年的康威诉瑞玛(Conway v. Rimmer)案件。在该案中,一名警察被指控盗窃并且因此而被革职,但最终他被宣告无罪。于是他对其上级提起了诽谤的民事诉讼。双方当事人都表示希望提出各种文件,包括关于该警察的工作表现的内部报告。内政部大臣提出证明,说明他已经亲自审查了有关文件,并认为该文件属于某一等级,在法庭上提出该文件将有损于公共利益。上议院否决了上诉法院的判决,认为虽然部长已经看过它们并反对披露,但法院依然可以命令对原告披露这些文件。判决认为,部长对于公共利益特免权的意见不应是裁决性的,只有法院有权力对此进行审查,以便就国家利益和适当司法所体现的公共利益进行权衡。[④] 从此在英国,是否公开有关信息的决定权成了法官的职权,法院毫无争议地享有判断何为秘密的权限。这种转移体现了现代社会对于限制政府权力膨胀的呼声,依法行政作为法治精

① Balfour v. Foreign Office, 1993.

② Adrian Keane, *The Modern Law of Evidence*, 4th edition, Butterworths, 1996, p.477.

③ 沈达明:《英美证据法》,中信出版社1996年版,第80页。

④ Conway v. Rimmer [1968] 1 ALL E.R. 874.

神的要求之一,必然也以政府权力的自我约束为表征。民主的社会也更倾向于司法权对行政权的合理限制。“现代法院已经不愿意支持任何等级的文件自动获得豁免而免于披露的观点,这反映了公众希望看到一个更加开放的政府的愿望。”①为此,有的国家以制定法的形式规定了法院的这项权力。澳大利亚《1995 年证据法》第 133 条也规定了法院的审查权。该条规定:“根据本部分产生的问题与某文件有关,则法院可以命令向其提交该文件,并可以为就该问题作出决定而审查该文件。”

尽管如此,大陆法系国家和地区仍然固守行政机关决定的传统。例如,日本《刑事诉讼法》第 144 条规定:“对公务员或者曾任公务员的人得知的事实,……非经该管监督官厅的承诺,不得作为证人进行询问。”第 145 条也规定,特定政府成员要经众议院或者参议院或者内阁的承诺,不得作为证人进行询问。我国台湾地区《刑事诉讼法》和《民事诉讼法》也都规定要管监督机构或监督长官的允许。“公务员服务法”也作类似规定。② 其他特免权的决定主体都是法院,为何公共利益特免权需要由行政机关自行决定? 上述法条没有呈明原因。笔者认为,这与大陆法系国家行政权力倚重有关。没有分权和制衡的政治体系,法院不大可能产生约束行政权的力量。笔者发现,这些国家的公务员法中一般都有保守职务秘密的限制性规定,公务员的行为既然完全受制于主管机关,法院当然不会对其是否作证行为进行过多干涉。

三、公共利益特免权的判断

在程序上,法官如何判断权利人主张的信息应当受到该特免权的保护还是审判所必须的呢? 在英美法的判例中,法官发展出了“可能必须”和“确实必须”的分阶段理论。首先,法官会听取试图披露该信息或试图撤回该信息的律师提出的主张,在这个阶段,法官不会查阅争议的文件,但是会试图审查是否“有证据表明”,披露该信息是为了公正处理案件、节约成本或者刑事案件中的司法公正利益来说“很有可能必需的”(likely to be necessary)。当一方只是希望借查阅文件而发现一些有用的信息的时候,法院不会

① Steve Uglow, *Evidence: Text and Materials*, 184 (1997). 转引自王进喜:《刑事证人证言论》,中国人民公安大学出版社 2002 年版,第 199 页。

② 例如,我国台湾地区《公务员服务法》第 4 条规定,应有“长官许可”方可发表有关职务的谈话。

允许进行这种大规模的审前调查(fishing expeditions)。[①] 例如,在加拿大航空公司诉州贸易秘书长一案中[②],双方对飞机在英联邦机场降落的费用发生争议,原告想看看政府文件中关于借用公共设置的规定,而法官认为这不大可能是本案所必需的,所以特免权不成立。在“包玛石油公司诉英格兰银行”一案中[③],情况则不一样,那些文件能够说明银行在面对涉及公司销售配额时的政策和态度,而这对于原告来说很可能是必需的。

这种“可能性”标准是建立在法官判断基础之上的,而法官没有查阅争议的文件,所以对于这些文件是否确实必需,还需要进入第二个阶段,法官通过查阅文件,审查这些文件是否真的包含了对原告有利的材料,如果这些材料的披露明显地具有高度的国家安全性或政府事务性,法官很可能就不会考虑它们。在 1982 年的一个案件中[④],一位学校教师遭到了某学生的殴打,该教师起诉她的雇主(学校),理由是校方知道该学生有暴力性,却没有在充分保护原告和提醒原告注意的前提下,仍然把他安排在正常的教学班级中。她要求披露校方的记录文件,而校方表示反对,理由是这些记录文件是机密性质的,披露它们会丧失父母和孩子之间的信任与合作。这些文件“可能”是案件所必需的,法院在审查后认为,这些文件“确实”是必需的。判断的标准就是:没有这些文件,原告是否就没有机会胜诉;有了这些文件,她只是有机会胜诉,或者这种微弱的胜诉机会转换成为更强烈的获得这些文件的机会。在上述的“包玛石油公司诉英格兰银行”一案中,原告在这个阶段失败了,因为那些文件不是“确实”必需的。在 1974 年的一个案件中,持有化合物专利权的原告发现有进口商侵犯他的专利权,因为海关关长知道进口商们的名字,所以原告起诉要求关长披露。上诉法院判决认为,关长应该披露他所持有的保密信息,因为在本案中司法利益高于对这项消息保密的公共利益。[⑤] 但是,如果有争议的证据是属于保密范围的,法官如何进行审阅而不泄密?在 1975 年的阿尔弗莱德·诺普公司诉考拜一案中,美国最高法院便开始使用了法院秘密审阅程序,以确认政府把持的情报是否真正需要保密。该案的判例体现了最高法院这样一种思想,即行政机密文件的解密和降密处理,主要是一种依靠专家来完成的工作,而不是法官的工

---

① Tracey Aquino, *Essential Evidence*, 2nd Edition, Cavendish Publishing Limited, 2000, p. 172.
② Air Canada v Secretary of State for Trade(No. 2)(1983).
③ Burmah Oil v. Bank of England (1980).
④ Campbell v. Tameside Metropolitan Borough Council [1982] 2 All ER 791.
⑤ 转引自沈达明:《英美证据法》,中信出版社 1996 年版,第 80 页。

作,它需要具备有关外交、国防事务的专门知识和广泛丰富的专业信息的积累。在这类案件中,要特别重视官方提出的需要保密的论据和建议。①

由于在诉讼中原告总是尽力地显示争议的文件是必需的,法院就必须权衡双方当事人的利益冲突,决定是否应当披露。公共利益的主张者会坚持文件的保密性,而需要利用这些文件的原告方希望借此有希望赢得案件。这种两难的境地只能通过举证责任来解决。根据英国法院的做法,一旦一方已经表明文件是必需的,想撤回文件的一方就应当承担很重的举证负担,证明撤回文件"确实是为了适当地执行公共机构的职能所必需的"②,而无需顾及想撤回文件者的尴尬。

有些国家则以制定法或者判例的形式规定了法官在作出判断之时应当考虑的因素,例如澳大利亚《1995 年证据法》第 130 条第 5 款规定:"法院……应当考虑但并不限于下列事项:(a) 诉讼中该信息或者文件的重要性;(b) 如果该诉讼是刑事诉讼,要求将该信息或者文件作为证据提出的当事人是被告人还是检控方;(c) 与该信息或者文件有关的犯罪、诉因或者辩护的性质;以及该诉讼标的的性质;(d) 将该信息或者文件作为证据提出的可能后果,以及能够限制其被传播的手段;(e) 该信息或者文件的内容是否已经被公开;(f) 如果该诉讼是刑事诉讼,并且要求将该信息或者文件作为证据提出的是被告人,是否可以以延缓起诉为条件作出该指示。"③加拿大最高法院在凯里诉安大略(Carey *v.* Ontario)案件也规定在权衡相互冲突的公共利益时,要考虑下列因素:(1) 决策的级别;(2) 政策讨论的性质;(3) 文件的特定内容;(4) 有关文件或信息的公开时间;(5) 案件的重要性;(6) 提出有关证据来保证案件得到充分、公平指控的必要性;(7) 有关主张是否涉及政府的不当行为;(8) 保证仅仅披露与案件有关的特定事实的能力。④

四、公共利益特免权的放弃与例外

传统观点曾经认为,公共利益特免权是不能放弃的,以为它是一种公共

① 宋小卫编译:《美国〈情报自由法〉的立法历程》,载《新闻与传播研究》1994 年第 2 期,第 80—87 页。

② Conway v Rimmer [1968] AC 910.

③ 何家弘、张卫平主编:《外国证据法选译》(上),人民法院出版社 2000 年版,第 270 页。

④ 王进喜:《刑事证人证言论》,中国人民公安大学出版社 2002 年版,第 202 页。

职责(public duty)而非私人权利(private right)。[①] 尽管判例上对于公共利益特免权能否放弃存在不同的意见,但是这种观点至少已经动摇了。在英国1973年的一个案例中,法官认为放弃该特免权是不可能的(在任何情况下也不能放弃)。[②] 而在1974年的一个案例中,法官认为受公共利益特免权保护的人(例如,告密者)自愿披露证据或者作证的话可以允许放弃特免权。[③] 通常判例认为,低级的政府文书,如与国家安全与侦查犯罪无关的文书,文书的作成者或者收件人都能放弃特免权。而高级别的政府文书,如果案件涉及的公共利益并不会对社会产生重大的消极影响,可以在上级机关的许可下放弃特免权。

公共利益特免权的存在,对于证据开示制度是一种冲击,由于代表公共利益的控方掌握某种信息而不开示,辩方无从得知一些重要的证据,因而可能对被告人造成不公平甚至错判。所以法律规定了在证据能证明被告人无辜的时候,存在种公共利益特免权的例外。

按照公共利益特免权的规则,如果属于公务秘密的文件能够证明被告人无罪,那么为了实现司法的公正,该证据就不在特免权保护之列。例如,在马切克斯·丘吉尔(Matrix Churchill)案中[④],三名被告人被控向伊拉克非法出售能制造军需品的机器,而被告人提出了两个抗辩理由:一是当时任贸易部长的阿兰·克拉克(Alan Clark)鼓励他们掩盖这些机器用于军事目的,强调它们是用于民用生产的;二是任何一届政府以及政府的部门都知道他们的机器是用于军事生产的,但是尽管如此却从来没有给他们颁发过许可证。在这里,最关键的证据是对前贸易部长进行交叉询问并且披露政府部门的有关许可的文件,但是这些文件的披露会给公共利益带来重大的损失。因此,政府部门主张免于披露。但是,本案的法官作出了应当披露的裁决。法官认为,这些文件是普通的政府部门之间(贸易部、国防部和外事部)涉及向伊拉克出售机器许可的官员和部长之间公文往来,而且这些文件的主要内容是有关部门是否授权被告人向伊拉克出售生产武器的机器,这对于证明被告人是否无罪有着重要的作用。

---

① *Phipson On Evidence*, 15th Edition, Sweet & Maxwell, 2000, p. 624.

② Rogers v Home Secretary [1973] AC 388, 407.

③ Alfred Crompton Amusement Machines Ltd. v. Customs and Excise Commissioners [1974] AC 405, 434.

④ Richard Scott, The Use of Public Interest Immunity Claims in Criminal Cases, The Earl Grey Memorial Lecture, University of Newcastle upon Tyne, February 29, 1996.

同样，关于侦查信息的特免权也不是绝对的，该规则有一个重大的例外，当特免权“有损于司法公正”，例如被告人有合理的理由说明披露相关的侦查信息有助于证明被告人无罪的时候，特免权就不存在。英国一位法官曾指出：“当披露告发者的名字对于证明被监禁者的无辜来说是必要或正当的时候，一个公共政策就和另外一个公共政策相冲突了，一个无辜者不应当在自己无罪的时候还承担罪责，因此后一个公共政策就占据了优势。但是，除了这种情形以外，该规则是不允许有法官裁量权的，它是一个法律规则……”[①]由此我们可以看出，有关犯罪侦查信息特免权的例外是根据利益权衡原则推出的，是司法公正的利益高于侦查保密利益的结果。这个例外有利于避免错误的侦查信息误导法庭的审判，也能有效地防止诬告者借助特免权规则而对被告人的陷害，当然，为确定披露信息有助于证明被告人无罪，需要被告人提出一定的表面证据。

例外之二是有妨碍司法或者藐视法庭的行为的时候，也不适用公共利益特免权。例如，根据澳大利亚《1995 年证据法》第 129 条第 5 款规定，在对收买陪审员、试图妨碍司法、与藐视法庭有关的犯罪进行检控的程序中，并不适用上述规定。

第三节　与公共利益特免权相关的制度

一、公共利益特免权与国家保密法

公共利益特免权规定了基于国家秘密的证据可以拒绝披露，而国家保密法也是对如何保守国家秘密的规定，那么既有国家保密法的规定，为何仍需要特免权的规定？

美国联邦法院系统和州法院都承认公共利益特免权，但美国国会也同时制定了许多保护国家机密的法律，如《国家安全法》(National Security Act)、《中央情报局信息法》(CIA Information act)、1917 年公布的《间谍法》(Espionage Act)，以及《合众国法典》第 18 号第 793 条[②]等，对于情报来源、方法及间谍行为之惩罚等均有详尽的规定；而行政机关对有关国防、外交信息为保密区分的制度，自 1940 年罗斯福总统颁布第 8381 号行政命令(Executive Order)开始至现行的第 12958 号行政命令为止，历经六次修订，已发

① Marks v. Beyfus, (1890) 25 QBD 494, CA at p. 498.
② United States Code (18 U.S.C. 793).

展出许多行政机关为保密区分决定时应注意的重要原则；再加上美国联邦法院历年来在审理涉及国家机密案件时，已对于国家安全利益及国民知的权利间之利益衡量标准，累积了不少先例。

但是，关于国家秘密的保密法规等并不能具体规定诉讼中何种事项属于秘密，而且将判断证言涉及的内容是否具有秘密性的判断权交给行政机关，则意味着“自己成为自己案件的法官”，因为只要涉及国家机关的所谓“秘密”事项时，皆有可能被冠以秘密的理由而被行政机关（权能机关）拒绝披露证据。美国联邦法院在审理人民与政府间之民、刑诉讼案件时，所确立、承认的“官方信息”特免权允许政府可以扣留与诉讼案件有关系的重要证据数据，这可能严重影响判决结果及诉讼当事人权益，因此该项特权主张应受到相当的限制，也有学者主张该种特权应不再为法院所采用，但在很多判决中法院仍是支持行政机关此项主张。当公共利益特免权被承认之后，问题就转化为由谁来判定公共利益特免权是否成立，如果行政机关以国家秘密为由拒绝提供证据，法院是否有权力作出裁断？在一些大陆法系国家，我们发现依然是行政机关对于特免权的决定权，即对特定信息的披露要经过主管机关或者行政首长的同意。但是我们在美国的判例中却看到法院掌握着公共利益特免权的最后决定权。在有着司法独立传统的美国，这意味着行政机关不可能再“一厢情愿”地主张公共利益特免权。这样一来，限制公共利益特免权滥用的愿望就通过法院实现了。

从性质上讲，国家保密法的规定是一种义务性规定，它要求普通公民以及国家工作人员有保守国家秘密的义务，但是这种义务并不表明证人可以在诉讼中因此而拒绝作证。特免权的规定是在程序上赋予证人就特定的公务事项有拒绝作证的权利。国家保密法是证人行使公共利益特免权的基础之一，而公共利益特免权是国家保密法在诉讼中的权利体现。没有一部良好的国家保密法，公共利益特免权的规定就缺乏正确的依据，而没有特免权的规定，公务人员作证的程序性权利也得不到保障。在这层意义上说，公共利益特免权是在程序上对国家保密法保护的利益的加强。但是在另一方面，由于特免权的决定权还是由法院控制，当法院认为行政机关拒绝披露证据的行为不适当的时候，可以裁定强制披露，所以公共利益特免权在一定程度上限制了任意扩大国家保密法的疆域，对于公共权力的行使也是一种监督和制约。

二、公共利益特免权与公民知情权

公共利益特免权实现的结果在于避免特定的公务信息泄漏,危及公共利益,但是在另一层面,公众对于了解公务信息的渴望却是在民主社会的氛围下与日俱增的。在"铁幕"社会下,人们可能无从知道政府在处理公共事务时候的政策和措施,而且政府也不希望普通民众知情,但是民主社会要求为着公共福祉的社会应当使自己的行为公开和透明化,受到民意的监督,于是就有了现代社会的"公民知情权",即公众要求获知公共信息的权利。公民知情权作为一项调查、监督公共事务的权利,与公共利益特免权之间必然产生冲突,而这种紧张的关系也成为市民社会与国家之间权利和权力的抗衡。美国社会的公民知情权和公共利益特免权的微妙关系,或许对于我们理解该问题会有所启示。

美国是一个强调民主与自由的国家,公共事务与政府行为一直备受公众关注。但是在冷战期间,美国政府一直援引"家政法"或"行政程序法"中的限制性条款,以"公众利益的需要"为由拒绝有关信息材料的公开。由于当时美国的制定法和司法解释尚未就上述情况中的"公众利益"给予更加明晰、具体的界定,当时联邦政府部门的官员经常滥用行政职权,动辄以"国家安全"、"政务机密"等含糊、笼统的理由,扣压本应公之于众或向申请人开放的资料和记录。特别是战后联邦行政权力的不断扩张,导致消极对待政务信息公开化、任意扩大保密权限的官僚主义倾向迅速蔓延。[①] 为了适应国内的现代化进程,更有效地处理、协调日益复杂的经济、科技事务,更广泛地参与政治和社会活动,美国公众、民间社团以及经济界要求信息共享的呼声日渐高涨,人们希望拥有丰富的信息资源的联邦行政系统,能够而且应该向公众提供更多、更好的信息服务。这种保密与公开的社会矛盾和反差,终于在 20 世纪 50 年代初期引发了一场由美国新闻界倡导和推动的"知情权"运动。[②] 在各方面的努力下,美国于 1964 年通过《信息自由法》(Freedom of Information Act)[③],规定政府机关秘密事项公开与保密的原则和界限,根据

① 宋小卫编译:《美国〈情报自由法〉的立法历程》,载《新闻与传播研究》1994 年第 2 期,第 80 页。

② 同上,第 81 页。

③ 美国参议院于 1964 年 7 月 28 日通过了朗—德克森法案(即后来的《情报自由法》)。1965 年 2 月,该法案的修正案又提交参议院表决并通过。1966 年 6 月,众议院政府职能委员会批准了参议院的法案。其后,由于执行过程中发现漏洞,1974 年又进行了修订。在实施的过程中,又得到了很多判例的补充,现在逐渐趋向完善。

该法,民间政府对于政府机关信息原则上有“知的权利”,一般信息应供给公众利用,特别信息应供给传播媒体利用,除了该法列举的九类政府机关秘密不得公开外,其他信息都应当满足公民知情权的要求而公开。

美国司法咨询委员会在《联邦证据规则》建议稿第509条规定了“国家秘密和其他官方信息”的特免权,第510条规定了“告发者的身份”特免权,以阻止他人披露这些信息。但是该草案在讨论的时候引起了争议。美国素来有怀疑公权力的传统,当时,尼克松总统的“水门案件”让很多美国人感觉到政府信息不公开的弊端,所以对于确立公共利益特免权心存顾虑。该建议稿的规定最后没有通过。但是,还是有很多州规定了该特免权,例如《加州证据法典》第1040条和第1041条就分别规定了“官方消息的特免权”和“告发者身份的特免权”,赋予特定的公务人员以拒绝作证的权利。

公共利益的特免权旨在通过程序法的规定,对一些国家不愿公开的信息采取免于披露的措施,以保护公共利益。公开意味着本来属于“国家秘密”的很多事项既可以被公众查阅,也可以在公开的法庭上开示和质证,如果被传唤作证的公务员拒绝作证,还有可能被处以“藐视法庭罪”。只有对根据法律应当保密的事项,证人才可以拒绝披露。所以简单地说,公民知情权的下限也就是公共利益特免权的上限,信息公开范围的内线也就是特免权的外线,两者是此消彼长的关系。诚然,维护国家安全是政府施政的重要目的,但政府也应深切认识到,维护国家安全的目的是在保障民主的价值,国家的主权独立完整和人民生活方式与品质不受侵犯,因此国家安全本身不是目的,只是达成上述目的的手段。为了有效运用这一手段,政府可以有许多政策作为,但仍不应影响更高层次的价值认同,也就是民主价值的维持。否则太过强调国家安全,所影响的将不只是公民的知情权,更可能是摧毁整个社会赖以良性发展的民主基础。

第八章　特免权制度的未来

> 立法者应该把自己看做一个自然科学家。他不是在创造法律,不是在发明法律,而仅仅是在表述法律,他把精神关系的内在规律表现在有意识的现行法律中。
>
> ——〔德〕马克思①

如果仅仅是介绍中国曾经存在的特免权制度或者解释国外的特免权制度,本书的研究是不完整的,尽管这也能澄清学界对于特免权制度存在的一些误解,可以帮助我们更多地了解特免权的理论基础和发展脉络,甚至对证据理论进行一些反思。但是,作为一项专门的研究,如果不把这种研究融入中国正在进行的诉讼制度改革中,不对目前存在的一些问题有所贡献的话,本项研究的意义非常有限。对于在中国法制史上消失多年而又重新进入研究视野的特免权制度,学界给予了极大的关注和期待,并以宽容的态度把它写入了各种诉讼法或者证据法的草案。那么,对于特免权规则的建构,我们准备好了吗?

第一节　我国建立特免权的阻力

对于特免权正当性或者必要性的论证并不能说明在我国应当建立特免权制度,因为能否建立特免权制度,还在于对我国制度环境的现实分析,对可能存在的障碍的客观认识。尽管很多学者主张在正在进行的诉讼法修改或者证据立法中,纳入特免权制度,但是在笔者看来,建立特免权制度目前仍然存在着一些不能忽视的障碍,这种障碍,除了价值观念上的冲突,还在于制度层面的现实性问题。

一、不自证其罪特免权的障碍

不自证其罪特免权的障碍主要来于现行的侦查制度。除了第二章提到

① 《马克思恩格斯全集》第1卷,人民出版社1956年版,第183页。

的否认“无罪推定”原则的观念上的障碍，我国现在的侦查制度也存在先天缺陷，构成对设立不自证其罪特免权的巨大阻力。

与国外很多国家侦查权的配置不同的是，我国侦查机关是公安机关和检察机关的自侦部门，司法机关并不参与其中，因此，侦查机关天然就缺乏中立性，司法机关也没有对侦查活动的监督控制手段。由此导致的一个结果是侦查机关权力过大，特别是在处理案件的裁量权上几乎没有什么限制，整个讯问程序缺乏透明度和公正性。这表现在以下几个方面：

第一，侦查机关直接控制犯罪嫌疑人的时间过长。我国《刑事诉讼法》1996 年修改以后，很多学者反映对犯罪嫌疑人人身限制的时间过长。对于拘留，其原本是一种临时性的紧急措施，14 天已经过长，而现在居然长达 37 天①，这使得拘留变成了对犯罪嫌疑人的长时间的羁押措施。在国外，不但审前羁押的时间不可能这么长，而且一般都有批准羁押的机关参与，即使决定羁押也是在中立的矫正机构执行，像中国这样羁押机关自己决定羁押时间而且又在自己控制的场所（派出所和看守所）进行羁押的做法，实为罕见。长时间失去自由的状态使得很多犯罪嫌疑人身心备受摧残，很多非自愿性的供述都是发生在这段时间内。

第二，犯罪嫌疑人不但不享有沉默的权利，而且负有“如实供述”的义务，这种义务往往促使特定处境下的犯罪嫌疑人被迫自证其罪。我国《刑事诉讼法》第 93 条中规定，犯罪嫌疑人对侦查人员的提问，应当如实回答。这个义务与不自证其罪特免权是完全背道而驰的。什么叫“如实回答”？在通过法庭查明事实之前，侦查人员心中的“事实图景”和犯罪嫌疑人心中的“事实图景”可能是不一样的，那么如果犯罪嫌疑人没有按照侦查人员预想的那样回答，是否属于“不如实回答”？如果犯罪嫌疑人“不如实回答”，侦查人员可以采取什么措施？法律没有规定。实证调查显示，通过硬性地获取犯罪嫌疑人的口供还是目前侦查中主要的取证手段。② 尽管通过犯罪嫌疑人的供述获取线索可以用较低的侦查成本获得相关的证据材料，但是过分依赖口供的后果将是以牺牲整个侦查程序的人道性为代价的。

第三，律师没有在场权。由于在侦查讯问中，犯罪嫌疑人往往处于孤立

---

① 很多国家刑事拘留的时间一般不超过 24 小时，有的规定是 6 个小时，而我国《刑事诉讼法》修改反而把时间延长了。这可能是考虑到收容审查制度取消之后为弥补侦查机关的手段空档而作的权宜规定。

② 参见吴丹红：《角色、情境与社会容忍——法社会学视野下的刑讯逼供》，载《中外法学》2006 年第 2 期。

无援的地位,为防止追诉机关强迫或者变相强迫犯罪嫌疑人供述,很多国家规定了警察讯问过程中的律师在场权。我国1996年修改后的《刑事诉讼法》虽然规定了律师在侦查阶段就可以介入,但是并没有规定讯问时的律师在场权。这实际就是放弃了对于侦查讯问的外部监督,寄希望于侦查机关的"自律"。近年来很多学者呼吁建立律师在场权。但是由于在实践中,为了侦查的效率,很多案件采用夜间讯问、连续讯问和疲劳讯问,单独规定律师在场权也不一定现实,因为没有限制的讯问时间和间隔,会让律师疲于奔命。而没有同步录音、录像制度以及其他制度作保障,在场的律师难免不会成为讯问者威胁和恐吓的对象。

第四,侦查活动缺乏监督,侦查讯问程序的"他律"名存实亡。我国《刑事诉讼法》规定检察机关是负责侦查监督的机关,但是在实践中,检察机关对侦查活动的监督,除了通过审查批捕、审查起诉外,缺少监控,而审查起诉又往往是对侦查的直接认同,检察机关通过监督纠错的可能很小。《刑事诉讼法》还规定检察机关在审查起诉阶段应当讯问被追诉人,其实这是一个检察人员可以全面检验侦查情况的机会,便于发现在侦查讯问过程中可能出现的违法行为,但是很多检察机关都只是象征性地履行该程序,根本不予以重视,单凭侦查机关的"一面之词"就决定公诉,这种过于"信赖"的做法既是对被追诉人的不尊重,也是对审查起诉工作的不负责任。

从刑事诉讼的举证责任原理上看,控方应当对自己的指控负完全的证明责任,辩方没有义务证明自己无罪。虽然我国刑事诉讼法已经确认了这种举证责任的分担,但犯罪嫌疑人实际上是否已经获得了无须自证其罪的权利呢?尽管我国刑事诉讼法已经规定"严禁刑讯逼供和威胁、引诱、欺骗以及其他非法方法收集证据",但该法中也赫然规定着"犯罪嫌疑人对侦查人员的提问,应当如实回答"。由于犯罪嫌疑人仍然负有"如实供述"的义务,因此,在犯罪嫌疑人羁押的状态下,当问及是否犯罪,或者涉及一些证明是否有罪的证据的真实性时,犯罪嫌疑人负有两层义务:第一是应当回答;第二是必须如实回答。犯罪嫌疑人不能拒绝回答,也不能不如实回答。"坦白从宽、抗拒从严"这个刑事政策往往被理解成,一个人对自己的违法行为如果不坦白交代,而是拒绝回答,就是"抗拒",将被从严惩处。[①] 当被告人回答的时候,也必须如实回答,而不能虚假回答。判断犯罪嫌疑人的回答是否"虚假",是侦查人员的权力,侦查人员认为犯罪嫌疑人没有如实回答,犯

① 在很多案件中,"抗拒"或者"不配合工作"都会被视为从重情节而在量刑的时候考虑。

罪嫌疑人就得重新回答，侦查人员认为这个问题与“本案”有关，犯罪嫌疑人就不能保持沉默。最极端的例子就是在侦查人员的心中实际上已经有了这些问题的“正确答案”，他们确信犯罪嫌疑人就是犯罪分子，只要犯罪嫌疑人的回答不符合这些“答案”，就不是“如实回答”，侦查人员可能就会运用一定的强力迫使犯罪嫌疑人作出“正确的回答”。这实际上仍然宣告了被告人应当自证其罪。我国刑事诉讼法尽管禁止刑讯逼供等取证方法，但是由于相关的保障措施没有跟上，在审问实务中很容易采用强力或者变相的强力让犯罪嫌疑人自证其罪。2002 年发生的王树红案就是一个典型的例子[①]：

> 2002 年 8 月 28 日，云南省文山州丘北县发生了一起杀人案，丘北县公安局办案民警根据目击者的描述制作了一张犯罪嫌疑人的面部模拟图，并依据这张模拟图逮捕了丘北县锦屏镇磨依村 29 岁的农民王树红，王树红在刑讯逼供下“供述”自己的“罪行”，成了“无辜杀人犯”，据报道，他“戴上脚镣手铐，日夜不间断地审讯”，“由于他无法‘供述’自己的‘罪行’，办案民警就用木棒击打他的腰部，还用脚踢他的身体，用绳子勒他的脖子，还用他的手指放在老式摇电话机上放电击打”，最后“我被他们打得没办法，只好按他们的要求‘供述事件经过’”。10 个月后真凶落网，他才获得了清白。

这样的案子并不是特例，从辽宁工人李化伟 14 年冤狱到陕西处女麻旦旦“嫖娼”案，从中原第一大律师李奎生“伪证”案到震惊全国的云南杜培武“杀人”案，我们似乎已经见怪不怪。我们在媒体报道中可以看到这样一副场景：实际上清白的女子被警察当作卖淫妇女审问，被讯问者坚持自己没有卖淫，警察竟然要求被讯问者证明自己是处女！在云南杜培武案件的审判中，被告人杜培武声辩自己没有犯罪，主审的法官居然如此质问被告：“你说你没有犯罪，那你拿出证据来！”在法官的逻辑里，似乎只有被告人证明自己没有犯罪才能洗清冤屈。实际上，在杜培武案件的审讯阶段，负责审问的警察从犯罪嫌疑人杜培武口中“掏出”了大量的证明杜培武“犯罪”的证据，而这些“口供”事后被证明都是子虚乌有。为什么在规定被告人不负证明责任的时候，还会存在大量的对被告人刑讯逼供的情形呢？原因就在于我国刑事诉讼法没有规定对侦查权力的限制，没有规定犯罪嫌疑人、被告人可以拒绝供述，没有保障犯罪嫌疑人可以拒绝自证其罪的保护性措施，反而强化如

---

① 《法制日报》2004 年 9 月 1 日第 3 版报道。

实供述义务，因此，被告人不负举证责任的规定只能沦落为一个空架子，被告人享有的权利依然不能实现。

二、律师—委托人特免权的障碍

律师与委托人特免权是建立在律师高度职业化基础上的。律师制度虽然很早就产生了，但是直到 16 世纪以后才开始进入职业化，也就是在这个过程中，律师—委托人特免权才产生。当单枪匹马的律师结成一个团体或者行会的时候，律师的组织、纪律和道德伦理才有了存在的空间，律师职业的荣誉感和责任感才成为每个律师内心的约束。存在律师特免权的国家，都是律师职业化非常发达的，例如美国的律师有两百多年的历史，而全美律师协会更是律师职业化团体的典范。

我国的律师制度起步较晚，律师应有的法律地位在相当长时间内得不到承认。1957 年以后曾经有二十多年没有律师制度，1982 年才有了第一部《律师法》，全国律师资格考试从 1984 年才开始进行，所以严格来说律师制度的发展只有二十年左右的时间。1982 年《律师法》规定律师是“国家工作人员”，后来由于市场经济的发展和律师角色的变化，1996 年的《律师法》把律师定位为“社会法律服务工作者”，律师一下子从原来的“国家工作人员”成为社会自由职业者。这种巨大的落差并不能使社会一下子适应过来。律师这种自由职业者和其他自由职业者最大的差别在于其管理方式依然沿袭传统的管理公务员的方式，司法部和律师协会（实际上是一个半官方机构）进行双重管理，真正的“行业管理”并没有建立起来。[①] 没有行业管理，说明律师的职业化是不充分的。缺乏独立性和自治性的行业，可能会缺少荣誉感和责任感。对于接受委托事项的草率、对于委托人的疏忽，在律师的执业实践中并不鲜见；而律师管理的“官方色彩”又使得律师在为委托人利益服务的同时不得不肩负着协助司法的义务，有的律师甚至不知道自己是与委托人同一阵线还是与法官同一战壕。2007 年修订的《律师法》把律师定位为“依法取得律师执业证书，接受委托或者指定，为当事人提供法律服务的执业人员”。但与此相配套的制度却未调适过来。[②]

我国法律原则上承认律师对委托人的保密义务。原《律师法》第 33 条

---

① 北京和广州的律师行业管理可能是走在最前面的两个典范。例如，北京市律师协会自 1995 年第四届时开始全部由执业律师组成理事会，实行律师自主管理行业事务。

② 2007 年修订的《律师法》与现行《刑事诉讼法》某些条款上的矛盾，直接导致目前实务中律师的权利难以落实，公安、检察机关拒绝执行《律师法》新规定的尴尬。

规定:"律师应当保守在执业活动中知悉的国家秘密、商业秘密,不得泄露当事人的隐私。"保密义务的范围在此被限定为国家秘密、商业秘密和当事人的隐私,并没有将之扩展到一般的案件事实。《律师职业道德和执业纪律规范》规定:"不得泄露在执行职务中得悉的委托人的隐私、秘密和委托人不愿公开的其他事实和材料;律师对与委托事项有关的保密信息,委托代理关系结束后仍有保密义务。"

对于当事人不愿透露的一般案件事实(不涉及隐私)律师是否应当保密的问题,上述法律和道德规范的规定存在不一致,前者未作规定,后者作了规定,但相对于法律来说,律师道德规范的效力稍逊一筹。律师与委托人之间的关系虽然是合同关系,但由于作为法律实务专家的律师具有天然的优势,而我国普通公民的法律意识也不强,所以两者之间实际上是非平等的关系[①],律师的优越感比较明显。委托人基于对"专家系统"的信赖[②],通常不会对律师的行为产生置疑,更多的是被动地接受。而要求处于优越感中的律师自觉地考虑道德与伦理问题,反思自己的良心、道德观、价值观,似乎也是不太现实。在法理上说,义务是和权利相对的,所谓"有义务必有权利",一方的义务就是另一方的权利。既然规定了律师的保密的义务,就应当有委托人享有的保密权利,即有权要求律师在诉讼中不得泄漏自己的隐私以及"不愿公开的其他事实和材料",但是我们在相关的法律中找不到这样的规定。我们在诉讼法上看到的只有当事人不得隐瞒证据的规定,犯罪嫌疑人应当如实供述的规定。在是否应当披露委托人与律师交谈内容这个问题上,最为利害相关的委托人成了"局外人",被剥夺了发言权,主角成了律师与律师管理机构。如果法庭要求律师披露委托人与律师秘密交谈的内容,委托人并没有抗辩权,只能眼睁睁地看着自己的利益受到损害。

但是另一方面,法律又变相地否定了律师对委托人的保密义务。我国《刑事诉讼法》规定"任何人都有作证的义务",又规定"辩护律师和其他辩护人,不得帮助犯罪嫌疑人、被告人隐匿、毁灭、伪造证据或者串供,不得威胁、引诱证人改变证言或者作伪证以及进行其他干扰司法机关诉讼活动的行为。违反前款规定的,应当依法追究法律责任。"但是法律没有对什么是"隐匿"证据进行进一步的解释,这使得律师无形中肩负了如实提供证据的

---

① 有人称之为"老师与学生"的关系。参见韩立收:《律师职业的法理学诠释》,吉林大学法学院2003年博士论文,第82—84页。

② 专家系统是现代社会的信任机制之一。参见郑也夫、彭泗清等:《中国社会中的信任》,中国城市出版社2003年版,第310—311页。

义务。我国原《律师法》又规定:“律师在执业活动中不得……隐瞒事实。隐瞒重要事实的……吊销律师执业证书;构成犯罪的,依法追究刑事责任。”这就要求律师不得为委托人隐匿证据,也即隐瞒事实的行为不合法。而且,《刑事诉讼法》第84条第1款规定“任何单位和个人发现有犯罪事实或者犯罪嫌疑人,有权利也有义务向公安机关、人民检察院或者人民法院报案或者举报。”也就是说,律师有义务向公安司法机关举报委托人的犯罪行为。这样就造成了律师处于对委托人的保密义务和对司法机关的如实提供证据义务的夹缝中,而司法机关的压力更能促使律师放弃自己的保密义务。不仅如此,我国《刑法》第306条特别针对刑事诉讼中的辩护律师作出如下规定:“在刑事诉讼中,辩护人、诉讼代理人毁灭、伪造证据,帮助当事人毁灭、伪造证据,威胁、引诱证人违背事实改变证言或者作伪证的,处……有期徒刑。”该条文从字面上看似乎没有什么问题,但是什么是“毁灭”、“伪造”很难界定,实践操作中对于律师不提供自己掌握的证据的行为也作为该罪处理,造成打击面过大,很多为委托人利益保守秘密的律师都可能面临检察机关的指控,刑事辩护业务风险陡增。

从法律条文上看,这样的规定是存在冲突的,如果律师在委托过程中发现了委托人不愿为司法机关知道的犯罪事实,那么律师就不得不在原《律师法》所要求的保密义务和“不得隐瞒事实”的禁止性规定的夹缝中,如履薄冰。如果律师在追求正义的感召下(或者是处于自身安全的考虑),认为追求司法公正的利益高于委托人的利益,把委托人尚未披露的事实向司法机关检举,这样律师就“沦落”为法官查明案件事实的途径,律师成了司法机关安插在当事人身边的一个“奸细”。律师从为委托人辩护的角色,转变成了“第二公诉人”,律师保密义务成为一纸空文。如果律师认为委托人的利益应当高于一切,对委托人向律师披露的证据和信息,有意或者无意地隐瞒(很多案件中律师根本就没有伪造证据),可能《刑法》第306条早已虚位以待,律师难逃牢狱之灾。而且,《刑法》第310条的“包庇罪”也可能成为一个“潜在的杀手”。——要么成为“第二公诉人”,要么“自投罗网”,这就是律师特免权缺位带来的尴尬。对于这种两难的困境,出于道德和安全的考虑,很多律师选择了“拒绝为委托人辩护(代理)”。但是严格来说,法律规定的律师拒绝辩护或者代理的情形并不能适用此种情形,因为委托人既没有利用律师提供的服务从事违法活动(违法活动已经终了),也没有向律师隐瞒事实(而是和盘托出事实真相)。律师如果因为知晓一些委托人的犯罪信息而拒绝辩护,更多的是推卸责任的表现。

这种立法上的矛盾使得律师在面对案件事实的审理者和委托人的时候，难以摆正自己的位置，我国虽然有各种职业道德的规范，但是却没有职业秘密的特免权规范，所以在执业者方面看，他只有为当事人保密的义务，却没有拒绝向法院作证的权利，使得诉讼中的执业者常常陷入两难境地。律师的职责是维护当事人的合法权益，刑事辩护律师更是要为委托人罪轻和无罪进行辩护，因此他必须站在委托人的立场上考虑问题。即使是对同一个事实，律师也会从法律的角度，为委托人寻找更加有利的解释，这才符合律师的职业道德。但是，在追求打击犯罪占统治地位的价值观念下，这种做法就被控方认为是替犯罪嫌疑人、被告人开脱罪责，也被事实审理者理解为是在妨碍事实真相的查明，甚至被认为是在故意帮助被告人制造虚假证据、干扰司法公正。这是观念的错位在立法上的反映。追求查明真相的制度背景下，律师的保密义务难以对抗作证义务。我国的法律虽然在原则上肯定了律师的保密义务，但是既没有规定切实的具有可操作性的规则和制度，也没有赋予委托人一方相应的主张权和抗辩权，所以在根本上不能与律师—委托人特免权同日而语。在笔者看来，不能正确对待律师和委托人的关系，特免权建立就只能是一个遥遥无期的事情。

2008 年 6 月 1 日实施的新《律师法》终于改变了这种尴尬的局面，不但删除了"禁止隐瞒事实"的规定，而且在原第 33 条的基础上增加规定："律师对在执业活动中知悉的委托人和其他人不愿泄露的情况和信息，应当予以保密。但是，委托人或者其他人准备或者正在实施的危害国家安全、公共安全以及其他严重危害他人人身、财产安全的犯罪事实和信息除外。"从《律师法》的规定我们可以得出，如果律师在执业活动中知道委托人不愿为司法机关所掌握的犯罪信息，正确的做法是保密。但《刑事诉讼法》第 38 条、第 84 条第 1 款和《刑法》第 306 条的规定与上述《律师法》的规定显然相左。如何解决此立法冲突，也是相当棘手的问题。

那么，我们应该如何重新审视辩护律师与委托人的关系呢？笔者认为，应当让它回归民事法律关系模式，通过保障交流秘密重建律师与委托人之间的信赖关系。首先，律师和委托人的关系应该定位为委托合同关系，而且是有偿的特别委托合同，作为受托人的律师，在刑事辩护中，主要承担提出证据证明犯罪嫌疑人、被告人无罪、罪轻或减轻、免除刑事责任的材料和意见，受托人应当按照委托人的指示处理委托事务。基于合同法上的保密义务，律师对于其因职业获悉当事人的秘密和个人隐私，以及在为委托人代理过程中知悉的其他秘密事项，应当具有保密义务。而且，基于"后合同义务”,即使是在委托关系终止之后,律师对于在其代理过程中获知的信息,仍有保密的义务。律师即使解除了与委托人的委托关系,依然不能作证。其次,应该转换对律师的角色认同。律师原先被定位为“国家工作人员”,《律师法》修改将律师界定为“为当事人提供法律服务的执业人员”,即社会法律工作者。这实际上已经把律师从公共利益的代言人的角色转换到了委托人利益的代言人。这可以看做是对律师性质认识的一大进步。但是,我们也应该看到,律师的地位却因此下降了,“国家工作人员”可以与检察官、法官同起同坐,同一阵营,但社会法律工作者却如“个体户”,而且“非我族类,其心必异”。律师经济地位的提高也不能避免其获得更多的社会地位和尊重。法律如果将律师和委托人的关系置于民事法律关系框架下考虑,敌对关系可以转化为友好的协商关系,这种职业歧视或许会有所改变。例如,废除《刑法》第 306 条的规定,平等地对待律师,就会给刑事辩护律师一个更好的执业环境。最后,从更为积极的角度考虑,应当加强对律师人格权、人身权保障,改善目前我国法律对律师保护不力的现状。我国现行刑法和刑事诉讼法都把律师作为约束的对象,但是很少考虑到律师的保护,也没有在程序上对律师办公场所、律师持有的文件、物品的搜查和扣压作出严格的控制,侵犯律师权利的事情时而发生,严重影响了律师的执业安全。刑事诉讼执业的危险性在很大程度上造成了辩护职能的萎缩。我们的立法机关和司法机关,应当认识到积极保障律师安全执业的权利,尽量避免运用权力干扰律师正常的执业活动。刑事诉讼法可以赋予辩护律师更多的独立调查取证权,保障律师与委托人的交流不受任意干涉和阻挠,除了严重违法的行为由刑法调整外,对律师执业中的违纪行为,交由律师职业团体处理更为妥当。只有在这些方面努力了,我国律师—委托人特免权的建立才有制度基础。

三、记者特免权的障碍

记者特免权在美国的判例中曾经有过复杂的演进,也存在着诸多的争论,但是现在无论是英美国家还是德国等大陆法系国家,都确立了记者特免权或者有限的记者特免权。我国是否也应当效仿呢?笔者认为,我国新闻法的不发达给这一制度设置了最大的障碍。到目前为止,我国尚没有一部《新闻法》来保障新闻的自由与权限,而且近期也没有相关法律的立法动向。

众所周知,我国的新闻媒体都是属于“事业单位”,是官方性质的,目前尚没有私人开办的新闻机构,私人也无权发布媒体新闻。所谓的“新闻自由”相对于西方社会的新闻自由仍然存在一定的差距。新闻审计署作为全国性的新闻审核单位，对于权威媒体发布的新闻都会经过初步审查，一些敏感的问题已经在这个过程中被过滤，即使有一些新闻因为“把关不严”而发布，也有着事后追究制度，对于责任人员的处理是较为严格的。在这样的背景下，新闻媒体的自律性已经达到了相当的高度，出现捕风捉影、歪曲事实、不负责任的报道的几率并不是很大。但是，根据耶鲁大学陈志武教授对近年来发生在我国的170件媒体侵权官司所做的统计，媒体的败诉率仍然高达80%。[①] 这又是如何造成的呢？这些原因对记者特免权的建立有无消极影响？

媒体败诉率高并不代表媒体的消息来源失实可能性大。首先，在名誉权侵权纠纷中，按照法律规定，因侵权发生的诉讼由被告住所地和侵权发生地的法院来管辖，侵权发生地可以理解为侵权行为发生地和侵权结果发生地，而根据司法解释，侵权结果发生地又可以被认定为被侵权人的所在地，因此在实际的案件中原告都选择在原告所在地起诉。那么作为被告的新闻媒体或者作者就不得不到原告所选择的起诉地去应诉。这样一来，原告作为公共人物在当地的影响力就可能会影响到案件本身。例如，在朱江洪诉仲大军一案中，原告朱江洪是格力集团的副董事长、格力电器的董事长，格力集团在珠海的影响力不可小觑；在张西德诉《中国农民调查》作者名誉侵权案中，张西德在当地曾任林泉县县委书记。[②] 其次，由于法院在审理此类案件的过程中，往往把“谁主张谁举证”理解为“谁是作者谁举证”，对新闻媒体和作者加诸了过多的举证负担，而很多国家的判例都承认公众人物的名誉侵权案都应当由原告证明被告实有恶意或玩忽放任，即“实际恶意”原则（实行“实际恶意”原则的国家，媒体败诉的案件微乎其微）。英美判例认为，作为被告的媒体在法庭举证中并不要求提供新闻线索，而是要求所反映的问题“基本真实”，被告则需要证明所反映的问题“严重失实”。也就是说，在媒体名誉侵权案件中，由于是原告提出侵权的主张，所以举证责任应该在于原告方，而事实上我国的做法往往相反。最后，我国法律和新闻职业道德没有规定媒体有保护新闻来源、不对外公开的义务，使得这种基本的行业准则遭到忽视。一个极端的现象是，被举报者想搞清举报人是谁，他只需要到法庭上去告媒体就全知道了，法庭通常不仅要求记者提供新闻消息来

---

① 而在美国的媒体侵权官司当中，媒体败诉的几率仅为8%。详见《中国法律人》2004年第9期。

② 在曾经轰动一时的陈永贵遗孀诉吴思案中，因为陈永贵曾经任国务院副总理，所以吴思在《陈永贵：毛泽东的农民》一书中的部分有争议内容，尽管作者有资料来源，也因故不能胜诉。

源，而且要求提供消息来源的证人作证。①

在设立记者特免权的消极因素中，还有一个问题是关于记者身份的界定。究竟什么人可被视为是新闻记者？是第一线的记者？还是编辑？是否包括总编辑、发行人等。在中国，人们一般不把非专业从事新闻职业工作的人称为记者，但是在国外，记者的外延却可以无限地扩大。随着现代媒体类型愈趋多元化，新闻记者的定义与界线变得愈来愈模糊，例如 BBS 站版主、私人网站站长，或是网页内容供稿人、网页编辑，甚至媒体宣传活动中的主持人是否属于记者或者新闻工作者？② 这些问题至今仍未有确切的答案。传统上对新闻记者的定义往往是以工作单位为主，按照是否与新闻媒体有雇佣或委任关系来决定。但由于新形态媒体日益增多，如何确认“新闻媒体”又成为一个新问题。美国有些州（如特拉华州）在《记者保护法》（Shield Law）中对“记者”的定义为：“每周花费至少 20 个小时在将取得或准备得信息传播给大众之任何个人”，即以“工作时数”来作为新闻记者之定义。但是更多的州，都没有采用明确指定哪种媒体方属新闻记者的立法方式，而是以描述性文字，例如：“致力于新闻搜集采访”或是“跟新闻媒体有雇佣关系或委任关系者”来解决此一难题。参考目前各州的立法规定，通常是从两个角度来界定某人是否属于新闻记者：一为工作内容，一为工作目的。前者系指其主要工作内容是否即为采访搜集新闻信息，后者则是评量其搜集采访新闻信息之目的，是否为希望能透过媒体传播给大众，或是呈现在大众面前。不过，尽管当前网络媒体极为发达，个人网站、博客如雨后春笋，但截至 2001 年，全美 31 个有立法保护新闻记者的州当中，还没有一个州将网络媒体纳入其保护范围内。

虽然《中国新闻工作者职业道德准则》规定：“通过合法和正当的手段获取新闻，尊重被采访者的声明和正当要求。”但我国现行的法律制度并不承认记者有特免权。在新闻管制的时代，消息来源比较单一，而且因为有新闻审查制度，通常不存在记者需要保护特定的消息来源的问题。随着近些年媒体自由度的加强，特别在一些涉及娱乐界的案件中，出现了是否应当提供消息来源的困局。近年来涉及记者特免权比较有影响的案件，除了 20 世

---

① 如李谷一诉南阳《声屏周报》社、汤生午报道文章侵犯名誉权纠纷案，韦唯作为证人作证。

② 比如，在笔者主管的中国证据法网，每每有证据法方面的研讨会，笔者可能都会身体力行，摄影并写简明报道登于网上，有的还被其他的网站或者报纸转载。

纪 90 年代的李谷一诉《声屏周刊》案，有 2002 年的杨钰莹案[①]、2003 年的陈杰人案、2004 年的《中国改革》案，以及 2005 年的"美女棋手"案[②]。

2003 年 5 月 21 日，《中国青年报》旗下的《青年参考》头版刊发了陈杰人写的《女大学生卖淫现象调查》，披露了武汉地区某些女大学生从事卖淫活动的现象。这如同一颗重磅炸弹，引起社会的强烈反响。震惊之余，一场声势浩大的声讨随之而来。由于该文"严重伤害了湖北省高校女大学生的感情，损害了大学生形象"，引起众怒，网上谴责之声如"滔滔长江水"，甚至有人提出要"做掉"陈杰人。并有武汉一些青年大学生联合签名，准备提出抗议。[③] 陈杰人事件引起了武汉教育部门的强烈反击，方方面面的质疑之声要求他拿出切实的证据证明自己的新闻并非虚构，在巨大的压力之下，他不得不将被采访对象的情况和盘托出。5 月 24 日，《中国青年报》即在头版刊出致歉声明，记者陈杰人被停职，几天之后即被辞退。

在本案中，引起争议的主要是一些调查数据，而陈杰人获得数据的途径是"隐性采访"，很多人质疑陈杰人为何不能确切地透露被采访者的真实姓名。陈杰人在巨大的压力下透露了消息来源。其中接受采访的武汉某学院学生刘某某（本书隐去姓名）因介绍卖淫已经被武汉市公安局刑拘，中南民族大学的学生荣某和湖北某大学的学生周某在被公安局教育后释放，但另外"武汉某大学的一位教授"、"一位不愿意透露姓名的女生"却无从查考，因为他们在向记者披露这些信息的时候，就声明不能透露他们的身份。尽管对陈杰人提出质疑的网友也认为陈杰人是"曾经写过许多令人信服而且能证明其是一个有着正义和良心的客观报道记者"，但仍然以强大的舆论压力迫使陈杰人违背自己的初衷，道出一些具体的消息来源，不过这样仍然免不了被辞退的命运。在这场舆论和新闻自由的较量中，舆论大获全胜，但是，记者对于消息来源的保密义务、消息提供者要求保密的权利却被忽视了。尽管我们可以从新闻规范的角度来指责陈杰人的过失，但是如果从新闻职业道德情况看来，舆论是在强迫陈杰人违反职业道德。作为记者的陈

① 《南国都市报》2002 年 9 月 4 日刊登了《记者揭秘：因报道杨钰莹"相夫教子"遭灭顶之灾》，披露《成都商报》记者为了不泄漏给他提供消息的匿名消息来源者的姓名，而被迫登报道歉和失去了原来的工作。

② 参见《美女棋手不堪绯闻上法庭 要求道歉索赔 10 万》，载《新闻晚报》2005 年 12 月 16 日。

③ From http://www.blogchina.com/new/display/8427.html，2003 年 5 月 26 日。

杰人应该很清楚,没有被采访对象的配合,任何采访都不可能完成(除非是暗访),对被采访对象的身份保密是记者的基本道德,当记者在采访的时候向消息的提供者承诺保守秘密①,那么就上升为一种道德义务。但是,这种道德义务面对社会舆论和法律,显然是孱弱的。

如果说陈杰人一案还没有完全上升到诉讼法上的记者特免权与证人作证义务的冲突的话,那么下面的一个案例则是这种冲突的最好写照,其结局也发人深省。

> 2003年7月,《中国改革》杂志刊出一组关于国企改制的专题文章,在谈及国企改制过程中分配不公的问题时,广州华侨房屋开发有限公司的改制问题被作为相关案例之一列入这组文章。文章披露了该公司三年改制的经过,并对在此过程中国家和员工利益受损现象提出质疑。这篇后来引发争议的文章刊发后,广州市建委曾派出工作组对广州华侨房屋的相关问题展开调查。2003年9月7日,工作组的最终的调查结果还未公开,《中国改革》却等到了广州华侨房屋的一纸诉状。2004年6月15日,广州华侨房屋有限公司诉《中国改革》杂志侵犯其名誉权一案在广州市天河区法院开审。在庭审过程中,《中国改革》的律师在庭上出示的部分书面材料被法官以不是"原件"、没有加盖公章或签署的不是证人真实姓名为由不予采信。这对被告非常不利。被告虽然辩称其报道的事实均有消息来源,但棘手的是该报道的直接消息来源是开发公司的一批员工。由于害怕单位打击报复,他们在接受《中国改革》采访时都要求媒体匿名处理。《中国改革》的尴尬在两位被采访者"主动"出庭作证之后得到缓解,这两位被采访者一是广州华侨房屋原副总经济师,一是公司的下岗员工。经过庭审交叉询问之后,法官提出把部分不予采信的证据提交合议庭审议。据了解,两位出庭证人中有一人即为《中国改革》的"线人"。《中国改革》在庭审后的采访中强调说,"我们最核心的'线人'并没有出庭,我们也没有透露。因为他还在公司,我们必须保护他。"②

尽管作为被告的《中国改革》强调本案证人是自愿作证的,但不可否认的是正是因为记者特免权的缺失给予证人太多的压力,使得证人不得不从

① 在新闻报道中,我们经常会看到"一位不愿透露姓名的人士向记者透露"之类的措辞,这实际上就表明记者在获得采访许可的时候,已经承诺为提供信息者的身份保密。

② 详细案情可见王琳:《对秘密消息源,媒体应否保护》,载《方圆》2004年第9期。

幕后走到前台。这可能是证人当初在向媒体提供消息来源的时候试图避免的场面，因为身份“曝光”会给我们带来很多不必要的麻烦。如果记者按照职业道德拒绝提供消息来源和证人的姓名，由于我国不承认记者特免权，这种抗辩根本不会产生什么影响，而且，由于“谁主张、谁举证”（“原告须证明被告恶意”的规则并没有建立起来），被告《中国改革》杂志很可能败诉。[①]于是“线人”在这场诉讼中成了一个“必要的”牺牲品。

在我国学术界，对于是否承认记者特免权，存在着两种相反的意见。赞成者认为，记者如果出庭作证，将使记者的采访对象、记者本人的安全没有保证，记者的采访权和公众的知情权将受到伤害，我国在建构特免权规则的时候也应该建立该项特免权。[②] 而反对者认为，如果承认记者特免权，那么一旦记者报道失实，在提起侵权之诉的时候，如果记者行使特免权，将无法追究信息提供者的民事责任，不利于保护被害人。[③] 笔者认为，反对者的这种担忧是可以理解的。如果绝对地给予记者不披露消息来源的权利，那么该特免权有可能成为虚假消息的保护伞。但是这种担忧也是可以通过法律化解的。首先，从过错的角度来讲，因提供新闻材料引起的名誉权纠纷，认定是否构成侵权，应区分以下两种情况：一是主动提供新闻材料，致使他人名誉受到损害的，应当认定为侵害他人名誉权。二是因被动采访而提供新闻材料，且未经提供者同意公开，新闻单位擅自发表，致使他人名誉受到损害的，对提供者一般不应当认定为侵害名誉权；虽系被动提供新闻材料，但发表时得到提供者同意或者默许，致使他人名誉受到损害的，应当认定为侵害名誉权。[④] 所以，并不是所有提供不实消息的人都会构成侵权。其次，记者特免权的主张与放弃的主动权在记者手上，如果消息来源的提供者是被动提供的，那么记者理应负有必要的谨慎注意义务，由此构成侵权的记者没有必要泄漏消息来源，而由自己承担扩大影响的侵权责任；如果消息来源的提供者是积极提供的，那么他/她就有利用媒体扩大消息影响的主观故意，如果构成侵权理应由消息提供者承担责任，记者没有必要为其主张特免权。

---

① 不过，最终由于“线人”作证，广州市天河区人民法院一审案判决《中国改革》胜诉，有评论称该判决“首次维护了媒体维护‘为线人保密’的职业原则，在中国新闻法制史上具有里程碑式的意义。”笔者不以为然。在笔者看来，该案恰恰是回避了是否应该保护消息来源以及记者的特免权这个尴尬的问题。

② 张卫平教授的观点，参见《中国记者有权拒绝出庭作证吗?》，载《南方都市报》12 月 15 日。

③ 参见于海涌：《论新闻记者的拒证特权》，载《中国社会科学院研究生院学报》2003 年第 3 期，第 99 页。

④ 1998 年《最高人民法院关于审理名誉权案件若干问题的解释》。

因此,如果发生侵权诉讼,记者可以斟酌情况决定是否行使特免权:通常情况下,记者可以主张特免权,以保护自己与消息提供者之间的信赖关系,如果消息提供者恶意提供虚假新闻,造成侵权,那么记者与消息提供者之间的信赖关系已经被消息提供者破坏,记者没有必要主张特免权,可以披露消息来源,这对于潜在的消息提供者也是一种制约。最后,对于匿名消息来源可能引起更多虚假消息的问题,属于媒体对权利的滥用,是一个如何加强法制、规范媒体报道的问题,而不是特免权引起的问题。

中共中央宣传部、国家广播电影电视总局、国家新闻出版总署于2005年3月22日发出《关于新闻采编人员从业管理的规定(试行)》,强调了新闻采编人员要坚持真实、全面、客观、公正的原则,确保新闻事实准确,"要认真核实消息来源,杜绝虚假不实报道"。该规定要求记者要核实消息来源,但并没有提出应当公开消息来源的义务,所以对该特免权的建立并没有造成实质的障碍。至于对于"记者"范围的顾虑,因为2005年3月1日实施的《新闻记者证管理办法》已经有规定,可以参照确定。留下来的问题可能就是如何保证消息来源的真实性,如何避免记者杜撰。根据国外的经验,新闻媒体内部对各种渠道的消息来源会有一套专门的处理方法,通常媒体管理者会要求记者尽量解释匿名者背景,即使不能说出消息人士的名字,也有责任尽量向读者解释,为何确信有关消息人士知情,而该人士在事件中又是否有特殊立场;至少要有一名编辑,知道匿名消息人士的真正身份,好让编辑们能帮助判断,应否引用该人的消息;在引述消息人士的说话时,要公允地交代前言后语背景,确保没断章取义等。[①] 这些经验值得新闻媒体借鉴,本书不再赘述。

在市场经济日趋成熟的今天,信息交流频繁,媒体之间的竞争也愈演愈烈。伴随越来越多的媒体打出有偿征集新闻线索的口号,一个新的职业群体——"新闻线人"应运而生,他们通过提供新闻线索而从新闻媒体获得报酬。据不完全统计,北京主要都市类报纸的热线新闻中,有80%来自于线人的报料。[②] 有人认为,媒体线人的出现,"对于新闻媒体来说,有利于扩大新闻线索的来源、克服新闻报道面窄的缺憾;对于新闻记者而言,相对减轻了

---

① 参见陈勇:《媒体滥用匿名消息来源现象剖析》,载"传播学论坛"(www.chuanboxue.net)2004年5月21日。

② 记者对京城各主流综合都市报的新闻线索进行的统计,中华新闻网2003年11月7日数据。随着报业竞争的加剧,京、沪、杭等地报纸都推出了"报料有奖"活动,按提供线索的价值大小给新闻线人奖金。这支就业"新军"正在不断扩大,有的地方甚至出现了新闻线索供应公司。

他们搜集新闻线索的负担,记者可以留出更多的时间来挖掘新闻背后的意义,进行更多的深度报道,推出高质量的报道作品;而对于观众或读者来说,则意味着可以接触到更多更有传播价值的新闻报道。"①但是,对于这个群体的权益,法律的保护仍然是力所不逮,记者主动或者被动泄漏消息来源的事件让很多线人畏首,有的线人甚至遭到了打击报复。如何保护消息来源以及线人的权益,也成为当下新闻法制的一个新内容。

四、亲属特免权的障碍

我国的诉讼制度历来重视打击犯罪,强调"不放过一个坏人",而且要求公民为现实这个目标"贡献自己的力量"。我国《刑事诉讼法》第48条规定:"凡是知道案件情况的人,都有作证的义务。"按照该条款的规定,在刑事案件中,凡知道案件情况且具备作证能力的人,都有作证的义务,即使是被告人的父母、配偶、子女,即使他们的证言将不利于被告人,也必须如实作证,否则将承担相应的法律责任。但是,这种看似非常"正义"的要求,却在社会上遭到人们的规避,而且这种规避在某种程度上获得了更多的正当性支持。

某电视台的法制节目曾经在2004年10月播出过这样一个故事:某甲,因为自己的妻子犯罪而被要求作证,他虽然知道妻子的犯罪事实,但是由于和妻子感情甚深,坚持不提供妻子犯罪的一些证据,结果因包庇罪而入狱。在他刑满释放那天,记者去采访,以求获得一些法制宣传的材料。但是某甲面对摄像头,仍然说自己不后悔,他会等着自己的妻子出来。尽管"蹲班房"在农村是一件名誉扫地的事,当记者采访罪犯的左邻右舍时,几乎所有接受采访的农民都对某甲表示了同情。记者发现,某甲出狱后所在的社会群体给予他的社会评价似乎丝毫没有降低,反而有所上升。因为大家理解他,甚至有人表示"佩服"他。

由于近亲属特别是夫妻之间的自然形成的紧密关系,与犯罪嫌疑人或被告人生活在一起的家人必然有着了解犯罪信息的条件和优势,他们的证言对于证实犯罪有着极为重要的意义。我国诉讼法肯定了这种作证义务,实际上也是在期待犯罪分子的亲属能够"大义灭亲"。但是,遗憾的是,上述案件中的主人公没有做到。如果按照我国刑事诉讼法和刑法的逻辑,某甲拒绝作证的行为是违反法律义务的行为,具有很大的社会危害性,应该受到

① 胡青云:《"新闻线人"现象析》,载《新闻记者》2004年第1期。

法律的惩罚。但是,反思这个案件,我们不得不质疑所谓的"社会危害性"问题。某甲拒绝提供自己妻子的罪证是否真的有社会危害性?抑或强迫某甲作证的规定本身才是造成社会危害性之源?如果某甲在调查机关介入的时候,不但如实提供了妻子犯罪的行为,甚至连夫妻之间秘密交谈的内容全都和盘托出,非常"配合"惩罚犯罪的正义之举,他的左邻右舍和普通民众会怎么想?在他人看来,这种行为很有可能是两种原因引起的:第一是某甲和他妻子的关系已经完全破裂,他正想趁此机会摆脱他妻子;第二是某甲虽然和他妻子的感情很好,但是他对于这件事情非常恐惧,害怕连累自己,不得已作出供述。[①] 而这两种情况在社会上都不能产生什么积极的影响,人们不会对他大义灭亲的行为拍手称快,反而会鄙视他的人格和为人,因为他是出于自私的目的作出这样的行为。如果说有什么作用的话,可能会促使他们会更加小心地对待夫妻之间的交流,"三缄其口",因为今日闺房之私语,可能会成为明日公堂之供词!这难道不也在无形中造成了一种"社会危害性"吗?

不幸的是,我国司法机关一直在如此行事。例如,溧水县检察院2000年查办的县公安局局长王某受贿一案,侦查人员分析王某的妻子俞某文化水平低,心理素质相对较弱,出生贫苦农家,夫妻感情较好,对金钱利益看得很重,在家里掌管家庭财务等特点,认识俞某对王某的受贿行为肯定知情且极有可能系同案犯,而且赃款赃物的去向她一清二楚,遂将俞某列为"第一突破口",而王某的儿子在国有企业当干部,有自己的前途和名誉,被列为"第二突破口"。俞某和其子被找来后,侦查人员分别对症下药,针对各自的特点和薄弱环节做工作,很快就从他们二人口中获得重要的证据。俞某交代了其参与及知情的受贿30余万元的事实,并把她经手转移隐藏的赃款赃物如数交出,王某的儿子也配合办案人员将其经手转移的摩托车数辆和价值近10万元的高档名酒交了出来,检察机关于是顺利地侦破全案。[②]

在上述的王某受贿一案中,我们似乎只看到被告妻子与儿子的"深明大义",看不到证人的内心困境(即使有,可能也被文字处理了)。但是,"夫妻感情较好"的配偶,能够如此"主动交代"并检举指控的,恐怕并不多见。根据实证调查,在查办职务犯罪案件中,犯罪嫌疑人(被告人)翻供、证人(多

---

① 在现实生活中,很难想象一个有感情的人会为了所谓的司法正义的目的"出卖"自己的亲人,因为这种行为不大符合正常的行为模式,尽管在很多年前政治狂热的年代这种行为可以被人所理解。

② 史兆祥:《浅谈贿赂案件侦查中突破的选择》,载《南京检察调研》2003年第1期。

为被告人的亲属、朋友)翻证比例达60%以上,而且比例大有上升之势。[①]经验表明,在大多数的案件中,被告人亲属的证言是对被告人有利的,而提供不利证言的人反而要面临道德的困境。夫妻关系的和谐决定着家庭的稳定,即使配偶一方犯罪,另一方念及感情也很难作证指控配偶,因为他们曾经共同生活并仍需要生活在一起,仍需要修补这次事件带给他们的伤害。而违背亲情伦理作证,特别是提供不利证言,对于夫妻而言,这种裂缝有时可能是难以弥补的。我们不得不正视的一个现实是,中国的社会保障体系还很不完善,使得家庭承担了许多社会功能,如赡养老人,辅助没有生活能人的亲属等。假使法律要求证人对于其亲属出具不利的证言,其结果是导致家庭关系的破裂,严重损害家庭成员之间的信任关系。当这些被亲人举报入狱的罪犯回到社会的时候,他们会如何看待曾经"出卖"(尽管这种"出卖"有着冠冕堂皇的理由)自己的亲人和朋友,他们会如何对待横亘在他们心理之间的巨大鸿沟?[②]

诚如在本书第三章中所述,特免权规则可以保护人与人之间的信赖关系的发展,虽然这种带有功利性的目的并是不足以成为特免权建立的唯一理由,但也是主要的理由。在一个没有特免权的社会,是否信赖关系会受到影响呢?这种影响与特免权的关系可能不是那么直接和明显,但是潜移默化的影响却不能低估。由于它在法律上宣告了特定人之间秘密的交流不再受到保护,任何人都有如实作证的义务,当这种义务成为一种政治口号的时候,便会对普通公民的道德观产生影响,对社会价值观造成难以弥合的伤害。如果这种亲属作证义务是正当的,如果更多的人从这个案件的报道中知道了这种所谓的"大义灭亲"之举,他们会受到深刻的道德教育吗?不见得。司法机关为了正义的借口,可以以威胁、强制或者欺骗的手法获得被告人亲属的证言吗?罗尔斯说:"法治所要求和禁止的行为应该是人们合理地被期望去做或不做的行为。……它不能提出一种不可能做到的义务。"[③]如果我们无视一些社会的基本关系,而不现实地要求人们承担过高的道德义务或者法律义务,必然会践踏社会赖以存在的根基,模糊社会道德良知的底

① 参见江苏省通州市人民检察院的数据,来自"南京纪检监督网调查研究"(www.njjj.gov.cn),2005年3月1日。

② 一位父亲在大义灭亲举报自己的儿子后,与警察约定,不让儿子知道是父亲举报这件事。《父亲大义灭亲,将亲生儿送进看守所》,载《金陵晚报》2004年4月6日。

③ 〔美〕约翰·罗尔斯:《正义论》,何怀宏、何包钢、廖申白译,中国社会科学出版社1988年版,第235页。

线，而这最终会由整个社会承担这个代价！

社会关系是由人与人之间的关系构成的，而社会关系的基本形态是家庭关系，家庭关系的和谐是整个社会关系和谐的缩影。诉讼源于社会纠纷，诉讼是为了解决人与人之间的矛盾与冲突，抑制纠纷是诉讼的基本功能之一。如果诉讼在解决双方当事人纠纷的时候，又制造出了新的纠纷，那么诉讼功能并没有完全实现。作为实现正义的最后途径，现代司法制度不再强调报复和惩罚，而着力强调司法的"恢复性"和"协商性"[①]，就是为了避免当事人在诉讼结束后又被卷入新的矛盾漩涡。但是，亲属作证义务的规定，使得证人在作证的时候情感痛苦，令犯罪人萌发报复社会、报复亲人的反社会意识，严重地影响着社会关系的回复与和谐。

五、公共利益特免权的障碍

公共利益特免权的制度性障碍与上述特免权有所不同。我国公共利益特免权制定的障碍不在于人们不认可公务信息应当保守秘密的理念，而是长期以来国家行政政策的相关规定已经默许了公务秘密可以免于披露，而对于这种保密的有限性认识不足。

在革命战争年代，即使没有法律的规定，工作人员对于涉及军事秘密或者政府重要信息的事项都会"守口如瓶"。没有公共利益特免权的规定，我国对于涉及国家机密或公共利益事项的保密工作也是有过之而无不及。《中华人民共和国保守国家秘密法》(以下简称《保守国家秘密法》)第2条规定："国家秘密是关系国家的安全和利益，依照法定程序确定，在一定时间内只限于一定范围的人员知悉的事项。"第8条规定，所谓的"国家秘密"包括下列秘密事项：(1) 国家事务的重大决策中的秘密事项；(2) 国防建设和武装力量活动中的秘密事项；(3) 外交和外事活动中的秘密事项以及对外承担保密义务的事项；(4) 国民经济和社会发展中的秘密事项；(5) 科学技术中的秘密事项；(6) 维护国家安全活动和追查刑事犯罪中的秘密事项；(7) 其他经国家保密工作部门确定应当保守的国家秘密事项。[②] 上述规定

---

① 关于恢复性司法的文章，可以参看吴丹红：《实现正义的另一种进程——恢复性司法初探》，载《诉讼法论丛》第9卷，法律出版社2004年版；关于协商性司法的文章，请参看马明亮：《正义的妥协——协商性司法在中国的兴起》，载《中外法学》2004年第1期，第1—18页。

② 该法1988年9月5日颁布，1989年5月1日实施。1990年的《保守国家秘密法实施办法》第4条进一步明确了"国家秘密"的范围，《科学技术保密规定》列举了属于国家科学技术秘密范围的事项，《军事设施保护法》对军事秘密也有全面的规定。

可能存在以下几个问题:第一,《保守国家秘密法》规定的保密范围过于原则,具体的国家秘密都产生于定密环节,即有定密权的部门确定的秘密即成为国家秘密。而在定密环节产生的国家秘密已有不少内容应当公开,且有些内容事实上已经公开或准备公开。如按照《经济工作中国家秘密及其密级具体范围的规定》,各省、市有关经济运行情况的分析报告,对经济发展的预测和建议,年度预算、决算草案等均属于国家秘密事项,但据中央对政府公开事项要求,这其中的有些内容如社会经济发展战略,发展计划,工作目标及完成情况,预算草案等均应向社会公开。然而,统计显示,我国政府掌握着80%的社会资源信息,但是只有20%是公开的。[①] 第二,《保守国家秘密法》没有确定定密基本原则,定密具有一定的随意性。第三,《保护国家秘密法》没有明确规定定密主体的权限划分,存在职能不清,程序不明的情况。第四,国家秘密的概念过于原则,地方政府自己认为不公开的一些信息是否可以定位为国家秘密不明晰。这样,地方政府有可能将地方秘密作为国家秘密。此外,考虑到社会稳定等因素,地方政府对于一些较权威的信息采取保密的方式,这些信息是否可以不公开,《保守国家秘密法》也没有界定。如此宽范围的保密义务,加上"一切国家机关、武装力量、政党、社会团体、企业事业单位和公民都有保守国家秘密的义务"(第3条)以及"机关、单位应当对工作人员进行保密教育,定期检查保密工作"(第29条),虽在和平年代,这种保守国家秘密的观念也已经深入人心,对于何种政务信息应当公开以及公开到什么程度,反而没有概念。

其实,对于政府信息的保密与公开的界限,一直以来都是政府权力与公民权利斗争的焦点。随着政治民主的传播,现代国家为了防止权力专断,纷纷开始制定信息公开法。美国是一个摆脱了英国殖民地的高压统治而建立起来的联邦制国家,有着自由独立的理念和"不相信政府"的传统,在这种情况下,美国比较顺利地制定了《阳光下的政府法》。而同为英美法系的英国,《信息公开法》的制定却是经历了一个相对较长的时期。重要原因之一就在于而英国作为盎格鲁—撒克逊国家,从诺曼征服以来,长期处于王权的统治之下,英国的信息公开立法也就一次次地遭到议会或者政府的反对或否决,争取公民权利和削弱政府权力的斗争成了一场艰难的持久战。从这一点上

① 参见周健:《开发政府信息》,载《人民日报》2000年3月22日;刘莹:《网络环境下图书馆的信息资源建设》,载《情报资料工作》2000年第2期。

可以折射出，由于历史和文化的不同，各国信息公开法律观念也存在差别。①

与西方国家相比，中国的信息公开法律观念十分薄弱。在新中国成立后长达半个多世纪的时间里，有关政府信息公开的法律一直阙如。公共利益特免权的规定虽然曾经出现在《中华民国民事诉讼法》中，但是在随后的半个多世纪以来，我国一直没有关于公共利益特免权的规定，而且受意识形态的影响，这个问题一直被作为政治的敏感区域而无人涉足。我国诉讼法没有规定公共利益特免权制度，只是有一些涉及保密的条款，如《刑事诉讼法》第45条第2款规定："对于涉及国家秘密的证据、应当保密。"第152条第1款规定："人民法院审判第一审案件应当公开进行。但是有关国家秘密或者个人隐私的案件，不公开审理。"虽然我国法律为防止泄露国家秘密采取了一定措施，但并不是通过拒绝作证特权的形式。最高人民法院《关于执行〈中华人民共和国刑事诉讼法〉若干问题的解释》第62条规定："在公开审理案件时，对于公诉人、诉讼参与人提出涉及国家秘密或者个人隐私的证据时，审判长应当制止。如确定与本案有关的，应当决定案件转为不公开审理。"这是否表明法院对公共利益实行特殊保护了呢？不尽然。"不公开审理"，只是在公开有关秘密的情况下所采取的限制性保密措施，诉讼当事人、律师仍然会知悉本该免于披露的国家秘密，就不能达到特免权的效果。

当然，有人会认为，即使没有特免权，我国很多法律也都在致力于公务秘密的保护。无论是刑法上的泄漏国家秘密罪还是《保守国家秘密法》上的规定，都过之而无不及地承担了对于公共利益的保护。但是，随着民主权利意识的觉醒，政府对于所谓的"公共利益"保护应当止于什么程度的问题开始引起人们的关注。"公民的知情权"被当作与保密权的相对权利而提出来，特别是2003年春夏之交的SARS唤醒了更多的社会群体对于政府信息公开的渴望。由此，一些长期被忽视的问题渐渐浮出水面：政府信息的保密与公开的界限在什么地方？如果某个诉讼案件涉及公务人员作证，当证人被要求披露职务范围内知悉的政务信息以证明案件情况的时候，该证人是否可以拒绝作证，他/她在什么范围内可以拒绝作证？

因为没有关于公共利益特免权的规定，将会造成证人和法官的双重尴尬：证人处于是否作证的十字路口，不作证将有违证人义务，而作证又将可能泄漏国家秘密；法官也对是否要求证人作证的标准和程序无所适从。尽

① 宋华琳：《英国政府信息公开立法的演进以及对我国的启示》，载"行政法论坛"2004年12月4日。http://bjz.netsh.com/bbs/91497/message/1404.html。

管我国有《保护国家秘密法》，但该法制定于 1988 年，其内容已明显滞后于政府信息公开发展的趋势，很多规定都不符合公共利益特免权的原则，而且缺乏可操作性。除了现行的三大诉讼法规定涉及国家秘密的案件应当保密之外，司法解释也同样要求涉及国家秘密的证据，不得在开庭时公开质证，但是我国程序法并没有赋予知悉公务秘密的证人应有的拒绝作证权。由于立法的模糊和公共利益特免权的缺乏，因此在很多案件中，有的因为过于强调“国家秘密”而使得应该作证的证人不能提供证据，导致案件得不到公正的审判，有的也因为没有特免权的保护，致使政府公务人员拒绝作证没有非常正当的程序支持，为人们攻击“权大于法”提供了口舌。

2007 年 1 月，国务院公布了《中华人民共和国政府信息公开条例》，并决定于 2008 年 5 月 1 日施行。根据该条例第 14 条规定，“行政机关在公开政府信息前，应当依照《中华人民共和国保守国家秘密法》以及其法律、法规和国家有关规定对拟公开的政府信息进行审查。行政机关对政府信息不能确定是否可以公开时，应当依照法律、法规和国家有关规定报有关主管部门或者同级保密工作部门确定。”由此可见，该条例所确定的保密和公开政府信息的范围，仍然没有超越《保守国家秘密法》的规定，而且对于不能确定是否可公开的部分，仍遵循行政机关决定的模式。这种定位，对于未来公共利益特免权的存在空间，有很大的制约作用。

第二节　特免权“回归”之期待

从 20 世纪 80 年代初期对特免权“讳莫如深”到学界开始关注特免权制度，再到有关证据立法的草案中规定特免权，这短短的二十年之中，我国的诉讼法律制度发生了哪些重大的变化？这些变化是否在催生着特免权制度？在今后的诉讼法的改革中，特免权的建立是否是可以期待的？这就需要对我国建立特免权的可能性进行分析。

一、现代社会重新注重信赖感和社会关系

制度的移植离不开对环境参数的分析，社会制度必须与特定的社会结构、文化背景相契合才能合理运行。陪审制度在清末改制的时候就引进了，但封建专制主义社会却没有这项充分体现民主的法律制度的生存空间，因此陪审制度犹如昙花一现。那么特免权制度能否与中国的社会环境相契合呢？这也需要对转型时期我国社会结构和文化进行分析。

我国的传统社会是一个非常注重“关系”的社会。由于小农经济的发展,人们在一定的社会范围内结成社区,这个社区是高度熟人化社会的一个缩影。在一个相对封闭的社区里,人们的关系建立在充分的信赖之上,因为没有信赖,就没有个人生存的空间。注重伦理道德的亲属关系呈现出的“亲亲尊尊”是一种基于秩序的信赖,在一个家族,道德不允许晚辈抗逆长辈,长辈信赖晚辈不会作出有损家族声誉和自己利益的事情。法律禁止“子告父罪”只是对传统道德的一个默认。由于古代社会交通不发达,人们不能到达很远的地方,社会流动不频繁,因此在一定的时期内,一个社区就成为一个高度熟人化的社区。在熟人之间,国家制定法的作用被削弱,普遍的信赖关系更多的是基于一种道德和感情的约束。如果有人违背了这种信赖关系,破坏了这种形成默契的社会关系,就会遭到这个社区舆论对他的否定性批判,会受到很多利益的损失。例如,当子女胆敢泄漏或者宣扬“家丑”,家族可能就会把这“不肖子孙”驱逐出去;当一个医生不能保守患者的秘密,可能将来人们就不会到他那里看病。例如,有人调查后认为,证人不作证的原因很大程度上是出于对破坏关系的担忧①:

> 证人出庭作证,90%以上其证言对被告人的定罪量刑,起到的是推波助澜的作用,用自己的感知、用自己的言词,将自己的朋友推进高墙、电网里,无论如何,他们都不愿这样做,与其在自己的朋友面前留下“骂名”,还不如在没有任何强制力约束的前提下,知情不举,采取回避的态度,这种复杂的人际关系和社会关系,使证人出庭作证率大大地打了折扣。

或许有人认为,在这种环境下,特免权制度的有无并不重要,因为即使没有特免权,这种信赖感和社会关系依然能够很好地维护,但是任由这种“潜规则”发展,在法律上的代价就是公民可以公然地违背作证义务,法律规定形同虚设,法院权威丧失殆尽。与其造成这种尴尬,不如考虑在现有的法律框架内承认特免权制度,再在此范围之外加强证人作证的义务。

我们还应该看到,随着社会的发展,这种熟人社会开始解体。社会流动的频繁化强烈地冲击着社会固有的关系和习惯。不但亲属之间的尊卑序列和等级关系逐渐消除,人与人之间基于共同生活而建立起来的信赖关系也

---

① 孙飞、刘英:《证人出庭作证,难在何处——对公诉案件证人出庭情况的调查与分析》,载《检察日报》1999年8月22日。

不复存在。在商品经济初步发展的社会,陌生人之间的投机行为普遍增加,即使是律师和医生这样的职业也可能存在着欺诈和违反义务的行为。当道德的约束不能禁止这种投机行为的时候,人们对这种交往不再感到信任,一些基本的社会关系也呈现出脆弱的特点,我们的社会正面临着信用缺失和信任危机。但在另一方面,我们也同样感受到,人们在呼唤着那种传统的信赖感的回归。近年来在全社会开展的"诚信教育"就是最好的写照。我国《合同法》、《反不正当竞争法》等更是在法律上对不信誉的投机主义进行规制,甚至连婚姻家庭法也融入了这种道德约束。例如,我国《婚姻法》第 4 条规定"夫妻应当相互忠实",首次将夫妻间的忠实义务纳入法律调整的轨道。夫妻间的忠实,除了指夫妻在性生活上互守贞操、保持专一外,也包含夫妻不得遗弃配偶他方,"不得为第三人利益牺牲、损害配偶他方利益"。配偶一方作不利于另一方的证言,严格来说也属于"为第三人利益牺牲、损害配偶他方利益"的不忠诚行为,违背了《婚姻法》的规定。

由于社会结构的变化,在一个陌生人的社会试图重建传统道德体系是困难的,道德不可能从根本上约束机会主义,而只有制度才能弥补这个空缺。这也是"市场经济是法制经济"而非"道德经济"的一种解释。我们的社会依然非常重视对于交往的信赖感与社会关系的维护,而这恰恰是特免权制度的一个主要功能。建立特免权制度是我国诉讼制度建构中可能的也是必要的选择。

二、我国的诉讼制度正日益呈现公平对抗性

我国曾经有着被称为"超职权主义"的诉讼模式,不仅作为裁判者的法官要介入证据搜集和调查过程,而且国家强制力也经常被用来使用到某一方的收集证据过程中。特别在刑事诉讼中,控方以国家强制力为后盾,被告人如果不陈述或者不如实陈述,都可能会得到相当不利的后果,证人可能不会到法院作证,可能不会应民事诉讼当事人的请求作证,但在侦查机关或者检察机关询问时却鲜有不作证的。这种诉讼制度下,争讼双方获得证据能力是不平等的,作为取证主体的控方和作为证据来源的被告人、证人之间也是不平等的,被告人和证人除了服从这种潜在的强制力外,没有任何的申辩机会;控方和辩方的取证能力也是不平等的,因为没有强制力为后盾,辩方获取证人的可能性要远远小于控方。1996 年对《刑事诉讼法》的修订在一定程度上否定了超职权主义的诉讼模式,在诉讼中更多地融合了对抗制的因素。当然,在侦查制度中,已经进行的改革力度并不是很大,证据的调查

和收集过程中的纠问色彩需要慢慢转变——这是我国目前正在进行的刑事诉讼法修改的一个预期目标。

平等是对抗制诉讼模式的基础。没有平等的对话程序，以及被告人、证人、当事人在诉讼过程中的参与和发言，诉讼的过程就很可能演变为一个赤裸裸的行政治罪的过程。在实力对比上，我们应当承认这样一种假设：国家永远是强者，个人永远是弱者，个人的力量无法抵抗国家的强制力。诉讼法如果还要在这个失衡的天平上再为国家强制力增加砝码的话，诉讼就失去了原本的意义。为了保证公平对话的环境，国家需要程序法来防止自己成为强权压服者，程序法的意义不在于它如何促进国家运用强制力，而是在于如何限制公权力的行使。除了提高效率，现代程序法的最大使命就是旨在保障在诉讼中对抗的双方能够公平抗争。创造这种平等需从两方面人手：一方面国家对诉讼中的武力如逮捕、讯问、搜查等用严格的使用条件及批准程序来限制；另一方面则赋予另一方当事人拒绝作证的特免权和其他权利来对抗国家武力。在一个平等型的诉讼关系当中，诉讼权利必然是平等的，一方享有传唤证人作证的权利，另一方就有对证人作证的抗辩权，以作证内容受特免权保护而主张证人不能作证。例如，在审前证据展示过程中，辩方可以主张某证人是受特免权保护的，而不向控方展示相关证据，在法庭审理阶段，当控方传唤作证被告人的配偶或者律师对他们与被告人之间的秘密交谈内容作证，证人或者辩方也可以主张特免权。这就是我国诉讼法正在努力营造的控辩平等参与证据调查过程的目标之一。

增强权利保障是对抗制诉讼的发展趋势。特免权制度所蕴涵的权利保障意识与我国诉讼制度的人权保障改革是完全一致的。特免权制度以正当理由的抗辩抵御强制作证义务的冲击，给予诉讼双方当事人的平等对话的空间，也为诉讼中作为弱势群体的证人增加了更多公平的因素。

三、证据制度改革正在吸收国外的证据规则

证据制度的完善作为我国诉讼制度改革的一个方面，也在不断地借鉴和吸收国外证据制度的精华。虽然我国三大诉讼法中对于证据制度的规定比较简略，但是近年来在最高人民法院、最高人民检察院颁布的司法解释来看，我国证据制度的改革正在学习、借鉴英美国家的一些证据规则，例如最高人民法院在2001年颁布的《关于民事诉讼证据的若干规定》和2002年颁布的《关于行政诉讼证据的若干问题规定》就是这种学习和借鉴的产物。很多在《民事诉讼法》和《行政诉讼法》中没有规定的一些证据规则，在这两个

证据法规中都作了规定，只是对于特免权规则，仍然没有太多涉及。唯一值得一提的是，《关于民事诉讼证据的若干规定》第 67 条的规定："在诉讼中，当事人为达成调解协议或者和解的目的作出妥协所涉及的对案件事实的认可，不得在其后的诉讼中作为对其不利的证据"，就是借鉴了英国证据法中"不受损害"(without prejudice)特免权的核心内容。尽管在内容上还比较单薄，但这条规定与该司法解释第 8 条的自认制度还是形成了一种呼应，进一步完善了我国的自认制度及其例外规定。笔者还注意到，我国司法机关在制定这些证据规则的时候，价值取向也在悄悄地发生着变化，那种唯"客观真实"为上的观念也发生了一定程度的改变。例如，《关于民事诉讼证据的若干规定》第 63 条明确规定"人民法院应当以证据能够证明的案件事实为依据依法作出裁判"。这是证据裁判主义在立法上的反映，意味着法官对案件事实的认定仅要求达到"法律真实"的要求，而不再以"客观真实"作为认定案件事实的要求。这较之诉讼法的规定已经是一种明显的进步。

近年来我国关于证据立法的研究如火如荼，在目前所见到的一些学者参与的立法草案中，我们几乎都可以找到关于特免权的详细规定(详见附录)。我国的证据制度正在通过反思、比较和借鉴，吸收许多国家关于特免权规定的成功经验，为我所用。另外，鉴于现行诉讼法对于证人作证义务缺乏规范，强化证人作证制度日益提上修法计划，制定强制证人作证制度也成为很多立法起草者的主张和建议，而证人作证制度必须规定强制作证的例外，特免权制度是一个绕不开的问题。如果不规定特免权，所有的证人都有作证的义务，那么我国目前的证人作证制度的窘境依然无法摆脱。

证据制度的制定与完善总是与特定的诉讼制度相关。如果说清末的法律改制还是大陆法系翻版的话，那么自从 20 世纪 90 年代以来的审判制度改革则被认为向英美法系的诉讼制度靠拢。但无论是大陆法系国家还是英美法系国家，都规定了一定范围的特免权制度，因此无论我国诉讼制度向哪个方向发展，两大法系共有的特免权制度都可能是我国建立配套证据制度的改革趋势。

四、诉讼的文明化和民主化成为发展趋势

从 20 世纪 90 年代以来，我们的诉讼制度在经历着一场重大的变革。无论是 1991 颁布《民事诉讼法》，还是 1996 年修订《刑事诉讼法》，以及当下

正在进行的三大诉讼法的修改准备[1]，都昭示着我国在诉讼制度改革上做出的巨大努力。

1998年，我国政府签订了《公民权利和政治权利国际公约》，标志着我国刑事司法文明与国际标准的接轨。按照国际惯例必须遵守的原则，该公约中规定的“受刑事追诉的人不得强迫作不利于自己的证言，或者强迫承认有罪”也应该为我国诉讼法所遵守。我国《刑事诉讼法》规定，严禁刑讯逼供和以威胁、引诱、欺骗以及其他非法的方法收集证据（第43条），最高人民法院《关于执行〈中华人民共和国刑事诉讼法〉若干问题的解释》也规定，已经查证确实属于采用刑讯逼供或威胁、引诱、欺骗等非法手段取得的被告人供述不能作为定案根据。这在一定程度上肯定了不自证其罪原则，但缺乏可操作性的程序规范，这也是未来诉讼法修改或者证据立法的努力方向。在职业关系特免权方面，同样有一些需要遵循的国际准则。例如，联合国《关于律师作用的基本原则》第22条规定：“各国政府应确认和尊重律师及其委托人之间在其专业关系内所有联络和协商均属保密性的。”我国律师制度的改革也应当在此示范下作出回应。在笔者看来，诉讼文明化和民主化的时代已经到来，作为“应用宪法”的诉讼法在权利保障方面理应做出更多的努力。新的诉讼法应当更加体现人性关怀，尊重自然权利和人类的情感。我国第四次宪法修正案增加了“国家尊重和保障人权”，标志着我国对“人权”的保护发展到了一个新的境界。刑事诉讼中的人权状况是衡量刑事诉讼法是否民主、是否现代化的重要标志，也是一国宪政发达程度的重要标志之一。特免权制度保护特定的社会利益，其实与整个社会的价值没有冲突，如果从诉讼制度发展的宏观态势出发，我们提倡和推动特免权制度，也是在推动诉讼的文明和民主价值。

在这种趋势下，曾经或者现在作为特免权制度障碍的一些因素会逐渐消解，一些有利于特免权建立的因素会逐步增长。例如，传统的通过人证的方式取证的做法会被通过物证的取证方法所代替，“科学证据”的时代就要来临。[2] 在科技的发展下，通过其他方式获取证据能力也正在增强，过分依赖被告人和证人的传统侦查模式会彻底地改观。当获取证据的途径扩展以后，诉讼双方的举证能力会有所增强，获得相关证据的成本也会降低，而动

---

① 《中华人民共和国民事诉讼法》已于2007年10月28日修正，但修正的幅度并不大（共19处），未涉及特免权问题。

② 何家弘：《中国证据法学前瞻》，载《检察日报》1999年9月2日。

员亲属作证依然需要很大的成本，两相比较，证人拒绝作证的一些消极后果就不会很突出。例如，在贪污贿赂案件的侦查中，检察机关的传统方式是通过口供和证人证言获得突破，但是很多规定沉默权和特免权制度的国家已经切断了这条"捷径"，而更多的努力被放置在采取账目核算、电子监听、技术侦察等方面，我国如果要未雨绸缪，必定也要从这些地方着手。我们正在经历着一个法制变迁的时代，在笔者看来，如果在上一节所提到的建立特免权的障碍能够随着诉讼法和其他法律的修改得到逐步解决的话，特免权制度的建立可以成为在不久将来的一个期待。

第三节　特免权制度建构的原则

既然特免权制度的建立具有现实的可能性，本节将在此基础上讨论特免权制度建构的原则。在马克思看来，立法者绝不是在创造法律、发明法律，而仅仅是在"表述法律"，所以这种建构必须考虑社会的客观条件以及法律制度的发展规律，并且对社会的文化基础有所体认。笔者在本节所列的原则是在进行特免权制度建构的时候必须考虑的因素，也是下文评价特免权制度立法草案的一个标准。

一、与中国的诉讼制度和证据制度相契合

否定特免权制度，就是强调证人作证的义务。从逻辑上说，证人没有了拒绝作证的事由，证人出庭作证的比率应该得到大幅度的提升，但是，实践中证人作证果真得到更好地实现了吗？尽管我们规定了"所有知道案件情况的证人都有作证的义务"，但这种"一刀切"的规定遭到了普遍的抵制，证人不作证的现象在我国司法实践中比较普遍。而在关于证人不作证原因的调查研究中，我们发现除了一些自私心理之外，证人拒绝作证的一个很大因素在于亲情和道德的困境，其中因为证人与当事人的特殊感情关系而不愿作证的占了很大的比例。[①] 对于这些拒绝作证的证人，是否应当纳入将来的加强证人作证义务的改革之中？如果规定这些证人也应当被强制作证，那么"文革"中曾经发生的强迫子证父罪、妻证夫罪的现象还会继续上演，如果不规定这些证人可以被强制作证，那么又如何界定他们不作证的理由和不

---

① 参见吴丹红：《刑事诉讼证人拒证原因探析》，载《证据学论坛》第3卷，中国检察出版社2001年版。

作证的范围呢？其实，特免权制度与证人作证制度是唇齿相依的，特免权免除的是证人作证的义务，而证人作证制度要求证人履行作证义务，两者的分野即为证人义务的下限和特免权的上限。落实证人出庭义务，规定证人无正当理由拒证的法律后果，是特免权存在的前提，而特免权的规定，又会使证人义务得以明确。笔者的一个基本结论是，特免权的缺位，使得证人作证的义务和权利配置不合理，证人的义务得不到强化。如果要规定证人强制作证制度，首先应当划定有正当理由可以不受强制作证的证人范围，那么，证人特免权的建构首当其冲。由此，笔者认为，特免权制度的建构首先要考虑的就是与证人作证制度的关系。目前，我国证人义务的刚性不强，证人即使因为某种原因拒绝作证，司法机关也束手无策。如果法律根本不打算对拒证的证人采取任何强制措施，那么，建立特免权制度的意义似乎不大。但强化证人作证义务已经成为大势所趋的时候①，我们必须在理论上对它有较为充分的研究和思考。

尽管笔者强调国际公约在我国适用的“应然”，但是它以什么样的“实然”形式呈现在人们面前，却是一个需要深思熟虑的问题。以不自证其罪特免权为例，因为已经签署了国际条约，我国承认该特免权只是一个时间的问题，但是在什么时候以及多大程度上承认该特免权，则要以我国诉讼制度和证据制度的发展进程为背景。不能脱离中国的现实，应当分析中国的实际情况，切忌照搬、照抄外国理论与制度。在建构特免权制度之前，我们还必须正视这样的现实：我国是一个法律资源稀缺的国家，我们没有法律意识普遍较强的公民和组织，没有综合素质普遍较高的法官队伍，也没有业务水平普遍娴熟的律师群体，我们更没有深厚的法文化的社会积淀，由于长期以来的法律文化断层，我们的国家和社会对于真正意义的特免权制度目前还十分陌生。有很多学者脱离这个背景侈谈“沉默权”的建立，其实是在以西方的学术框架来讨论中国的问题，他们看到了沉默权的功能与价值，也论证了它在中国存在的正当性，但是却忽视了我国侦查体制的现状，也没有充分了解我国建立沉默权的制度性障碍，没有在整个诉讼制度改革的系统内考虑其他制度的安排，所以这种讨论很难有所突破。

笔者认为，特免权制度的建立，对于我国传统的重视发现真实的诉讼制

---

① 在目前几乎所有的关于证据立法的建议中，都可以看到强制证人作证或者明确规定对拒绝作证证人的制裁措施。这是对于实践中证人拒绝作证现象严重以及证人作证义务缺乏刚性的一种反思，代表了我国证人制度改革在强化证人义务方面的努力。

度和诉讼文化的一个冲击，也是对我国长期依赖人证的证明方式的一个冲击。在这个过程中，应当充分估计到我国当前刑侦技术和设备以及刑侦手段还相对落后的情况下，面对必然发生变化的证据制度，司法机关应当如何积极应对更加复杂而艰难的取证和举证工作？在强调人权保障的时候，是否需要充分估计到司法资源的局限性？“任何法律制度和司法初衷的根本目的都不应当是为了确立一种威权化的思想，而是为了解决实际问题，调整社会关系，使人们比较协调，达到一种制度上的正义。”①特免权制度的建构如果不能立足于现实，只是为了达到某种“标准”或者标榜的权利状态，对于我们来说就是一种奢侈的制度。“大胆假设，小心求证”，特免权制度的建构应当立足中国诉讼制度的基本条件和发展趋势，特别要考虑到证据制度改革中其他制度的进展情况，对于特免权的种类、范围、例外等都进行全面论证，以求特免权制度能尽量避免与整个诉讼制度的机制冲突。

近些年来，大陆法系国家的特免权制度改革正在逐步反思其特免权范围过于宽泛的问题，限缩特免权的范围乃是大势所趋，所以我国特免权的范围不能过大；英美法系国家特免权制度有时又不免过于狭窄（如英国的亲属特免权只允许夫妻之间免于作证），也不一定可以作为我国效仿的模本；而国外特免权制度中的宗教职业特免权等具有独特性的制度，是否适用于我国，也值得研究。除此之外，我们也应当做一些基础性的准备工作，在我国目前三大诉讼法中证人制度都还十分薄弱的时候，应当首先考虑在立法上如何尽快完善证人的一般权利与义务规范。司法审判机关则应当针对我国地区经济发展不平衡、法官业务水平不平衡、证人及当事人法律意识不平衡的实际情况探索如何确保证据制度的有效实施。法学理论界则应当在引进和评介外国法律制度和法学理论的同时，立足国内，对我国的法学理论进行深入研究和创新，为司法制度的改革提供有力理论依据。

二、立足我国社会关系的基本结构和现实状况

特免权制度要求我们抛弃过分追求事实真相的观念，在价值视野上和制度创新上具有一定的前瞻性，但也并不是对我国传统文化背景和社会心理视而不见。其实一提到特免权制度，我国很多学者都会到古代“亲亲相隐”制度中去寻找根源。亲亲相隐虽然与特免权制度有着一定的差别，但是都体现了对社会关系的尊重，如果能发掘“亲亲相隐”的本土资源，实行传统

① 苏力：《法治及其本土资源》，中国政法大学出版社 1996 年版，第 28 页。

法律文化的“创造性转化”，未尝不是一件好事。“传统中的某些优良成分对我们目前的法治进程是有启示作用的，它应当在法治化的大背景中以新的方式获得新生”。[①] 清末改制的时引进的陪审制度和律师制度都在当时社会上引起强烈的反对意见，但是特免权制度却波澜不惊，可能的原因在于，特免权制度暗合了中国历史上的“亲亲相隐”制度，利用近因性，成功地把一种新的权利“嫁接”到旧制度上，以至于在普通民众的容纳范围内不至于会引起什么争议，转化在平静中完成了。而实证研究表明，“亲亲相隐”的观念在我国民间法中依然有着广阔的市场[②]，如果能加以利用，也可以使未来特免权的建立具有广泛的社会基础。

特免权制度旨在保障基本的社会价值和社会关系，因此它的建立也应当充分考虑我国社会关系的基本结构的和现实状况，诸如我国目前的职业委托的关系、家庭中夫妻和亲属的关系等。本书前文已经以律师与委托人的关系为例，对我国职业关系的现状做过一个说明，所以不再赘述，本节主要对我国家庭关系的结构和变化因素对于建立特免权制度的影响，做一个实证基础上的研究。为何英美法系国家的亲属特免权只限于夫妻之间而大陆法系国家的亲属特免权可以扩展到三代以内甚至五代以内的血亲或者姻亲？我国如果要建立特免权，到底应该是以夫妻关系为核心，还是以近亲属关系为核心？它的范围应当多大？对于这些问题的回答，都需要在社会学上对我国的婚姻家庭关系进行一个考察。

在古代中国，由于生产力发展的限制，男性在社会生活中的作用要明显大于女性，因此家庭的基本模式是以父权为中心。在长期的封建社会中，人们已经根深蒂固地认为，妇女要“在家从父、出嫁从夫、夫死从子”，子女在家长权威下也没有独立的地位，子女对家长应当绝对服从，“孝”字为先。“子证父罪”被认为是大逆不道，应当受到谴责和制裁。这种作证的不适格性体现的是家庭成员个体对于家长权威的屈从，与夫妻特免权中的保护婚姻和谐和交流秘密的原理完全不同。近代开展的社会运动针对封建家长制度，进行了急风暴雨式的攻击，不但打破了家族主义，而且开展了婚姻革命，平等、自由的婚姻关系和家庭关系逐渐成为社会追求的目标。

社会学家认为，在传统中国家庭中，纵向的代际关系要重于横向的夫妻

---

① 孙国华、朱文景主编：《法理学》，中国人民大学出版社 1999 年版，第 220 页。

② 我国乡土社会中亲不为证的道德约束仍然比较明显。参见苏力：《现代化进程中的中国法治》，载《学问中国》，江西教育出版社 1998 年版，第 198—199 页。

关系，这主要表现在家长对子女的统辖，而20世纪后半叶以来，伴随着家庭的小型化，代际关系简单化，夫妻关系开始超出亲子关系，“家庭关系的重心逐渐由纵向向横向转移”。[①] 笔者查阅了20世纪80年代以来中国家庭结构变迁的一些实证材料，基本上可以肯定以下一些事实：第一，我国家庭规模日益呈现出小型化，平均的家庭人口在3—4人之间；第二，家庭关系趋于简单，以夫妇关系和亲子关系为内容的核心家庭占据了绝对的比例，而且夫妻关系成为家庭关系的核心。[②] 笔者认为，随着经济水平的提高和观念的更新，我国的家庭关系在进入21世纪之后将延续这个重大的变化：首先，夫妻关系在家庭关系中将占据主导地位，家庭关系会从以往的亲子轴心转向夫妻轴心。其次，夫妻平等的观念将成为夫妻关系中的主导思想，夫妻双方在感情上的交流将成为维系婚姻和谐的关键因素，心理的沟通和感情的和谐成为理想婚姻的标准。再次，由于家庭规模的缩小，家庭网的关系变得简单，家庭网内的小家庭之间的联系和沟通也不再频繁。[③] 最后，小型家庭内部的关系变得密切。在中国，尽管封建家族制已被彻底抛弃，但调查表明，“家”在人们的眼里仍然是一个凝聚感情的场所，是身心栖息的温馨处所，亲人都是可以依赖的，中国人的家庭观念依然非常浓厚。上述社会学的实证研究为我们研究特免权制度提供了基础。

三、在学习借鉴的基础上建构特免权制度

诚然，在建构特免权的时候，我们可以利用我国古代“亲亲相隐”的本土资源，但是那只是一种法律文化基础，如果简单地把古代的“亲亲相隐”制度复活，绝对是不现实的。我国现在面临的社会，是一个复杂的充满变化的社会，也是一个道德力量丧失的转型时期。一百年以前，我们还可以从亲属相容隐的规定波澜不惊地转换成特免权的规定，但是现在没有现成的法律制度可以凭借。特免权制度该如何立法？是闭门造车还是学习和借鉴？特免

① 邓志伟、徐榕：《家庭社会学》，中国社会科学出版社2001年版，第99页。

② 实证的研究可以参见沈崇麟、杨善华主编：《当代中国城市家庭研究》，中国社会科学出版社1995年版，第38页；五城市家庭研究项目组编：《中国城市家庭》，山东人民出版社1985年版，第446、450页。而根据另一份的资料表明，我国家庭规模逐渐趋小，从1985年的平均每户4.5人，减少到2000年的3.5人，预计到2015年会降至2.7人。参见〔美〕贾雷德·戴蒙德：《崩溃——社会如何选择成败兴亡》，江滢等译，上海译文出版社2008年版，第293页。

③ 家庭网，是指具有亲属关系的许多家庭组成的社会网络，它通常是在几个核心家庭基础上形成的扩大的婚姻家庭关系。根据1991年的中国家庭调查，我国家庭网的规模大致在三户左右。数据参见潘久康、柳明主编：《当代中国家庭大变动》，广东人民出版社1994年版，第242页。

权制度源于普通法,但当今无论是英美法系国家还是大陆法系国家,对于特免权的规定都是采取制定法的形式。以美国为代表的英美法系国家的特免权逐渐由分散走向统一,而大陆法系国家则对原来相当宽泛的特免权规定进行限缩的改革,这是我们在考虑特免权立法模式时首先需要注意的。

特免权在美国的渊源主要来自联邦宪法、州宪法、联邦法律、州法律、法院规则和普通法。例如,不自证其罪特免权来自联邦宪法,婚姻特免权来自成文法,律师—委托人特免权来自普通法。美国是一个判例法国家,对于特免权一贯由法官根据个案裁量,后来法院越来越不愿意扩展或创制新的特免权,于是该项任务就转移到立法机关的手中。在美国最早见诸于法律的特免权,是 1828 年纽约州立法通过的“医生与患者特免权”(physician-patient privilege),规定医生未经患者允许,不得公开患者秘密。从此以后,各州立法才先后通过立法,把配偶间特免权、律师与委托人特免权等,相继规定在法律中。由于美国的联邦制体系,各州对于特免权的规定又不完全一样,美国《联邦证据规则》草案拟定的时候准备对特免权的种类进行缩减,关于特免权共有 13 项规则,其中 9 项明确规定联邦法院必须认可的“非宪法性作证特免权”,或者叫“证据上的特免权”,即律师—委托人特免权、精神治疗医生—患者特免权、丈夫—妻子特免权、与神职人员交谈的特免权、政治投票、商业秘密、州的秘密与其他官方信息的特免权以及告发者身份的特免权,但没有被国会采纳。《联邦证据规则》第 501 条对特免权只作了笼统的规定,其中对于联邦问题案件及刑事案件中的特免权进行了概括性规定,而对民事案件中的特免权则作了准用性规定(具体到州法则是列举性规定)。在其立法理由中,众议院司法委员会认为,“在诸如证人作证特免权等重大内容上,如果没有令人信服的理由,联邦法律不应替代州法律适用”。①美国在特免权问题上实行的是双轨制:在关于联邦问题案件和刑事案件中,法官享有很大的自由裁量权,可以根据具体的案件决定是否给予特免权,而在以州法律为决定基础的民事诉讼法中,仍依各州法律规定。这种做法是有良苦用心的。因为当时美国各州的特免权早已形成各自的规定,故为了尊重州特免权规则,《联邦证据规则》试图通过一项原则性规定避免与州特免权规则相冲突,使各级法院得凭理性和经验加以解释和应用,从而使特免权的运用具有灵活性,为法院的自由裁量权留下空间。美国联邦最高法院在一个判例中也指出:“国会不采用联邦证据规则草案的规定,另行制定通

① 何家弘、张卫平主编:《外国证据法选译》,人民法院出版社 2000 年版,第 660 页。

过的第 501 条,显然没有冻结作证特免权的意思,而是旨在以个案为基础,使法院能够构灵活地发展特免权的规定。"[①]事实上,联邦法院系统也确实发展了新的特免权,如 1996 年承认的精神治疗师—患者特免权。

总的来说,美国联邦法院承认一些最基本、最传统的特免权规则,而不太愿意接纳一些新的、现代性的特免权。能被联邦法院承认的特免权范围只限于那些能促进对社会重大关系的培育的交流特免权,诸如律师—委托人特免权和夫妻特免权,也承认一些对社会制度和社会生活的良性发展起着基础性的特免权,如政治投票特免权、牧师—忏悔者特免权、商业秘密特免权、告发者身份特免权。医生—患者特免权和会计师—委托人特免权通常得不到承认,但是承认有限的记者消息来源特免权。[②] 各州对特免权的规定也不完全一样。大约有 1/3 的州在各自的证据规则中采纳了《联邦证据规则》中的原则性规定,其余的州则以立法方式列举规定了特免权。例如,《加州证据法典》就在其第八编细致地列举了刑事被告人不作证特免权、不自证其罪特免权、律师—委托人特免权、不利于配偶证言特免权、秘密的婚内交谈的特免权、医生—患者特免权、精神治疗医师—患者特免权、神职人员—忏悔者特免权等十余项规定。这是美国州立法对于特免权规定的典范。由美国统一州法委员会制定的《1999 年统一证据规则》在特免权一章规定了律师—委托人特免权、医生—患者特免权、配偶特免权、宗教特免权、政治选举特免权、商业秘密特免权、公共利益特免权和告发者身份特免权。近年来,美国学术界不断有学者对《联邦证据规则》的规定提出批评和质疑的意见,认为这种将特免权规则立法分权到各个州的做法造成了司法界在特免权适用上的混乱局面,所以亟待改革,实行"特免权的联邦化"(Federalizing Privilege)。[③] 不管这种建议是否可行,但是其反映的问题却是不容回避的,特免权立法的分散性,虽然有灵活的一面,但不可避免地造成了司法资源的耗费,而且也造成了司法不能平等和统一。

相比而言,大陆法系关于特免权的立法则比较一致,德国、法国、意大利和我国台湾地区的特免权制度都是规定在刑事诉讼法和民事诉讼法中的,

---

① Trammel v. United States, 445 U. S. 40(1980). 不过,也有一种说法认为,当时国会否定《联邦证据规则》草案中详细的特免权规则的原因在于,刚刚发生的水门事件引起行政特权的争议,令人担忧。参见 Arthur Best:《证据法入门》,蔡秋明、蔡兆诚、郭乃嘉译,台湾元照出版公司 2002 年版,第 250 页。

② 〔美〕迈克尔 · H. 格莱姆:《联邦证据法》,法律出版社/West Group1999 年版,第 153 页。

③ Timothy P. Glynn, Federalizing Privilege, *American University Law Review*, Vol. 52:59.

都是作为证人制度的一部分出现的。不过，近年来出现的一个趋势是对特免权范围的反思。特免权的范围过大，无疑将冲击证人作证的义务，阻碍发现真实的途径，增加查明真相的成本。台湾地区《刑事诉讼法》曾经规定亲属特免权的范围非常宽泛，2003 年的修法为“强化发现真实的功能”而进行了限缩。并且台湾地区学术界认为仍有进一步限缩的需要。所以我们也应当考虑到这种限制特免权的事项和范围的趋势。如果说只要简单地把英美法系或者大陆法系国家的特免权规定“整合”一下，就搬到中国的法律制度中来，那就把问题想得太简单了。在我国，对于特免权的事项和范围，应当经过慎重的考虑，权衡利弊之后确定。

第四节　特免权立法的评价

在我国当前的证据立法中，已经有了对特免权制度的一些尝试性建构。《中国证据法草案（第四稿）》、《统一证据法草案（第三稿）》、《民事证据法学者建议稿（第六稿）》、《中国证据法草案建议稿》、《刑事证据法专家拟制稿》、《中国刑事诉讼法第二修正案（学者建议稿）》、《中华人民共和国民事诉讼法（修改建议稿第三稿）》、《人民法院统一证据规定（司法解释建议稿）》等草案（以下简称草案）都对特免权制度进行了或浅或深的研究，得出了各自的立法建议（参见附录）。笔者试图对这些现成的立法草案中的特免权问题进行分析与评价，并就其中的一些问题进行进一步商榷。

一、关于不自证其罪特免权

不自证其罪原则是《公民权利与政治权利国际公约》规定的国际刑事司法准则之一，我国作为该公约的签署国，承认该原则只是时间上的问题。国内对于沉默权制度的确立颇有分歧，但在不自证其罪问题上却有诸多共识。因此，从理论上和实务上看，规定不自证其罪特免权应当成为我国今后刑事诉讼法改革的一个动向。笔者收集到的草案基本上都规定了自证其罪特免权，并将其与亲属特免权、职业特免权等并列。下面将以此为范本进行初步的分析：

表 8-1 关于不自证其罪特免权的立法草案

草案	主体	基本表述(关键词)	禁止不利推论的规定
中国证据法草案(第四稿)	本人	名誉损害、行政处罚或者刑事追究	无
统一证据法草案(第三稿)	犯罪嫌疑人、被告人	拒绝自证其罪	不得因此推定被告人有罪、或者从重、加重处罚
民事证据法学者建议稿(第六稿)	证人	财产损害、名誉损害或受刑事追究的危险	无
中国证据法草案建议稿	任何人	不得被强迫做不利于本人的陈述	任何非自愿的供述,应当予以排除
刑事证据法专家拟制稿	任何人	不得被强迫承认犯罪、不利于他自己的证言	无
中国刑事诉讼法第二修正案	证人	有可能使自己受到刑事追诉的证言	无
民事诉讼法(修改建议稿第三稿)	证人	损害、行政处罚或者刑事追究	无
人民法院统一证据规定(第五稿)	任何人	不得被强迫承认自己有罪或者作出对自己不利的证言	无

虽然上述草案都规定了不自证其罪特免权,但是在权利主体上,却存在着明显的差异,《统一证据法草案》第二稿中曾经用“当事人”的概念,试图以此涵盖刑事诉讼和民事诉讼的主体,但是由于该概念本来就是民事诉讼上的,所以并不妥当。《统一证据法草案》第三稿改为“犯罪嫌疑人、被告人”,并独立规定为一条,显然是否认了在民事诉讼中的不自证其罪特免权。完整地说,不自证其罪特免权旨在对抗因陈述而受到刑事追诉以及民事责任的不利后果,所以它不仅适用于一般的证人,也适合于被告人和当事人,任何人都有潜在地成为证人的可能。但《民事证据法学者建议稿(第六稿)》等草案把不自证其罪特免权的主体只限于证人,也显然疏漏了重要的“犯罪嫌疑人、被告人”。该权利并不为特定的主体所拥有,强调“任何人”有不自证其罪特免权,既与国际通行的关于不自证其罪特免权的规定相合,也解决了该特免权在民事诉讼中落空的问题。当然,民事证据法上认可当事人的“自认”,只是不承认强迫性的作不利于己的陈述而已,这也是贯彻私法意思自治的理念。

本书在第四章中已经说明,不自证其罪特免权中的“负罪的危险”是指可能受到刑事指控或者判决的威胁。但是在上述草案中,很多文本用了“名誉损害”、“行政处罚”或者“财产损失”之类的表述,意在表明不自证其罪特免权包括有可能引起民事责任的情形,这其实是一种误解。在亲属关系的特免权中,我们可以设置可能引起民事责任的“不利特免权”,即规定当作证有可能使自己的配偶或者近亲属有名誉损害、行政处罚或者财产损失的时候可以拒绝作证(而且也只是某些大陆法系国家作此规定),但该特免权不扩展至对证人本人有上述不利后果的情形。也就是说,不自证其罪特免权只是针对有可能引起本人刑事责任的问题,虽然它可以适用在民事案件中,但只是针对民事案件中有可能引起刑事诉讼的情形,不包括民事责任的问题。很多草案的起草者显然是混淆了亲属特免权和不自证其罪特免权的适用对象。《刑事证据法专家拟制稿》和《人民法院统一证据规定(第五稿)》的表述比较符合国际公约的规定。

至于是否承认该特免权的“禁止不利推论权”,则要视各国的情况而定。英国就是在完全承认不自证其罪特免权的基础上转变为可以进行不利推论的,美国也对不利推论设置了“公平回应”的例外(参见第四章),这或许是基于对社会安全的深深忧虑。我国在规定“不得因拒绝作证而推定被告人有罪、或者从重、加重处罚”的同时可以设置这种例外。

与不自证其罪特免权相关的证人豁免问题,上述草案基本上没有提及。证人作证豁免是“不自证其罪证言特免权”的自然延伸,在目前证人作证难的情况下,在某种程度上推行证人豁免制度是较为可行的选择。证人刑事证人豁免制度既可以解决不自证其罪特免权带来证明困难,又可以合法地增强打击犯罪的力量,而且在当前也有利于实现司法资源的优化使用。在不自证其罪特免权之后规定证人豁免制度是必要的。此外,确立不自证其罪特免权会涉及我国侦查制度、辩护制度和审判制度的配套改革,如何改变我国羁押性讯问的不透明状态,如何加强律师对于侦查讯问程序的作用以及辩护权的行使,如何在审判中确立非自愿性口供的排除规则,是一个需要从长计议的问题。

二、关于亲属特免权

亲属关系的作证特免权是最为重要的一种特免权,但也是最为复杂的一种特免权,因为在不同的社会、文化背景下,对于哪些主体应当享有特免权的选择可能会存在重大的差异。我国素来重视家庭伦理关系,也有"亲亲相隐"的传统文化根基,所以规定亲属之间的特免权是必要的,但是具体规定到什么程度,需要仔细斟酌。

在对草案进行分析之前,我们首先应当清楚亲属法中的一些概念。直系血亲是指和自己有直接血缘关系的亲属,就是生育自己和自己所生育的上下各代亲属。直系姻亲是指配偶的直系血亲。旁系姻亲是指配偶一方的旁系血亲为对方的旁系姻亲。血亲亲等之计算,直系血亲,从己身上下数,以一世为一亲等;旁系血亲,从已身数至同源之直系血亲,再由同源之直系血亲,数至与之计算亲等之血亲,以其总世数为亲等之数。例如,"三代以内直系血亲"是指自己上数三代(父母、祖父母、外祖父母)和下数三代(子女、孙子女、外孙子女),"直系姻亲"包括岳父、岳母以及公公、婆婆,"旁系姻亲"包括姐夫、姑夫、舅母等。

有的国家将保护的主体限于夫妻之间,有的国家限于血亲,有的国家扩大到姻亲,甚至订婚人。这个范围不能太宽也不能太窄,太宽则过于限制证据的来源,太窄则难以保护基本的社会关系。最早规定亲属特免权的《大清民事诉讼律草案》,曾对亲属特免权的范围做如下规定:当事人之配偶或四亲等内之亲族;当事人之监护人或保佐人;证人所为之证言,若与证人自己或与证人有上述两款之关系人有直接财产上的损害、遭耻辱,或刑事追诉。也规定了如下例外:"同居人或曾经同居人之出生、婚姻、亡故及其他身份上之事项;因亲族关系所生之财产上事项;为证人而与闻之法律之成立或意旨;为当事人之前主或代理人,而就相争之法律关系所为之行为。"我国台湾地区现行《刑事诉讼法》规定的亲属特免权的范围已经大大缩小,"现为或曾为被告或自诉人之配偶、直系血亲、三亲等内之旁系血亲、二亲等内之姻亲或家长、家属者。二、与被告或自诉人订有婚约者。三、现为或曾为被告或自诉人之法定代理人或现由或曾由被告或自诉人为其法定代理人者。"不过,还是有很多学者认为这个范围太大,需要进一步限缩。我国学界起草的证据法草案对亲属特免权主体范围和种类(性质)的规定是:

表 8-2 亲属特免权的范围和种类

草案	亲属特免权范围	种类
中国证据法草案(第四稿)	配偶、近亲属	不利证言特免权+婚内交流特免权
统一证据法草案(第三稿)	本人、配偶、本人或者配偶的两代以内直系血亲	不利证言特免权+亲属身份特免权
民事证据法学者建议稿(第六稿)	① 直系血亲尊亲属↔卑亲属、② 女婿或儿媳↔岳父、岳母或公公、婆婆、③ 配偶之间或与前任配偶之间、④ 事实婚之双方间	亲属身份特免权+不利证言特免权
中国证据法草案建议稿	配偶、四亲等内的血亲或者三亲等内的姻亲	亲属身份特免权+不利证言特免权
刑事证据法专家拟制稿	近亲属、监护人或者被监护人	不利证言特免权
中国刑事诉讼法第二修正案	近亲属、监护人或者被监护人	不利证言特免权
民事诉讼法(修改建议稿第三稿)	① 直系血亲尊亲属↔卑亲属、② 女婿或儿媳↔岳父、岳母或公公、婆婆、③ 配偶之间或与前任配偶之间、④ 事实婚之双方间	亲属身份特免权+不利证言特免权
人民法院统一证据规定(第五稿)	配偶、父母或者子女	不利证言特免权

(注:表中的"↔"代表相互关系,反之亦然。"+"代表并且)

由于我国有大陆法系国家的传统,所以在上述草案的主体选择上都学习或者借鉴了大陆法系国家的规定,并不仅仅限于夫妻之间的特免权。但是具体涉及亲属的广延程度,则从直系血亲到旁系姻亲,甚至到"事实婚",不一而足,有的干脆完全照搬了国外或其他地区的做法。[①]《统一证据法草案》第二稿曾经把亲属特免权的范围规定为"配偶、本人或者配偶的三代以内直系血亲",但在《统一证据法草案》第三稿中限缩为"配偶、本人或者配偶的两代以内直系血亲",显然也是考虑到前者的范围过于宽泛。笔者在前文中已经提及,大陆法系国家亲属特免权的范围过于宽泛,有值得反思与限缩的必要,因此,我国亲属特免权的范围不宜过宽。我国实体法中对亲属保护的范围宽窄不一。我国《婚姻法》规定近亲为"直系血亲和

① 我国《民事诉讼法修改建议稿》第三稿以及《民事证据法学者建议稿》第六稿关于亲属特免权的规定完全照搬澳门地区《民事诉讼法典》第519条规定。

三代以内的旁系血亲”（第7条），我国《民法通则》则扩大到“祖孙”关系（第16条），而我国《刑事诉讼法》的规定则为“夫、妻、父、母、子、女、同胞兄弟姊妹”（第82条）。那么我国特免权制度应该如何确定享有特免权的主体范围呢？笔者认为，应当以当前我国家庭结构的基本样态以及未来家庭关系变化的模式为立足点，并考虑家庭隐私权的限度。由于我国当代家庭关系已经从传统的大家族中演变而为简单的小家庭，亲戚之间的往来与联系也不复频繁，甚至很多小家庭多年未见父母之外的亲戚。因此，从现实考虑，亲属特免权的范围没有必要过大，以配偶、近亲属为妥。我国《刑事诉讼法》中多次提到“近亲属”，可以作为亲属特免权的基本范围，即“夫、妻、父、母、子、女、同胞兄弟姊妹”。但是具体到是否承认前配偶、事实婚“配偶”以及订婚人的特免权问题，笔者认为，考虑到婚姻关系中配偶的亲密关系和离婚后依然存在的利害关系，可以承认前配偶的特免权，但是鉴于我国《婚姻法》不鼓励和保护“事实婚”与婚约，所以不宜把事实婚的“配偶”和订婚人纳入进来。

亲属特免权可以分为基于身份特免权和基于事项的特免权。如果像很多大陆法系国家一样规定基于身份的一般特免权，那么证人拒绝作证实际上就不需要事由，这同样会过于扩大特免权的范围。因此，考虑到我国的现实情况，建议把主张特免权的事项限于可能使上述亲属陷于刑事指控、定罪的事项，即只采用不利证言特免权。至于配偶之间的秘密交流特免权，主要是为了保护夫妻之间的隐私权，此观念正是我国诉讼法所缺失的，在日益重视隐私权保护的21世纪，未雨绸缪，该权利值得倡导。但是，由于我国证人作证的现实情况，衡量因证人出庭作证导致配偶之间信赖关系的损失和证人不作证导致的司法公正的损害，完全规定配偶之间秘密交流特免权似乎不太实际，况且对于配偶之间有可能导致证人或当事人受到刑事追究或者定罪的事项已经可以主张特免权，故笔者建议法律将该特免权限于涉及隐私的事项，证人是被告人的配偶或前配偶，可以免于提供在夫妻关系存续期间所做的秘密交流信息。当然，对身份关系纠纷与亲属之间的案件，由于亲属可能是唯一的证人，可以作为特免权的例外。夫妻是互相对立的诉讼当事人时（民事诉讼或刑事自诉），同样不适用特免权。

三、关于职业关系特免权

世界刑法学会第十五届大会《关于刑事诉讼法中人权问题的决议》第

14 条规定："一切证据调查必须尊重职业秘密作证特免权"。联合国大会 1990 年批准的《关于律师作用的基本原则》第 22 条也规定了"各国政府应确认和尊重律师及其委托人之间在专业关系内所有联系和磋商均属保密性的"。在我国规定职业关系特免权也符合国际刑事诉讼人权保障的趋势。前文在研究职业关系特免权的时候曾经提到律师、医生、神职人员、记者等特免权，我国目前的证据立法和诉讼法草案中都有或多或少的考虑。下表为草案对该特免权主体和范围的规定：

表 8-3　职业关系特免权的主体和范围

草案	主体	事项
中国证据法草案(第四稿)	代理人、辅助人、心理医生、神职人员、记者	商业秘密、个人隐私的事项，心理咨询事项，忏悔事项，新闻线索、信息来源事项
统一证据法草案(第三稿)	代理人、心理医生、神职人员、记者	商业秘密、第三人隐私，心理咨询事项，心理忏悔、咨询事项，新闻线索、信息来源事项
民事证据法学者建议稿(第六稿)	新闻出版业从业者、医师、药剂师、律师、公证员，或曾经从事此类职务的人	文稿和资料的著作人、投稿人或提供材料的人的个人情况，职务上知悉的应当保密的事实，依法律规定应当保守秘密的事项
中国证据法草案建议稿	律师、医护人员、宗教职业者	在职务上知悉的应当保密的事实
刑事证据法专家拟制稿	医生、律师	在履行职务过程中得知的有关他人秘密的事实
中国刑事诉讼法第二修正案	医师、护士、律师、宗教职业者或者曾经从事以上职业者	在履行职务过程中得知的有关他人秘密的事实
民事诉讼法(修改建议稿第三稿)	医生、神职人员	基于履行职责而知悉的信息
人民法院统一证据规定(第五稿)	律师、精神病医师、心理治疗执业人员	在执业活动中与委托人进行的秘密交流事项

首先谈律师—委托人特免权。律师在刑事辩护中，主要承担提出证据证明犯罪嫌疑人、被告人无罪、罪轻或减轻、免除刑事责任的材料和意见，对于其因职业获悉当事人的秘密和个人隐私，基于职业道德具有保密义务。但是没有特免权的规定而仅有职业道德规定不足以使律师避免受到刑事追

诉或行政经济制裁的危险。建立律师—委托人特免权,有助于加强对律师人格权、人身权保障,改善目前我国法律对律师保护不力的现状。因此,对于律师和委托人之间就提供法律服务而进行的秘密交流、律师为上述目的而与第三人的交流,以及由此产生的相关文件、资料,受特免权的保护,可以拒绝披露。上述草案有的认为只要保护律师在执业过程中得知的“商业秘密”和“个人隐私”足矣,其实这是远远不够的。既然律师和委托人之间就提供法律服务的交流秘密都受该特免权保护,那么律师对其在为委托人代理的过程中所知悉的事项,即使不属于商业秘密和个人隐私,也应当有免于作证的权利。此外,草案中基本上都没有提到与第三人交流的特免权和工作成果特免权,这也是不完整的,应当增加这部分内容。

正如前文所述,医生—患者的秘密交流特免权和心理医生—患者的秘密交流特免权是很不相同的,前者虽然确立较早,但是被“颠覆”得也早,现在很多国家和地区都否定这项特免权,但是对于后者,却是一项正在被许多国家逐渐被认可和接受的特免权。根据笔者观察的情况,现在我国很多医疗机构对于普通患者的诊断和治疗并没有采取完全私密的状态,当医生与某位患者交谈的时候,其他待症的患者也能听到①,而且对于患者信息、病历、诊断意见的保密工作也做得不好②,特免权所要求的秘密条件难以达到。我国《执业医师法》第22条规定,关心、爱护、尊重患者,保护患者的隐私,是医师的执业义务。《医务人员医德规范及实施办法》第3条规定,医务人员应当为病人保守医密,实行保护性医疗,不泄露病人隐私与秘密。《护士管理办法》第24条:“护士在执业中得悉就医者的隐私,不得泄露,但法律另有规定的除外。”《性病防治管理办法》第17条规定:“性病防治机构和从事性病诊断治疗业务的个体医在诊治性病患者时,必须采取保护性医疗措施,严格为患者保守秘密。”上述法律法规对医生的保密义务已经作了规定。普通医生—患者特免权的保密要求可以在上述规定中得以实现。我国1999年实施的《执业医师法》对于医生在执业过程中发现一些患者信息,规定了“向上级部门报告”制度,而2003年春季的SARS带给人们的恐惧,更令人对医生公开必要的信息持期望态度,因此,规定一般的医生—患者信息特免

---

① 笔者考察了北京一些医院后发现,除了某些特别需要保密的科室和“专家门诊”外,患者就诊时一对一的情况很少,甚至在一些甲级医院,由于患者人数众多,普通门诊的患者很难避免其他患者在场“聆听”。

② 北京曾经发生数起医生泄漏患者信息的事件,有的医生跳槽到另一家医院,为了吸引原来就诊的患者,居然带走很多患者的资料,为吸引“客源”,还给原来的患者打电话。

权的可能性不大。

与普通的医疗业务相比，我国心理治疗的私密性比较充分，几乎100%的诊断都能在“一对一”的情况下完成。从这点看，规定心理医生和患者的特免权似乎更具备现实条件。心理医生和患者之间的秘密交流之所以比一般的医生和患者之间的交流更值得保护的原因，还在于心理治疗的效果完全取决于患者自由交谈的愿望和能力，对这种交谈的保密性存在的担忧，足以威胁到心理治疗的成功性。因此，从世界各国立法和我国的实际情况出发，规定心理治疗师—患者特免权可能性更大。心理治疗的特殊性使人们有理由对心理医生和患者之间的交流秘密持谨慎的态度，如果不对该事项赋予特免权，势必会对我国近年来发展迅速的心理治疗职业产生一定的消极影响。因此，我们建议对于出于治疗为目的的患者和心理医生（包括精神科医生、具有执业资格的心理医生和其他心理治疗者）之间的秘密交流事项，患者可以主张特免权，医生也可以为了患者的利益主张该特免权。但是，在因治疗纠纷而提起的诉讼中或者在法庭需要检查该患者身体状况时，不得主张该特免权。

我国很多学者反对建立神职人员—忏悔者特免权的理由是，我国不存在基督教的传统，神职人员和忏悔者的交流在我国并不多见，所以没有必要进行规定。[①] 众所周知，宗教不但在西方国家举足轻重，在我国也是不可忽视的一种社会力量。当今我国的宗教，是指流传于我国并被部分群众所信奉，并且受到国家宪法和法律保护的佛教、道教、伊斯兰教、天主教和基督教（东正教）等。有人或许认为佛教和道教没有严格意义上的忏悔制度，不适用神职人员—忏悔者特免权。其实，道教科仪中也以忏悔罪尤作为教化内容，只不过，与基督教的忏悔不同的是，道教是在科仪中由道士用言词代信徒向神灵表示忏悔的意思。佛教也有“忏悔法门”，只不过形式不同而已。道教、佛教教徒与神职人员之间的交流，如果出于信教的虔诚和悔罪的心理，仍然具有忏悔的性质。还有人可能认为，我国信教者不多，规定神职人员—忏悔者特免权没有多大意义。事实上，我国信仰各类宗教的人数虽然在总人口中的比例不到10%，但由于人口基数大，信教总人数仍在1亿以上[②]，而且仍

① 刘善春、毕玉谦、郑旭：《诉讼证据规则研究》，中国法制出版社2000年版，第119页。

② 中国现有各种宗教信徒1亿多人，其中，基督教徒超过1000万，天主教徒400万，信仰伊斯兰教的10个少数民族人口1800万。截止到1996年的统计，佛教、道教、伊斯兰教、基督教和天主教共有活动场所8.5万余处，宗教教职人员30万人，宗教团体3000多个。参见叶小文：《中国宗教的百年回顾与前瞻》，载《中国宗教》2001年第2期。

在持续增加。“宗教信仰自由”是我国宪法、法律和政策所规定的基本原则，因此，保护信教人员在忏悔时的交流秘密，也是尊重宗教的必要措施。加上我国统一大业在即，有着浓厚宗教传统的港、澳、台地区也会与祖国大陆加强交流。为了适应社会发展，规定该特免权是需要的，但是对于其范围应当作谨慎的规定。笔者认为，我国不宜在宽泛的意义上规定神职人员基于职业所知秘密的特免权，而应当将特免权保护的事项限于在宗教仪式中信教者向神职人员所做的秘密陈述，且该陈述的目的是为了获得精神指导。当然，这里的神职人员限于合法的宗教组织中有权接受教徒忏悔的人员。

最后仍要提到记者消息来源的特免权。随着国际法庭对记者特免权的裁决以及2004年《中国改革》案引发的讨论，该特免权也开始为中国学者所关注。例如，《统一证据法草案》第二稿并没有规定记者特免权，但在第三稿中却增加了该特免权。当然，部分草案规定的新闻出版从业人员以及编辑人员的特免权，完全仿造德国《刑事诉讼法》第53条第5项以及德国《民事诉讼法》第383条第5项的规定，是否妥当，值得斟酌。笔者认为，我国目前建立记者特免权存在较大的障碍，但随着新闻法制的发展，确立有限度的消息来源特免权也应当在不久的将来考虑。

对于其他的特免权，诸如会计师、药剂师、助产士、专利代理人等，笔者认为没有必要规定。与律师、精神治疗师和记者不同的是，上述职业的顺利开展，并不需要获得相对人的信赖，或者这种信赖对于职业发展并非必要条件，而涉及隐私的部分，可以交由民法调整。如果说要为了立法的“完备”而罗列上去，可能正应验了李学灯曾经针对台湾地区过于宽泛的职业特免权而言的“法律对此部分原少历史之渊源，徒凭抄袭”。[①]

值得一提的是，职业特免权是一种拒绝作证的权利，而不是一种义务。职业道德对于业务保密的规定才是义务。《刑事证据法专家拟制稿》提到“律师、医护人员、宗教职业者或者曾经担任以上职务者，对于在履行职务过程中得知的有关他人秘密的事实，不得提供证言”，似乎不是在作特免权的规定，而是在作职业道德的规定，有待商榷。

四、关于公共利益特免权

从我国《刑事诉讼法》第45条第2款、第152条第1款来看，我国法律

---

① 李学灯：《证据法比较研究》，台湾五南图书出版公司1992年版，第633页。

虽然为防止泄露国家秘密采取了一定的措施（如“不公开审理”），但并非通过特免权的形式，所以现行刑事诉讼法中不存在公共利益特免权。2008 年 5 月 1 日施行的《中华人民共和国政府信息公开条例》规定行政机关是否公开信息仍依照《保守国家秘密法》以及相关法律法规，也没有确立公共利益特免权。但是，我国《外交特权与豁免条例》第 14 条和《领事特权与豁免条例》第 15 条规定的外交人员可以就拒绝作证的事项①，这是否表明我国已经承认了该项证人作证特免权？理论上不无争议，持肯定说和否定说的学者皆有。② 笔者认为，从其保护事项而言，外交人员可以就其执行职务事项免于作证义务，可以说是公共利益特免权的一种，因为它也是属于一种国际礼让的特免事项。然而，其适用范围只限于国际礼让，适用主体只是属于外国公民的证人，未免狭窄，严格来说只是国际法的一部分，还不足以成为诉讼法上的特免权制度。因此，公共利益特免权必须重新建构。

公共利益特免权的主体一般而言都是从事国家公务工作的人员，但是具体包括哪些人，各草案则不无分歧。有的仅仅规定高级政府官员有拒绝作证的特免权，有扩展至普通国家工作人员，有的则干脆不作限制。在笔者看来，是否明确特免权的主体其实意义不大，国外规定公共利益特免权基本上都是从特免权的事项入手而非主体入手，即使涉及主体也是因为某些重大关系的文件只能由该阶层的公务员知悉而已。如果非要明确特免权的主体，那么所有曾经为国家公务员或者现为国家公务员的证人都可以成为该特免权的主体，国家公务员体系之外的党的各级领导人和工作人员、法院检察院的司法人员，同样可以成为特免权的主体。曾任国家工作人员的证人如果作证涉及其任职期间获得的有关国家安全、国家秘密或者职务秘密的事项，可以参照上述规定处理。有的草案采用列举方式，规定某些高级公务员或者“审判人员”，不免挂一漏万，有不周延之弊。

---

① 《中华人民共和国外交特权与豁免条例》第 14 条规定：“外交代表享有刑事管辖豁免。……外交代表没有以证人身份作证的义务。”《中华人民共和国领事特权与豁免条例》第 15 条规定：“领馆成员可以被要求在司法或者行政程序中到场作证，但没有义务就其执行职务涉及事项作证。领馆成员有权拒绝以鉴定人身份就派遣国的法律提出证词。领事官员拒绝作证，不得对其采取强制措施或者给予处罚。领馆行政技术人员和领馆服务人员除执行职务所涉及的事项外，不得拒绝作证。”

② 肯定的意见参看武鼎之：《证人拒证，良策何在？》，载《人民检察》1999 年第 3 期；否定的意见参看刘善春等：《诉讼证据规则研究》，中国法制出版社 2000 年版，第 120 页。

表 8-4 公共利益特免权的范围和决定权

草案	主体	范围	决定权
中国证据法草案(第四稿)	证人	国家秘密、职务秘密	主管国家机关确认和许可
统一证据法草案(第三稿)	当事人、证人	国家秘密	国家机关
民事证据法学者建议稿(第六稿)	证人	职务上知悉的依法律规定应当保守秘密的事项	无
中国证据法草案建议稿	国家主席、国务院总理、副总理、政府各部部长	国家利益	法院
刑事证据法专家拟制稿	审判人员、公务员或者受委托执行公务的人员、人民代表大会的代表	国家重大利益	主管机关
中国刑事诉讼法第二修正案	公务员或者受委托执行公务的人员、人民代表大会的代表、审判人员	国家重大利益	主管机关
民事诉讼法(修改建议稿第三稿)	公务员或者曾经作为公务员的人	职务上的秘密	有关机关的许可
人民法院统一证据规定(第五稿)	审判人员、情报人员、国家领导人	涉及国家秘密的事项	有关保密部门书面同意

从上表看,目前的草案大多数都把特免权的范围界定在"国家秘密"、"国家重大利益"或者"职务上的秘密"。"国家秘密"和"国家重大利益"是很含混的概念,由于我国《保守国家秘密法》对于"国家秘密"界定得过于宽泛,所以设置公共利益特免权问题上也存在一定的难度。笔者认为,除了外交人员,国家公务员或受委托从事公共职务者就作证事项可能危及国家安全、损害国家利益时,也应当规定特免权。拒绝披露的事项应当包括国家秘密、行政决策秘密、侦查、起诉和审判秘密。我国《保守国家秘密法》第 2 条、第 8 条以及《保守国家秘密法实施办法》第 4 条规定的"国家秘密"范围过于宽泛,几乎国家机关的一切活动都可以囊括到国家秘密的范围之中,如果我国刑事诉讼证据立法中的公共利益特免权照搬这个规定,似乎过于草率。笔者认为,应当设立行政机关的证明责任来解决这个问题,同时由法院进行个案裁量,即只有行政机关能证明作证将严重损害国家利益时,方可以免于作证。

对于公共利益特免权的决定主体，除了《中国证据法草案建议稿》，上述草案几乎都规定了由行政机关或者上级主管部门决定。而《中国证据法草案建议稿》没有对公务特免权的决定主体作出特别规定，只是在对所有特免权的决定主体有一个原则性规定，即由法院决定。笔者在前文中曾经提到，特免权的决定主体经历了一个从行政机关自己决定到法院决定的过程，现在大多数国家的公共利益特免权都是由法院决定的。从理论上说，是否授予公共利益特免权是一个对司法公正利益和国家公共利益之间的权衡问题，行政机关因为是持有该信息的主体，所以可能会存在角色上的自我保护、拒绝披露信息的问题，所以由法院来判断何种情况下应当保护公共利益、何种情况下应当维护司法利益更加妥当。但是，在我国授予法院决定权也存在一些障碍。第一是法律制度层面上的，《保守国家秘密法》第 13 条已经规定："对是否属于国家秘密和属于何种密级有争议的，由国家保密部门或由省、自治区、直辖市的保密部门确定。"《中华人民共和国信息公开条例》规定是由"有关主管部门或同级保密工作部门确定"。既然国家机关已经掌握了"话语权"，再实行权力的转移比较困难。第二是政治制度层面上的，我国的法院地位远不如国外的法院，既没有违宪审查机制，也没有监督和制约权力的体制，司法权尚不足以对抗强大的行政权，即使拥有决定特免权的裁决权，可能也不能兑现。第三是技术操作层面上的，相对于国外的法官群体而言，我国目前法官的素质可能不足以承担此项重任，而且司法独立的限制性因素也随时在牵掣法官在行使该权力的时候偏移公正，所以赋予法官决定公共利益特免权的条件可能还不成熟。笔者认为，作为一个权宜之计，可以规定行政机关的上级主管机关作为决定机关，即涉及案件的证人不得自行决定公共利益特免权，而要报请上级主管部门或者行政长官批准。除有严重妨害国家利益者外，上级机关不得拒绝。如果上级机关在规定的期间未作出是否许可的决定，视为许可。

五、关于特免权的例外

特免权的例外也是特免权规则组成部分。特免权乃是基于利益权衡原则，舍弃发现真实的目的而保护特定社会利益，而特免权的例外，同样是基于利益权衡的原则，为特免权设定一定的疆域，使得对于社会利益的保护不致过度，伤害到其他更加重要的公共利益。附录收集的八部草案都规定了特免权的例外，只是有的以概括的方式规定，有的以列举的方式规定，各自的范围也不尽相同。笔者把特免权的事项主要归纳为以下几个方面：

A）涉及严重危害国家安全、公共安全的案件；

B）涉及家庭成员的出生、死亡、婚姻或者其他身份上的事项；

C）作为见证人而知悉的法律行为的成立及其内容事项（证人本人曾经作为证人而从事过的法律行为的成立与法律行为的内容）；

D）证人自己曾经作为一方当事人的前手或代理人而就争执的法律关系所为的行为；

E）作证时保密义务已经免除的事项（作为职务和公务秘密特免权基础的保密责任已经免除）；

F）受特免权保护的秘密已经公开，损害发生不可避免时；

G）商业秘密或者个人隐私的所有人明确表示同意的事项；

H）涉及因家庭关系而发生的财产情况（因亲属关系所产生的财产上的事项）；

I）当事人利用证人作证特免权从事违法犯罪行为；

J）其他法律规定排除拒绝作证权的事项。

表 8-5　特免权的例外事项

草案	例外事项									
	A	B	C	D	E	F	G	H	I	J
中国证据法草案（第四稿）	✓	✓	✓		✓		✓			✓
统一证据法草案（第三稿）		✓	✓		✓			✓		
民事证据法学者建议稿（第六稿）		✓	✓	✓				✓		
中国证据法草案建议稿						✓	✓			
刑事证据法专家拟制稿	✓						✓			
中国刑事诉讼法第二修正案	✓									
民事诉讼法（修改建议稿第三稿）	✓	✓	✓	✓				✓		
人民法院统一证据规定（第五稿）	✓									

笔者认为，设立证人作证特免权的例外是必要的，但是例外的范围应该谨慎考虑。第一，对于涉及严重危害国家安全、公共安全的案件，应当作为特免权的首要例外。意大利《刑事诉讼法》第 204 条就规定了排除秘密的情况“与旨在颠覆宪政制度的犯罪事实相关的事实、情况或文件不得列入第 201 条（职务秘密）、第 202 条（国家秘密）、第 203 条（司法警察和安全机构的情报人员）规定的秘密之列。”我国台湾地区《刑事诉讼法》规定因职务原因享有证人作证特免权的情形不适用于妨害国家利益的情形。国家安全为

人民生活之根基,“倾巢之下安有完卵”。在涉及重大国家利益、公共安全的刑事案件中,或国家处于紧急状态时,特免权的利益应让位于国家利益。这种立法思路是正确的。但是,出于对权力滥用的警惕,具体的罪名应当根据实体法中的规定来规定,任何人不得借口涉及国家利益而剥夺证人本应享有的特免权。第二,涉及家庭成员的出生、死亡、婚姻或者其他身份上的事项,以及因家庭关系而发生的财产诉讼,可以作为亲属特免权的例外。因为涉及上述事项的证明,最有证明力的证据都掌握在亲属手中,如果亲属拒绝提供证据,将导致待证事实根本不能证明。不过,这种例外作为亲属特免权的例外,宜规定在亲属特免权之“但书”中,没有必要作为整个特免权的例外。第三,证人利用特免权策划犯罪时丧失特免权,这是很多国家规定的一项例外。因为特免权规则旨在保护证人的权利,维护重大的社会关系和利益,但如果证人利用该特免权从事违反法律的行为,则背离了设立特免权的初衷,因此有必要增加这一限制。遗憾的是,几乎所有的草案都没有规定该项例外。第四,受特免权保护的秘密已经公开时不得再援引特免权。特免权保护的是尚未披露的交流,如果秘密已然公开,损害发生已不可避免,特免权就没有存在的必要。当然,如果当事人对于秘密交流采取了保密的措施,只是由于他人蓄意地窃听而泄密,那么该交流内容仍然受特免权的保护。此外,有的草案把“作证时保密义务已经免除”作为职业关系特免权和公共利益特免权的例外。在笔者看来,这种情况实际上是特免权的放弃而非例外,因为即使是曾为委托人的律师或者曾为公务员的证人,也不会因为委托关系的终止和职务的变化而不再负有保密义务,而往往是权利人放弃了要求保密的义务。有的草案把“商业秘密或者个人隐私的所有人明确表示同意的事项”也作为特免权的例外,其实犯了相同的错误,放弃特免权与特免权的例外是两个概念,并不具有包容性。至于上表中的其他特免权,有的只是个别国家的规定,有的则根本没有先例,作为特免权的例外比较勉强,在此不再逐一辩驳。

在我国“刑事证据法第一稿草案讨论会”上,有学者提出:“亲属间拒绝作证的权利的范围应当限制,对职务犯罪、危害国家重大利益的犯罪和毒品犯罪可以例外”。[①] 后来在陈光中教授主持的《刑事证据法专家拟制稿》中,果然把职务犯罪作为亲属特免权的一个例外进行规定(第 30 条)。在此有

① 中国政法大学诉讼法学研究中心:《刑事证据法草案第一稿讨论会纪要》,2003 年 4 月 20—23 日。

一个问题:规定贪污、贿赂犯罪的例外有必要吗? 主张规定职务犯罪例外的学者认为,我国目前面临反贪的巨大压力,不宜规定特免权,“贪污腐败这类案件,大部分都依靠的是获取的证人证言……如果说赋予这些亲属之间豁免权的话,那么以后我们反贪这方面的工作就很难做。”[①]笔者认为,这种观点在司法实践中比较普遍,这正反映了我国在职务犯罪侦查方面存在的误区。

造成职务犯罪侦查困境的原因是多方面的,客观上是职务犯罪证据的隐蔽性问题,主观上主要是职务犯罪侦查方法落后的问题。但提高侦查效率的方法不一定通过设置特免权例外来实现,并不是说没有其他更好的办法值得尝试。首先,从检察机关侦查权的限制性条件说,法律赋予负责职务犯罪侦查的人民检察院的手段不够,一些侦查职务犯罪的必要侦查手段,如秘密调查,特别调查等,检察机关都无权行使,这些都将使职务犯罪的查处工作面临困难。其次,我国的职务侦查习惯由供到证的侦查思路,不但容易导致刑讯逼供等非法手段获取的证据,而且证据的获取面实在过于狭窄。所以,职务犯罪侦查重心要由偏重于正面接触犯罪嫌疑人(包括亲属)获取口供转变到正面接触前的秘密调查上来,把工夫下在正面接触犯罪嫌疑人之前,下在收集、固定和运用口供以外的各种证据上。最后,在职务犯罪活动日益呈现出技术化、高智能化乃至有组织化的今天,检察机关在侦查技术方面手段单一、落后,已经难以适应这一形势。检察机关反贪部门应当运用先进的科技手段,增加办案的科技含量,逐步发挥科技手段在侦查、收集、固定证据等方面的作用,以技术侦查措施作为大幅度提高职务犯罪侦查效率的手段之一。[②]

其实,我国政府已经于2003年12月10日签署联合国《反腐败公约》,该《公约》第50条第1项规定,为有效打击腐败,各缔约国均应当在其本国法律制度基本原则许可的范围内并根据本国法律规定的条件,在其力所能及的情况下采取必要措施,允许其主管机关在其领域内酌情使用控制下交付和在其认为适当时使用诸如电子或者其他监视形式和特工行动等其他特

---

① 这是在参与德恒证据学论坛的时候,房保国博士向笔者提出的问题,笔者当场做了回应。参见吴丹红、房保国、刘立霞:《证人制度改革纵横谈》,载《证据学论坛·2004年特刊》(总第9卷),中国检察出版社2005年版。

② 关于技术侦查在职务犯罪中的适用的问题,可以参看朱孝清:《试论技术侦查在职务犯罪侦查中的适用》,载《国家检察官学院学报》2004年第1期,第111—116页。另外,陈瑞华教授在与笔者的交谈中,也多次谈到技术侦查在职务犯罪中运用的必要性,给予笔者很多启发。

殊侦查手段，并允许法庭采信由这些手段产生的证据。大多数国家如美国、法国、俄罗斯、日本、德国、意大利等，都在法律上明确规定包括检察机关在内的侦查机关运用技术侦查的权力及其程序要求。[①] 可见，赋予肩负打击腐败犯罪职责的检察机关技术侦查权，乃是国际上的普遍共识。只要技术侦查手段的运用在职务犯罪的侦查中获得正当性，由于特免权带来的取证难问题相信也会部分得到缓解。此外，我们可以通过赋予部分"污点证人"刑事责任豁免，来换取罪行较轻的被告人作证，这样既不违背不自证其罪特免权的规则，也能够获得指控重大被告人的有力证据。

六、小结：遗憾与期待

总的来说，我国已经进行的特免权制度的学者立法草案呈现了一种"百花齐放"的状态，但是在对于支撑这些特免权规则的理由的陈述上，或者人云亦云，或者大而化之，或者语焉不详，尚未出现"百家争鸣"的现象。在上述有关特免权立法草案的理由说明中，几乎都谈到了特定社会利益的保护，但是对于特免权正当性的论证似乎也仅仅停留于此，很多学者没有关注到特免权背后的人性化因素、隐私权因素和职业道德因素，也没有能对特免权和发现真实价值的冲突进行深入的分析，甚至没有在设置特免权时对特免权的有限性问题进行充分的考虑。没有人对特免权存在的潜在危险进行充分的实证的分析，也没有人对我国建立特免权规则提出有力的质疑和反驳。

据笔者所知，在英美证据法历史上，对于特免权的存废曾经展开过激烈的争论，赞成者的阵营和反对者的阵营在某个时期甚至旗鼓相当，而在美国制定《联邦证据规则》的时候，也曾经就特免权的种类和范围在全国范围内长时间地征求意见，以吸纳社会各利益阶层的意见。美国《联邦证据规则》建议稿中的某些特免权规定在当时就受到过诸多攻击，尽管这种反对声音"来源于与具体特免权的创设和保留利益攸关者"，但至少说明特免权问题是一个牵涉到很多利益主体的问题。为何我国学术界对于如此敏感的一个问题会在一个比较短的时间内形成如此统一的意见？在这种"众口一词"的默契背后，是否掩盖着一些本该存在的意见分歧？从目前立法草案的不尽

① 如日本《关于犯罪侦查中监听通讯的法律》第 3 条规定，检察官或者司法警察员认为有充分理由足以怀疑将进行实行犯罪的通讯时，依据法官签发的令状对与犯罪相关联的通讯进行监听；德国《刑事诉讼法》第 8 章用 40 多个条款对技术侦查手段进行规定，其中包括对贪污贿赂犯罪的侦查；美国 1968 年《综合犯罪控制与街道安全法》规定，检察官对贿赂政府官员罪有权进行监听、窃听、使用线人等技术侦查手段和措施。

规范的表达上看,原因似乎不难寻找。这一方面在于学术界对两大法系的特免权制度研究不够深入、考察不够细致,另一方面也在于很多学者对我国特免权制度赖以建立的社会基础和现实条件缺乏分析。近年来,虽然可以见到《沉默权制度研究》、《非法证据排除规则研究》等著作不断问世,但是尚没有学者对特免权这个大问题进行非常系统深入的研究,有限的论述只是停留在对于英美特免权规则的介绍和对我国古代亲亲相隐制度的"开发"上,对于特免权制度的很多错误认识得以谬种流传,甚至有的"指鹿为马",有深入分析的文章凤毛麟角。几乎所有谈到"特免权制度建构"的文章,都没有实证的材料作为基础,空谈、幻想和矫揉造作大行其道。这种研究现状表明了上述草案完全是在理论准备不足、实践调查不够的基础上进行的。虽然有的草案为了避免有照搬照抄之嫌,对外国的特免权规则进行了一些文字性修正,但是因为这种修正是擅意而为,所以有时适得其反,变成了不伦不类的特免权规则。在诸多立法草案"粉墨登场"的背后,是我们学术界的急功近利,媒体一厢情愿的鼓吹①,似乎特免权立法已经离我们近在咫尺,但实务界的冷淡反映和普通民众的茫然表情却在提醒我们,特免权制度其实离我们太遥远,以至于我们尚不能切身感受它在证据法制度上可能引起的革命性冲击。这些现象都值得我们学术界和未来的立法者思考。

在笔者看来,特免权制度其实并非一个可以孤立运行的法律制度,它需要证据规则、诉讼制度、司法制度乃至很多社会制度的配套,而目前我们在上述方面可能存在暂时难以克服的障碍,所以特免权的建立绝非一朝一夕的事情。一切可能发生,一切也需要酝酿。当我们准备不足的时候,与其仓促立法,不如静下心来做更多的扎实的研究和调查。笔者并没有建构的野心,只是对特免权的理论体系和实证分析作了一些尝试性的工作,也提出了很多值得思考的问题,尽管有的问题至今没有找到满意的答案。如果笔者的研究结果能够成为特免权制度研究引玉之砖的话,本书的意义也算部分实现了。

① 当《民事证据法学者建议稿》第四稿草案公布的时候,诸多媒体都以极大热情盛赞"特免权制度将写入证据法",认为这是我国证据制度的一个重大进步。笔者没有看到任何批评性的报道。

附录:部分立法草案中的特免权规定

以下条文,皆为本书研究所需,原作者保留版权。对于参与下列诉讼法和证据法草案的学者,表示感谢!

一、《中国证据法草案(第四稿)》[①]

第三十条 [证人拒绝作证权]

证人对下列事项享有拒绝作证的权利:

(一)涉及国家秘密、职务秘密的事项,未经主管国家机关确认和许可的;

(二)证人与其配偶之间秘密交流事项,即使配偶关系已经解除;

(三)可能导致本人或者近亲属的名誉损害、行政处罚或者刑事追究的事项;

(四)作为代理人、辅助人在行使职务时被信赖告知的有关他人商业秘密、个人隐私的事项;

(五)涉及证人与心理医生之间基于诊疗目的而进行的心理咨询事项;

(六)在民政部门依法登记的宗教团体神职人员,对信徒向其所做的忏悔、心理咨询事项;

(七)新闻记者对于新闻线索、信息来源事项;

(八)法律规定的其他事项。

第三十一条 [证人拒绝作证权的排除]

下列事项排除证人的拒绝作证权:

(一)有关将要发生或正在发生严重危害国家安全、公共安全或者他人生命安全的事项;

(二)有关家庭成员的出生、死亡、婚姻或者其他身份上的事项;

(三)作为见证人而知悉的有关法律行为成立及其内容的事项;

(四)商业秘密或者个人隐私的所有人明确表示同意的事项;

---

① 江伟主编:《中国证据法草案(建议稿)及立法理由书》,中国人民大学出版社 2004 年版,第 8 页。

（五）作证时保密义务已经免除的事项；

（六）其他法律规定排除拒绝作证权的事项。

第三十二条 ［拒绝作证权行使与裁定］

主张拒绝证言权的证人应当释明理由，或者以具结代替释明。人民法院应当将有关情况告知申请传唤该证人的当事人。

人民法院经斟酌证人释明的结果对拒绝作证权是否成立作出书面裁定。当事人及证人对裁定不服的，可以申请复议一次，不得单独提出上诉。

证人没有正当理由故意拒绝作证或者拖延作证的，视为妨害司法的行为，应当承担因此造成的程序延迟费用，并且依法追究法律责任。

二、《统一证据法草案（第三稿）》①

第三十条 ［不得强迫被告人自证其罪原则］

犯罪嫌疑人、被告人有拒绝自证其罪的权利。人民法院不能以被告人在法庭上拒绝回答提问的事实，推定被告人有罪，或者从重、加重处罚。

第三十三条 ［当事人拒绝陈述权］

当事人对于人民法院或者公诉机关、他方当事人关于案件事实、证据的提问，具有下列情形之一的，有权拒绝陈述：

（一）回答后有导致本人、配偶、本人或者配偶的两代以内直系血亲受到刑事追究的可能性的；

（二）属于自己知悉的国家秘密、他人商业秘密、第三人隐私，未经国家有关机关、他人、第三人同意的。

对前款所规定的情形，拒绝回答的当事人应当释明，释明不成立的，应当回答。拒绝回答的，人民法院应当依蔑视法庭行为处罚。

第四十五条 ［证人拒绝作证权］

具有下列情形之一的，证人有拒绝作证的权利，但对于将要发生的或正在发生的，危害国家安全、公共安全、他人生命安全的事项，不在此限：

（一）当事人一方或者双方是该证人或者其配偶两代以内的直系血亲的；

（二）证人所做陈述的事项，有导致本人或者本条情形（一）规定的人受到刑事追究可能性的；

（三）证人所做陈述的事项，有导致其本人或者本条情形（一）规定的

① 陈界融：《统一证据法草案》，载台湾《月旦法学杂志》第103期，2003年12月出版。

人,产生公法上没收财产或处罚后果的可能性的;

(四)证人所做陈述的事项,可能涉及国家秘密,尚未得到有关国家机关行政首长许可的;

(五)本人与代理人、本人与辅助人间,基于诚实信用原则,而有保护他人商业秘密、个人秘密的义务,未得该他人许可的;

(六)作证内容涉及证人与其心理医生间的心理咨询事项的;

(七)在民政部门依法登记的宗教团体的神职人员,对于信徒向其所做的心理忏悔、咨询事项。

(八)新闻记者,对于新闻线索、信息来源事项。

第四十六条 [证人拒绝作证权的例外]

证人虽有前条(一)、(二)、(三)项所规定的情形,但对下列事项,仍不得拒绝作证:

(一)对同居人或者曾同居人的出生、死亡、婚姻,或者其他身份上的事项;

(二)因亲属关系所产生的财产上的事项;

(三)作为见证人而知悉的法律行为的成立及其内容事项。

证人虽有前条(四)、(五)规定情形,但在作证时其保密责任已经免除,不得再以前条规定的情形为由,拒绝作证。

第四十七条 [证人拒绝作证权行使与释明]

主张拒绝证言权的证人,必须对本法所规定的拒绝证言情形存在的事实,进行释明,人民法院也可以令其具结以代替释明,并将证人拒绝作证的情形,告知声明该证人的当事人。

没有前条规定的拒绝作证情形,故意以之为由拒绝作证或者拖延作证的,以妨碍司法公正行为处罚。

第四十八条 [拒绝证言权存否裁定]

人民法院应当对证人拒绝证言权事由的释明是否成立,在审查有关证据后,作出拒绝证言权事由是否存在的裁定。对于此项裁定,当事人及证人不服的,可以复议一次,但不得单独上诉。

三、《民事证据法学者建议稿(第六稿)》①

第184条 [证人基于特定身份拒绝作证]

有下列情形之一的,证人可以拒绝作证:

(一)在涉及直系血亲卑亲属的案件中,直系血亲尊亲属可以拒绝作证,反之亦然;

(二)在涉及女婿或儿媳的案件中,岳父、岳母或公公、婆婆可以拒绝作证,反之亦然;

(三)在配偶一方或前任配偶一方为当事人的案件中,配偶另一方或前任配偶另一方可以拒绝作证;

(四)现与或曾与案件中任一当事人以事实婚方式共同生活的人可以拒绝在该案件中作证。

法官须告知上述人员具有拒绝作证权。

第185条 [证人基于案情原因拒绝作证]

在下列情形,证人因案情里的原因可以拒绝作证:

(一)证人提供证言,对于证人或者与证人有前条关系的人直接发生财产权上的损害;

(二)证人提供证言,将会对证人或者与证人有前条关系的人,造成名誉损害,或使其有受刑事追究的危险。

第186条 [证人基于特定职务拒绝作证]

(一)由于职业的原因,现在从事于或过去曾经从事过期刊的编辑、出版或发行工作,或广播工作的人,对于文稿和资料的著作人、投稿人或提供材料的人的个人情况,以及对于这些人的活动的内情,有权拒绝作证,但以这些都涉及编辑工作中的文稿、资料和报道的为限;

(二)医师、药剂师、律师、公证员,或者曾经从事此类职务的人,在职务上知悉的应当保密的事实;

(三)由于职务或职业上的关系,而知悉一定事项的人,从该事项的性质上判断或者依法律规定应当保守秘密的事项。

第187条 [拒绝作证的释明]

拒绝作证的理由,应当释明。

---

① 感谢中国人民大学法学院汤维建教授提供电子稿并授权。

第 188 条 [不得拒绝作证的情形]

对下列事项,证人不得拒绝作证:

(一)关于证人本人曾经作为证人而从事过的法律行为的成立与法律行为的内容;

(二)涉及家庭成员的出生、婚姻或者死亡情况;

(三)涉及因家庭关系而发生的财产情况;

(四)证人自己曾经作为一方当事人的前手或代理人而就争执的法律关系所为的行为。

四、《中国证据法草案建议稿》[①]

第三目 证人的拒绝作证权

第八十五条 [反对强迫自证其罪]

任何人不得被强迫做不利于本人的陈述。

任何非自愿的供述,应当予以排除。

第八十六条 [沉默权的告知和律师在场的权利]

在讯问犯罪嫌疑人、刑事被告人时,应当告知他有权保持沉默。讯问时,其委托的律师有讯问时在场的权利。

第八十七条 [沉默权的放弃]

在犯罪嫌疑人、刑事被告人自愿供述的情况下,可以对犯罪嫌疑人、被告人进行讯问。但犯罪嫌疑人、被告人放弃沉默权必须在其了解放弃的后果、意志自由的情况下以书面的形式作出,并且只能在其委托的律师在场的情况下作出。

第八十八条 [如实供述的后果]

犯罪嫌疑人、刑事被告人自愿供述的,在对其进行量刑时,应当在法律规定的量刑幅度内从轻处罚。

第八十九条 [严禁刑讯逼供]

严禁刑讯逼供或者以威胁、引诱、欺骗以及其他非法的方法收集证据。

第九十条 [禁止侵害证人特权]

不得强制任何人就涉及现行法律所保护特权的任何事项作证。

第九十一条 [证人的反对强迫自证其罪特权]

证人的回答可能会导致针对他的刑事指控,证人有权拒绝回答。

① 毕玉谦、郑旭、刘善春:《中国证据法草案建议稿及论证》,法律出版社 2003 年版。

第九十二条 ［配偶、近亲属拒绝作证的特权］

具有下列情形之一的，证人可以拒绝作证：

（一）证人是当事人的配偶、四亲等内的血亲或者三亲等内的姻亲或者与当事人曾有此等亲属关系的；

（二）证人提供证言，对于证人或者与证人有前款关系的人足以在财产上造成直接损害的。

第九十三条 ［特权的放弃］

凡出现下列情况之一时，不适用于第九十二条的规定：

（一）已明确表示放弃特权的；

（二）已同意放弃特权的；

（三）已在其他公开场合或其他法院对有关细节作出相关披露的。

第九十四条 ［职业特权］

医生、律师对其在职务上知悉的应当保密的事实享有拒绝作证权。

当证人被免除保密义务时，不适用上述规定。

第九十五条 ［公务特权］

国家主席、国务院总理、副总理、政府各部部长，如果提供证言将严重损害国家利益时，可以拒绝作证。

如果要求上述人员提供的证据是与旨在推翻现政权的犯罪有关的事实、情报或文件，不得以公务秘密为由拒绝作证。

第九十六条 ［申请拒绝作证］

证人认为符合本法关于证人拒绝作证的特权规定的情形，要求拒绝作证的，应当在开庭前三日内向法院提出书面申请。法院对此申请所作出的决定，应当及时通知当事人。

第九十七条 ［对拒绝作证的决定］

证人主张享有法律上所规定的拒绝作证特权而拒绝作证的，法院在对其拒绝作证的申请进行审查后应当作出是否予以准许的决定。

对于法院作出的决定，不准许当事人申请不服。

第九十八条 ［证人未申请或者法院驳回申请的后果］

证人不及时向法院就拒绝作证提出书面申请而拒不作证的，后者在法院对该证人的申请作出不予准许的决定而证人拒不作证的，法院应当按照本法关于无正当理由拒绝作证的条款予以处罚。

五、《刑事证据法专家拟制稿》[1]

第30条(拒绝作证权)

证人有权拒绝提供可能使自己受到刑事追诉或者有罪判决的证言。

证人有权拒绝提供可能使下列关系人受到刑事追诉或者有罪判决的证言:

(一) 近亲属或者与自己曾有过上述关系的人;

(二) 监护人或者被监护人。

对于与共同犯罪的犯罪嫌疑人、被告人中的一人或者数人有上述关系的人,对于仅与上述关系以外的其他犯罪人嫌疑人、被告人有关的事项,不得拒绝提供证言。

国家机关工作人员利用职权实施的犯罪,与犯罪嫌疑人、被告人有上述关系的证人不得拒绝提供证言。

第31条(职业秘密)

律师、医护人员、宗教职业者或者曾经担任以上职务者,对于在履行职务过程中得知的有关他人秘密的事实,不得提供证言,但秘密涉及本人同意或者为了制止即将发生的严重危害行为除外。

第32条(公务秘密)

审判人员对有关评议的内容和在公开诉讼过程外履行职责时所获知的情况,应当保守职业秘密,不得被强迫就这类事项提供证言,经上一级人民法院同意的除外。

对于披露后确有损害国家重大利益的可能的公务事项,公务员或者受委托执行公务的人员不得提供证言,其主管机关或者选举机构同意其作证的除外。

对于披露后确有损害国家重大利益的可能的公务事项,人民代表大会的代表不得作证,人民代表大会或者人民代表大会常务委员会同意其作证的除外。

第33条(拒绝作证理由的明示)

有拒绝提供证言权利的人员,应当说明拒绝提供证言的理由。

证人提出的拒绝作证的理由不足的,公安机关、人民检察院、人民法院应当命令其作证,但事后查明拒绝提供证言确有理由的,违反证人拒绝证言

---

① 陈光中主编:《中华人民共和国刑事证据法专家拟制稿》,中国法制出版社2004年版,第18—20、30页。

权获得的证言，不得作为定案的根据。

第 49 条 （陈述的自愿性）

任何人不得被强迫承认犯罪或者作不利于他自己的证言。

六、《中国刑事诉讼法第二修正案（学者建议稿）》①

第九十八条 ［拒绝自证其罪的权利］

证人有权拒绝提供有可能使自己受到刑事追诉的证言。

参考立法例：联合国《公民权利和政治权利国际公约》第 14 条；日本《刑事诉讼法》第 146 条；韩国《刑事诉讼法》第 168 条；德国《刑事诉讼法》第 71 条；中国台湾地区《刑事诉讼法》第 194 条。

第九十九条 ［亲属间的拒绝作证权］

证人有权拒绝提供可能使下列关系人受到刑事追诉的证言：

（一）近亲属或者曾经有过近亲属关系的人；

（二）监护人或者被监护人。

与共同犯罪的犯罪嫌疑人、被告人中的一人或者数人有上述关系的人员，对于其他犯罪嫌疑人、被告人有关的事项，不得拒绝提供证言。

国家机关工作人员利用职务上的便利实施的犯罪，严重危害国家安全、社会公共安全的犯罪，重婚罪，暴力干涉婚姻自由罪，虐待罪，遗弃罪，破坏军婚罪，与犯罪嫌疑人、被告人有上述关系的人员不得拒绝提供证言。

参考立法例：日本《刑事诉讼法》第 147 条、148 条；意大利《刑事诉讼法》第 199 条；韩国《刑事诉讼法》第 148 条；德国《刑事诉讼法》第 52 条；法国《刑事诉讼法》第 335 条；中国台湾地区《刑事诉讼法》第 180 条；中国澳门特别行政区《刑事诉讼法》第 121 条；英国 1984 年《警察与刑事证据法》第 80 条。

立法意旨：家庭是社会的细胞。许多国家立法都规定了证人在与犯罪嫌疑人、被告人具有亲属关系的情况下享有拒绝作证的特权，中国历史上很早就有“亲亲相为隐”的法律规定。规定亲属间的拒绝作证权，有利于维护社会的稳定。对于某些涉及国家安全、社会公共安全以及家庭成员间的犯罪，不宜规定证人享有拒证权。

---

① 徐静村主编：《21 世纪中国刑事程序改革研究——〈中华人民共和国刑事诉讼法〉第二修正案（学者建议稿）》，法律出版社 2003 年版，第 62—65 页。感谢西南政法大学郭明文博士生提供电子稿。

第一百条 [基于职业秘密的拒证权]

医师、护士、律师、宗教职业者或者曾经从事以上职业者,对于在履行职务过程中得知的有关他人秘密的事实,有权拒绝提供证言,但是案情涉及国家安全或者重大公共利益的除外。

参考立法例:日本《刑事诉讼法》第 149 条;意大利《刑事诉讼法》第 200 条;韩国《刑事诉讼法》第 149 条;德国《刑事诉讼法》第 53 条;中国台湾地区《刑事诉讼法》第 182 条;中国澳门特别行政区《刑事诉讼法》第 122 条。

第一百零一条 [基于公务秘密的拒证权]

对于披露后确有可能损害国家重大利益的公务事项,公务员或者受委托执行公务的人员有权拒绝提供证言,其主管机关同意其作证的除外。

对于披露后确有可能损害国家重大利益的公务事项,人民代表大会的代表有权拒绝作证,人民代表大会或者人民代表大会常务委员会同意其作证的除外。

审判人员对有关评议的内容和在公开诉讼过程外履行职责时所获知的情况,不得被强迫提供证言,人民法院院长同意其作证的除外。

参考立法例:日本《刑事诉讼法》第 143 条;意大利《刑事诉讼法》第 201 条;韩国《刑事诉讼法》第 147 条;中国台湾地区《刑事诉讼法》第 179 条;中国澳门特别行政区《刑事诉讼法》第 123 条。

第一百零二条 [拒绝作证理由的明示]

有拒绝提供证言权利的人员,应当说明拒绝提供证言的理由。

侦查机关、公诉机关、审判机关应当审查证人提出的拒绝作证的理由,认为其理由不能成立的,应当令其作证。

参考立法例:意大利《刑事诉讼法》第 200 条第 2 款;韩国《刑事诉讼法》第 150 条;中国台湾地区《刑事诉讼法》第 183 条。

七、《民事诉讼法(修改建议稿第三稿)》①

第二编 证据编/第十五章 证人证言/第一节 证人作证

第 210 条 [证言拒绝特权]

有下列情形之一的,证人可以拒绝作证:

(一)在涉及直系血亲亲属的案件中,可以拒绝作证;

(二)在涉及女婿或儿媳的案件中,岳父岳母或公婆可以拒绝作证,反

① 感谢孙邦清博士提供电子稿并授权,本草案作者为江伟和孙邦清。

之亦然；

（三）在配偶一方或前任配偶一方为当事人的案件中，配偶另一方或前任配偶另一方可以拒绝作证；

（四）现与或曾与案件中任一当事人以事实婚方式共同生活的人可以拒绝在该案件中作证。

（五）证人提供证言，可能导致证人或者与证人有前条关系的人直接发生财产权上的损害；

（六）证人提供证言，将会对证人或者与证人有前条关系的人，可能导致名誉损害、行政处罚或者刑事追究的；

（七）医生、神职人员基于履行职责而知悉的信息。

拒绝作证的理由，应当释明。

第211条 ［证言拒绝特权的排除］

对下列事项，证人不得拒绝作证：

（一）有关将要发生或者正在发生严重危害国家安全、公共安全或者他人生命安全的事项；

（二）关于证人本人曾经作为证人而从事过的法律行为的成立与法律行为的内容；

（三）涉及家庭成员的出生、婚姻或者死亡情况；

（四）涉及因家庭关系而发生的财产情况；

（五）证人自己曾经作为一方当事人的前手或代理人而就争执的法律关系所为的行为。

（六）享有证言拒绝特权的人放弃特权的。

第218条 ［公务员作证］

公务员或者曾经作为公务员的人作为证人就其职务上的秘密作证时，法院应事先得到有关机关的许可。

八、《人民法院统一证据规定》司法解释建议稿（第五稿）[①]

第63条 （审判人员的作证义务）

不得强制审判人员就其参与的诉讼作证，但存在下列情形之一的除外：

① 中国政法大学证据科学研究院：《〈人民法院统一证据规定〉司法解释建议稿》，2007年10月8日。全文参见张保生主编：《〈人民法院统一证据规定〉司法解释建议稿及论证》，中国政法大学出版社2008年版。

(一)该诉讼所在人民法院同意审判人员作证;

(二)追究刑法第六章第二节犯罪程序中需要作证的,但第315条至317条除外;

(三)追究刑法第399条、第400条和第401条犯罪程序中需要作证的。

第64条 (情报人员的作证义务)

对于涉及侦查机关情报人员身份的事项,不得要求情报人员作证;但因此对公正审判造成重大影响的情形除外。

第65条 (行政执法人员的作证义务)

对行政诉讼中的下列情形,原告或者第三人可以要求相关行政执法人员作为证人出庭作证:

(一)对现场笔录的合法性或者真实性有异议的;

(二)对扣押财产的品种或者数量有异议的;

(三)对检验的物品取样或者保管有异议的;

(四)对行政执法人员的身份的合法性有异议的;

(五)需要出庭作证的其他情形。

第66条 (公务人员作证义务例外)

国家领导人不受强制出庭作证。如需调取其证言,人民法院可以要求在其行使职务的住地接受询问,但须有诉讼各方在场。

第67条 (人民代表大会代表作证义务例外)

县级以上各级人民代表大会代表出席人民代表大会、常务委员会会议期间,不受强制出庭作证。

第68条 (律师—委托人之间免于作证的权利)

现任和曾任律师,对其在执业活动中与委托人进行的秘密交流事项享有免于作证的权利,但存在下列情形之一的除外:

(一)正在实施或者预谋实施的危害国家安全的犯罪;

(二)正在实施或者预谋实施的严重危害公共安全的犯罪。

第69条 (精神诊疗师—患者免于作证的权利)

现任和曾任精神病医师、心理治疗执业人员,对其以诊疗目的与患者进行的秘密交流事项享有免于作证的权利。

第70条 (夫妻和父母—子女之间免于作证的权利)

证人对可能致使其配偶、父母或者子女受到刑事追诉,或者受到有罪判决的事项享有免于作证的权利。

第 71 条 （公共利益豁免）

未经国家保密部门或者省、自治区、直辖市保密部门书面同意，证人有权拒绝对涉及国家秘密的事项作证。

证人就有关国家秘密事项而拒绝作证时，审判人员应当对此进行不公开调查，以确定是否需要征得有关保密部门书面同意。如果上述保密部门在得到人民法院通知后 30 天内未作出书面同意，证人应当就该事项出庭作证。

第 128 条 （不得强迫自证其罪）

任何人不得被强迫承认自己有罪或者作出对自己不利的证言。

参考文献

（以作者姓氏拼音为序）

一、中文著作

1. 毕玉谦、郑旭、刘善春：《中国证据法草案建议稿及论证》，法律出版社 2003 年版；
2. 陈光中等主编：《联合国刑事司法准则与中国刑事法制》，法律出版社 1998 年版；
3. 陈光中主编：《中华人民共和国刑事证据法专家拟制稿》，中国法制出版社 2004 年版；
4. 陈浩然：《证据学原理》，华东理工大学出版社 2002 年版；
5. 陈朴生：《刑事证据法》，台湾三民书局 1979 年第 3 版；
6. 陈瑞华：《问题与主义之间——刑事诉讼基本问题研究》，中国人民大学出版社 2003 年版；
7. 陈瑞华：《刑事诉讼的前沿问题》，中国人民大学出版社 2000 年版；
8. 崔敏主编：《刑事证据理论研究综述》，中国人民公安大学出版社 1990 年版；
9. 邓志伟、徐榕：《家庭社会学》，中国社会科学出版社 2001 年版；
10. 刁荣华主编：《比较刑事证据法各论》，台湾汉林出版社 1984 年版；
11. 高忠智：《美国证据法新解——相关性证据及其排除规则》，法律出版社 2004 年版；
12. 郭卫：《刑事诉讼法论》，上海法学编译社 1946 年版；
13. 郭志媛：《刑事证据可采性研究》，中国人民公安大学出版社 2004 年版；
14. 何家弘主编：《外国证据法》，法律出版社 2003 年版；
15. 何家弘主编：《新编证据法学》，法律出版社 2000 年版；
16. 何家弘主编：《刑事证据制度改革研究》，法律出版社 2003 年版；
17. 何家弘主编：《证人制度研究》，人民法院出版社 2004 年版；
18. 何家弘主编：《证据法学研究》，中国人民大学出版社 2007 年版；
19. 黄宗智：《法典、习俗与司法实践：清代与民国的比较》，上海书店出版社 2003 年版；
20. 季卫东：《法治秩序的建构》，中国政法大学出版社 1999 年版；
21. 江礼华、杨诚主编：《美国刑事诉讼中的辩护》，法律出版社 2001 年版；
22. 江伟主编：《中国证据法草案（建议稿）及立法理由书》，中国人民大学出版社 2004 年版；
23. 李学灯：《证据法比较研究》，台湾五南图书出版公司 1992 年版；
24. 林钰雄：《刑事诉讼法》（上、下），台湾元照出版有限公司 2004 年版；

25. 刘善春、毕玉谦、郑旭:《诉讼证据规则研究》,中国法制出版社 2000 年版;
26. 刘晓丹主编:《美国证据规则》,中国检察出版社 2003 年版;
27. 刘永富:《价值哲学的新视野》,中国社会科学出版社 2002 年版;
28. 齐树洁主编:《英国证据法》,厦门大学出版社 2002 年版;
29. 沈达明编著:《英美证据法》,中信出版社 1996 年版;
30. 司马迁:《史记》(简体字本),中华书局 1999 年版。
31. 宋克明:《英美新闻法制与管理》,中国民主法制出版社 1998 年版;
32. 宋英辉:《刑事诉讼目的论》,中国人民公安大学出版社 1995 年版;
33. 宋英辉、孙长永、刘新魁等:《外国刑事诉讼法》,法律出版社 2006 年版;
34. 苏力:《法治及其本土资源》,中国政法大学出版社 1996 年版;
35. 孙长永:《侦查程序和人权》,中国方正出版社 2000 年版;
36. 王进喜:《刑事证人证言论》,中国人民公安大学出版社 2002 年版;
37. 吴巡龙:《新刑事诉讼制度与证据法则》,台湾学林出版社 2003 年版;
38. 徐静村主编:《21 世纪中国刑事程序改革研究——〈中华人民共和国刑事诉讼法〉第二修正案(学者建议稿)》,法律出版社 2003 年版;
39. 杨良宜、杨大明:《国际商务游戏规则:英美证据法》,法律出版社 2002 年版;
40. 俞荣根:《儒家法思想通论》,广西人民出版社 1992 年版;
41. 张中秋:《中西法律文化比较研究》,南京大学出版社 1999 年版;
42. 张子培、陈光中等著:《刑事证据理论》,群众出版社 1982 年版;
43. 赵震江、付子堂:《现代法理学》,北京大学出版社 1999 年版;
44. 郑也夫、彭泗清等:《中国社会中的信任》,中国城市出版社 2003 年版;
45. 周荣:《证据法要论》,商务印书馆 1936 年版;
46. 周叔厚:《证据法论》,台湾三民书局 1995 年版;

二、中文论文

47. 曹芳:《论刑事诉讼中的证言特免权》,中国人民大学 2004 年硕士学位论文;
48. 常怡、张永泉:《证据调查收集与秘密保护制度之研究》,第三届全国民事诉讼法学研讨会论文,2000 年 4 月;
49. 陈桂明、纪格非:《美国证据法中的保密特权原则及其对我国证据立法的启示》,载《法学评论》2002 年第 1 期;
50. 陈莉:《刑事证人拒证权研究》,吉林大学 2007 年硕士学位论文;
51. 陈瑞华:《从认识论走向价值论——证据法理论基础的反思与重构》,载《法学》2001 年第 1 期;
52. 范忠信:《亲亲相为隐:中外法律的共同传统》,载《比较法研究》1997 年第 2 期;
53. 范忠信:《中西法律传统中的“亲亲相为隐”》,载《中国社会科学》1997 年第 3 期;
54. 桂念玲:《证人的拒绝作证权》,中国政法大学 2004 年硕士学位论文;

55. 何家弘:《司法证明方式和证据规则的历史沿革》,载《外国法译评》1999年第4期;
56. 何家弘:《中国证据法前瞻》,载《检察日报》1999年9月2日;
57. 胡常龙:《证人拒绝作证制度研究》,载《政法论坛》2001年第3期;
58. 简旭成:《刑事诉讼法上之业务关系拒绝证言权》,载《全国律师》2002年9月号;
59. 黎亚薇:《试论免证特权制度在我国刑事诉讼法中的确立》,湖南师范大学2002年硕士学位论文;
60. 梁宇贤:《刑事拒绝证言权之比较论》,载台湾《中兴法学》1969年6月号;
61. 梁玉霞:《传承与移植的失却——对我国亲属作证义务的反思》,《中外法学》1997年第4期;
62. 林志洁:《证言之证据能力与证明力——以避免误判与保障人权为中心》,台湾大学法律学研究所1999年硕士学位论文;
63. 刘根菊:《在我国确定沉默权原则几个问题之研讨》,载《中国法学》2000年第2期、第3期;
64. 刘立霞、吴丹红:《证人制度的实证分析》,载《证据学论坛》第7卷,中国检察出版社2004年版;
65. 刘鹏飞:《拒证权制度比较研究》,中共中央党校2005年硕士学位论文;
66. 刘荣军:《论证人的证言拒绝权》,载《法学》1999年第5期;
67. 龙宗智:《中国作证制度之三大怪现状评析》,载《中国律师》2001年第1期;
68. 马国亮:《试论刑事诉讼中证人的免证特权》,中国政法大学2006年硕士学位论文;
69. 祁爱莉:《拒证权研究》,厦门大学2006年硕士学位论文;
70. 齐树洁、黄斌:《不受损害特权初探》,载《政治与法律》2002年第3期;
71. 齐树洁、黄斌:《英国证据法中的律师特权规则及其借鉴意义》,载《法学论坛》2002年第5期;
72. 冉井富、王旭东:《刑事诉讼中的拒绝作证特免权》,载《中国律师》2000年第10期;
73. 史光磊:《刑事诉讼拒证权研究》,吉林大学2006年硕士学位论文;
74. 孙长永:《沉默权制度的基本内容研究》,载《诉讼法论丛》第4卷,法律出版社2000年版;
75. 孙世岗:《论证人拒绝作证权》,安徽大学2002年硕士学位论文;
76. 覃开艳:《证人拒证权论》,南京师范大学2007年硕士学位论文;
77. 汪建成:《刑事证人制度之基本理论三论》,2001年全国诉讼法年会论文;
78. 王茂松,《论证人之拒绝证言权》,载《军法专刊》第28卷第5、6期,1982年5、6月;
79. 王兆鹏:《论搜索扣押之客体——搜索新闻媒体、律师事务所?》,载台湾《月旦法学杂志》第68期;
80. 卫杰:《民事诉讼拒绝证言权研究》,中国人民大学2004年硕士学位论文;
81. 吴丹红、黄士元:《传闻证据规则研究》,载《国家检察官学院学报》2004年第1期;
82. 吴丹红、黄士元:《证人作证的实现方式——兼与胡夏冰先生商榷》,载《山东大学法

律评论》第1辑,山东人民出版社2003年版;
83. 吴丹红:《儿童作证问题之研讨》,载《政法论丛》2003年第1期;
84. 吴丹红:《非法证据排除规则的实证研究——以法院处理刑讯逼供为例》,载《现代法学》2006年第5期;
85. 吴丹红:《角色、情境与社会容忍——法社会学视野下的刑讯逼供》,载《中外法学》2006年第2期;
86. 吴丹红:《面对中国的证据法学》,载《政法论坛》2006年第2期;
87. 吴丹红:《实现正义的另一种进程》,载《诉讼法论丛》第9卷,法律出版社2004年版;
88. 吴丹红:《司法场景中的证人作证》,载《国家检察官学院学报》2006年第3期;
89. 吴丹红:《特免权的中国命运》,载《证据学论坛》第10卷,中国检察出版社2005年版;
90. 吴丹红:《透视证人拒证权的价值理念》,载《律师世界》2001年第9期;
91. 吴丹红:《刑事诉讼证人拒证原因探析》,载《证据学论坛》第3卷,中国检察出版社2001年版;
92. 吴丹红:《刑事诉讼中的律师保密义务》,载《刑事法评论》第18卷,北京大学出版社2006年版;
93. 吴丹红:《证据法的批判与建构》,载《环球法律评论》2006年第6期;
94. 吴丹红:《证据法学的启蒙》,载《证据科学》2007年(第15卷)第1、2期;
95. 吴丹红:《证据法学研究的迷思——在西方样本与中国现实之间》,载《政法论坛》2006年第6期;
96. 吴丹红:《证人权利义务问题研究》,中南财经政法大学2002年硕士学位论文;
97. 吴丹红:《证人制度的经济学分析》,载《证据学论坛》第8卷,中国检察出版社2004年版;
98. 谢秉锜:《试论秘密证人之保护制度——以拒绝证言权为中心》,载《刑事法杂志》第45卷第2期,2001年4月;
99. 谢佑平、郑进:《论拒绝强迫自证其罪原则》,载《中国刑事法杂志》2000年第6期;
100. 邢凯妹:《证人免证特权制度研究》,南京师范大学2007年硕士学位论文;
101. 于海涌:《论新闻记者的拒证特权》,载《中国社会科学院研究生院学报》2003年第3期;
102. 章翔宇:《民事诉讼证人拒绝作证特权规则论》,西南政法大学2003年硕士学位论文;
103. 赵彦清:《受基本人权影响下的证据禁止理论》,载《欧洲法通讯》第4、5期,法律出版社2003年版;
104. 周萍:《试论刑事诉讼中的证人免证特权》,中国政法大学2005年硕士学位论文;

一

三、中文译著

105. 何家弘、张卫平主编:《外国证据法选译》,上下册与增补卷,人民法院出版社 2000 年,2002 年版;
106. 〔德〕克劳思·罗科信:《刑事诉讼法》,吴丽琪译,法律出版社 2003 年版;
107. 〔德〕马克斯·韦伯:《经济与社会》,林荣远译,商务印书馆 1997 年版;
108. 〔法〕孟德斯鸠:《论法的精神》,张雁深译,商务印书馆 1963 年版;
109. 〔美〕Authur Best:《证据法入门》,蔡秋明、蔡兆诚、郭乃嘉译,台湾元照出版公司 2002 年版;
110. 〔美〕E. 博登海默:《法理学:法律哲学与法律方法》,邓正来译,中国政法大学出版社 1999 年版;
111. 〔美〕Edmund M Morgon:《证据法之基本问题》,李学灯译,世界书局 1982 年版;
112. 〔美〕T. 巴顿·卡特等:《大众传播法概要》,黄列译,中国社会科学出版社 1997 年版;
113. 〔美〕肯尼斯·基普尼斯:《职责与公义》,徐文俊译,东南大学出版社 2000 年版;
114. 〔美〕理查德·A. 波斯纳:《证据法的经济分析》,徐昕、徐昀译,中国法制出版社 2001 年版;
115. 〔美〕罗纳德·J. 艾伦等:《证据法——文本、问题和案例》(第 3 版),张保生等译,高等教育出版社 2006 年版;
116. 〔美〕乔恩·R. 华尔兹:《刑事证据大全》,何家弘等译,中国人民公安大学出版社 1993 年第 1 版;2004 年第 2 版;
117. 〔美〕孙隆基:《中国文化的深层结构》,广西师范大学出版社 2004 年版;
118. 〔美〕约翰·罗尔斯:《正义论》,何怀宏、何包钢、廖申白译,中国社会科学出版社 1988 年版;
119. 〔日〕松岗义正:《民事证据法》,张知本译,中国政法大学出版社 2004 年重印版;
120. 〔日〕田口守一:《日本刑事诉讼法》,刘迪等译,法律出版社 2000 年版;
121. 〔斯洛文尼亚〕卜思天·儒佩基奇:《从刑事诉讼法治透视反对自证有罪原则》,王铮、降华玮译,载《比较法研究》1999 年第 2 期;
122. 〔意〕贝卡利亚:《论犯罪与刑罚》,黄风译,中国大百科全书出版社 1993 年版;
123. 〔英〕丹宁勋爵:《法律的正当程序》,李克强等译,群众出版社 1984 年版;
124. 《美国联邦刑事诉讼规则和证据规则》,卞建林译,中国政法大学出版社 1996 年版;
125. 《意大利刑事诉讼法典》,黄风译,中国政法大学出版社 1994 年版;
126. 《德国刑事诉讼法典》,李昌珂译,中国政法大学出版社 1995 年版;
127. 《日本刑事诉讼法》,宋英辉译,中国政法大学出版社 2000 年版;
128. 《俄罗斯联邦刑事诉讼法典》,苏方遒等译,中国政法大学出版社 1999 年版;
129. 《法国刑事诉讼法典》,余叔通、谢朝华译,中国政法大学出版社 1997 年版;

四、外文著作

130. Adrian Keane, *The Modern Law of Evidence*, 4th edition, Butterworths, 1996.

131. David Mellinkoff, *Conscience of a Lawyer*, West Publishing Company, 1973.

132. Eric. D. Green, Charles. R. Nesson: *Problems Cases and Matterials on Evidence*, Little, Brown and Company, 1983.

133. J. H. Wigmore, *Evidence in Trails at Common Law*, J. T. McNaughton ed., Little, Brown & Co., Boston, 1961.

134. Jaw-Perng Wang, *Taiwan's Proposed Adoption of Right to Silence: A Theroetical Analysis and Empirical Study of the Privilege Against Self-Incrimination*, UMI Company, 1996.

135. Jean V. McHale, *Medical Confidentiality and Legal Privilege*, Routledge, 1993.

136. John Kaplan, Jon R. Waltz, Roger C. Park, *Evidence*, 7th Edition, Foundation Press, 1992.

137. John W. Strong(ed.), *McCormick On Evidence*, 5th Edition, West Group, 1999.

138. John W. Strong, *Evidence-Case and Materials*, 5th Edition, West Publishing Co., 1995.

139. John William Gergacz, *Attorney-Corporate Client Privilege*, Garland Law Publishing Inc., 1987.

140. Jonathan Auburn, *Legal Professional Privilege: Law and Theory*, Hart Publishing, 2000.

141. M. N. Howard, and Specialist Editors, *Phipson On Evidence*, 15th Edition, Sweet & Maxwell, 2000.

142. Maurice R. Cullen, Jr., *Mass Media and the First Amendment: An Introduction to the Issues, Problems, and Practices*, William C. Brown, 1981.

143. Michael H. Graham, *Evidence-Text, Rules, Illustrations and problems*, NITA Inc, 1983.

144. Mueller & Kirkpatrick, *Evidence*, Aspen Publishers, 2003.

145. Peter Murphy, *Murphy On Evidence*, 7th edition, Blackstone Press Limited, 2000.

146. R. H. Helmholz, *The Privilege against Self-Incrimination: Its Origins and Development*, The University of Chicago Press, 1997.

147. Richard Scott, *The Use of Public Interest Immunity Claims in Criminal Cases*, *The Earl Grey Memorial Lecture*, University of Newcastle upon Tyne, February 29, 1996.

148. Steven L. Emanuel, *Evidence*, Aspen Law & Business, 4th Edition, 2001.

五、外文论文

149. Anne Bowen Poulin, The Psychotherapist-Patient Pricilege After Jaffee v. Redmond:

Where Do We Go From Here? *Washington University Law Quarterly*, Vol. 76:1341.

150. G. Michael Fenner, Privileges, Hearsay, and Other Matters, *Creighton Law Review* (1997), Vol. 30, No. 3.

151. Hazard, An Historical Perspective on the Attorney-client Privilege, 66 *Calif. L. Rev.* 1061(1978).

152. Henry J. Friendly, The Fifth Amendment Tomorrow, The Case for Constitutional Change, 37 *University of Cincinnati Law Review* 671(1968).

153. John. H. Wigmore, The Privilege against Self-Incrimination: Its History, 15 *Harv. L. Rev.* 610—637(1902).

154. John J. Tiemessen and Jason A. Weiner, The Golden Retriever Rule: Alaska's Identity Privilege For Animal Adoption Agencies And For Adoptive Animal Owners, *Alaska Law Review*, 2004(6).

155. Laurence B. Alexander, Looking Out for the Watchdog: A Legislative Proposal Limiting the Newsgathering Privilege to Journalists in the Greatest Need of Protection for Sources and Information, 20 *Yale L. & Pol'y Rev.* 97, 115(2002)

156. Law Reform Commission of Western Australia, Privilege for Journalists, *Project* No. 53 (1980).

157. Louisell, The Psychologist in Today's Legal World: Part II, 41 *Minn. L. Rev.* 731,745 (1957).

158. Mary Harter Mitchell, Must Clergy Tell? Child Abuse Reporting Requirements Versus the Clergy Privilege and Free Exercise of Religion, 71 *Minn. L. Rev.* 723, 736 (1987).

159. Patricia A. Boies, The Husband-Wife Testmonial Privilege in the Federal Courts, 59 *Bonston University L. Rev.* 894—920(1979).

160. Ralph Slovenko, The Psychotherapist-Patient Testimonial Privilege, *The American Journal of Psychoanalysis*, Vol. 57: 63—73 (1997).

161. Shuman, The Origins of the Physician-Patient privilege and Professional Secrect, 39 *Sw. L. J.* 661(1985).

162. Stephen Bates, The Reporter's Privilege, Then and Now, *Harvard University John F. Kennedy School of Government*, *Research Paper R*-23, April 2000.

163. Thomas Krattenmaker, Testimonial Privileges in Federal Court: An Alternative to the Proposed Federal Rules of Evidence, 62 *Geo. L. J.* 85—94 (1973).

164. Timothy P. Glynn, Federalizing Privilege, *American University Law Review*, Vol. 52:59.

后　记

这算是我的第一本专著,诞生在而立之年。

于丹说,"三十而立"并不是一种外在的社会坐标,衡量你已经如何成功;而是内在的心灵标准,衡定你的生命是否开始有一种心灵的内省,并且从容不迫,开始对你做的事情有一种自信和一种坚定。

在博士论文完成三年之后,出版这部处女作,心情喜忧参半。

忧的是,面对特免权问题,我一直信心不足。那个夏天,我为是否写这个题目犹豫了很久,当我把提纲给导师何家弘先生时,他意味深长地说:"这个题目不大好写啊,如果写得好,就是一篇优秀的博士论文,如果写得不好,就是一篇平庸的博士论文。"看来,摆在我面前的没有第三条路。心中一旦有了悲壮的准备,压力反而减轻了。平庸或者优秀,那是别人的评价,而自己是否努力才是最重要的。

尽管近年来关于特免权问题的文章不少,但是以特免权为题的博士论文尚属空白。这个在我国曾经随着清末改制粉墨登场而在新中国成立后又"失踪"多年的法律制度,面纱下究竟是何容貌?古代"亲亲相隐"制度是否为现代特免权制度的滥觞?证人特免权与证人作证义务是何关系?特免权制度究竟蕴涵着怎样的价值?国外的特免权制度是否适合我国的国情?我国没有这个制度产生了什么消极后果?带着这些疑问,我开始了艰难而笨拙地探寻。写作的日子是痛苦的,也是快乐的,特免权的魅力一直吸引着我深入下去。

曾经一度认为,证据法的价值追求,除了更好地查明案件事实之外,就是保障程序的公正性,但是特免权规则让我明白,其实在实体正义和程序正义之外,尚有很多重要的社会价值值得证据法去维护。在我看来,发现真实不是证据法的根本目的,而是侦查学或者证据学的目的,作为"法治社会之基石的证据法"(Ronald J. Allen 教授语),很多时候是为了限制发现真实过程中的方法、手段而设的。证据法的规则除了准确地查明真相,更重要的是"如何公正而合理"地查明真相,有时甚至为了更重要的社会利益可以放弃对事实真相的渴望。这就是证据法的道德品性,特免权只是证据法的这种道德品性的一个缩影。它蕴涵的利益冲突、价值权衡,乃是一个法治社会必须面临的基本问题。

虽然有很多问题没有深入下去,有些思考也不尽成熟,但我在属于我支配的有限的时间里已经努力(这也验证了证据法上“发现真实的有限性”原理),所以遗憾只能留待以后完善。

喜的是,在论文的写作过程中,遇良师益友无数,获支持无数。何家弘教授是我尊敬的导师,也是我的人生偶像,跟随先生求学的三年以及毕业后的三年,先生的言传身教,让我深深体会到为学做人的真正道理。他的博学、睿智、宽容、执着,深深地影响了我。北京大学法学院陈瑞华教授深刻而富有洞见的阐述给予我很多的启迪,使我在文章中有意识地增加了很多实证研究,并更多地关注中国问题。在北大法学院从事博士后研究期间,朱苏力教授、贺卫方教授、陈兴良教授、梁根林教授,都曾经对我的学术观点产生过影响。台湾地区学者王兆鹏教授、林钰雄教授、陈运财教授、张丽卿教授,也曾指点一二。本书的部分章节,在我为北京大学和清华大学法律硕士授课时讨论过,吸纳了部分学生的意见。2007 年到中国政法大学证据科学研究院之后,又受到张保生院长、王进喜、常林副院长的关照,张保生教授不但为我的研究提供了宽裕的条件,而且以其严谨的学术态度感染了我;王进喜教授是证人制度研究方面的专家,他对于特免权问题的一些见解,曾多次与我坦诚交流,让我受益匪浅。我的同事以及诸多好友给予我的支持和勉励,让我有动力在学术之路上坚定地走下去。我还想特别感谢我的家人。在人生最困难的时期,爱妻英姿一直给我鼓励和动力。儿子一昊,在牙牙学语之时绕膝嬉戏,给我紧张的工作带来很多的快乐。

这篇论文在 2005 年交付答辩时,居然意外地获得了答辩委员会的一致认可,全优通过,并在翌年“中国人民大学优秀博士论文奖”评选中,成为唯一一篇诉讼法专业的获奖论文(法学院共有两篇论文获该奖),让我有点受宠若惊。与其说我的论文写得多么出色,毋宁说是前辈们对我敢于挑战这个题目的鼓励。我个人认为拙著只是特免权研究的引玉之砖罢了。

本书的出版过程同样也是有忧有喜。在博士毕业后的两年中,我曾经把论文寄给一家法律类的出版社,但按照学术出版的“潜规则”,被告知需要交纳不菲的出版费,无奈只得束之高阁。很感谢北京大学出版社和北京社科基金的慷慨资助,使本书得以“重见天日”。本书责任编辑王晶,为论文的修改和出版做了非常出色的工作。当然,由于本人水平有限,文中出现的错误在所难免,希望读者不吝赐教(Email:wudanhong@126.com)。

在论文修改即将完成时,惊闻中国物证技术学的奠基人徐立根教授去世，心中甚为悲痛。作为我博士论文答辩委员会的主席，徐老对晚辈研究的问题也甚为关注，并对拙作提出了有益的建议。这本书的出版理应赠给他一本，遗憾的是，他老人家再也看不到了。

2008 年的中国，既有举国共襄奥运盛事的喜悦，也有汶川大地震同胞罹难的悲痛。而我个人，也在同时经历成功和挫败的“冰火两重天”。人生，或许正是在不断的忧喜交替中，获得内省。何老师说“当痴则痴，当醒则醒”，流露出他对人生宠辱不惊的淡定态度。见贤思齐，我就“忧而不馁，喜而不骄”自勉吧。谨以此献给所有关心我的人。

吴丹红

2005 年 3 月 28 日初稿于中国人民大学宜园

2008 年 7 月 28 日夜修订于中国政法大学证据科学研究院